中山一麿 監修

寺院文献資料学の新展開

第弐巻

覚城院資料の調査と研究Ⅰ

中山一麿 編

臨川書店

頼淳・増喜血脈

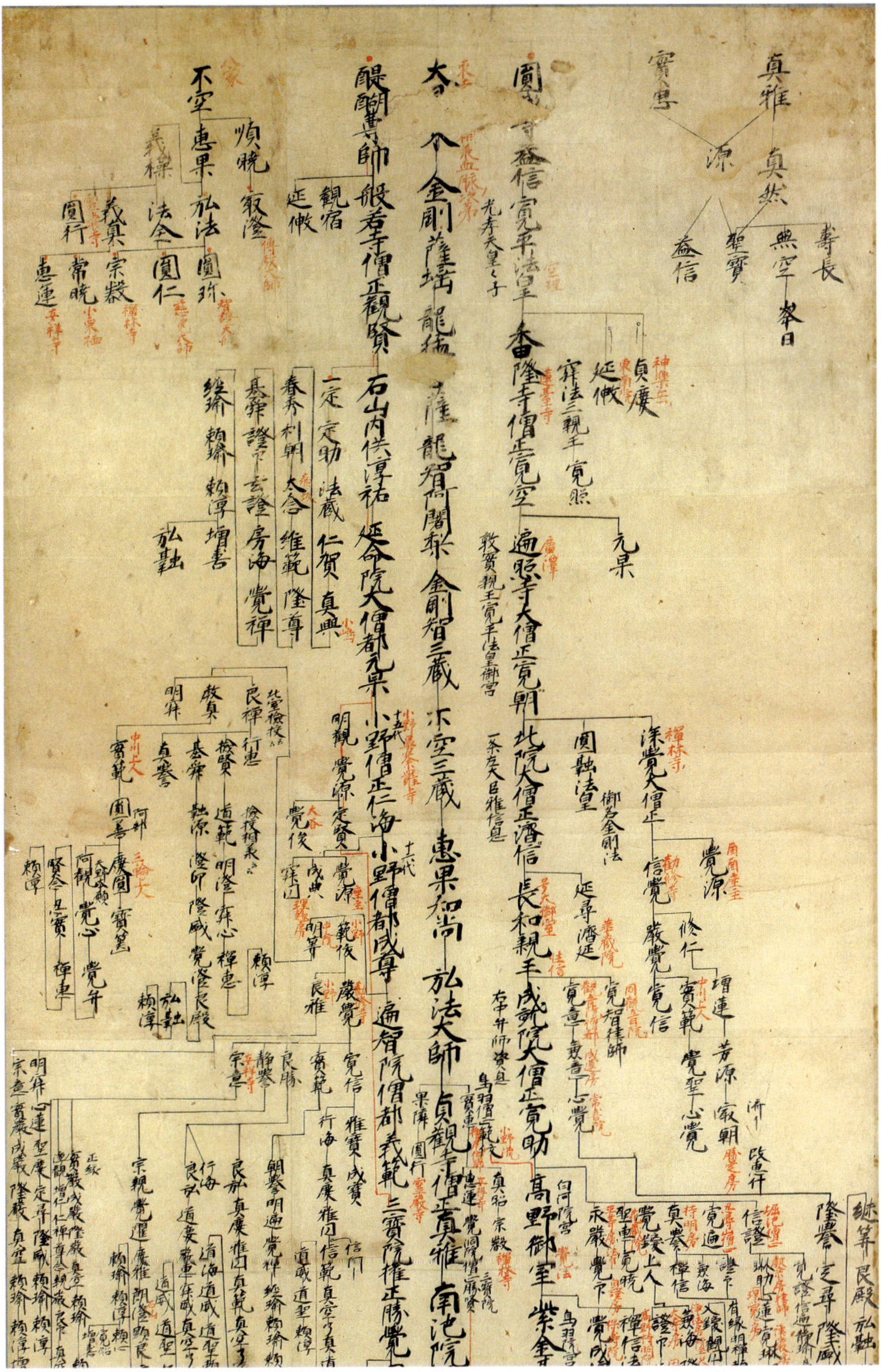

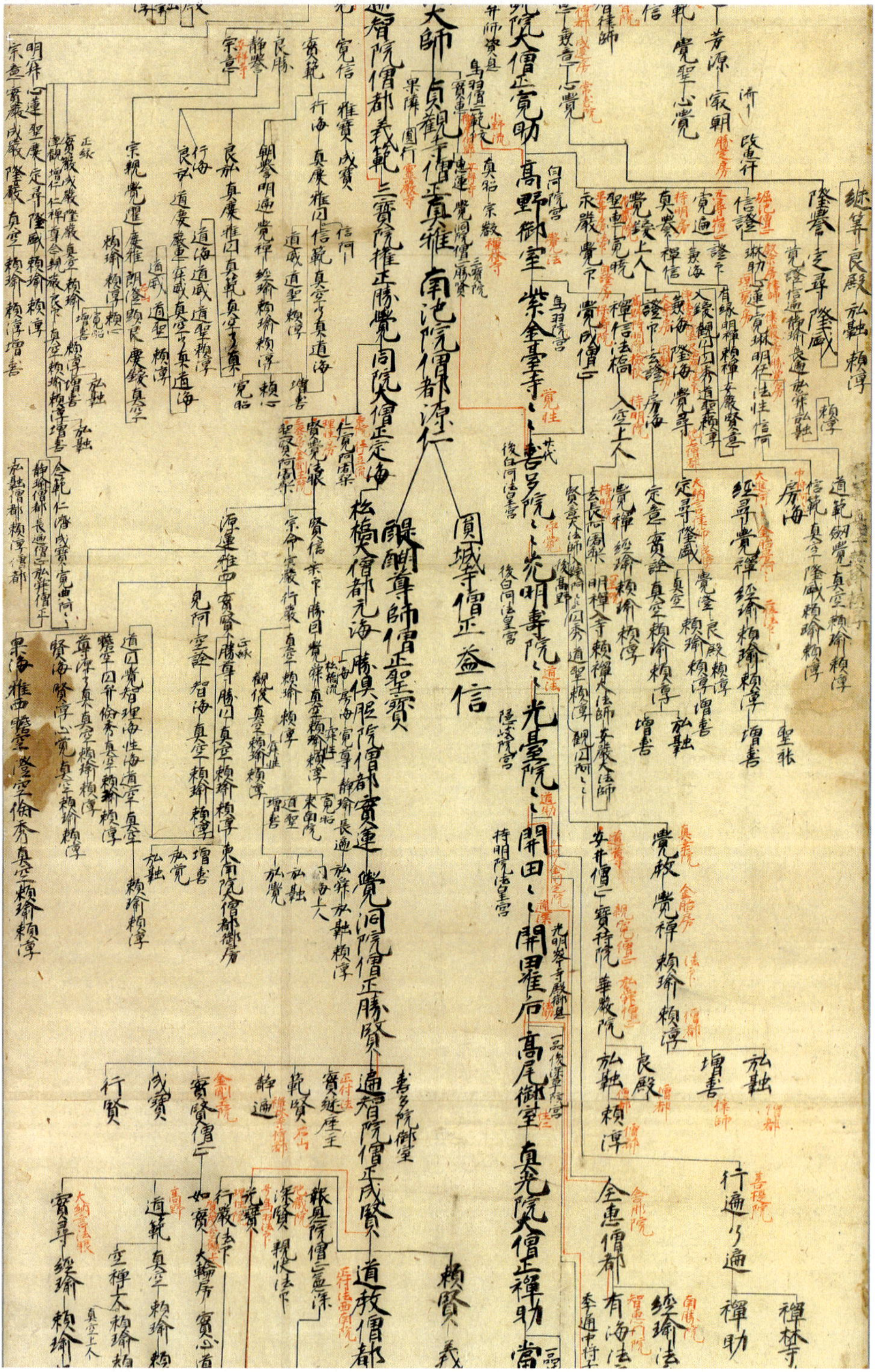

大師
貞観寺僧正真雅
南池院僧都源仁
圓城寺僧正益信
醍醐尊師僧正聖寶
遍智院僧都義範
三寶院権正勝覚
同院大僧正定海
松橋大僧都元海
勝倶胝院僧都實運
覚洞院僧正勝賢
遍智院僧正成賢
道教僧都
頼賢
高野御室
紫金臺寺
喜多院
光明寿院
光臺院
開田
開田准后
高尾御室
真光院大僧正禅助
金恵僧都
行遍
禅助

頼淳・増喜血脈

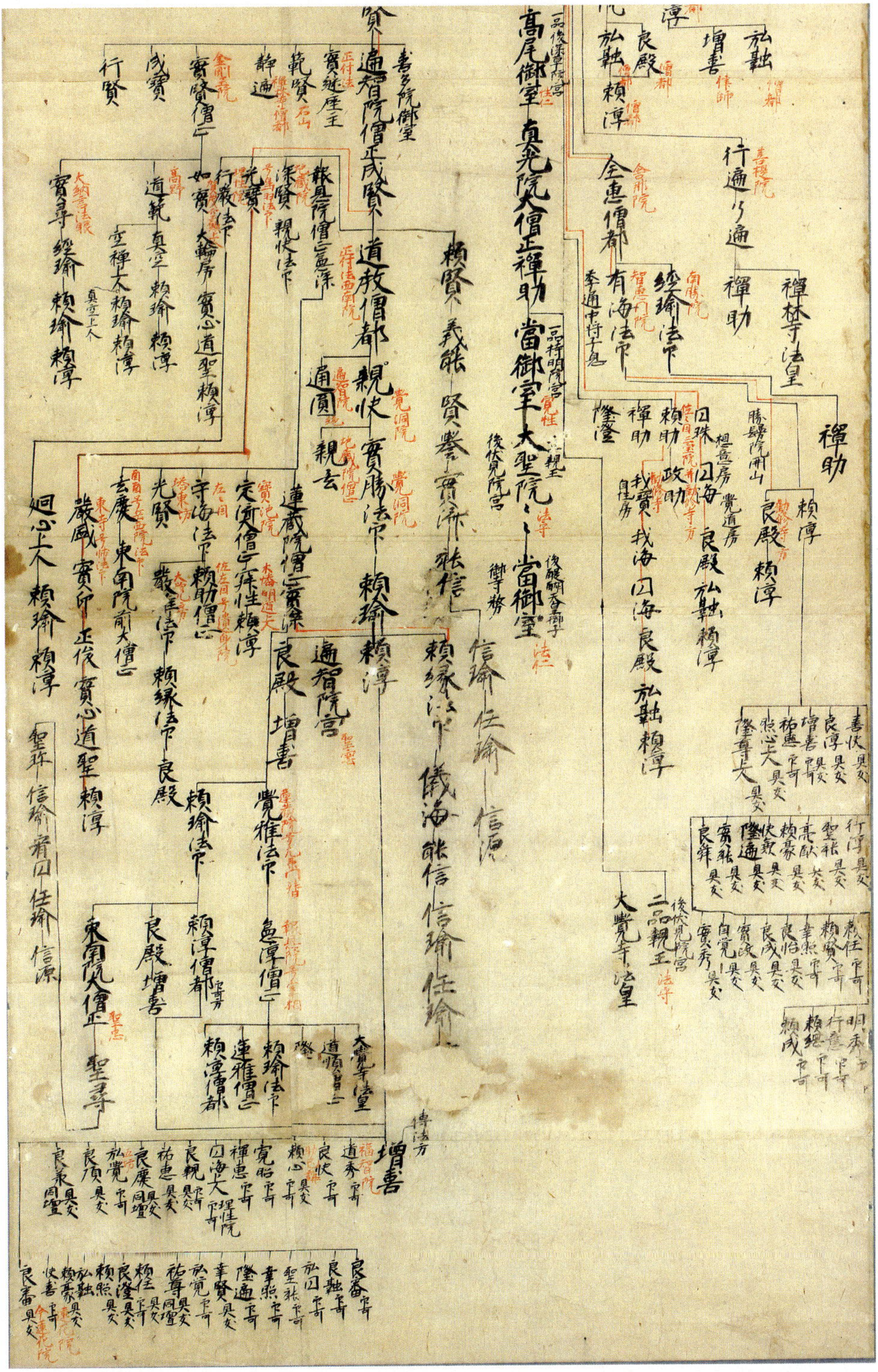

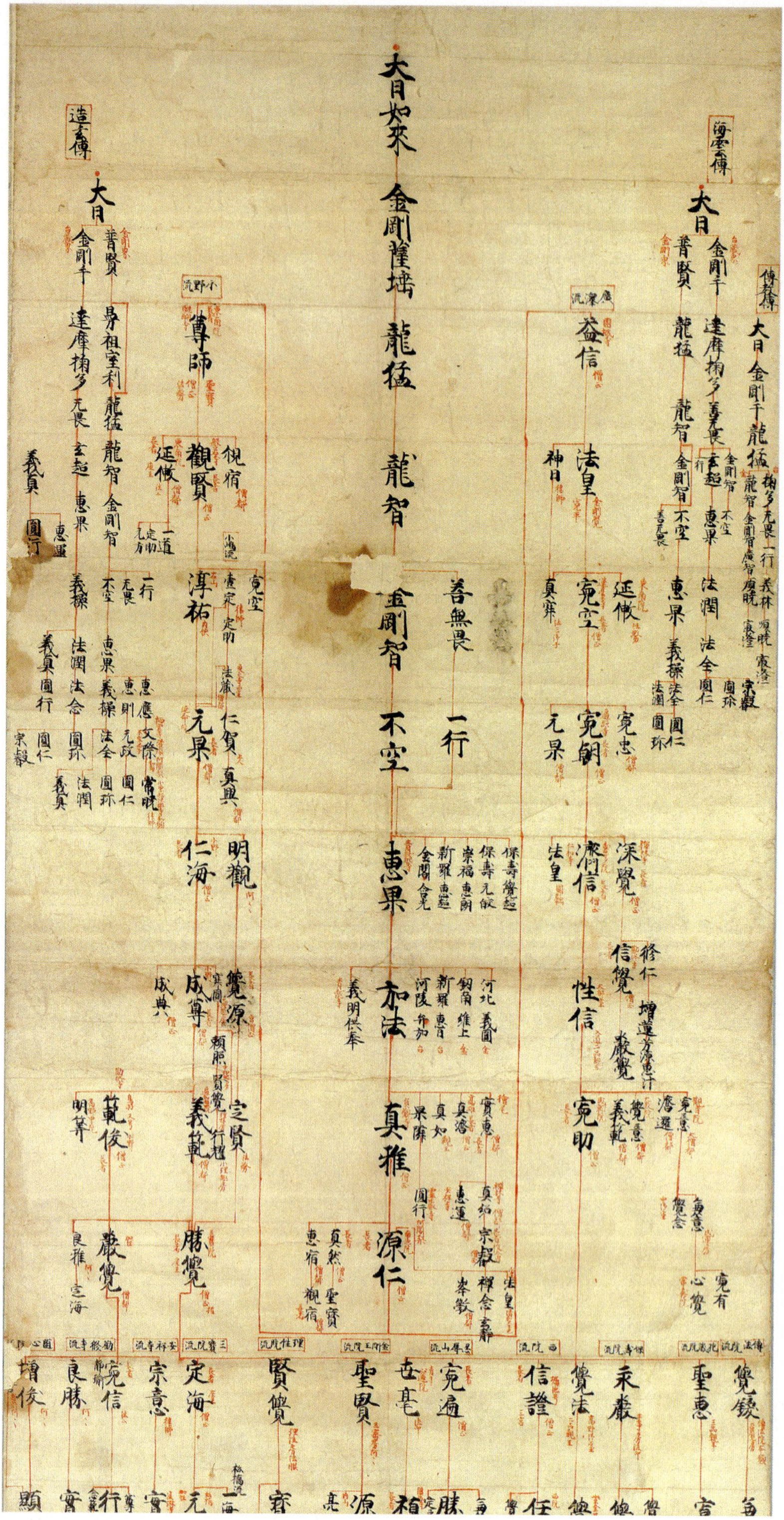

野沢十二流血脈

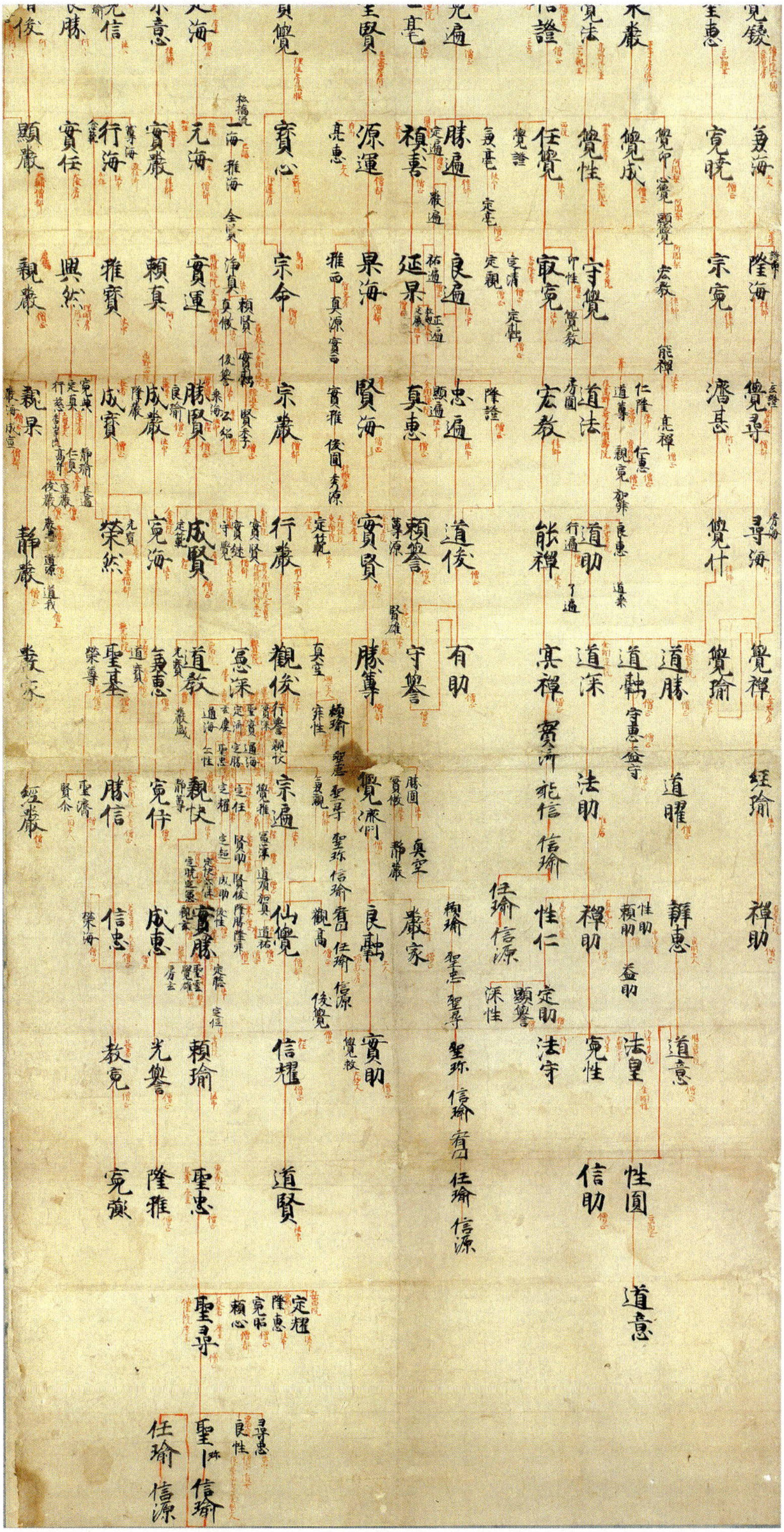

勇海 隆海 覚尋 尋海 覚禅 経瑜 禅助
聖恵 寛暁 宗寛 済甚 覚什 覚瑜
道勝 道曜 静恵 道意
覚成 道融 法皇 性圓 道意
覚法 覚性 守覚 道法 道助 道深 法助 禅助 寛性 信助
信證 任覚 宏教 能禅 能信 信瑜 性仁 法守
任瑜 信源
覚遍 勝遍 良遍 忠遍 道俊 有助
禎喜 延杲 真恵 頼誉 守誉 厳家
聖賢 源運 杲海 賢海 實賢 勝尊 良融 實助
實心 宗命 宗厳 行厳 観俊 宗遍 仙覚 信耀 道賢
覚海 元海 實運 勝賢 成賢 道教 親快 實勝 頼瑜 聖忠 聖尋
宗意 實厳 頼真 成厳 寛海 寛任 成恵 光誉 隆雅
寛信 行海 雅寶 成寶 栄然 聖基 勝信 信忠 教寛
良勝 實任 興然
顕厳 親厳 親杲 静厳 経厳
聖珎 信瑜
任瑜 信源

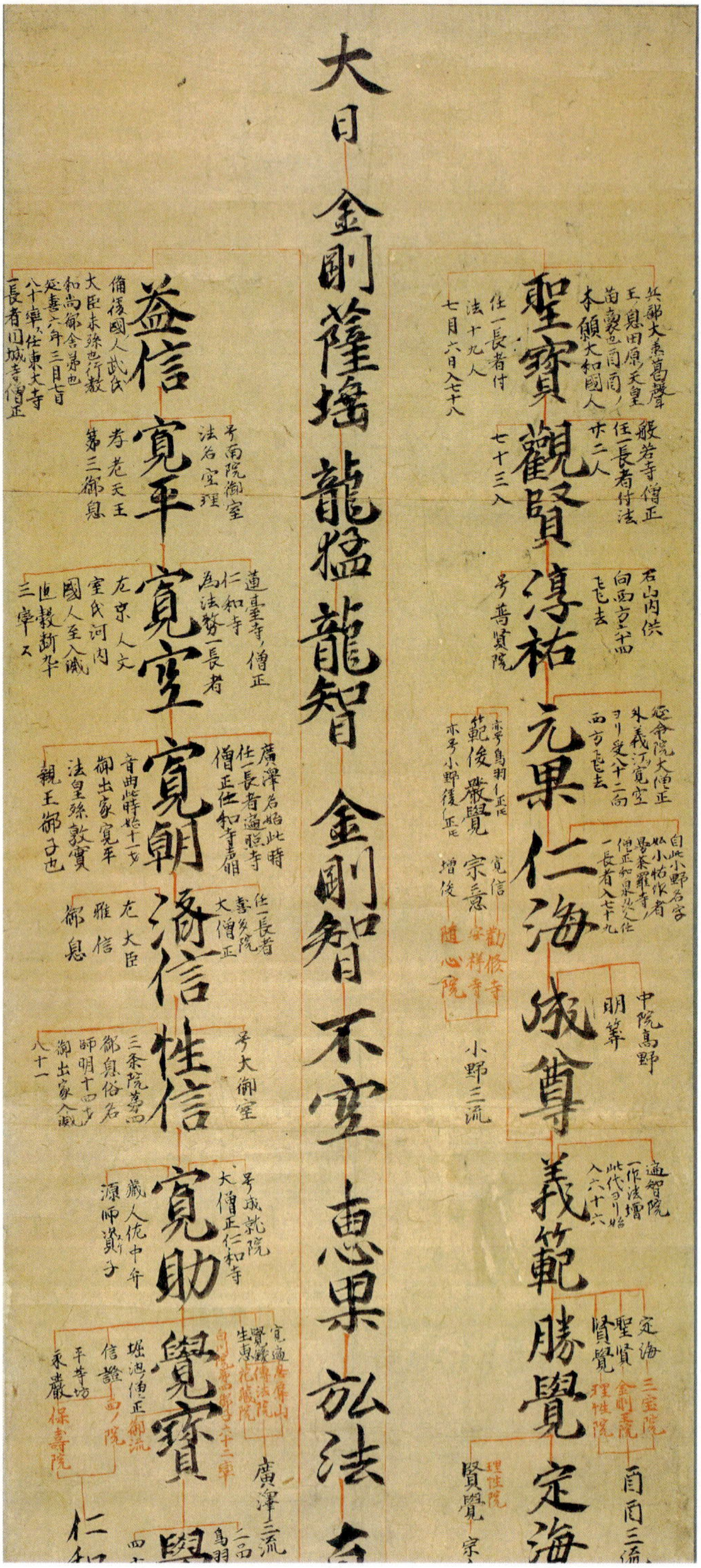
大日
金剛薩埵
龍猛
龍智
金剛智
不空
恵果
弘法

聖寶
観賢
淳祐
元果
仁海
成尊
義範
勝覺
定海

小野三流

益信
寛平
寛空
寛朝
済信
性信
寛助

廣澤三流

院 院 院

酉酉三流

広橋流

一海 雅海 全賢 淨眞 眞敏 俊誉 公紹 俊賀 俊豪 俊盛 俊憲 弘意 顕祐 俊增 俊慶 澄恵 俊聰 尭雅

俊海 俊禅 俊兼 弘應

覚

定海 元海 實運 勝賢 成賢 道教 親快 親玄 覺雄 聖快 快玄 持圓

金剛王院
秘抄口决作者
勝覚 舎利座主

本名明海

後白川院御子
守覚
御流三宝院元祖

秘抄此代出来
是也

遍智院
成淨
親快 号尊

深賢 親快

地蔵院
實勝 頼瑜 聖雲 聖尊 弘顕 弘済

地蔵院

地蔵院

清浄院 地蔵院 實輪院 地蔵院 實乗院 宝輪院 同 實乗院

快玄 義快 宗寿 通快 俊雄 宗兼 宗諄 亮恵

房玄 弘顕 弘済 弘鏡 弘喜 弘典 弘宣 俊雄 亮恵 亮淳

光臺院
大僧正

實勝 聖雲 聖尊 弘顕

号頼賢
意教 慈猛 頼行 證道 義能

号憲静

理性院
賢覺 宗命 宗厳 行厳 観俊 寛覚 仙覚 信耀

道賢 仲我 賢耀

報恩院流
憲深 實深 覚雅 憲淳 隆舜 経深 隆源 隆観 隆済

平等心院
元寶 深賢 實深

定淋 定勝 定任 賢俊 實淋 満淋 義賢 重賀 賢淋 澄恵 源雅 義光

政深 義光 持厳

法 眞雅 源仁

廣澤三流

御六十三章

寛

二品親王
鳥羽院第五子

覺性

四十一章

号北院御室
三品親王 後白川院第二御子

守覺

五十三章

二親王
後鳥羽院
御子

道助

号光臺院
御室 五十四
章

道法
二品親王 後白川院
御子 四十九章

二品親王 後高院御息

道深

四十四章

二品親王
号開白
准后

法助

光明峯寺
開白左大臣
道家之息

五十八章

号眞言院

禪助

内大臣源
道成公息

八十四章

二品親王

寛性

伏見院御子
号常瑜伽院
御室

親快 實勝 頼瑜 頼縁 實眞

等海 義印 義継 賢継 印融

範誉 賢眞

御流
院

保寿院

仁和寺三流

第一巻　覚城院資料の調査と研究 I

目次

総　論

中山一麿

一、『寺院文献資料学の新展開』の発刊にあたって

本シリーズは『寺院文献資料学の新展開』と題する。ここで言う「寺院文献」とは、寺院の歴史と共に集積され、且つ現在もなお寺内で受け継がれている歴史的文献を指す。これらは、寺院の私的文庫・私有財産という価値に止まらず、我が国の歴史・思想・文化・芸術を紐解く重要な資料としての側面を併せ持つ歴史遺産でもある。しかし、これらは寺院内部に閉ざされて存在しており、一般の目に触れることはほとんど無く、学術的にも簡単に利用できる代物ではなかった。ところが昨今では、寺内でも実用から遺産へと意識転換が進み、新たな価値づけへの研究が可能、若しくは必要となってきている。これに伴い、様々な方面から研究の目が向けられ、「寺院文献」を素材とした学会報告も頻繁に行われており、資料学上のフロンティアとなっている。資料の質・量の豊富さ故に早くから調査が行われていた醍醐寺や称名寺の聖教が、近年相次いで国宝に指定されたことはその象徴的出来事でもあろう。決して一般的な見栄えがするとは言いがたい古典籍群が国宝に指定されるには、その中身の重要性を発信してきた長年に亘る地道な研究の積み重ねがあったことは言うまでも無い。

中央の大寺院や前近代から文庫（ふみくら）として有名であった寺院での調査が着実に進んだ余波は、現在地方の中小寺院にも及んで

いる。但しそれは、未だほんの一部の寺院に限られており、現蔵確認すら行われていない寺院がほとんどであり、地方における「寺院文献」の総数は想定すら難思である。一方で、それらは生活様式や社会環境の変化に伴い、以前とは比較にならない早さで失われていっている。

本シリーズはこのような状況に鑑み、主に地方寺院での文献調査に基づく成果を集積し、一地方の研究、一資料の紹介として埋没しがちな成果を一所に集めることによって、汎用性の高い「資料学」として発信することを狙っている。

と同時に、本シリーズの特徴は、個別の資料の質に拘らない研究を目指している。即ち、従前の調査研究の傾向としては、寺内から博捜された重要文献の紹介が主であったと言えよう。しかし、「寺院文献」の調査によって得られる成果とはそれに止まらない。資料の一つ一つは、その個別の価値に拘わらず、寺院経蔵を構成する一齣として、その他の資料と密接な関係性を有している。これは出入りを繰り返しながらも累代の住持が受け継いできた歴史を物語っており、その後追いが可能となるのも「寺院文献」特有の研究要素であろう。一度巻間に流れた後の書物とは、資料としての属性に大きな差異があると言える。この「寺院資料」ならではの繋がりを重視した研究を推進するのが、本シリーズの大きな目的でもあり、「新展開」と題する所以でもある。

本シリーズは当然、学術研究の進展を目指すものではあるが、同時にこのようなシリーズとして刊行されることにより、少しでも「寺院文献」散逸の防波堤になればという「願い」でもある。

二、本巻の刊行にあたって

本巻は、大寧山不動護国寺覚城院（以降、覚城院）に蔵される文献資料を中心とした調査の成果を掲載する。収録した論考は、先に述べた寺院文献ならではの繋がりを意識した研究で構成されている。しかし、これを可能にするには、蔵書の全体像をある程度見渡せなければならない。従って、覚城院での調査は、従前の調査方法を見直し、次のような工夫を加えて行っている。

①紙媒体の調書の廃止。電子調書フォームの作成及びそれを使った書誌の直接入力。
②書誌項目を見直し、法量・丁数の原則割愛、奥書・識語の全文翻刻。表紙情報欄を設けて、表紙に書かれる情報の採取。調査者の所見、典籍の重要度認定欄の設置。
③個人用のメモ撮影を禁止し、共用の固定カメラでの撮影。撮影時には資料番号の表示及び原則全丁撮影を行う。

これらは全て、作業の効率化と情報の共有の為にルール化している。こうして集められた書誌情報と画像は、調査メンバーの共有の研究資源として調査後に統合し、インターネット上で閲覧可能にしている。これにより、現場で調査者個人が目する数倍の情報をいち早く取得し、即時的に研究に生かせる環境を作り出している。

本巻に収載する論考は全てこうした共同作業による基礎データに基づくものであると同時に、現在進行形の調査による基礎データであって、増補と補訂を繰り返している事も承知していただきたい。

覚城院を主体的に扱う先行研究は以下に尽きる。

・香川県教育委員会「覚城院調査」、『歴史博物館整備に伴う調査概報――平成八年度・九年度――』、一九九九年。

・武田和昭『増吽僧正』総本山善通寺、二〇〇五年。
・市村高男「中世港町仁尾の実像と瀬戸内海海運」（『中世讃岐と瀬戸内世界　港町の原像　上』、市村高男・上野　進・渋谷啓一・松本和彦編、二〇〇九年、岩田書院）
・拙稿「寺院経蔵調査にみる増吽研究の可能性――安住院・覚城院」（アジア遊学、『根来寺と延慶本『平家物語』』大橋直義編、二〇一七年、勉誠出版）
・拙稿「覚城院の聖教をめぐって――『密宗超過仏祖決』の出現を中心に」（中世禅籍叢刊『稀覯禅籍集　続』臨川書店、二〇一七年）
・阿部泰郎・伊藤聡「『密宗超過仏祖決』解題」（同右）

詳細は右研究を参照していただくとして、これまで判明している基本事項のみ、まとめておく。大寧山不動護国寺覚城院は香川県三豊市仁尾に所在する真言宗御室派別格本山である。開基は行基とも弘法大師とも伝わるが詳細は不明。記録上は嘉禄二年（一二二六）の火災が寛元三年（一二四五）の文書（『覚城院文書』）に見えるのが初出とみられる。因みに聖教の中には現状で平安期に遡るものが二点、内一点『成就妙法蓮華経王瑜伽観智儀軌』（覚S6-28）は天治二年（一一二五）写と確認しうるが、後代の流入の可能性が高いか。仁尾の地には履脱八幡宮及び鴨大明神が鎮座し、覚城院はその別当を務めるなど、関わりが深い。瀬戸内海中央部に面した当地はこれら神社を中心に発展した商港都市であったと思われる。

覚城院の歴史が具体的になるのは中興とされる増吽以降で、応永三十三年の増吽自筆による『覚城院再興供養願文』の他、自筆書状、伝増吽筆の仏画等の所蔵が知られる。但し、増吽の覚城院への関与は限定的と考えられ、応永年間の実質の住持は宗任と思しい。なお、この時期の聖教には信源という僧の奥書を持つ典籍が多数蔵される。その信源所伝の典籍の多くは尾張真福寺よりもたらされた事も判明している。概してこの時期の覚城院は真福寺及び紀州根来寺との結びつきが強かったことが見えてきており、今後の研究の中心的課題でもある。

その後の覚城院は宝永四年（一七〇七）に高松無量寿院より新安流の祖浄厳の弟子三等の入寺を俟つまで不詳である。三等は『仁保浦大寧山覚城院縁起』を著し覚城院の復興に尽くした。現在仁尾城跡にある覚城院は三等によって、近隣より移されたとされる。三等の後を継ぐ智体は高野山金剛峯寺検校まで上り詰める。その後は高野山との結びつきが強くなったと考えられる。明治に入り体仁（栂尾本元）は高山寺を兼務しており栂尾性を名乗る。その弟子に栂尾仲道（覚城院住職）・栂尾祥雲（高野山大学学長）・乃村隆澄（大覚寺門跡）がおり、仲道の弟子に細川英道（醍醐寺座主）・森諦圓（覚城院住職・仁和寺門跡）を輩出している。近代以降に覚城院が密教界に残した足跡は他に類を見ないものがあろう。

本調査開始時のご住職は諦圓の孫にあたる森恭圓師。令和元年より森大輝師が晋山し現在に至っている。

覚城院の調査が、数年の準備期間を経て、本格的に始動したのは、平成二十八年の秋からである。それまでには、先に挙げた香川県教育委員会の報告書があるものの、地元を除けば学術的に特に注目されていた寺院ではなかった。当初は増吽関係寺院であるという関心からの調査であったが、調査が進むにつれて、予想外に中世写本が多く残っていることが判明してきた。体制を整え、本格的に調査を開始して以降も、中世写本のみならず、近世から明治に亘って、数々の重要課題が浮上する蔵書群であり、既に二度の公開研究会を行っている。本巻にはその発表内容を成稿したものが多く含まれる。

先ずは当初の重要課題である増吽の遺品に関してであるが、既に報告されているものの他に多数出てきているわけではない。しかし、増吽から宗任に授けられた印信、及び増吽が覚城院に宛てた書状が発見された。これらは増吽研究上の重要な資料となるもので、前者は先述の拙稿で取り上げ増吽の法流や真福寺との繋がりが明らかとなった。後者の書状は本書に全文を翻刻し、謎に包まれた増吽の勧進活動、及び熊野との具体的交渉の一端が示された（川崎稿）。

中世の覚城院聖教を扱う上で、増吽以上に重要となるのが、信源と宗任である。宗任写の聖教から本書では二点取り上げている。一つは安居院の声明に関する口伝である。醍醐寺や称名寺に蔵される関連本との比較、及び筆録者忍宗の周辺人脈の考察は、叡山横川や鎌倉を含めた広範な人的背景を明らかにし、『徒然草』第一九九段に登場する行宣法印の側面を捉えるまでに至っている。加えて本文に対する訳注は、声明に関する秘伝の理解を大いに助けるものとなっている（落合稿）。もう一つは宗任が記した聖教目録である。ここには信源から伝領したと考えられる聖教が多数含まれ、現在なお覚城院に蔵される中世写本の多くが本目録と対応する。今後の覚城院調査で見いだされる中世写本とも常に対照すべき目録であり、覚城院聖教の基本目録の一つと言える（伊藤稿）。また、本目録に記載される「血脈」に対応すると思われるのが、「頼淳・増喜血脈」と「野沢十二流血脈」である。頼瑜教学を基盤とする根来寺文化圏の形成と展開を可視化するこれらにも信源が関わっており、法流の相承とともに動く聖教類の流れを視覚的に確認することが出来る点からも貴重な遺品と言えよう（中山稿）。これら信源・宗任に関する写本群は、テクストとして重要な資料であると同時に、纏まって伝来していることにも大きな意味があろう。一方で信源や宗任との関わりが不明であったり、彼らの時代をはるかに遡る写本も散見される。『当寺鎮守青龍権現習事』もそのひとつであり、覚城院への伝来経緯は不明であるが、青龍権現信仰の変遷を考える上で重要となる内容と奥書を伝えている（伊藤稿）。

これら南北朝後半から応永期を中心にその前後にも広がる覚城院の中世写本群は、内容・伝来ともに多方面への研究に影響を及ぼすことは必定とみられ、今後も一つ一つ丁寧に分析を続けて行く必要がある。

寺院経蔵にはある一定の括りで纏められる蔵書群がある。それを私は「書群」と呼んでいるが、まさにこの書群に絞って考察を進めたのが、第四番函に集中する論義書の表紙伝領墨書の研究である。一見無造作に書かれていると思われた表紙署名の位置、順番にもそれぞれ意味があるとする見解には驚覚させられる（牧野稿）。一括の書群を一つ一つの繋がりを以て検証できるのが寺院調査の醍醐味でもある。本文研究のみならず、書物を見る視点を多様化することで新たな研究の発想に繋がる。その為にも、統一性無き硬直状態にあるとも言える書誌学を、目的と実用面から捉え直し、より使える方向に見直すことが必要と考える。彼稿は、表紙署名を取らない調書が多い現状に一石を投じるものとなろう。

一部の特異な寺院を除けば、経蔵内の蔵書のほとんどは近世の写本・版本であると言っても差し支え無かろう。覚城院は比較的中世期写本率が高い寺院ではあるが、それでも近世写本の占める割合は圧倒的である。しかし、近世の写本であるからと言って書かれる内容も近世の言説であるという訳では無いのは自明の事である。『醍醐三宝院大事』も近世写本ではあるが、これまで指摘の無い邪流に関する独自の中世期言説を含んでいる点で注目に値する（高橋稿）。特にこれが近世写本に見られるということは、邪流に関する言辞が批判に耐えながらも、依然として近世を通して再生産されていることを示しており、その意味は小さくなかろう。

近世の覚城院の住持歴代に関する蔵書は、膨大な情報を提供する。本文的には目新しくも無く、同内容のものも多いが、個人や個別の寺院の纏まった蔵書などが確認され、人・モノの動きを解明する手がかりとなる。特に本シリーズ全体に共通する課題として、寺院間のネットワークの具現化を目指している。これは複数寺院での蔵書の比較研究を目指すもので、大阪河内の地蔵寺と覚城院における新安流の第二祖蓮体関係書の比較はその先駆けとなる。両寺院に関係する僧の人的ネットワークのみならず、同種の典籍の比較研究など一ヶ寺の調査だけでは想定し得ない研究課題を生み出すことに繋がっている（山﨑稿）。また、覚城院蔵書そのものが複数の寺院からの流入本で形成されていることも判明しつつある。聖教に頻出する寺院や僧を整理することで、近世の覚城院と関係の深かった寺院や人のネットワークの解明に繋げる事を狙った研究（平川稿）は、今後の調査でも有益なものとなろう。中でも覚城院近郊の金光寺からの流入本は多く、金光寺旧蔵本に関わる中心的な金光寺僧行範の事績の解明は、三等以降の覚城院に流れる新安流聖教の形成とも深く関わるものであった（柏原稿）。同じく、新安流僧の慧濬の聖教と「行状記」からは讃岐における新安流の展開が複雑に絡み合い覚城院で交差している気配を漂わせている（向村稿）。これらは全て肉筆による多数の手蹟を組み合わせることで見えてくるものであり、文書や記録類には投影されない情報を多分に含む。それら一点一点の情報の蓄積とその分析は、その時々の人・モノの動きをより具体的に浮かび上がらせる可能性を秘めている。

また、抑も寺院経蔵とはどういう役割を担っていたのか。どれぐらいの量やジャンルの蔵書が収められていたのであろうか。『当山聖教目録』は仏書版本中心の目録であるが、それなりの分量を有しており、寺院に蔵される近世期蔵書のひとつの基準として見ることが可能であろう。また当時の仏書整理のあり方を伺う上でも有益な資料となろう（木下稿）。なお、仏書以外で注目されるのは寺院に蔵される神道書であり、多数の寺院の経蔵を調査してみて解ることは、寺院には必ず一定量の神道書が蔵されるということである。覚城院に於いても、多数の神道書が確認される（鈴木稿）。しかしこれらが一体何に使われ、どういう意味で集められたのかは解明に至っていない。近世における神道書の実用性、及びそれを担う僧の役割という観点からの研究も課題となろう。

近代の幕開けと同時に寺院社会は極めて苦しい時を迎える。そしてそれは累代が繋いできた経蔵内の収蔵物にも大きく影響を及ぼした。覚城院蔵書もこの時期に出入りがあったと思しく、その一部がアメリカＵＣＬＡ図書館に流出していることが判明した。その背景には栂尾祥雲以降の様々な密教界の動きと人的ネットワークが考えられる。また、覚城院経蔵の変遷を考える上でも覚城院旧蔵本の持つ情報は示唆に富む（幾浦稿）。近代以降の寺院経蔵からの流出本、及びそれらの海外流出には、その背後に政治的思惑や海外を含めた文化人との交流などが想定されるが、現物資料に基づく具体的研究として、今後の更なる進展が期待される。

（令和元年九月時点）

【付記】

一、本シリーズは、以下の事業による研究活動を基盤に企画されている。

《主導事業》

科学研究費補助金　基盤研究（A）（19H00529）〔二〇一九―二〇二三年度〕

「地方基幹寺院に於ける文献資料調査と経蔵ネットワークの研究」

研究代表者　中山一麿、研究分担者　落合博志・伊藤聡・山崎淳・牧野和夫・高橋悠介・須藤茂樹・大田壮一郎・森實久美子

《連携事業》

科学研究費基金　基盤研究（C）（18K00293）〔二〇一八―二〇二一年度〕

「近世仏教説話集の知的基盤についての研究――寺院所蔵の出版物及び聖教との関わりから――」

研究代表者　山崎淳

科学研究費基金　基盤研究（C）（17K02249）〔二〇一七―二〇二〇年度〕

「神道灌頂に関する総合的研究―神仏習合の資料学的再構築」

研究代表者　伊藤聡

科学研究費基金　基盤研究（C）（16K02394）〔二〇一六―二〇一九年度〕

「称名寺聖教を中心とした東国寺院における唱導資料と説話に関する研究」

研究代表者　高橋悠介

二、本シリーズは、多くの寺院からの調査協力と学術研究へのご理解により成り立っている。特に本巻は覚城院の特集巻でもあり、覚城院先代の森恭圓師・現住職森大輝師のご高配への感謝は筆舌に値する言葉が見つからない思いである。覚城院での調査は年間のべ二十日程度に及び、広い客殿を占有させていただくのみならず、冬場のストーブ、夏場の扇風機、更には無理を申してインターネットの利用環境を整えていただくなど、多大なご負担を強いながらも温かいご芳情の上に調査をご許可いただいている。覚城院同様に、ご協力いただいている多くの寺院、及びその関係方々に、本巻や後に続く巻が日頃の報恩となれば幸甚極まりない。

論文篇

第一章

覚城院蔵中世期血脈軸三点について――「頼淳・増喜血脈」・「野沢十二流血脈」・「地蔵院流血脈」

中山一麿

はじめに

覚城院本堂の須弥壇裏には、法要や行事で使用する仏具等に混じって、中世以来所蔵されてきた聖教類や記録などが置かれていた（現在は、蔵に移管）。ここで取りあげる「血脈」は、それらと共に軸物用の函の一つに入っていた。三幅一組の血脈として扱われており、伝法灌頂などの何らかの儀礼で用いられていた可能性もあるが、既に使われなくなってかなりの年月を経て、表装は劣化が進んでいる。しかし幸いにも本紙は良好な状態を保っており、資料的価値が高い。特にその中の一軸は、根来寺中性院流の大成者頼瑜の直弟子である頼淳が相承した法脈を記したものと思われ、中世根来寺教学を網羅的且つ視覚的に俯瞰し得る極めて貴重な血脈系図と言える。

本稿では、この一軸を中心に、その資料価値の確認と所見を述べて紹介し、識者の視界に供したいと思う。

書誌

【仮題】頼淳・増喜血脈（A軸とする。）

【端裏】「血脈」（上方）、「覚城院什物」「現住無等修補之畢」（下方）。

【料紙】楮紙。継紙十四紙。横継（右から三三・一糎、一五・九糎）、縦継（上から二六・五糎、二九・五糎、二九・七糎、二九・七糎、二九・七糎、二八・九糎、一二・三糎）

【法量】（本紙）縦一八七・〇糎、横四九・〇糎。（全体）縦二三八・〇糎、横五二・二糎。

【軸芯】黒色丸棒

【仮題】野沢十二流血脈（B軸とする。）

【端裏】「血脈」（上方）、「覚城院什物」「現住無等修補之」（下方）。

【料紙】楮紙。継紙七紙。縦継（上から三・五糎、二九・八糎、三〇・六糎、三〇・六糎、三〇・七糎、三一・二糎、一四・三糎）。

【法量】（本紙）縦一七一・五糎、横四六・九糎。（全体）縦二二四・五糎、横五〇・五糎。

【軸芯】黒色丸棒
【備考】横に幅七・七糎毎の折り目痕あり。縦に二・六糎幅の均等な押界線あり。

【仮題】地蔵院流血脈（C軸とする。）

【端裏】「血脈」（上方）、「覚城院住（ママ）物」「現住無等修補之」（下方）。
【料紙】楮紙。継紙五紙。縦継（上から二二・七糎、二八・六糎、二八・七糎、二八・七糎、二六・九糎）
【法量】（本紙）縦一三五・三糎、横三二・二糎。（全体）縦一九七・〇糎、横三五・三糎。
【軸芯】焦茶色丸棒

三軸ともに紺鼠単色紙で表装されているが、これは端裏に記される如く、江戸中期の覚城院住職無等（一七一七－一七九四）による補修時に揃えられたものであろう。これら三軸の本紙は料紙の法量・継ぎ方、更には筆蹟も異なる。加えて血脈に記される内容にも時代差があり、成立時期・書写年・書写者はそれぞれ異なると考えられる。従って、これらがいつから三幅一組として伝えられていたかは無等の修復時を下限とするとしか言えない。但し、後述する如く、これらの内二軸の成立は南北朝期まで遡り、少なくとも室町初期には覚城院に蔵されていたと考えられる。残る一軸も、成立は遅くとも十六世紀後半と考えられる。

以降、先ずは個々の血脈の概略を示す。

略解

C軸（地蔵院流血脈）

論述の都合上、順序を入れ替えて説明を施す。先ずは三軸中で最も成立が下ると思われるC軸からである。

本血脈は大日から真言八祖を経て、源仁までを中心に据え、その両側に小野・広沢両流の流れを記すもので、所謂真言野沢血脈の一種である。その示し様は主たる流れを大きく記し、その支流を細かく表記している。また主な僧には傍記として出自や寂年などを付記している。今、その主たる流れのみを示せば右の通り。

聖宝-観賢-淳祐-元杲-仁海-成尊-義範-勝覚-定海-元海-実運-勝賢-成賢-道教-親快-親玄-覚雄-聖快-快玄-持円

大日-金剛薩埵-龍猛-龍智-金剛智-不空-恵果-弘法-真雅-源仁

益信-寛平-寛空-寛朝-済信-性信-寛助-覚宝-覚性-守覚-道助-道深-法助-禅助-寛性

即ち、本血脈の最大の特徴は、小野流の流れを地蔵院流を主軸に記していることである。これは傍流の書き様にも顕れており、地蔵院流の支流が房玄方・実勝方などにも及んでいる一方で、当時の三宝院流の中でもっとも隆盛を誇っていた報恩院流は一支流と同様の扱いに過ぎない。一見して明らかに醍醐寺ひいては小野の嫡流は地蔵院流であることを視覚化した血脈とみられる。

本血脈の成立は、主たる流れが小野は持円[1]（～一四六六）まで、広沢は寛性（一二八九-一三四六）までと時代差があり、傍流には天文年間の僧も確認できる。この為、本血脈は段階的に書き継がれて現状の形になったと考えられる。

また、余白には主流と支流の中間の大きさで描かれる血脈が存在している。

親快-実勝-頼瑜-頼縁-実真-等海-義印-義継-賢継-印融-範誉-賢真

これは、地蔵院流道教方の下に実勝方があり、その実勝方の中でも「頼瑜―頼縁」と続く法流を根来中性院流頼縁方と呼ぶそれである。この法流は頼縁が鎌倉佐々目谷に移ったことにより、称名寺第四世長老実真へと受け継がれ、関東にその教線を拡大する。(2)

注目すべきはこれが印融の『血脈私鈔』(3)「三宝院流」に記される相承と完全に一致している事である。印融は長禄三年（一四五九）に三宝院流を三会寺（横浜市）賢継から受けており、その時の許可・血脈は後に『諸印信口訣』(4)（文明十年（一四七八）成立）としてまとめている。そこに見られる印融の立場は、「三宝院末資」を名乗り、地蔵院流道教方を「当流」と呼び、他流を傍流として退けている。特に印融のいた高野山に流れる三宝院流の一派、意教方への対抗心は顕著である一方で、次に挙げる印形の秘事に関する言辞からは報恩院流などは眼中に無きが如しである。

『諸印信口訣』十四「阿闍梨位大事私口訣」

成賢御弟子中道教外此大事伝誠意教計也。憲深一向不知。然今時分憲深末流習之事憲深弟子定済値意教伝之。
憲深第四代憲淳遇願行伝之。今時分彼流有之歟

『血脈私鈔』は文明十九年に、この立場を更に鮮明にしたものであり、『続真言宗全書』解題では「憲深方を受けたと云い乍らその相伝を掲出しないのは、印融が道教方以外の三宝院流を傍流として顧みなかったことに由るのであろうか」と記している。印融の志向に偏りがあるかどうかはともかくとして、印融は法流相伝に関する莫大な資料を得ていた事は間違いない。『諸印信口訣』「長続印信一通　元海作」の項には「問。紘血脈時元海以下以朱紘之事如何　答。此記元海作以下相伝人也云事為知也」と見られる如く、血脈の細部にも精通していたと思われる。本血脈に見られる印融の後継「範誉」は

『血脈私鈔』にも印融の弟子「遍照坊」としてその名がみえ、本血脈の成立には印融周辺の影響が強く感じられる。『血脈私鈔』撰述にかかる印融の手元には、本血脈の如きもその視界に入っていたものと考えられる。

印融のこうした地蔵院流道教方を三宝院流の正嫡と見做す考え方は、なにも印融に限ったことではない。早くに杲宝（一三〇六―一三六二）は『血脈鈔野沢』[5]（別称、『付法相承血脈鈔』上下）の、「一、三宝院流事」の項で、「道教僧都早世間以二印可一授二親快法印一了。於二儀式灌頂一者受二深賢法印一了。親快下実勝法印。親玄大僧正両人雖レ論二法流嫡末一累代相承聖教本尊等親玄大僧正譲二得之一嫡流條人所レ知也。」と記し、三宝院流の嫡流を道教―親快―親玄―覚雄―道快との認識を示している。これは、醍醐寺内で三宝院継承を巡る論争があることを理解しつつ、院家及び座主職の継承は憲深の系譜（報恩院流）に依るものの、法流の継承は累代の聖教本尊に依らねばならず、それがどこに有るのかは衆人の知るところであると暗に報恩院の動きを牽制したものと解せる。また宥快（一三四五―一四一六）の『血脈記』[6]になると、「一、醍醐三宝院流事。正嫡者地蔵院流也。」と明記するに至っている。これら東寺や高野の大学匠の著述をみるに、印融以前から既に三宝院正嫡は地蔵院流であるという事が密教界で広く共有されていたと考えられる。

宥快は更に踏み込んで、「凡遍智院以二頼賢一童形憑二瀉瓶一給。」と述べて三宝院正嫡の遍智院僧正成賢は元々は頼賢（意教上人）を瀉瓶と考えていたが、頼賢が高野山金剛三昧院に遁世したため、成賢の後継を巡る混乱が生じたことを指摘し、正嫡と認める地蔵院流よりも高野山に流れる頼賢相承の三宝院流（意教方）の優位性を説いている、ともとれる言辞を残している。

印融の矛先はこうした意教方の風潮に向けられているのであり、三宝院正嫡が地蔵院であるということは宥快も印融も共通した認識であった。印融が相承した鎌倉経由の実勝方は、『三十六流大事』[7]「三宝院流道教方」「両部灌頂血脈」に「道教―親快―実勝―頼瑜―頼縁―実真―等海―義印―義継―賢継―印融―覚融―快音（以下略）」として記されている。『三十六流大事』は天文期の高野山の僧快音がその作成に関わったとされ、印融の思想は、弟子で金剛峯寺検校になる覚融を介して、既に広く高野山に浸透していたと考えられる。印融の『諸印信口訣』の奥書には、「元亀二（一五七一）年十月日於二根来寺小池坊一伝受砌頼心房本ニテ書写畢　雲州三沢高田寺住　春雄」とあり、根来をはじめ広く流布していた事も窺える。高野山では醍醐寺内とは違う形で三宝院流を巡る綱引きがあったと言えよう。そしてこれは高野山内だけのことでは無く、醍醐寺内で報恩院による支配が強まる中、寺外では法流の正当性の揺らぎに乗じて、密教相承の主幹たる三宝院流を自流に引きつける動きが広がっていた事を示していよう。

対して、醍醐寺内からすると当然このような状況は好ましいことではなかったであろう。時代は下るが醍醐寺座主義演（一五五八－一六二六）は、『作法集口訣』（文明十年、印融撰）を写して以下の奥書を残している。(8)

右作法集印融私記也、於二当流一努力々々不レ可レ依二用之一、田舎之僧也、但高野山無量寿院流ニハ于今仰二信之一云云、此外号二廿四帖一偽書有レ之、為二真偽之心得一設覃二披見一聊以莫二信用一、為二末資覚悟一記レ之耳　座主准三后義演

しかし、この頃には既に多くの法流に三宝院流の伝書（偽書を含めて）は組み込まれ、また各地で三宝院流を名乗る支流を生じさせる事になったと思われる。

以上のことを踏まえて、本血脈の成立過程を推察するに、全体が一筆で書かれた事を積極的に否定する理由は無く、親本を元に書写・加筆したものと考えられる。親本には野沢両流の嫡流を示す血脈として、恐らく寛性と同時代の親玄若しくは覚雄までを記す血脈が記され、南北朝期には成立していたと考える。それは、地蔵院流の嫡流血脈として十五世紀前半まで書き継がれた。その後、印融の見るところとなって、頼瑜や印融を経由する法流、おそらく三宝院地蔵院流実勝方の支流根

来中性院流頼縁相承の流れを伝受した僧により、十六世紀後半頃に書写・加筆されて現在の形になった、と考えるのが妥当であろう。

本血脈は、中世期に遡る地蔵院流を主流にした掛幅による血脈である。類する物が他に無い訳でもなかろうが、管見の限り報告例を知らない。用途としては地蔵院流に依る灌頂儀礼で用いられたと想像されるが、案外秘伝書とされていた可能性もあろうか。本血脈が現在何故覚城院に蔵されるかは不明であるが、恐らく他所から流入したものと思われる。本所の院家（地蔵院）が醍醐寺内で衰退していく中、法流としての命脈が院家の相承とは切り離されて、寺外の思惑によって保たれていた事を示していると捉えられよう。

B軸（野沢十二流血脈）

次にB軸についてみていく。これは真言密教の主たる法流を示すもので、「野沢十二流血脈」と言って良い。広沢六流即ち右から伝法院流・花蔵院流・保寿院流・（御室御流）・西院流・忍辱山流、小野六流即ち金剛王院流・理性院流・三宝院流・安祥寺流・勧修寺流・随心院流の正嫡を視覚化したものと言える。広沢六流の中心に御室御流を描き、その系譜が最も下方の「道意」（一二九〇－一三五六）まで記されている。一方、小野六流は三宝院流を中心に描き、その中でも地蔵院流を主軸に描いていることが看取される。「親快‐実勝‐頼瑜‐聖忠‐聖尋‐聖｜（珍）」までを記す。広沢六流と比較すると、「道意」が記される高さに小野六流では「聖尋」（東大寺別当）が記され、その下に「聖珍」が記載されている。その後に続く「信瑜‐任瑜‐信源」は筆蹟が異なり明らかな後補である（後述）。従って本血脈は、聖尋から聖珍が付法した当時（十四世紀中頃）の真言諸流の系譜に対する認識を示していると思われ、東大寺東南院聖珍の周辺で作成されたものと推察される。

ここに記される広沢・小野各六流は、源仁以降分派する諸流として現在でも最も通用される十二流であるが、資料によっては必ずしも十二流の内容が一定しているわけではない。抑も、野沢十二流という呼称の起源も明確ではない(9)。真言諸流は院政期から分流が始まり室町初期頃におおよそ固まっていったとの見方が通説であろう。

　真言血脈を集めた大部な書としては、元瑜（一二二八-一三一八）の『血脈類聚記』が早く、鎌倉後期の成立（一二九九～一三一二）と考えられるが(10)、この『血脈類聚記』には、野沢十二流とされる個別の流がほとんど記されていない。多くの場合、院家の名を記すのみで、「院家＋流」で固有名詞として出てくる例はほとんど確認されないのである。一方で、「当流」・「諸流」などという言葉は間々出てきており、師資相承の累代の繋がりを「流」と表現する考え方は存在していたと言えよう。試みに東京大学史料編纂所のデータベースで、「三宝院流」を検索して見ても、十三世紀以前で原文に「三宝院流」との表現が使われていた例は限定的である(11)。興味深い例としては、憲深を醍醐座主に補す事を請う文書に(12)「三宝院之流」という文言が出てきており、二語（「三宝院」・「流（ながれ）」）を使って「三宝院流」という概念を表現している。このような例からも、鎌倉末期頃までは院家毎の特有の流儀の相承系譜を「流」と表すことはあっても、それを「何某流」という複合名詞として通用することは一般的ではなかったと思われる(13)。その理由として考えられるのは、例えば「三宝院」も「三宝院流」もほとんどの場合で同義として不都合が無かった為であろう。本所の院家名と法流としての名称とを区別する必要が強まるにつれて、自ずと法の流れのみを意味する「院家＋流」という単語が頻出するようになったと考えられる。

　ところが、『血脈類聚記』から僅かに下ると考えられる醍醐寺蔵『伝法灌頂師資相承血脈』(14)になると、「三宝院流」・「理性院流」・「金剛王院流」・「勧修寺流」・「安祥寺流」・「随心院流」・「小嶋流」との標題を記している。此の血脈の成立年代に関して築島裕氏は、細部の書き込みを除き基本的に全て一筆であること、法流の末に書き継ぎが認められないことから「最初からこの形態で書写された」と確認した上で、本流末尾に記される勝深が報恩院を授けられた嘉暦四年（一三二九）が「最新の年紀と認められる。」とする。但し、応長元年（一三一一）頃まで遡る可能性を含ませつつ「大体に於いて、この辺りが本書成立年代と推定してよいのではないか」としている。(15)彼書では「院家＋流」と言う言葉で明確に各派を区別しており、『血脈類聚記』の記述とは大きく変容している。この差は抑も両書の書き様の違いに起因しているとみられる。『血脈類聚記』は個々の僧伝の類聚を主としており、系図は部分的に挿入しているに過ぎない。対して、『伝法灌頂師資相承血脈』は全体が系図として作成されており、個人の事績は傍注に過ぎず、主たる目的は法の「流(ながれ)」を示す事にあったであろうから、敢えて「流」を付していると思われる。抑も、その読み様も、後代の宥快ですら「三宝院流ノ」(16)とわざわざ訓を付す例が見られることからすると、『伝法灌頂師資相承血脈』の成立当初は訓じていた可能性もあろう。但し、こうした「流」を明確にする事に特化した系図の作成が、後に「何某流」という複合名詞を生み出す土壌になったと考えられる。

文和二年（一三五三）起稿の杲宝の『血脈鈔』（上巻「沢」は頼我ヵ）になると、「何某流」という言葉が広沢六流を含めて定着しており、野沢十二流成立の萌芽期とも言えよう。『血脈鈔』は各流派毎に立項して記述を進めており、立項される流の題を示せば次の通りである。

『血脈鈔・沢』

「先広沢流」・「御室御流」・「保寿院流」・「西院流」・「華蔵院流」・「忍辱山流」・「伝法院流」

『血脈鈔・野』

「勧修寺流血脈事」・「後宇多院勧修寺流御伝受事」・「小野三流嫡末事」・「安祥寺流事」・「随心院流事」・「金剛王院流事」・「理性院流事」・「無量寿院流松橋事」・「三宝院流事」・「報恩院三宝院流事」・「東南院流事」

『血脈鈔・沢』の文末には「已上広沢六流血脈正統畢」との記述もみられる。しかし一方で、『血脈鈔・野』では勧修寺流・

随心院流・安祥寺流を「小野三流」と総称するものの、醍醐の法流は主要三流に絞っておらず、野沢諸流の内訳にはなお揺れがあったと解せる。(17)

野沢十二流の定着に大きな影響を及ぼしていると思われるのが、宥快口・宥信記による『東寺真言宗血脈』(18)（至徳三年〔一三八六〕成立）の次の記述であろう。

成就院ノ寛助僧正ノ下ヨリ広沢ノ諸流相分ル。謂ク花蔵院聖恵親王忍辱山流寛遍僧正保寿院流永厳法印西院流信証僧正御法流共ニ五流有レ之。近来仁和寺真ノ光院ノ禅助僧正相二伝シテ高野山伝法院覚鑁上人流ヲ一号シテ二伝法院流ト一授ク之レ。已上六流也。

（中略）

成尊ノ弟子ニ義範。範俊。明算等有レ之。義範専ハラ住シ二醍醐ニ一範俊猶ヲ住ス二小野ニ一。明算住ス二高野ニ一。範俊授ク二厳覚。良雅等ニ一。厳覚授ク二宗意。寛信。静誉。増俊ニ一也。宗意流ノ名ヲハク二安祥寺流ト一寛信ノ下ノ名ヲハケ二勧修寺流ト一増俊ノ下ノ名ヲハク二随心院ト一也。仍大師第十一代ノ資厳覚大僧都ノ下ニ有ル二小野ノ三流一也。義範授ク二勝覚ニ一。勝覚権僧正ノ時名ク二三宝院流ト一。勝覚ノ弟子ニ有二三人一。理性房賢覚理性院流三密房聖賢金剛王院流大僧正定海三宝院正嫡也仍大師第十一代ノ資権僧正ノ下ニ有ル二醍醐ノ三流一也。仍テ小野流ニ有ル二六流一也。此外成尊ノ付法明算流ノ有リ二高野ニ一。又寛助ノ付法真誉流ノ同クリ有二高野ニ一。明算流ノ名ヲハケ二中院流ト一真誉流ノ名ヲハク二持明院流ト一仍テ両流有リ二高野山ニ一也

高野山の学匠であった宥快のこの明快な規定により、現在でも最も汎用される十二流として認知されるに至っている。(19)

翻って本血脈を見ると、その成立時期は『血脈鈔』と『東寺真言宗血脈』の間に位置すると考えられる。宥快が定めた十二流と同様の内訳を本血脈は明記しており、野沢十二流を規定していく始原的な資料として示唆深い。また、これが頼瑜の根来寺教学を継承する東大寺東南院聖珍の元で結実している事も興味深い。

本血脈の持つ特徴としては、三宝院流の正嫡を遍智院と見做し、その法流の先が醍醐寺内を飛び出して、東南院に引き込んでいる点にあろう。これは『血脈鈔』が敢えて「東南院流」を立項していることにも通底する。三宝院を巡る、座主職相承・院家継承・法流相承に関する報恩院と地蔵院の騒擾は、抑も遍智院成賢の後継問題に端を発する。本血脈は、それら醍醐寺内部の喧噪を余所に、三宝院流の伝書が頼瑜を経由して東南院聖珍の元に集積していく階梯を、如実に明示しているものと言えよう。

A軸（頼淳・増喜血脈）

本血脈も大日如来から真言八祖を経て源仁までを中央に描き、その左右に益信（広沢）と聖宝（小野）の法流を記す野沢血脈の一種と言える。図面中央上部の「大日如来」の右側に朱で「東寺□□相承血脈次第」とあり、或いはこれが本血脈の原題とも考えられる。類する題を持つ書としては先にも触れた『東寺真言宗血脈』（宥快口宥信記）が浮かぶが、何らかの関係を見いだす事は難しい。C軸・B軸が法流の正嫡を図示することを狙っているのに対して、本血脈は特定の個人が受けた法流を図示したものであり、抑も前二つの血脈とは全く性質が異なる。当然、その作成の方法や動機も違うものと考えられる。

本血脈ではほぼ全ての流れが頼淳若しくは増喜に至っている。試みにその数を数えれば、頼淳は五十二（広沢十七・小野三十五）流、増喜は十六（広沢五・小野十一）流あり、その内「頼淳–増喜」と相承される流が十四流ある。これに関連する支流が多少加えられているが、その枝を除いても全体で実に五十四流という大部な系図血脈ということになる。作成当時までに受けた法流をほぼ網羅した相承血脈図を意図していたものと考えられる。このような血脈図は印信に付属する「血脈」[20]を類聚することに依らねば作ることは不可能で、当人が直接関与して作成したと考えるべきであろう。従って、本血脈の成立には、頼淳・増喜両人がそれぞれどのように関与したかを考えねばなるまい。

頼淳（一二七二―一三四七）は、頼瑜の開いた根来中性院第二世で、中性院流の正嫡を継ぐ僧となる。同じく頼瑜の高弟で伝法院を継ぐ良殿の実弟でもあった[21]。本血脈でも、中央に書かれる主幹系図は「成賢―道教―親快―実勝―頼瑜―頼淳―増喜」の流れであり、三宝院地蔵院流実勝方の下に頼瑜から始まる根来中性院の流である。その他の流れを見ても頼淳が受けた法流の内、実に三十法流を頼瑜から授かっている。良殿からの相承も含めるとその数は更に増え、本血脈が根来の事相形成の全貌を一目で俯瞰できる貴重な資料である所以である。主たる五十四流の内、五十二流が頼淳の受けた法流であり、この血脈の原型は頼淳の相承血脈系図であったと考えられる。

増喜（一二九九―?）は頼淳の跡を受け中性院第三世となる。本血脈に見られる増喜が受けた法流は先述の如く十六流の内、十四流が頼淳を師としている。しかもその内十三流が「頼瑜―頼淳―増喜」と相承されるものであり、増喜への頼瑜教学の継承を明確に示している。残る二流は「頼瑜―良殿―増喜」となっているが、これに関して『東草集』[22]の以下の記事が興味深い。

『東草集』第四巻「良親大夫公同誦経文」

夫れ受職灌頂は、直入直満の要路なりや、（中略）抑も受者新阿闍梨耶、前には既に先師の附属を受け、両流の秘賾は奥蔵を究むと雖も、今重ねて当室の幽寂を叩き、一宗の玄旨は淵源を尽くさんと欲す。（中略）〔大夫公良親灌頂の時〕

三位公増喜の為に之れを草す。大阿闍梨中性院

これは増喜の受識灌頂時に良親が草した誦経文であるが、受者増喜に対する大阿闍梨は中性院となっており、頼淳とみてよい。しかも「新阿闍梨耶（増喜）」は「既に先師の附属を受け」として、今回の伝受は重受であるとする。ここで「先師」と呼ぶ対象は頼瑜若しくは良殿となろうが、頼瑜は嘉元二年（一三〇四）に滅しており、正安元年（一二九九）生まれの増喜

に伝授していることは考えられない。従ってここの「先師」とは良殿とみられ、即ち此の時増喜は、良殿から受けた法流を改めて頼淳から重受したことになる。その理由が中性院の継承と密接に絡んでいたであろうことは想像に難くない。本血脈で「良殿‐増喜」と相承される二流の流れのみ図示すれば左の如し。

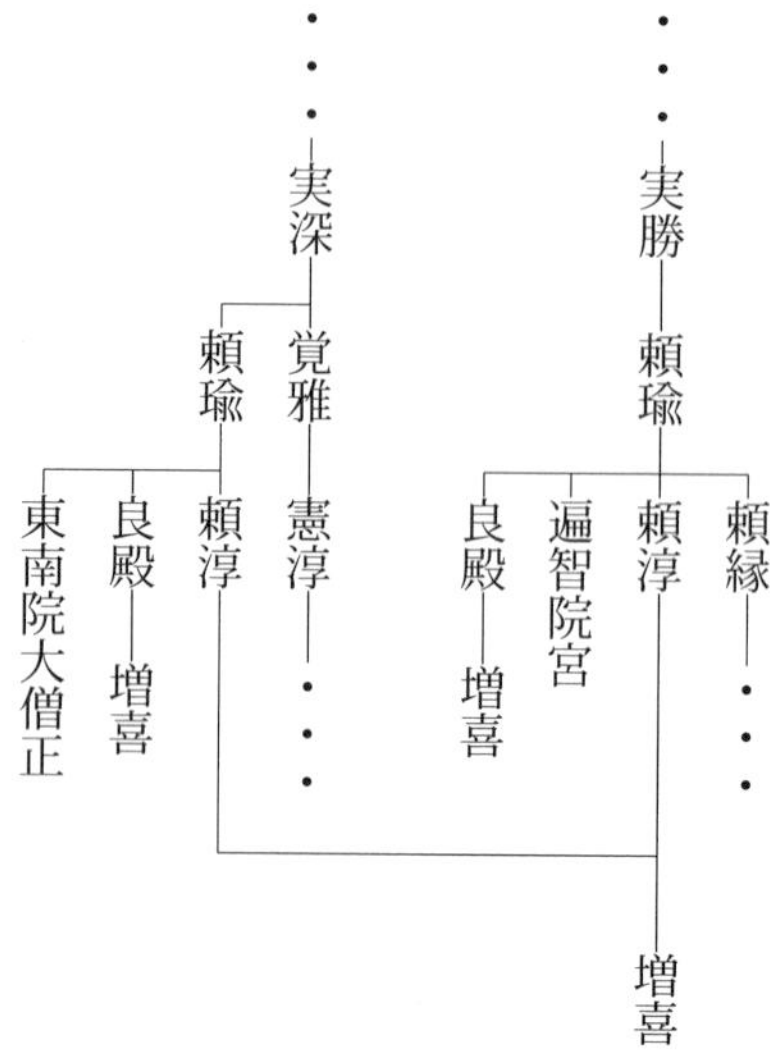

本血脈もまた、『東草集』が示す増喜重受の事情に合致していると言えよう。

　如上から判ずるに、本血脈は頼淳の伝受した法流を網羅した一面の系図血脈として作成され、それに中性院を継承した増喜が自身の受けた頼瑜相承の系譜を追加したものと言えよう。これは個人の相承の確かさを保証する血脈であり、頼瑜所伝の頼淳・良殿の法を嗣ぐ増喜が根来一山の正統な継承者であることを示す機能も果たしていたと考えられる。

　では、次に本血脈は頼淳・増喜が直接筆を執ったものかどうかを検討する。先ず、増喜が追加した部分とそれ以前が同筆であるかどうかというと、恐らく同筆と見做して良い。但し、増喜の追加と見られる部分は画面上で非常に狭いスペースに詰まって書かれている傾向が見られる。これは恐らく、元々頼淳の法流のみを記した親本があって、それを書写しつつ、その余白に増喜の法流を書き加えた為に生じたと解せる。これだけ複雑な血脈図のレイアウト変更は困難で、恐らくそうせざるを得なかったと思われる。頼淳相承血脈図が親本として使われたであろう事は、御室御流の系譜にその痕跡が残ることから確認しうる。該当部分のみ示せば左の通り。

真光院大僧正禅助—当御室（寛性）—大聖院御室（法守）—当御室（法仁）

ここには「当御室」が二度記されている。一人目が「寛性」であり、二人目が「法仁」である。寛性（伏見天皇皇子（一二八九—一三四六））は貞和二年に薨じ、翌貞和三年には頼淳も入寂することからしても、寛性は頼淳が「当御室」と呼ぶにふさわしい。一方、法仁[23]（後醍醐天皇皇子）は観応元年（一三五〇）六月十九日に法守（後伏見天皇皇子）に灌頂を受けるが、文和元年（一三五二）十月二十五日には薨去している[24]。つまり法仁が御室当代である期間はこの二年半弱に限られるのであり、その時期には既に頼淳はなく、この部分が増喜の追記であることは明白である。親本の表記をそのまま残しつつ、新たに増喜と同時代の御室当代を追記しているのである。

　従って、本血脈は、頼淳血脈相承図を親本として、増喜に依って新たに書写・追補されたものと考えて間違い有るまい。しかもその時期は、法守が御室当代であったと言える期間に限られ、その頃の増喜は既に中性院第三世でもあった。但し、本血脈が増喜自筆であるかどうかという事になると、明らかに増喜自筆と言える比較対象が管見に入らず、また右筆を使う可能性もあり保留せざるを得ない。しかし、料紙・筆致等からも南北朝期成立を否定する材料はなく、元々は中性院所蔵の血脈であったとみて大過無いと考える。

おわりに

ここまで、C・B・Aの順にそれぞれの血脈が持つ資料価値や成り立ちについて略説してきた。言うまでも無く、それはこれらの資料が持つ一面を述べたに過ぎず、目が変われば景色も変わろう。浅学非才の身には重たい資料であり、細部に関しては識者の見解を俟ちたいと思う。

但し筆を置く前に、A・Bの血脈に関する、重要な一点に触れておかなくてはなるまい。

この両血脈には、成立後に追記された補筆が見られる。該当箇所の流れのみを示せば次の通り。（波線部分が追記）

血脈A

・・・―道教―親快―実勝―頼瑜―頼縁―儀海―能信―信瑜―任瑜―信源(25)

・・・―成賢―頼賢―義能―賢誉―実済―能信―信瑜―任瑜―信源

・・・―実深―頼瑜―東南院大僧正―聖尋―聖珍―信瑜―宥円―任瑜―信源

血脈B

・・・―道教―親快―実勝―頼瑜―聖忠―聖尋―聖珍―信瑜―任瑜―信源

・・・–宗厳–行厳–真空–頼瑜–聖忠–聖尋–聖珍–信瑜–宥円–任瑜–信源
・・・–勝尊–勝円–真空–頼瑜–聖忠–聖尋–聖珍–信瑜–宥円–任瑜–信源
・・・–任覚–最寛–宏教–能禅–亮禅–実済–能信–信瑜–任瑜–信源

見ての通り、これらは全て信源に繋がっている。信源に関しては説明を必要とするが、既に別稿[26]で述べており、ここでは必要な事実のみ簡略に記すに止める。信源（一三六九–？）は讃岐あるいは伊予の出身の僧と考えられ、尾張真福寺に何度となく出入りし、そこで任瑜から多くの伝を授けられ、多数の真福寺聖教を書写若しくは伝領して四国に持ち帰った。その蔵書が覚城院宗任（?–一四五二）を介して今、覚城院に蔵されるに至っている。信源書写の他の聖教類と比較しても、A・B両軸の補筆は信源の手蹟とみて間違いなく、これらは一旦、真福寺で所蔵されていた時期があったことが解る。信源が真福寺からもたらした典籍類の全貌は不明なるも、覚城院には宗任の『事相聖教目録』が現存しており、そこに多くの典籍が確認できる（本書所収伊藤稿参照）。その『事相聖教目録』には「血脉二巻々物」と記載されており、巻物を軸物と見做して良いか不審が残るものの、これがA・Bの二軸を指す可能性は極めて高い。

以上を踏まえて、この両軸の変遷をまとめると、A軸は頼淳血脈相承図を原型とし、それを書写・加筆した増喜の血脈であり、根来中性院の什物であった。それが頼瑜所伝の聖教類の蒐集に努めた東南院聖珍へ進呈されたものと思われる。聖珍は同時に当時の真言宗の体系を顕し、その中での自らの位置づけを鮮明にしたのが血脈Bと考える。その後、聖珍から信瑜への東南院聖教の譲渡に伴って、両血脈も真福寺の所蔵するところとなった。しかし、任瑜の法を汲む信源の預かるところとなって四国へ渡り、更には宗任へと譲られ、覚城院の所蔵に結着した。

（1）中世後期の地蔵院を巡る問題は先行研究に乏しいが、持円までを取り上げる次の論考が参考になる。
伴瀬明美「室町期の醍醐寺地蔵院—善乗院聖通の生涯を通して—」（『東京大学史料編纂所研究紀要』第二六号　二〇一六年）。

（2）赤塚祐道「中世根来寺における書写活動—良殿と頼縁—」（『密教学研究』四六号、二〇一四）。

（3）『続真言宗全書』第二五巻。

（4）『続真言宗全書』第二五巻。引用に際しては、旧字・略字等は通行字体に改めた。以下、『真言宗全書』・『大日本史料』も同様。

（5）『続真言宗全書』第二五巻。

（6）『続真言宗全書』第二五巻。

（7）『続真言宗全書』第二五巻。

（8）『続真言宗全書』第四二巻、『諸印信口訣』解題による。

（9）後掲、注（19）参照。

（10）『真言宗全書』第一巻　解題による。

（11）『血脈類聚記』（『真言宗全書』第三九巻）にも「金剛王院流事」など数例は確認しうる。また親快（一二二五-一二七六）の『幸心鈔』にも「付此文流流有異説、或作円形、或作剣形、今三宝院流剣形歟」とある。しかしこれも文脈上「三宝院」と「流」が接続した結果とも思える。いずれにしても、後代であれば「何某流」と表記されて然るべき文脈においても、「流」が付かない例が圧倒的に多いと言える。

（12）〔醍醐寺文書〕七十函　職事　華蔵院

言上、欲被補醍醐寺座主職事、右、彼識者、<u>三宝院之流</u>、一門跡之輩、補任来年序尚、仍改日来之非分、於被付于当流之仁哉、（中略）建長元年十一月　日　法印権大僧都実深

（『大日本史料』五編三一冊・傍線稿者）

（13）温泉寺蔵『血脈事』（徳治二年、白毫院良含作・至徳三年写）には、「小野流相承血脈次第」・「三宝院血脈次第」・「理性院血脈次第」・「金剛王院流血脈次第」・「勧修寺流血脈次第」などと記載され、「流」の有無に統一性が見られず、混用されている。なお、本書は国文学研究資料館所蔵のマイクロフィルムによる。

(14) 築島裕「醍醐寺蔵本「傳法灌頂師資相承血脈」解題」(『醍醐寺文化財研究所 研究紀要』第一号、一九七八年)。

(15) 同右、解題。

(16) 『東寺真言宗血脈』(『続真言宗全書』第二五巻)。
　実賢(中略)號金剛王院僧正。仍於三宝院流者悉不相伝之。雖然猶執本流三宝院流授諸人。実賢方三宝院云是也。

(傍線稿者)

(17) 温泉寺蔵『血脈事』には以下の如く醍醐三流を明確にしている。一方で、安祥寺流や随心院流の表記はみられない。
　仰云此僧正(勝覚)乳母有二人法匠舎兄賢覚理性房此則理性院始也舎弟勝賢三密房金剛王院始也仍三宝院加理性院金剛王院二流云醍醐三流也但三流相対云三宝院時者以定海僧正為本体也凡三宝院門流正道門人理性院金剛王院云無下思下也
(括弧内稿者)

(18) 『続真言宗全書』第二五巻。

(19) なお、「野沢十二流」という表現自体は、近世まで見られない。管見の限りでは、報恩院前大僧正源雅から智積院御房(玄紹房日秀)へ宛てた文書に「後宇多院御受法之後、野沢十二流之内之可為本流之由、被仰定候之間、」(『大日本古文書』家わけ第十九醍醐寺文書之十五、三四八五)とあるのが早い。日秀の智積院能化就任は慶長十七年とみられる。言うまでも無く後宇多院が「野沢十二流」という言葉を使うことはあり得ない。従って、本血脈を「野沢十二流血脈」と題するのは躊躇するが、便宜上適当と判断した。

(20) 徳永隆宣「真言宗史の研究─覚鑁・頼瑜の伝統と根来山─(Ⅰ)」(『現代密教』第二号、智山伝法院、一九九〇年)、田中悠文「贈僧正頼瑜諸流相承考」(『現代密教』第二号、智山伝法院、二〇〇一年)。これら先行研究で紹介される頼瑜相伝の印信類と、本血脈は多くの部分で合致する。

(21) 『東草集』第四巻「結縁灌頂乙戒文清浄金剛院弘覚、良殿の為の乙戒文」に以下の如くあり。「先師(良殿)聖霊は現前和尚(頼淳)の兄なり、一樹の身に侘して連枝の果実を結ぶ。俗家の骨肉、仏家の棟梁たり。」(括弧内稿者)。引用は同左による。

(22) 『東草集』は原漢文であるが、引用には以下の書き下しを用いた。『東草集』訳註研究(川崎大師教学研究所叢書第二巻、東草集研究会編、二〇一四年)。

(23) 法仁は左「仁和寺御伝」や『諸門跡譜』に記載されるも、血脈上はほとんど名を残さない。『野沢血脈集』等に基づく『密教大辞典』の血脈にも御室歴代としては記載されない。但し、観智院本『真言付法血脉仁和寺』(南北朝期写)には、法守の付法として「法仁宮御早世 於開田御入壇」とある。武内孝善編「東寺観智院金剛蔵本『真言付法血脉仁和寺』」(『高野山大学密教文化研究所紀要』第六号、一九九三年)。

(24) 『群書類従第六十七』所収「仁和寺御伝」。引用は『大日本史料』(六編一七冊)による。

宮法仁、後醍醐院第十御子、〇諸門跡譜、第十皇子ニ作ル、御母左近中將爲道朝臣女、正中二〔乙/丑〕年□月□日誕生、元弘四〔甲/戌〕年三月廿八日入室大聖院、〔十/歳〕、年□月□日立親王、〔諱躬/良省イ〕暦應元〔戊/寅〕年十二月廿八日於大聖院御出家、〔十/四〕、戒師御室、觀應元〔庚/寅〕年六月十九日御灌頂、〔廿/六〕、大阿闍梨禪阿院御室、〔四十/三〕、同二〔辛/卯〕年二月廿二日直叙二品、同□月□日賜綱所、并補六勝寺検校、文和元〔壬/辰〕年十月廿五日御入滅、廿八、

(25) 本紙欠損の為、文字の大半を失うが、僅か見える残画からしても此処に「信源」と書かれていたことは確実である。

(26) 拙稿「寺院経蔵調査における増吽研究の可能性―安住院・覚城院」(大橋直義編『根来寺と延慶本『平家物語』』勉誠出版〔アジア遊学〕、二〇一七年)、拙稿「覚城院の聖教をめぐって―『密宗超過仏祖決』の出現を中心に」(中世禅籍叢刊『稀覯禅籍集 続』臨川書店、二〇一七年)、阿部泰郎・伊藤聡「『密宗超過仏祖決』解題」(同右)、伊藤聡「『事相聖教目録』翻刻・解題」(本書所収)。

覚城院蔵「頼淳・増喜血脈」・「野沢十二流血脈」・「地蔵院流血脈」翻刻

〔凡例〕

一、旧字・異体字などは原則通行字体に改めた。

一、欠損による不読は□、難読文字は■で示し、推定可能な場合は傍記した。

一、原本の明らかな誤字は正しい文字を傍記した。

一、原本の朱文字は薄黒とし、区別した。

一、文字の配置、大きさは原図レイアウトに近づけたが、適宜変更した箇所もある。

一、補入符による訂正は原則補入後を示したが、レイアウト変更が生じる場合は原本のままとした。

一、血脈Aの系線は墨を実線、朱を点線で示して区別した。

なお、血脈B・Cの系線は全て朱線のため、点線とせず実線で示した。

- 真雅
  - 真然
    - 寿長
    - 無空 ― 峯日
    - 聖宝
  - 源（実恵・真雅）
    - 聖宝
    - 益信

・園□（城）寺益信 ― 寛平法皇 空理 光孝天皇々子

- 寛平法皇
  - 貞慶 神楽岳
  - 延敒 東南院
  - 寂法三親王 ― 寛照
  - 香隆寺僧正寛空 蓮台寺
    - 元杲
    - 遍照寺大僧正寛朝° 広沢 敦実親王寛平法皇御宮
      - 深覚大僧正 禅林寺
        - 覚源 醍醐座主
        - 信覚 勧修寺
          - 修仁
            - 増蓮 ― 芳源 ― 最朝（済イ） 勝定房 改恵什
          - 厳覚
            - 実範 中川上人 ― 覚聖 ― 心覚
            - 寛信
      - 円融法皇 御名金剛法
      - 北院大僧正済信° 一条左大臣雅信息
        - 延尋済延 華蔵院
        - 長和親王 号大御室 性信
          - 寛智律師 同観音院
          - 寛意 観音院僧都 ― 兼意 成蓮房 ― 心覚 常喜院 →（隆誉）
          - 成就院大僧正寛助 右中弁師資息 →（高野御室）

東寺□□相承血脈次第）

大日□□（如来）― 金剛薩埵 ― 龍猛□（菩）薩 ― 龍智阿闍梨 ― 金剛智三蔵 ― 不空三蔵 ― 恵果和尚 ― 弘法大師 →（真雅）

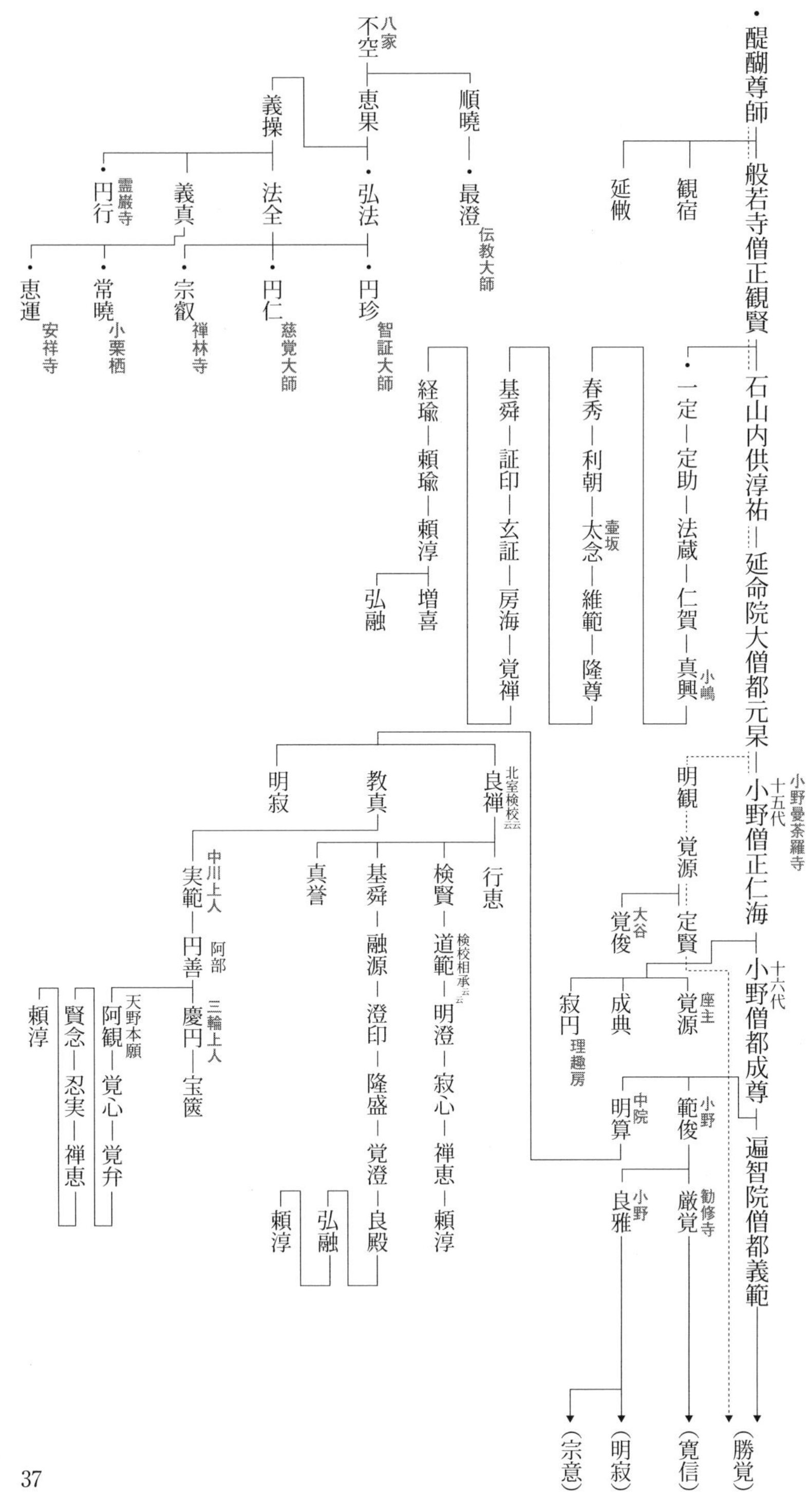

醍醐尊師
延敒
観宿
般若寺僧正観賢
一定―定助―法蔵―仁賀―真興 小嶋
石山内供淳祐
延命院大僧都元杲
小野曼荼羅寺 十五代 小野僧正仁海
明観―覚源
大谷 覚俊
定賢
十六代 小野僧都成尊
座主 覚源
成典
寂円 理趣房
小野 範俊
中院 明算
勧修寺 厳覚
小野 良雅
遍智院僧都義範
（勝覚）
（寛信）
（明寂）
（宗意）
春秀―利朝―太念 臺坂―維範―隆尊
基舜―証印―玄証―房海―覚禅
経瑜―頼瑜―頼淳
増喜
弘融
八家 不空
順暁
最澄 伝教大師
恵果
義操
弘法
法全
義真
円行 霊巌寺
円珍 智証大師
円仁 慈覚大師
宗叡 禅林寺
常暁 小栗栖
恵運 安祥寺
良禅 北室検校云
教真
明寂
行恵
検賢―道範 検校相承云―明澄―寂心―禅恵―頼淳
基舜―融源―澄印―隆盛―覚澄―良殿
真誉
弘融
頼淳
中川上人 実範―円善 阿部
三輪上人 慶円―宝篋
天野本願 阿観―覚心―覚弁
賢念―忍実―禅恵
頼淳

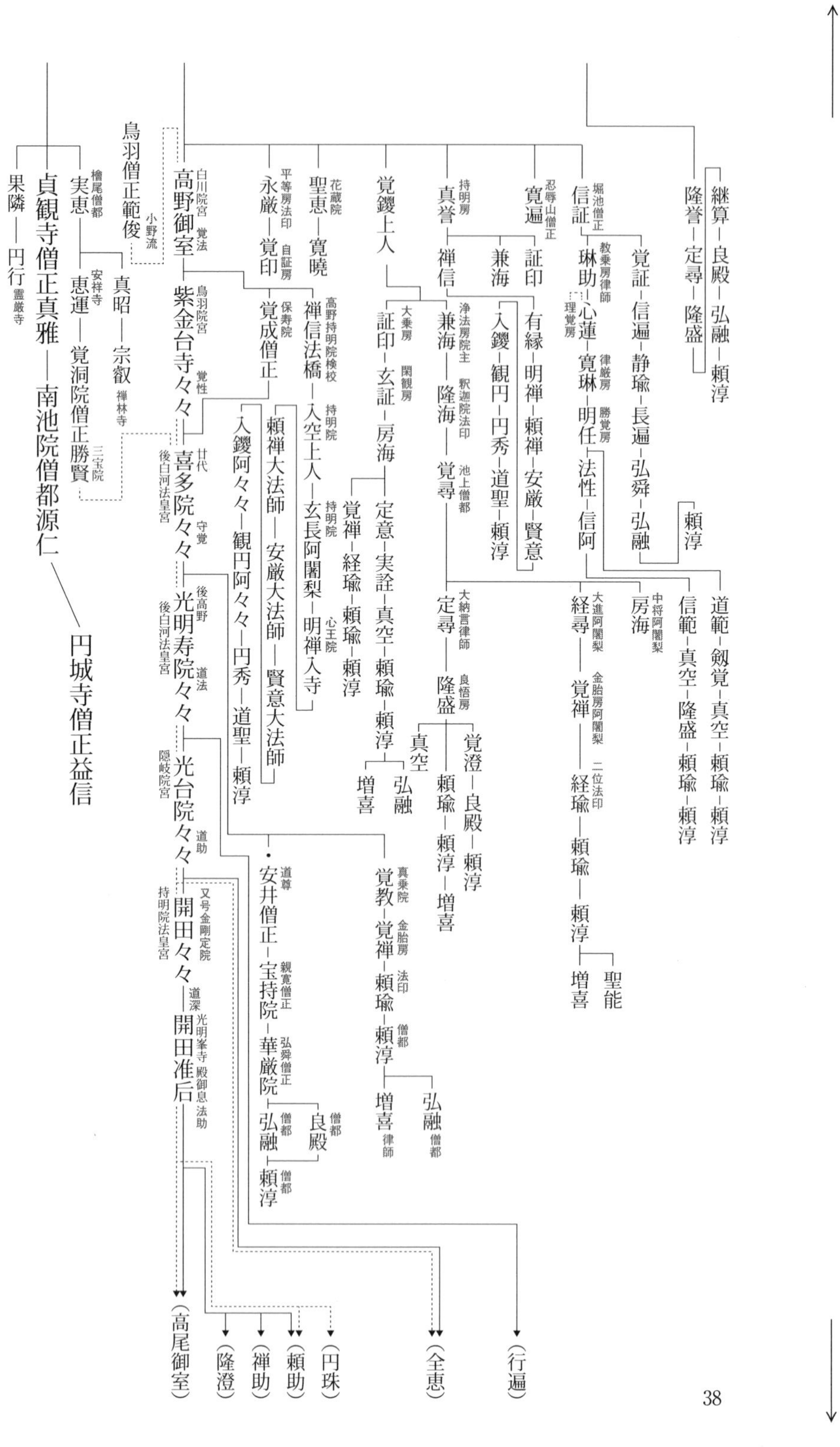
継算—良殿—弘融—頼淳
隆誉—定尋—隆盛
堀池僧正 信証
覚証—信遍—静瑜—長遍—弘舜—弘融
頼淳
道範—劔覚—真空—頼瑜—頼淳
信範—真空—隆盛—頼瑜—頼淳
教乗房律師 琳助—理覚房 心蓮—律厳房 寛琳—勝覚房 明任—法性—信阿
中将阿闍梨 房海
大進阿闍梨 経尋—金胎房阿闍梨 覚禅—二位法印 経瑜—頼瑜—頼淳
聖能
増喜
忍辱山僧正 寛遍—証印—有縁—明禅—頼禅—安厳—賢意
入鑁—観円—円秀—道聖—頼淳
兼海
持明房 真誉—禅信
浄法房院主 兼海—釈迦院法印 隆海—池上僧都 覚尋
大納言律師 定尋—良悟房 隆盛
覚澄—良殿—頼淳
真空
頼瑜—頼淳—増喜
覚鑁上人
大乗房 証印—閑観房 玄証—房海—定意—実詮—真空—頼瑜—頼淳
弘融
増喜
覚禅—経瑜—頼瑜—頼淳
花蔵院 聖恵—寛暁
高野持明院検校 禅信法橋—持明院 入空上人—持明院 玄長阿闍梨—心王院 明禅入寺
平等房法印 永厳—自証房 覚印—保寿院 覚成僧正
頼禅大法師—安厳大法師—賢意大法師
入鑁阿々々—観円阿々々—円秀—道聖—頼淳
真乗院 覚教—金胎房 覚禅—法印 頼瑜—僧都 頼淳
弘融 僧都
増喜 律師
・道尊 安井僧正—親覚僧正 宝持院—弘舜僧正 華厳院
良殿 僧都
弘融 僧都
頼淳 僧都
白川院宮 覚法 高野御室
鳥羽院宮 覚性 紫金台寺々々
廿代 後白河法皇宮 守覚 喜多院々々
後高野 後白河法皇宮 道法 光明寿院々々
隠岐院宮 道助 光台院々々
又号金剛定院 持明院法皇宮 道深 開田々々
光明峯寺殿御息 法助 開田准后
（高尾御室）
（隆澄）
（禅助）
（頼助）
（円珠）
（全恵）
（行遍）
鳥羽僧正範俊 小野流
檜尾僧都 実恵
真昭—宗叡 禅林寺
安祥寺 恵運—覚洞院僧正勝賢 三宝院
果隣—円行 霊巌寺
貞観寺僧正真雅—南池院僧都源仁—円城寺僧正益信

醍醐導師僧正聖宝

三宝院権僧正勝覚―同院大僧正定海―松橋大僧都元海―勝倶胝院僧都実運―覚洞院僧正勝賢→（成賢）

（松橋流）一海―房海―寛尊―静瑜―長遍―弘舜―弘融―頼淳

東院伊豆流 仁寛阿闍梨

理性房 賢覚法眼―賢信―乗印―勝因（円）―覚舜―真空―頼瑜・寂性―頼淳―寛昭・東南院・道聖・増喜・円海上人・弘融・弘覚

宗命―宗厳―行厳―真空―頼瑜―頼淳

観俊―真空―頼瑜・寂性―頼淳

三密房金剛王院 聖賢阿闍梨―源運―雅西―実賢（正縁）―勝尊―勝円―真空―頼瑜―頼淳―東南院大僧都御房・増喜・弘覚・弘融

見阿―空詮―智海―真空―頼瑜―頼淳

道円―覚智―理海―性海―道空―真空―頼瑜―頼淳

贍空―円弁―倫秀―真空―頼瑜―頼淳

尊源―了真―真空―頼瑜―頼淳

賢海―賢淳―心覚―真空―頼瑜―頼淳

杲海―雅西―贍空―澄空―倫秀―真空―頼瑜―頼淳

寛信―雅宝―成宝

行海―真慶―雅円―信範（信阿）―真空―了真―道海

道威―道聖―頼淳

実範―朝誉―明遍―覚禅―経瑜―頼瑜―頼淳―増喜・頼心・寛昭

良勝―良弘―真慶―雅円―真範―真空―了真

道海―道威―道聖―頼淳

行海

良弘―道慶―厳恵―寂威―真空―了真―道海

道威　道聖　頼淳

静誉―宗親―覚暹―慶雅―朗澄（石山）―顕良―慶鑁―真空

頼瑜―頼淳―頼心・寛昭・増喜

安祥寺 宗意―実厳（正縁）―成厳―隆厳―真空―頼瑜―頼淳―弘融・増喜

淳観―増仁―仁禅―尊念―親厳―良印―真空―頼瑜―頼淳―弘融・増喜

念範―仁済―成宝―寛典阿闍梨

明寂―心蓮―聖慶―定尋―隆盛―頼瑜―頼淳

宗意―実厳―成厳―隆厳―真空―頼瑜―頼淳―増喜

静瑜僧都―長遍僧正―弘舜僧正

弘融僧都―頼淳僧都

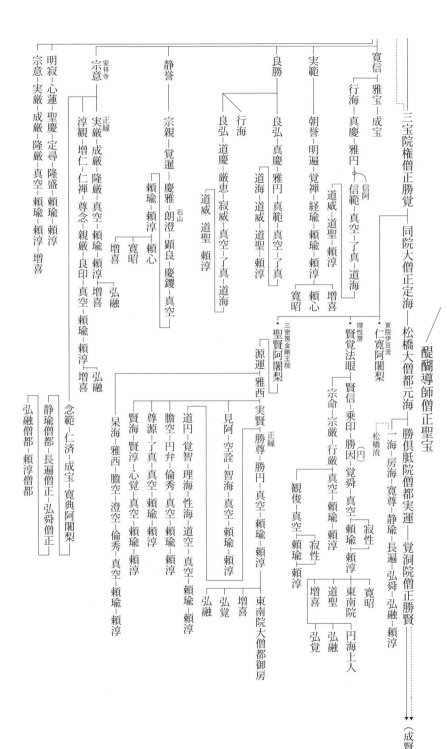

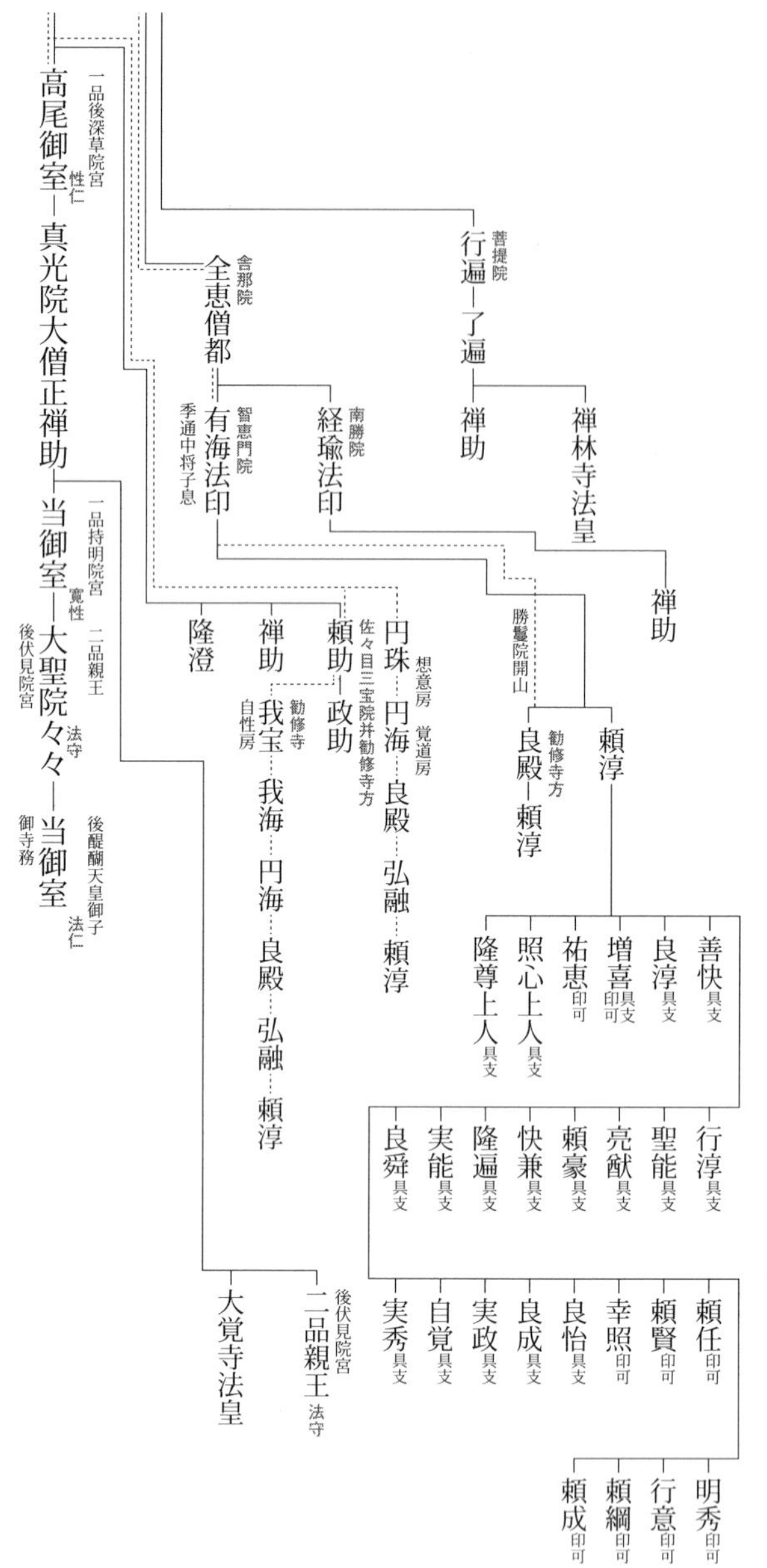

善提院
行遍
了遍
禅助
禅林寺法皇
禅助
舎那院
全恵僧都
南勝院
経瑜法印
智恵門院
有海法印
季通中将子息
勝鬘院開山
良殿
勧修寺方
頼淳
頼淳
善快具支
良淳具支
増喜具支印可
祐恵印可
照心上人具支
隆尊上人具支
行淳具支
聖能具支
亮猷具支
頼豪具支
快兼具支
隆遍具支
実能具支
良舜具支
頼任印可
頼賢印可
幸照印可
良怡具支
良成具支
実政具支
自覚具支
実秀具支
明秀印可
行意印可
頼綱印可
頼成印可
想意房
円珠
覚道房
円海
良殿
弘融
頼淳
佐々目三宝院并勧修寺方
頼助
政助
禅助
勧修寺
自性房
我宝
我海
円海
良殿
弘融
頼淳
隆澄
一品後深草院宮
高尾御室
性仁
真光院大僧正禅助
一品持明院宮
当御室
寛性
二品親王
大聖院々々
法守
後伏見院宮
後醍醐天皇御子
当御室
法仁
御寺務
後伏見院宮
二品親王
法守
大覚寺法皇

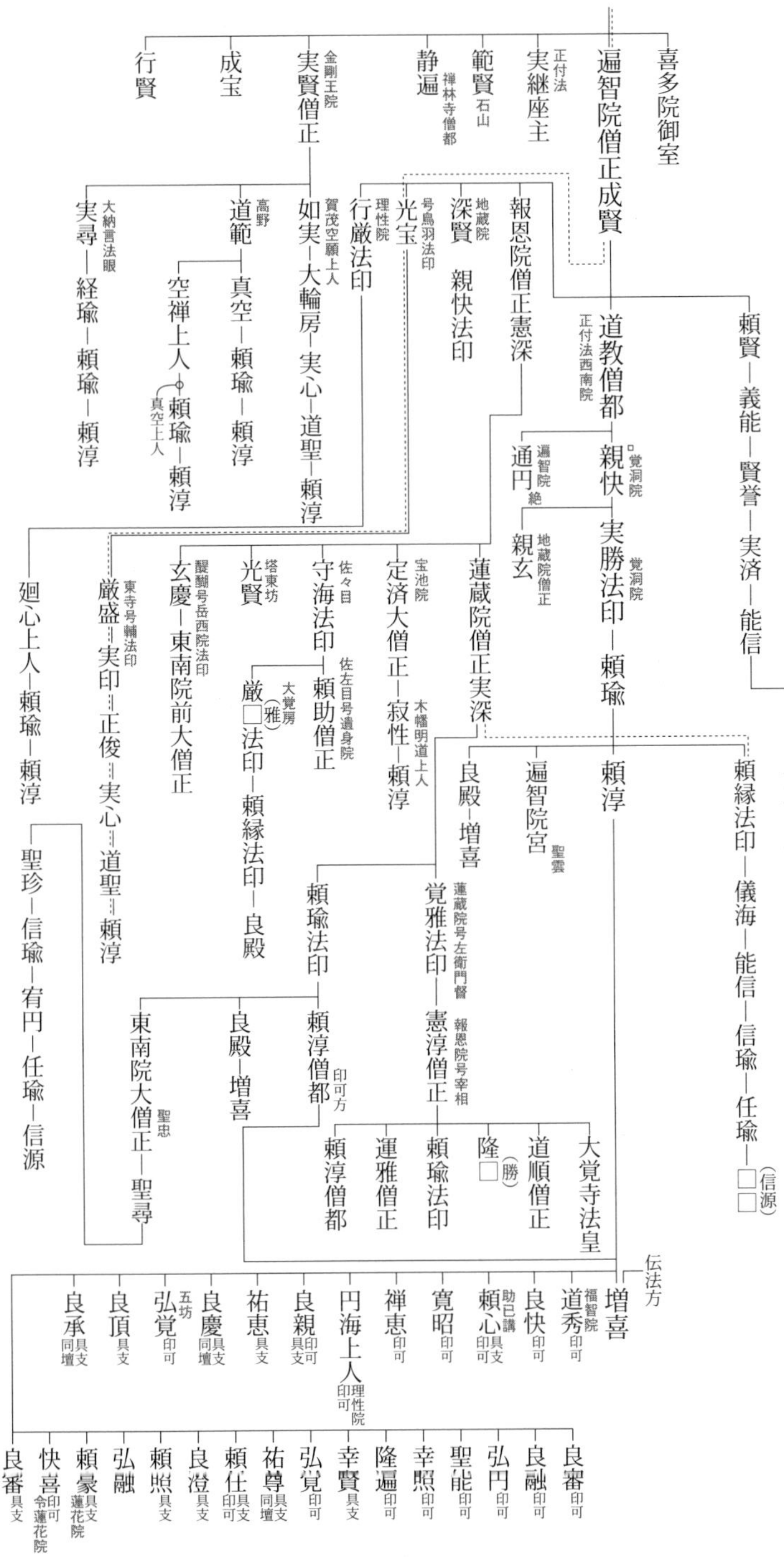
喜多院御室
遍智院僧正成賢
実継座主 正付法
範賢 石山
静遍 禅林寺僧都
実賢僧正 金剛王院
成宝
行賢
頼賢—義能—賢誉—実済—能信
信瑜—任瑜—信源
道教僧都 正付法西南院
報恩院僧正憲深
深賢 地蔵院
親快法印
光宝 号鳥羽法印
行厳法印 理性院
如実 賀茂空願上人—大輪房—実心—道聖—頼淳
道範 高野—真空—頼瑜—頼淳
空禅上人—頼瑜—頼淳
真空上人
実尋 大納言法眼—経瑜—頼瑜—頼淳
親快 覚洞院
通円 遍智院 絶
実勝法印 覚洞院—頼瑜—頼淳
親玄 地蔵院僧正
蓮蔵院僧正実深
定済大僧正 宝池院—寂性 木幡明道上人—頼淳
守海法印 佐々目
頼助僧正 佐左目号遺身院
厳□(雅)法印 大覚房—頼縁法印—良殿
光賢 塔東坊
玄慶 醍醐号岳西院法印—東南院前大僧正
厳盛 東寺号輔法印—実印—正俊—実心—道聖—頼淳
廻心上人—頼瑜—頼淳
聖珍—信瑜—宥円—任瑜—信源
良殿—増喜
遍智院宮 聖雲
頼縁法印—儀海—能信—信瑜—任瑜—□□(信源)
覚雅法印 蓮蔵院号左衛門督—憲淳僧正 報恩院号宰相
大覚寺法皇
道順僧正
隆□(勝)
頼瑜法印
運雅僧正
頼淳僧都
頼瑜法印
頼淳僧都 印可方
良殿—増喜
東南院大僧正 聖忠—聖尋
伝法方
増喜
道秀 福智院 印可
良快 印可
頼心 助已講 具支 印可
寛昭 印可
禅恵 印可
円海上人 理性院 印可
良親 具支 印可
祐恵 具支
良慶 具支 同壇
弘覚 五坊 印可
良頂 具支
良承 具支 同壇
良審 印可
良融 印可
弘円 印可
聖能 印可
幸照 印可
隆遍 印可
幸賢 具支
弘覚 印可
祐尊 具支 同壇
頼仕 具支 印可
良澄 具支
頼照 具支
弘融
頼豪 具支 蓮花院
快喜 印可 令蓮花院
良番 具支

伝教伝

大日—金剛手—龍猛—（台）捔多—無畏—一行—義林—順暁—最澄
（金）龍智—金剛智—広智—順暁—最澄

海雲伝

大日—普賢（金剛界）—龍猛—龍智—金剛智—不空—恵果—義操—法全—円仁 / 円珍
　　　　　　　　　　　　　　善無畏　　　　　　　　　　法潤
大日—金剛手（胎蔵界）—達摩捔多—善無畏—金剛智—不空
　　　　　　　　　　　　　　　　　　　　玄超—恵果—法潤—法全—宗叡 / 円珍 / 円仁
　　　　　　　　　　　　　　　　　　　　一行

広沢流

益信（園城寺 僧正）—法皇（金剛覚 寛平） / 神日（律師）
法皇—延敞（東南院 法務） / 寛空（蓮台寺 長者 僧正） / 真寂（法三御子）
寛空—寛忠（僧都） / 寛朝（遍照寺 長者 僧正） / 元杲（僧都）
寛朝—深覚（禅林寺 長者 僧正） / 済信（喜多院 長者 僧正） / 法皇（仁和寺 円融）
深覚—修仁—増蓮—芳源—恵什 / 信覚（勧修寺 長者 僧正）—厳覚
済信—性信（大御室 入道二品親王）
性信—寛意（観音院 大僧都） / 済暹（僧都） / 覚意（大教院 僧都） / 義範（僧都） / 寛助（成就院 長者 僧正）↓
寛意—兼意（成蓮房） / 覚念（中御室）
兼意—憲有 / 心覚（常喜院）

大日如来—金剛薩埵—龍猛—龍智—金剛智—不空
　　　　　　　　　　　　　　善無畏—一行
不空・一行—保寿 覚超 / 保寿 元皎 / 崇福 恵朗 / 新羅 恵超 / 金閣 含光 / 恵果（青龍寺）
恵果—河北 義円（金） / 剱南 維上（金） / 新羅 恵日（台） / 河陵 弁弘（台） / （義明供奉）←
恵果—弘法
弘法—実恵（檜尾 僧都 長者） / 真済（高尾長者僧正） / 真如（親王） / 杲隣—円行（霊巌寺 阿闍梨） / 真雅（貞観寺 僧正）
実恵—真紹（禅林寺 僧都 長者）—宗叡（僧正 長者後入唐） / 恵運（安祥寺 僧都）
真雅—源仁（南池院 長者 僧正） / （真然）←
源仁—法皇（水尾 清和天王也） / 禅念—玄静 / 峯斅（僧都）

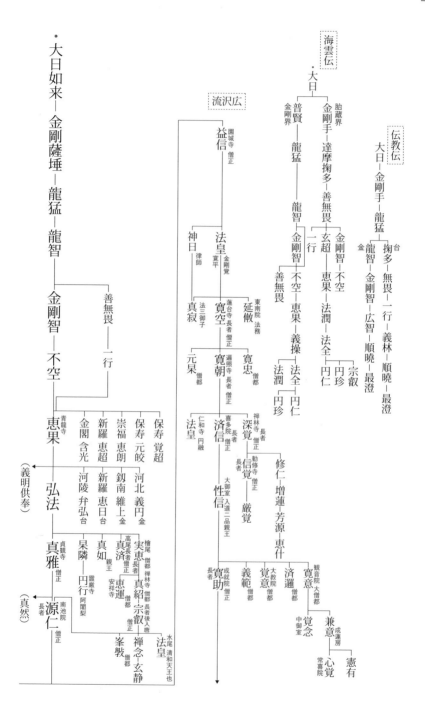

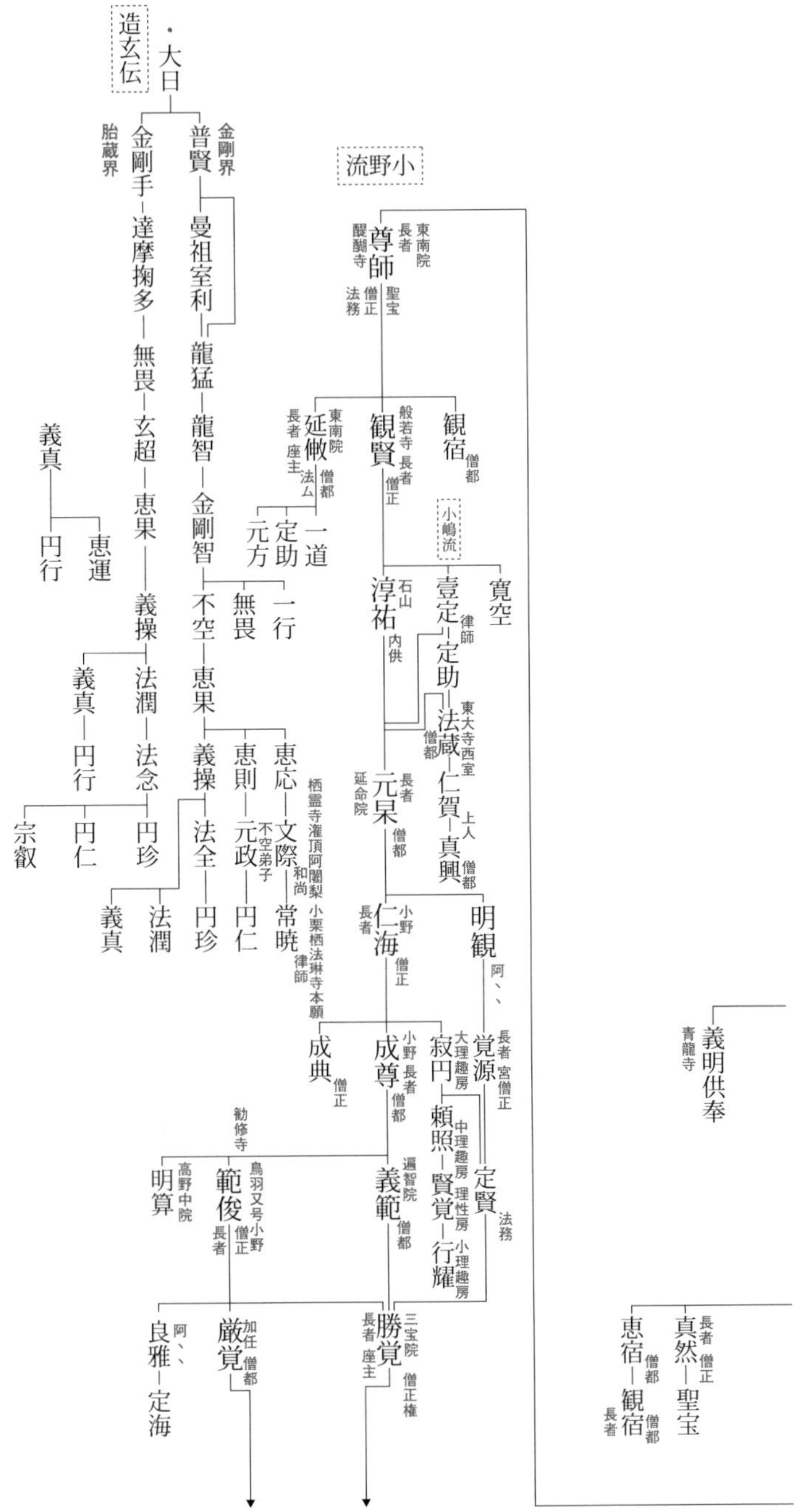
造玄伝
大日
金剛界
普賢
胎蔵界
金剛手
曼祖室利
達摩掬多
龍猛
無畏
龍智
玄超
金剛智
恵果
一行
無畏
不空
義操
恵果
義真
円行
恵運
義真
法潤
円行
法念
宗叡
円仁
円珍
恵応
恵則
義操
文際
和尚
元政
不空弟子
法全
常暁
律師
円仁
円珍
法潤
義真
栖霊寺灌頂阿闍梨 小栗栖法琳寺本願
小野流
尊師
東南院
長者
醍醐寺
聖宝
僧正
法務
観宿
僧都
観賢
般若寺
長者
僧正
延敞
東南院
長者
座主
法ム
僧都
一道
定助
元方
小嶋流
寛空
壹定
律師
淳祐
石山
内供
定助
法蔵
東大寺西室
僧都
仁賀
上人
元杲
長者
延命院
僧都
真興
僧都
明観
仁海
小野
長者
僧正
阿、、
覚源
長者
宮僧正
寂円
大理趣房
成尊
小野
長者
僧都
成典
僧正
頼照
中理趣房
定賢
法務
賢覚
理性房
行耀
小理趣房
義範
遍智院
僧都
範俊
鳥羽又号小野
僧正
長者
勧修寺
明算
高野中院
勝覚
三宝院
長者
座主
僧正権
厳覚
加任
僧都
良雅
阿、、
定海
義明供奉
青龍寺
真然
長者
僧正
聖宝
恵宿
僧都
観宿
長者
僧都

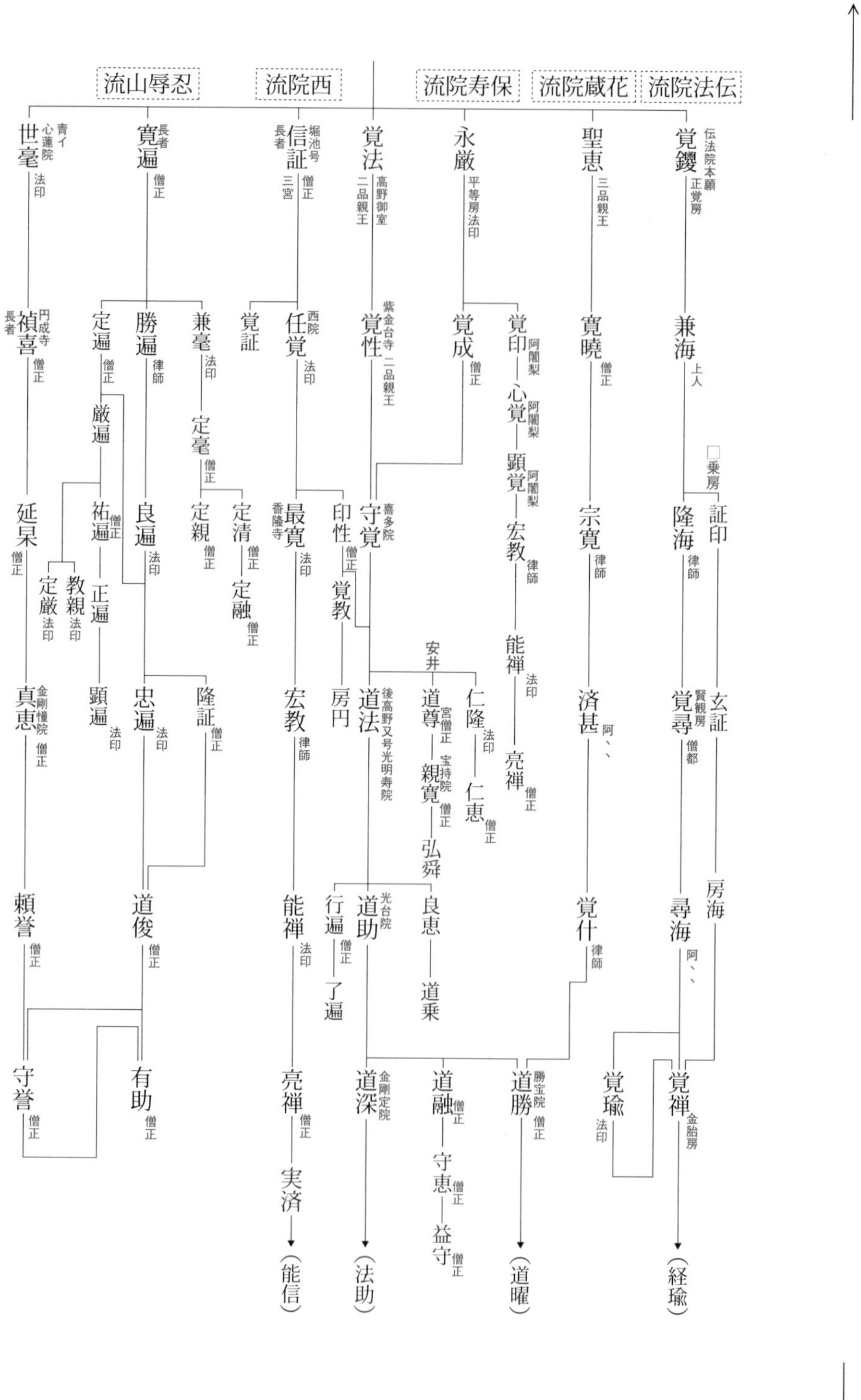
伝法院流
花蔵院流
保寿院流
西院流
忍辱山流
覚鑁 伝法院本願 正覚房
兼海 上人
隆海 律師
証印 □乗房
覚尋 賢観房 僧都
玄証
尋海 阿、、
房海
覚瑜 法印
覚禅 金胎房
（経瑜）
聖恵 二品親王
寛暁 僧正
宗寛 律師
済甚 阿、、
覚什 律師
永厳 平等房法印
覚成 僧正
覚印 阿闍梨
心覚 阿闍梨
顕覚 阿闍梨
宏教 律師
能禅 法印
亮禅 僧正
覚法 高野御室 二品親王
覚性 紫金台寺 二品親王
守覚 喜多院
道法 後高野又号光明寿院
道尊 安井 宮僧正
親寛 宝持院 僧正
弘舜
仁隆 法印
仁恵 僧正
道助 光台院
良恵
道乗
行遍 僧正
了遍
道深 金剛定院
（法助）
道融 僧正
守恵 僧正
益守 僧正
道勝 勝宝院 僧正
（道曜）
信証 堀池号 長者 僧正 三宮
任覚 西院 法印
覚証
最寛 香隆寺 法印
印性 僧正
覚教
房円
宏教 律師
能禅 法印
亮禅 僧正
実済
（能信）
寛遍 長者 僧正
兼毫 法印
勝遍 律師
定遍 僧正
定毫 僧正
定清 僧正
定融 僧正
定親 僧正
良遍 法印
厳遍
祐遍 僧正
教親 法印
定厳 法印
正遍
顕遍 法印
忠遍 法印
隆証 僧正
道俊 僧正
有助 僧正
世毫 青イ 心蓮院 法印
禎喜 円成寺 長者 僧正
延杲 僧正
真恵 金剛幢院 僧正
頼誉 僧正
守誉 僧正

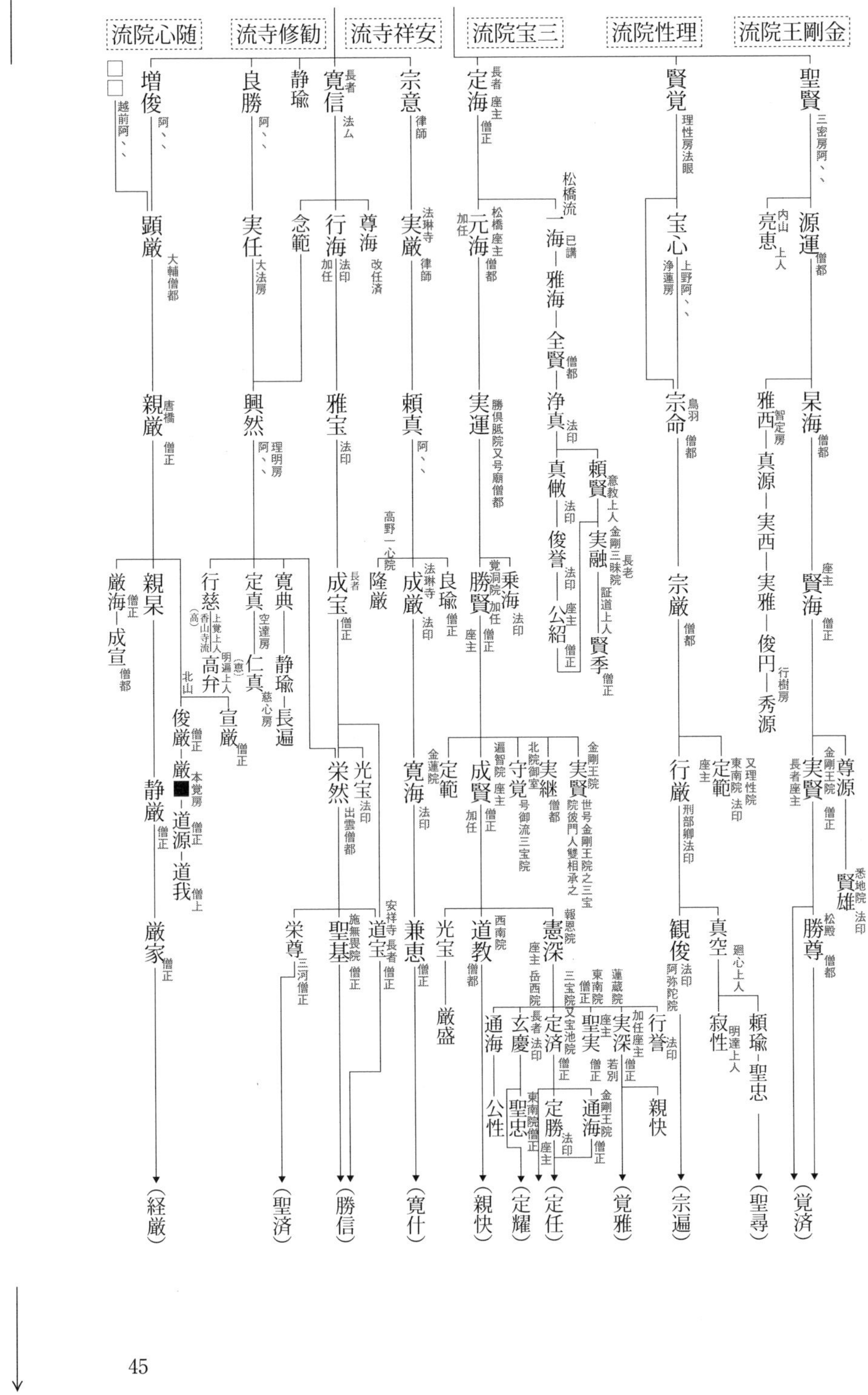
流院王剛金
聖賢 三密房阿、、
源運 僧都
亮恵 内山上人
杲海 僧都
雅西 智定房—真源—実西—実雅—俊円 行樹房—秀源
賢海 座主 僧正
尊源
実賢 金剛王院 長者座主 僧正
賢雄 悉地院 法印
勝尊 松殿 僧都
(覚済)
(覚済)
流院性理
賢覚 理性房法眼
宝心 上野阿、、 浄蓮房
宗命 鳥羽 僧都
宗厳 僧都
行厳 刑部卿法印
定範 又理性院 東南院 座主 法印
観俊 法印 阿弥陀院
真空 廻心上人
寂性 明達上人
頼瑜—聖忠
(宗遍)
(聖尋)
流院宝三
定海 長者 座主 僧正
松橋流
一海 已講—雅海—全賢 僧都—浄真 法印
真俶 法印—俊誉 法印—公紹 座主 僧正
頼賢 意教上人
実融 金剛三昧院 長老
証道上人
賢季 僧正
元海 松橋座主 僧都 加任
実運 勝倶胝院又号廟僧都
勝賢 覚洞院 加任 僧正 座主
乗海 法印
実賢 金剛王院 世号金剛王院之三宝院彼門人雙相承之
実継 僧都
守覚 北院御室 号御流三宝院
成賢 遍智院 座主 僧正 加任
定範 金蓮院
憲深 報恩院 座主 岳西院
道教 西南院 僧都
光宝—厳盛
行誉 法印
実深 蓮蔵院 加任座主 僧正 若別
聖実 東南院 座主 僧正
定済 三宝院又宝池院 僧正
玄慶 長者 法印
通海—公性
親快
通海 金剛王院 僧正
定勝 法印 座主
聖忠 東南院僧正
(親快)
(定耀)
(定任)
(覚雅)
流寺祥安
宗意 律師
実厳 法琳寺 律師
頼真 阿、、
成厳 法琳寺 法印
隆厳 高野一心院
良瑜 僧正
寛海 法印
兼恵 僧正
(寛什)
流寺修勧
寛信 長者 法ム
静瑜
行海 法印 加任
尊海 改任済
念範
雅宝 法印
成宝 長者 僧正
光宝 法印
栄然 出雲僧都
道宝 安祥寺長者 僧正
聖基 施無畏院 僧正
栄尊 三河僧正
(勝信)
(聖済)
良勝 阿、、
実任 大法房
興然 理明房 阿、、
寛典—静瑜—長遍
定真 空達房—仁真 慈心房
行慈 上覚上人 香山寺流 (高)
高弁 明遍上人 (恵)
流院心随
増俊 阿、、
□□ 越前阿、、
顕厳 大輔僧都
親厳 唐橋 僧正
親杲
厳海 僧正—成宣 僧都
北山
俊厳 僧正
宣厳 僧正
厳■ 本覚房—道源 僧正—道我 僧上
静厳 僧正
厳家 僧正
(経厳)

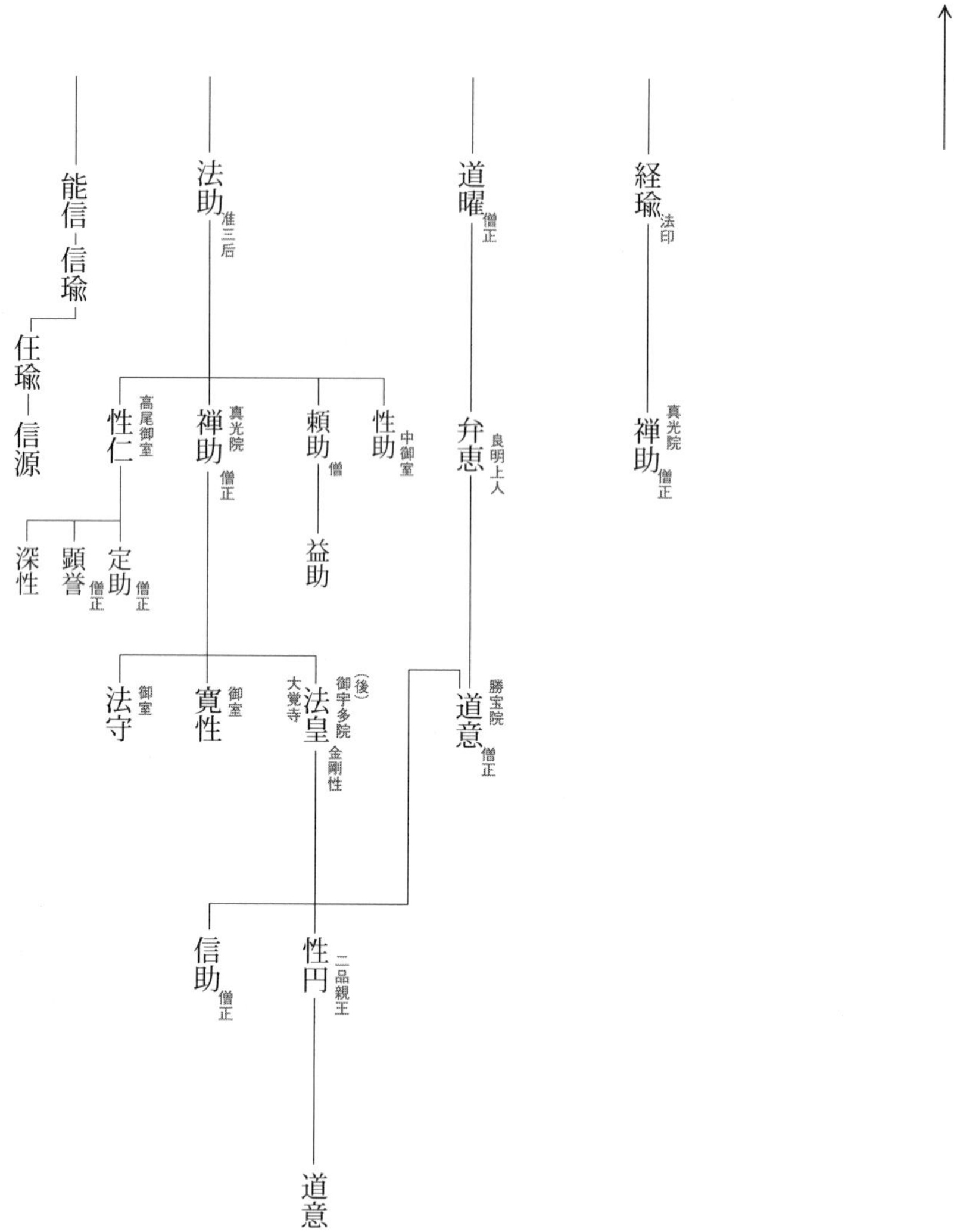
経瑜 法印
禅助 真光院 僧正
道曜 僧正
弁恵 良明上人
道意 勝宝院 僧正
法助 准三后
性助 中御室
頼助 僧
益助
禅助 真光院 僧正
性仁 高尾御室
(後)宇多院 御 法皇 大覚寺 金剛性
寛性 御室
法守 御室
定助 僧正
顕誉 僧正
深性
性円 二品親王
道意
信助 僧正
能信
信瑜
任瑜
信源

- 勝円（法印）—真空—頼瑜—聖忠—聖尋—聖珍—信瑜—宥円—任瑜—信源
- 実倣（法印）—静厳
- 覚済（僧正）
  - 厳家（長者座主 僧正）
  - 良融（上人）
    - 実助（僧正）
    - 覚救（大仙上人）
- 聖尋（長者座主）—聖珍—信瑜—宥円—任瑜—信源（順教房）
- 兼親（律師）
- 宗遍（法印）
  - 仙覚（僧都）—信耀（加任 僧正）—道賢（法印）
  - 観高（僧正）—俊覚（僧正）
- 覚雅（蓮蔵院 法印 若別）—憲淳（加任 僧正）—道順（僧正）
  - 弘真（水本僧正）
  - 道祐（若別 僧正 遁世）
  - 隆勝—隆舜（座主 僧正）
- 定任（加任 座主 僧正）—賢助（長者座主 僧正）
  - 賢俊
  - 成助
- 定耀（岳西院 法印）—定超
  - 定快（観心院 法印）—公性（僧正）—俊性（僧正）
  - 定暁（妙法院 僧正）—定憲（僧正）
- 親快（遍智院 法印）
  - 実勝（座主 遍智 法印）
    - 頼瑜（中性院 法印）—聖忠（東南院 長者 座主 僧正）
      - 定耀（岳西院 法印）
      - 隆恵（西南院 法印）
      - 寛昭（僧正）
      - 頼心（僧都）
      - 聖尋（長者 座主 伝法院座主 僧正）
        - 尋忠（西南院 法印）
        - 良性（僧正 遁世 隠居高山寺栄明上人）
        - 聖珍—信瑜
        - 任瑜—信源
    - 定聡（法印）—定位（法印）
  - 親玄（僧正 地蔵院）
    - 聖雲（座主 親王）
    - 覚雄（僧正）
    - 房玄
- 静尊
- 寛什（僧正）—成恵（僧正）—光誉（僧正）—隆雅（僧正）
- 勝信（慈金剛院 長者 僧正）—信忠（若宮号 長者 僧正）—教寛（長者 僧正）—寛胤
- 聖済（僧正）—栄海（僧正）
- 賢尓（一円上人）
- 経厳（僧正）

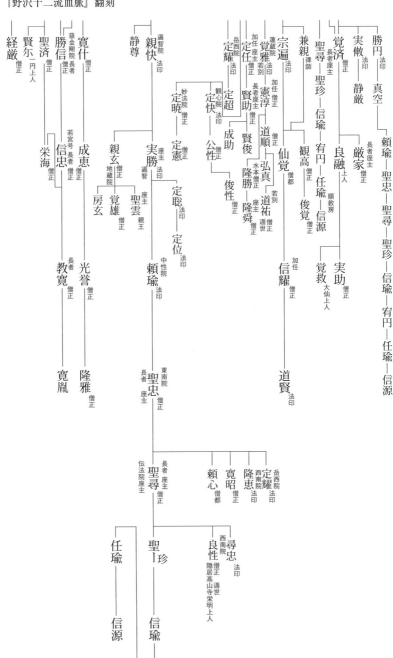

大日—金剛薩埵—龍猛—龍智—金剛智—不空—（恵果）

聖宝
兵部大丞葛聲
王ノ息田原ノ天皇
苗裔也醍醐ノ
本願大和国人
任一長者付
法十九人
七月六日入七十八

観賢
般若寺僧正
任一長者付法
廿二人
七十三人

淳祐
石山内供
向西方六十四
飛去
号普賢院

元杲
延命院大僧正
外義灌頂ヲ寛空
ヨリ受八十二向
西方飛去

範俊
亦号鳥羽僧正トモ

厳覚
亦号小野後僧正トモ

仁海
自此小野名字
始小帖作者
曼荼羅寺ノ
僧正和泉州人任
一長者入七十九

成尊
中院高野
明算
—（義範）

寛信—勧修寺
宗意—安祥寺
増俊—随心院
小野三流

益信
備後国ノ人武氏
大臣末孫也行教
和尚御舎弟也
延喜六年三月七日
八十率ス任東大寺
一長者円城寺僧正

寛平
号南院御室
法名空理
孝老天王
第三御息

寛空
蓮台寺ノ僧正
仁和寺
為法務一長者
左京人文
室氏河内
国人至入滅
迄穀断九十
三率ス

寛朝
広沢名始此時
任一長者遍照寺
僧正仁和寺声明
音曲此時始十一才
御出家寛平
法皇孫敦実
親王御子也

済信
任一長者
喜多院
大僧正
左大臣
雅信
御息

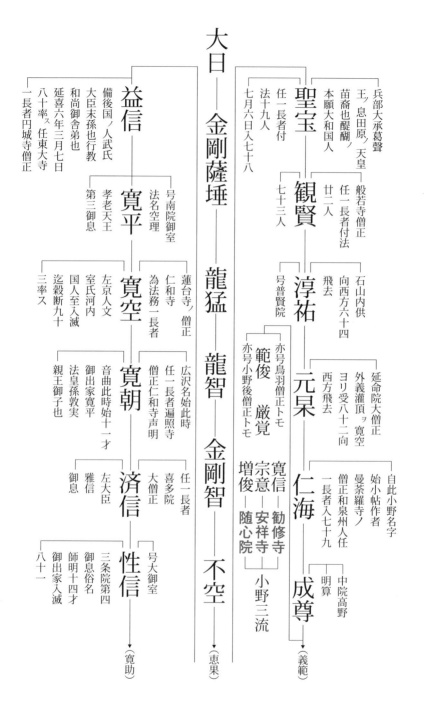

性信
号大御室
三条院第四
御息俗名
師明十四才
御出家入滅
八十一
—（寛助）

義範（遍智院　一作法壇　此代ヨリ始　入六十六）
—勝覚
　定海—三宝院
　聖賢—金剛王院
　賢覚—理性院
　醍醐三流
—定海
　一海—雅海—全賢—浄真—真儆—俊誉—公紹—俊賀—俊豪—俊盛→（俊憲）　松橋流
　理性院　賢覚—宗命—宗厳—行厳—観俊—寛覚—仙覚—信耀
　　道賢—仲我—賢耀
—元海
—実運（玄秘抄四帖作者　勝覚舎弟座主　本名明海）
—勝賢
—成賢（後白川院御子守覚御流三宝院元祖　秘抄此代出来スル也）→（道教）

恵果—弘法—真雅—源仁

寛助（号成就院　大僧正仁和寺　蔵人佐中弁源師資（スケ）子）
—覚宝（白川院第四御子六十二率）
　寛遍—忍辱山
　覚鑁—伝法院
　生恵—花蔵院
　広沢三流
　堀池ノ僧正　御流
　信証—西ノ院
　平等坊
　永厳—保寿院
　仁和寺三流
—覚性（二品親王　鳥羽院第五子　四十一率）
—守覚（号北院御室ト　三品親王後白川院第二御子　五十三率）
—○
　道法（二品親王後白川院御子四十九率ス）
—道助（二「品」（脱カ）親王　後鳥羽院ノ御子　号光台院　御室ト一五十四率）
—道深（二品親王後高「倉」（脱カ）院御息　四十四率）→（法助）

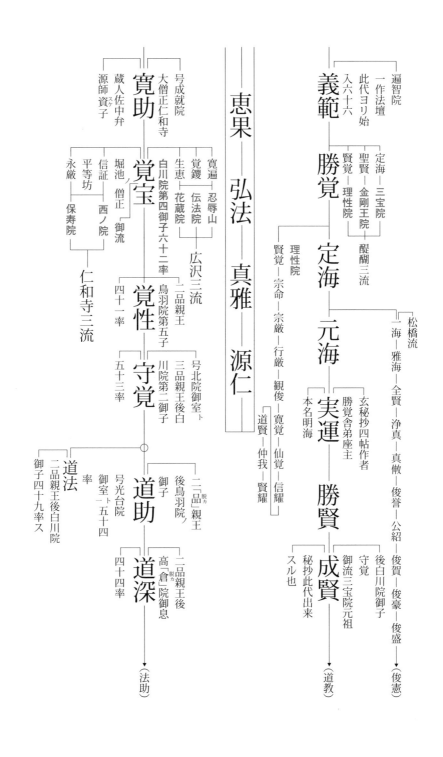

俊海—俊禅—俊承—弘応
俊憲—弘意—顕祐—俊増—俊慶—澄恵—俊聡—尭雅

遍智院
或浄尊
親快トモ

道教（深賢　親快）—親快—親玄—覚雄—聖快—快玄—持円

実勝—頼瑜—聖雲—聖尊—弘顕—弘済
地蔵院（親快）
地蔵院（親玄）
地蔵院（覚雄）
地蔵院（聖快）

清浄光院　地蔵院　宝輪院　地蔵院　宝菩提院　宝輪院　同　宝菩提院
快玄—義快—宗寿—通快—俊雄—宗承—宗諄—亮恵

房玄—弘顕—弘済—弘鑁—弘喜—弘典—弘宣—俊雄
亮恵
亮淳
光台院
大僧正

実勝—聖雲—聖尋—弘顕

報恩院流
憲深
平等心院
光宝
深賢
実深

意教（号頼賢）—慈猛（号憲静）—願行　証道　義能
実深—覚雅—憲淳—隆舜—経深—隆源—隆観—隆済
定済—定勝—定任—賢俊—実済—満済—義賢—重賀—賢深—澄恵—源雅—義光
改深　義光　持厳

二品親王
号関白
准ニ居ト
法助
光明峯寺ノ
関白左大臣
道（家）乗之息
五十八率

号真言院
禅助
内大臣源
道成公息
八十四率

二品親王
寛性
伏見院御子
号常瑜伽院
御室ト

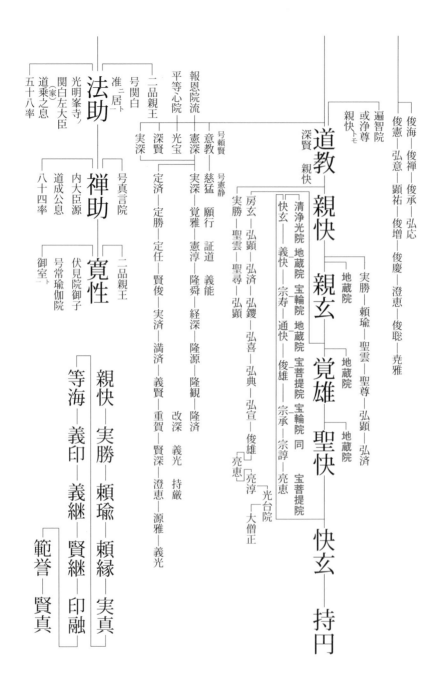

親快—実勝—頼瑜—頼縁—実真
等海—義印—義継—賢継—印融
範誉—賢真

第二章

「覚城院宛増吽書状(二月三日付)」について——熊野参詣記事に注目して

川崎剛志

はじめに

熊野参詣記事を含む覚城院宛の増吽書状が二通現存することは早くから知られていたようだが、『新編香川叢書』[1]・『香川県史』[2]に翻刻されたのは五月十九日付の書状一通のみであった。このたび覚城院の蔵書調査で、いま一通、二月三日付の書状が確認されたので、これを紹介し、熊野をめぐる増吽の活動を明らかにする一助としたい。

本件に関しては増吽を熊野系の勧進聖とみる豊島修氏の先駆的研究があり、以後の研究に多大な影響を及ぼしてきた。豊島氏は『讃岐国大日記』『医王山旧記』『与田村虚空蔵院水主村大水寺由緒』など近世の資料に基づいて、「増吽は氏神水主神社の造営にまつわる資金調達のために勧進活動をおこなっていたことがみとめられる。(中略)当時水主と熊野三山を往来していた熊野系の勧進聖であったと想定することができよう」と述べ、その注で「松浦正一氏の御示教によれば、覚城院(現、仁尾町)に増吽の書簡(二通、年号欠)を所蔵して、それには増吽が讃岐・阿波の熊野山伏(楽人三人を含む)と紀伊熊野三山に参詣したことを述べており、この書簡からも増吽が熊野三山と水主を往来していた熊野系勧進聖であったことが察せられる」と書状の内容にも触れている[3]。そして武田和昭氏は『増吽僧正』のなかで「豊島修氏の御高説に従えば、それは熊野系の勧進聖としての増吽であった。そして常に檀那を引き連れて熊野に参詣していたとも考えられ、それはいわゆる熊野先達としての存在であろう」とさらに進んだ見解を示されている。(4)

両氏のご高説からは学ぶべき点が多いが、この議論の基礎資料の一である五月十九日付の増吽書状に関する、上記の豊島氏の紹介にはいくぶん疑問が残る。すなわち同書状には、如法経の「経衆は廿人、於阿讃両州調之候、伶人両三人同しく参候」とあるばかりで、熊野山伏の記述はなく、また「経衆」を熊野山伏に限定すべき根拠も見当たらない。

この点を訂正するだけでなく、熊野「系」の勧進聖という、いくぶん曖昧さを残す前提から半歩退いて増吽の活動を再評価するのも有益かと考え、小論ではその立場から五月十九日付書状と二月三日付書状を分析、評価する。なお、小論のなかで特に武田氏のご高著に導かれた点の多いことを予め述べ、謝意を表しておきたい。

一、五月十九日付書状の確認

まず五月十九日付書状について述べる。この書状は現在、香川県立ミュージアムに寄託されている。楮紙、竪紙。縦二七・四糎、横六七・三糎。近代以降に裏打されている。

先度付便宜進状候しに、預御返事候。仍熊野参詣之銭青鳧卅疋送給候、令祝著候。道中散銭候て可致祈祷候者哉。事繁候に、篤志誠以喜存候。今日十九日舟出し候はんと申居候へは、五月雨永々しく候て、未天陰に、天気待居候。経衆は廿人、於阿讃両州調之候。伶人両三人同しく参候。彼是、如法経百日は管絃と申候て、伶人参詣事被申下候。毎事計会可被察候。露命之習、秋まても存命候者、下向候て可入見参候。何事御助成大切候。恐々謹言。

五月十九日　　　　　　　　　　　　　　　　増吽（花押）

覚城院御返報

増吽が覚城院に宛てて、熊野参詣の銭三十疋を送ってもらったことへの礼を述べた書状である。文面の通りならば、道中の王子などに祈るため「散銭」する、すなわち供える用途の銭を準備してもらったことになる。年号を欠くが、増吽による覚城院再興が応永三十三年（一四二六）であることから（「僧正増吽覚城院再興供養願文」）[5]、再興の数年前か、それ以降に執筆されたとみられる。

本書状には、五月雨の影響で本日舟出の予定が延引していること、阿波国と讃岐国から経衆二十人、及び伶人二、三人を率いて参ることが記されている。増吽が如法経の書写・奉納を勧進し、経衆と伶人を率いて熊野に参詣したとみられる。この時、増吽が舟出を待っていた港は不明だが、『阿南市史』の「南北朝のころ、紀州の安宅氏が阿南の竹原庄（本郷）・牛牧庄・桑野保等を支配し、その一族は熊野三山の一つ那智山に入って上の坊を継いでいた。その関係から阿南では熊野三山の信仰が盛んになった。（中略）熊野三山の参詣者は先達によって引率され、平島か橘の港で舟に乗り、紀州田辺の港に着いたものと推測される」[6]との記述を踏まえて、武田氏が「増吽は熊野参詣に際し、那賀川下流域の平島や橘あるいは海部郡牟岐の港から紀州に舟で渡ったのかも知れない」と述べたのは傾聴すべきで、有力候補の一と考えられる。[7]

それに続いて、「かれこれ、如法経百日は管絃と申し候ひて、伶人参詣の事、申し下され候」と記されている。「如法経百日」とは、如法経の書写と奉納及びそれに伴う行が百日で結願することをいい、その法楽のために管絃を行うので伶人も参詣させるよう、何者かから指示を受けたと記されている。同時期の他の如法経書写の例にくらべて日数が多いのは、熊野における如法経書写の何らかの式に則ったためかと推察されるが、具体的なことはわからない。

増吽一行の如法経書写が熊野三山のうちどの山で行われたかは不明だが、応永三十三年（一四二六）、那智に如法道場が建立された（『如法経縁起』、永享八年［一四三六］作または書写）のは注意される。大河内智之氏は、如法道場での行が那智滝の千日籠修行と関連していたと推定するが、その実態を伝える当時の資料には恵まれない。仮に増吽一行が那智の如法堂で書写を行ったとすると、苦行の要素が入るかもしれないが、その推定に至るまでにはいくつかの論証の段階を経る必要がある。[8]

ところで、増吽が讃岐・阿波両国で経衆を二十人整えた件については、増吽と弟子の増範が携わった『若王子大般若経』、『北野社一切経』の書写事業に参加した写僧のネットワークあるいは写経集団を基盤としたと推測されている。[9] すなわち、応永六年から『大般若経』六百巻の書写が始められ、同九年、熊野権現を祀る若王子（現与田神社、東かがわ市）に奉納された。讃岐・阿波両国を中心に、それ以外の国の僧も書写に加わり、「虚空蔵院住持金資□（梵字）生年三十七」、弁亮勝房増範、明通房増瑜」が外題を書いたとされる（巻二）。また、応永十九年（一四一二）、増範が勧進となり、北野社経王堂で一切経が書写されたが、このうち「大般若波羅蜜多経巻五百七十一」の奥書のなかに「讃州崇徳院住僧都　増吽」とあり、また前記の『若王子大般若経』と同じ書写者が複数いたことも指摘されている。[10] ちなみに、若王子に程近い大水主社（現水主神社、東かがわ市）の『外陣大般若経』のなかにも応永年間の書写にかかる経巻が多く含まれるが、それらは円光寺住職定全が大願主となり勧進書写したもので、増吽や増範らが積極的に関与した形跡は確認されていない。[11]

二、二月三日付書状の概要

次に二月三日付書状について述べる。楮紙、折紙。縦一四・五糎（半折）、横四一・三糎。残念ながら前欠であり、紙背には声明が書写されている。「増吽僧正書簡草案」と墨書された包紙（江戸時代）に包んで保管されている。前に取り上げた五月十九日付書状、及び安住院（岡山市）所蔵の増吽自筆書状の筆跡や花押と比較した結果、自筆とみて相違ない。包紙に「草案」と墨書されたのは、後代、覚城院住持の自筆書状が本寺に残るのを不審とみたためかと憶測されるが（そうすると、今度は覚城院宛とある点に矛盾が生ずるが）、いずれにせよ、寺外にいた増吽が覚城院宛に送った自筆書状がそのまま保管されてきたとみられる。

（前欠）の一大事候。相構参詣可下候。
堂立柱吉日事、左衛門殿相尋候へは、二月三月中、更々可然吉日なく候之間、当社拝殿造作も未始候。若其方にて御尋候とも、千万指合の日にて候はゝ、向後不可然候。此方へも、可承候方々相尋候て、不思議にも候はゝ、申越候へく候。三月中は吉日候はす候。
一、此仁は熊野本宮小中（ヲナカ）相模殿にていられ候。為授法罷下られ候か、方々檀那、勧進料に越られ候。不審候はんする間、一筆申越候へと申され候。
一、本宮より申下され候。三月上旬に本宮受者四、五人いられ候か、職衆を勧進候て参詣申、灌頂興行候へと申候て、しかと状下され候。相構〳〵御内は御参候へく候。委細の旨、此相模公存知候。くはしく御尋候へく候。関河ちんの入ましきまてにて候。主従二人候はゝ、狭々五貫文に、米三斗つゝ入候へく候。生々世々真言宗の思出にて候へく候。閣萬事参詣候はゝ目出度候。恐々謹言。

二月三日　増吽（花押）

覚城院

本宮から指示を受けて、増吽が覚城院に対して、灌頂の職衆を勤めるため熊野に参詣するよう勧めた書状である。その概要を述べると、前欠の後に、まず「堂立柱吉日事」がある。寺名が特記されていないので、覚城院再興の堂立柱の案件とみられる。そこでは、左衛門殿に尋ねたところ二月三月中に吉日がないというので、当社の拝殿の造作も始まっていないと記されている。「当社」とは大水主社（東かがわ市）を指す可能性がきわめて高い。増吽は大水主社の神宮寺（現与田寺）で修行し、同寺虚空蔵院主をつとめた経歴をもち、後述の通り、長年にわたり大水主社の修造に尽力している。

次に「此仁」（前欠部にある内容を承けるか）は熊野本宮の小中相模殿で、授法のため下向したが、方々の檀那に勧進のため足を運んでいる、と記されている。相模殿は熊野本宮に仕える密教僧で、御師を兼ねたのであろう。仮に私説が認められれば、熊野の御師が直接地方の檀那に足を運んで勧進したことが確認できる貴重な例となる。

最後に、本宮から増吽に対して、三月上旬に本宮に受者が四、五人いるので、職衆を募って参詣し、灌頂を興行するよう（増吽が灌頂の師となったか否かは未詳）、書状が下された。覚城院の僧は参詣すべきだ。委細はこの相模公が承知しているので、詳しく尋ねよ、「関河賃」が不要となる、と記されている。相模公が前段の「相模殿」と同一人物ならば、讃岐国に下向している相模公に尋ねよの意、前段の「相模殿」と同じ組織の別人ならば、本宮で相模公を訪ねよの意となる。「関河賃」は道中一般の関銭等を指す可能性もあるが、応永三十四年に北野殿（足利義満側室）・南御所（足利義持妹）らの熊野参詣の先達を勤めた住心院実意が記録し南御所に献上した『熊野詣日記』[12]の八月二十八日条に、

あす御川くたり、関〳〵の事、衆徒に仰せらる。河うちへ使節を三人さしつかはして申しやる。

とあるのを参照すると、本宮から新宮に川舟で下る際の関銭を指すとみられる。また、後の「小中」の考証と関わって、

「関々の事」を「衆徒」に仰せつけたとある点にも注意しておきたい。

それに続けて、主従二人が参詣すれば、少なくとも五貫文（一人分か、二人分か、不明）に、米が一人三斗ずつ必要だといい、生々世々にわたる「真言宗の思出」となるので万事をさしおいて参詣するとよいであろう、と強く勧めている。

以上述べてきた点をまとめると次の通りである。

1　増吽が覚城院の僧を引いて熊野に参詣するのではない。

2　覚城院の僧は五貫文という高価な旅費を自己負担する必要がある。また御師の小中相模殿（相模公）に尋ねる（あるいは彼を訪ねる）よう指示されている。

3　熊野参詣の目的はあくまでも灌頂の職衆を勤めるためで、増吽は「真言宗の思出」になるからという理由で強く勧めている。

このうち、2と関わって、前の五月十九日付書状の如法経の経衆も同様の負担が求められた可能性が考えられる。

三、二月三日付書状の執筆時期と増吽の活動状況

本書状には、覚城院の堂立柱及び大水主社の拝殿造作が計画されながらまだ着手されていない状況が記されており、その点からある程度執筆時期を限定できる。

まず前者については、既述の通り「僧正増吽覚城院再興供養願文」の奥書に「応永卅三年二月廿五日　増吽僧正謹誌」とあることから、二月の時点で堂立柱の案件が話題となるのは、前年の応永三十二年（一四二五）か、それ以前に限られる。

次に後者については、拝殿の完成時期を確定しうる材はないが、武田氏の御高著[13]に導かれつつ大水主社再興の資料を確認

し、若干の検討を加える。

具体的な考察に入る前に、当時、大水主社が熊野権現と同体とみられていたことに触れておく。諸先学の注目した「大水主大明神和讃[14]」には、和讃の末に応永十七年（一四一〇）に明神の御託宣により直に神言を和讃に結んだ由等を述べた識語があり、識語の後に奥書「明応第五天（一四九六）卯月五日書之畢。（略）求法宥旭五十六歳」がある。同和讃には、大明神は「孝霊の第二の姫君」であり、三所は「大御前は弥陀如来」（「後御前は父大王」）、「北御前は地蔵尊」、「南の御前は早玉」で、「当社の三所を御熊野と同体なりとは（下略）」とみえる。また識語には、

北御前ハ　如本宮証誠　天神六代　此ハ二親
大御前ハ　結御前
南御前ハ　早玉　　熊野ノ両所

ともみえている。

さて、時代の降る資料ながら、『大水主大明神社旧記[15]』（水主神社蔵、宝永二年［一七〇五］別当寺僧増幸撰、享保六年［一七二一］写）に、

一、大水主社本宮御造立事、代々記之。
先建立、嘉禎三年丁酉八月廿六日。
再興、貞和二年丙戌閏九月廿六日。

再三、応永元年甲戌八月八日。

今建立、応永三十一年甲辰八月晦日御遷宮。

私云、右之通、大般若経内篋有書記

とある。この「本宮」は本社の意であろう。右の記事だけでは信を置きがたいが、続いて棟札、蛙股裏書、彫物裏書等が書き留められており、その情報は信憑性が高い。いま、それらの情報のうち造作と増吽に関する記事を摘記する。

脇宮棟札「左本宮御宝殿一宇。（略）応永廿九年歳次壬寅正月廿四日柱立寅卯上棟申酉（略）幹縁金資増□生年五十七敬白

同宮蛙股裏書正面「応永卅五年（一四二八）戊申三月、参籠之夢想頻示、遂両月動労乎、両社蟆股興之　春秋六十三増□」

南宮「上棟奉建立第三新宮御前宝殿一宇。（略）応永廿九年歳次壬寅正月廿四日当日神壬午柱立寅卯、上棟申酉刻（略）勧進金資増□敬白」

このほか、本社蟆股裏書の西方と北方に増吽の名がみえ、北方の裏書の末には、造替の時、蟆股の現状を変えないようにせよ、「形神徳三十六位、以備内証円明故也」と述べ、「金資増吽生歳四十八」と結ばれる。続いて「本社内陣増吽自筆之書付有之云」として、応永十四年（一四〇七）、御社造替の前に明神の御託宣があったため、内殿の一方は古い蛙股を用い、そのほかは五仏に三十七尊の尊位をかたどったと述べ、「増吽四十九歳」と結ばれている。

ここで注目されるのは、北御前に当るとみられる脇宮の棟札に「本宮御宝殿一宇」、南御前に当るとみられる南宮の棟札に「第三新宮御前宝殿一宇」と書かれている点である。『大水主明神大和讃』の作者は未詳だが（江戸時代には増吽作とされた）、棟札等の情報に拠ると、増吽が大水主社を熊野権現と同体と信じて修造に携わっていたことが確認できる。

それらの記事を時代順に並べると次の通りである。

応永二十年（一四一三）　四十八歳　本社の蟆股を整備する。

応永二十九年（一四二二）　五十七歳　脇宮と南宮の宝殿を柱立・上棟する（本社の宝殿は未詳）。

応永三十一年（一四二四）　　本社、遷宮。

応永三十五年（一四二八）　六十三歳　脇宮の蛙股を整備する。

二月三日付の増吽書状でわざわざ「拝殿」と記されたのに着目すると、拝殿の造作が始められたのは応永二十九年の宝殿造営後と推定される（遷宮の前か後かは不明）。よって、本書状の執筆時期は応永三十年から同三十二年の間に限られる。

武田氏によると、増吽は応永十九年（一四一二）頃には白峰寺（坂出市）に住み（『北野社一切経』に「讃州崇徳院住僧都増吽」とあり）、後に道隆寺（多度津町）に移り、応永三十二年（一四二五）九月には道隆寺住持を賢信に譲り、摩尼珠院（坂出市）に移った（『道隆寺温故記』ほか）と推定されており、本書状執筆当時、道隆寺の住持であったとみられる。上野進氏によると、道隆寺は多度津・堀江津の港をおさえる位置にあり、中世には「その活動が内陸部から海浜部、さらに島嶼部へと広範囲に展開して」おり、また談議所としても整備され、地域の中核寺院であったとされる。「熊野曼荼羅」（鎌倉後期～南北朝期）を蔵する点も注意されるが、これが道隆寺に入った時期や経緯は不明である。

このように増吽は活動の拠点を東讃から西讃に移し、本書状の執筆当時、道隆寺の住持をつとめていたが、本書状からわかるだけでも、西讃の覚城院の再興、東讃の大水主社の修造に加えて、熊野本宮での灌頂興行を手掛けており、多面的な事業を展開していたことがわかる。

四、熊野本宮の小中相模殿

本書状の「熊野本宮の小中相模殿」に関する記述は、ごく短いものながら、いくつかの貴重な情報を含んでおり、檀那売券や願文などの記録からだけでは窺いえない、師檀関係の実体の一部を垣間見させてくれる。

小中相模殿その人の活動を示す同時期の資料は他に見当たらないが、本宮の小中氏についてはいくらか資料が残されている。すなわち、『紀伊続風土記附録』[19]巻之十四、古文書之部第十四所収、本宮社家坂本氏蔵文書の「卯月廿九日付連判状」の連判のなかに「小中久左衛門判」とみえ、同巻所収、本宮社家坂本勘解由蔵文書の「天正十一年正月吉日付書状」の署名に「衆徒三方」の一として「小中二臈／直範判」とみえる。二臈の位がどこまで遡れるかは不明だが、本書状の執筆された応永三十年頃までには本宮の有力な衆徒となっていたと想像される。また、本宮のあたりには小中の地名がないことから、小中氏は本来、紀伊国日高郡の小中王子を本拠とした可能性が考えられる[20]。

なお、本書状の「相模殿」との関係は未詳ながら、『熊野那智大社文書』[21]所収の米良文書（実報院）のなかに、「相模僧都御房」が讃岐国の対岸の備中国の檀那を買得した「旦那売券」「旦那去渡状」が現存する。すなわち、第六二号「旦那売券」に、至徳元年（一三八四）、十円房が備中国の檀那を「相模僧都御房」に売り渡したとあり、

　なかくうりわたすたんなの事

右このたんなは、備中国あさはらのくないきやうの彼のもんていひきたんなとも、用々あるによて、代銭八貫文にさかみの僧都御房になかくうりわたし申ところ実也、もしちかいめ候はゝ、備中のたんなをよりとられ申へく候、仍為後日

状如件

至徳元年五月十五日　　　　　　　　うりぬし十円房乗有（花押）

そのことに関連して第六四号～六六号「旦那去渡状」（至徳三年〔一三八六〕卯月廿七日付）がある。本書状の執筆時期から四十年近く遡るため、両者を同一人物とみるのは難しいかもしれないが、師弟等であった可能性は残る。後考をまちたい。

結び

増吽が讃岐国、備前・備中国を中心に広く展開した勧進事業の一つの軸に、熊野の参詣と信仰に関わる事業があった。そして増吽が大水主社を熊野権現と同体と信じていたであろうことも、『大水主明神和讃』を材に先学が推測されてきた通りであり、小論では、棟札等を材に、増吽の大水主社修造事業がそれを前提に行われたたことを確認した。

覚城院宛の二通の増吽書状はともに熊野参詣と関わるものながら、先達に導かれて御師を訪ね、三所に参拝する、一般の檀那の参詣とは異なり、五月十九日付書状には増吽一行が如法経書写のため参詣することが記され、他方、二月三日付書状には本宮で興行される灌頂の職衆として覚城院僧が参詣するのを勧めたことが記されている。そして、そのいずれもが増吽の勧進による事業と推測される。さらに二月三日付書状の検討から、増吽が本宮の何らかの組織や、小中という本宮の御師と交渉のあった事実が判明したが、他方で、増吽が熊野を出自とする形跡も、熊野の何らかの組織に属し、現地に拠点を構えていた形跡も、現在のところ確認できない。

最後に、応永三十年前後に熊野と同体の大水主社を修造し、また熊野本宮で灌頂を興行しようとした増吽の活動を、当時の公武の熊野信仰の動向と照らしてみると、その時期は、足利義満の側室、北野殿が、公武を代表する女性を伴い、華やかな熊野参詣を行った時期と重なる。北野殿は応永三年（一三九六）を筆頭に十三度、熊野参詣を遂げたが、特に応永二十八年には国母（称光天皇母、日野西資子）・御台（将軍義持室、日野栄光）を、応永三十三年には南御所（義持妹）を、応永三十四年には南御所・今御所（義持妹）をそれぞれ同道した（住心院実意『熊野詣日記』）。増吽の勧進した熊野関連事業がこれらと連動するものであったか否かは不明だが、少なくとも増吽はこれらの動きに敏感に反応して熊野に関わる事業を展開したものと推測される。

(1) 香川県教育委員会編『新編香川叢書』史料編（二）（新編香川叢書刊行企画委員会、一九八一年）。
(2) 『香川県史』第八巻資料編　古代・中世史料（香川県、一九八六年）。
(3) 豊島修「讃岐地方における熊野信仰について」（『熊野信仰と修験道』名著出版、一九九〇年。一九七四年初出）。
(4) 武田和昭『増吽僧正』（総本山善通寺、二〇〇五年）一五六頁。
(5) 注（1）前掲書所収。
(6) 『阿南市史』第一巻（阿南市、一九八七年）四〇四頁。
(7) 武田注（4）前掲書一二二頁。
(8) 大河内智之「十五世紀の熊野における不動堂本尊の造像―本宮護摩堂と那智滝本山上不動堂―」（川崎剛志編『修験道の室町文化』岩田書院、二〇一一年）。
(9) 武田注（4）前掲書三頁～七頁、一四頁～一八頁。萩野憲司「讃岐国水主神社所蔵『外陣大般若経』と『北野社一切経』について」（佛教大学総合研究書紀要別冊「一切経の歴史的研究」、二〇〇四年）。
(10) 島田治『北野社書写一切経　増吽と増範』（大内町文化財保護審議会、一九九四年）。なお増範の活動については太田直之『中世の社寺と信仰―勧進と勧進聖の時代』（弘文堂、二〇〇八年）参照。
(11) 萩野注（9）前掲論文。
(12) 宮内庁書陵部編、図書寮叢刊『伏見宮家九条家旧蔵諸寺縁起集』（明治書院、一九七〇年）所収。恋田知子「『熊野詣日記』の制作圏―熊野参詣の儀礼と物語草子―」（川崎剛志編『修験道の室町文化』岩田書院、二〇一一年）、川崎剛志「熊野御参詣再興とその周辺」（『国文学解釈と教材の研究』第五〇巻一〇号、二〇〇五年）参照。
(13) 武田注（4）前掲書七～九頁。
(14) 『香川叢書』第一（香川県、一九三九年。名著出版、一九七二年復刻）所収。武田注（4）前掲書一〇二～一一一頁参照。
(15) 注（14）前掲書所収。
(16) 注（14）前掲書所収。
(17) 武田注（4）前掲書四四～四九頁。
(18) 上野進「海に開かれた中世寺院―讃岐国道隆寺を中心として―」（香川県歴史博物館『調査研究報告』第四号、二〇〇八年）。
(19) 『紀伊続風土記』第三輯（和歌山県神職取締所、一九一〇年。臨川書店、一九九〇年復刻）。
(20) 苅米一志氏のご教示による。
(21) 永島福太郎・小田基彦校訂、史料纂集古文書編『熊野那智大社文書』第一～第三（続群書類従完成会、一九七一～七四年）。

附言
両書状の閲覧・調査をご許可いただいた覚城院、及び五月十九日付書状の閲覧に便宜をはかっていただいた香川県立ミュージアムに対して、深く感謝申し上げます。

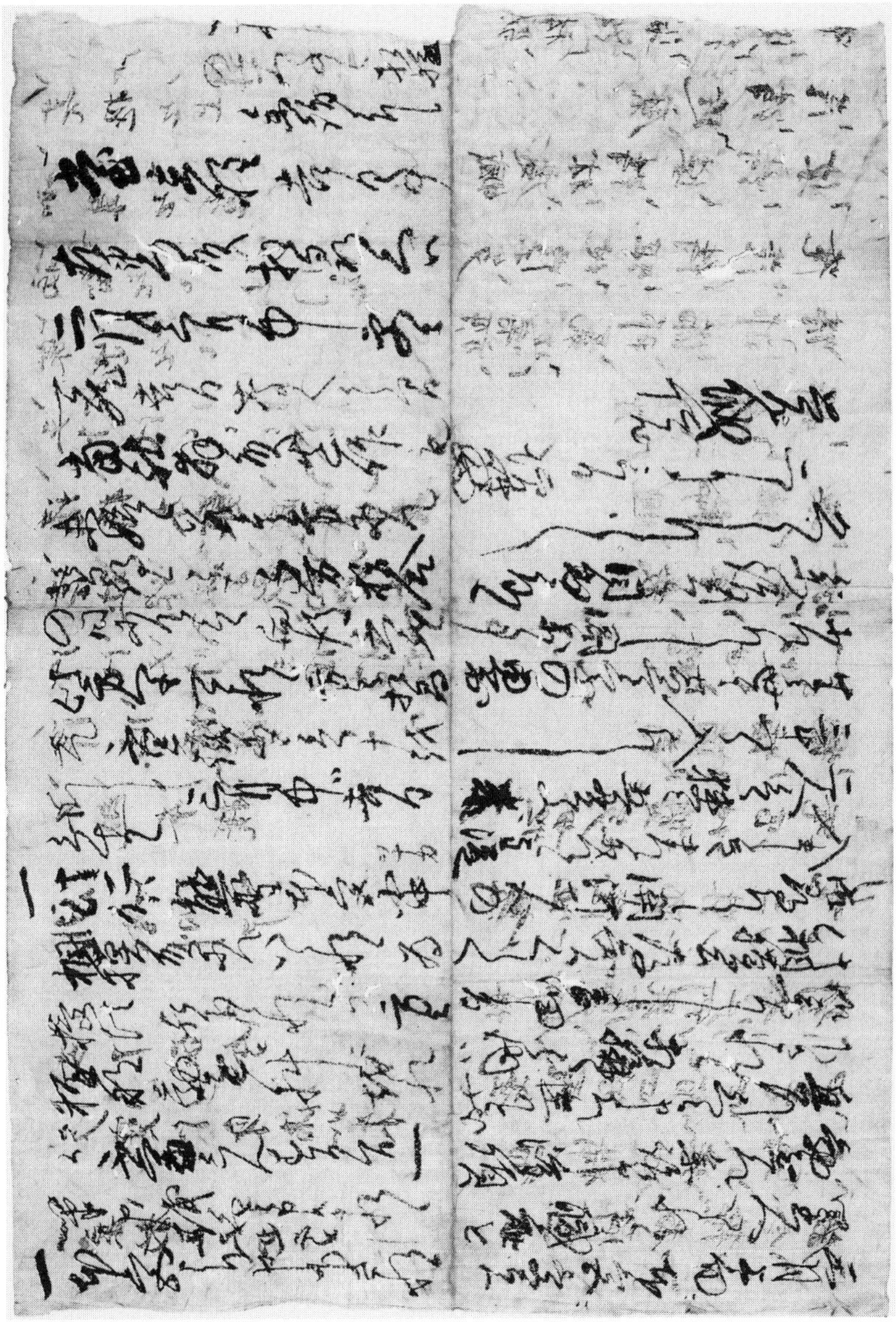

覚城院蔵「覚城院宛増吽書状（二月三日付）」

第三章

覚城院聖教（第四番函収納）における伝領墨署（書）名の位置に関する一考察

牧野和夫

はじめに

厖大な寺院資料、とりわけ寺院聖教を整理し分析するには、形態的な書物の特徴を把握することが先ず求められる。聖教の伝領関係は、師資相承の系譜を探求する上で極めて重要であり、中世の広範にして迅速旺盛な僧侶（周辺）間の相互交流の遺産として貴重である。本稿は、覚城院蔵の聖教類の性格の一端を、第四番箱に収納された典籍の外形的な整理を通じて考察しようとするものである。

かつて「シンポジウム―奥書識語をめぐる諸問題」（『国文学研究資料館調査研究報告』一七号、一九九六年三月）、「中世寺院資料をめぐる二、三の問題―伝領墨署名慶舜・泉涌寺版『四分律含注戒本疏行宗記』の底本」（『実践国文学』八二号、二〇一二年一〇月）において、「伝領墨署名」という〝ことば〟を使用して表紙の主として下方（多くは左右の袖）のあたり（位置）に認められた房号名・僧侶名の墨書に留意して、書写者と所有者との関係について考察した。元来本文と別筆の伝領者墨書名が移写の間に本文同筆とならざるを得ないケース（表紙・内題下方・巻末書写識語近く）など、転写の間に生じる問題点を指摘した。今回、対象とする典籍の表紙には、五、六名の各々別筆の墨署名が列記されるなど、注目すべき性格を形態的外形的に持つ典籍が多く、改めて中世末から近世にかけての讃岐の地における典籍の〝伝領〟の形、覚城院における聖教類の襲蔵・逓蔵などの伝来過程を解明する上での手懸かりを得ようとするものである。伝領墨書名の列記の順序を確定乃至推定して、ひとつの標準的な「位置どり」の法則を抽出してみたい。

一、第四番倹飩箱収納聖教について

覚城院の蔵する聖教類の一角を占める倹飩箱に通番を付して四番箱とした縦七五・九（内則七二・五）糎、横二三・一（内則二一・五）糎、四段に仕切った蔵書箱がある。その函にぎっしりと収蔵された典籍は、概ね「釈論（釈摩訶衍論）」の〝論議（義）草紙〟（略して論草とも。今後は略称「論草」を使用）を軸とした、集積としてのある種のまとまりがある。聖教一点一点に仮番号を附して通番1から201番まで計二〇一点の典籍が数点を除いて薄い仮綴装の冊子でぎっしり詰め込まれている。論議草紙の内容や具体的・史的な論及に及ぶことはせず、検討課題として次回に廻し、今回は極力典籍としての具体的で形態的な特徴を指摘し、讃岐の地における形態書誌学的な〝きまり〟を推測するに止めたい。

a　伝領墨署名―その一：順泉房龍意→空賢房清晃→（略）→神龍→法雄

第四箱の通番159（図3-1）に当たり具体的な形態を確認することにしたい。この薄冊は、伝領墨署名が四乃至五名認められる、しかも書写奥書もあり情報量の多いことで採り上げる。159番の書誌的な事項を検討上必要最小限で記すならば、綴葉装仮綴、二六・二×一六・五糎、天正十八年十一月の日を異にした同一筆者による二点の聖教を合綴したものである。表紙は左の通りである。

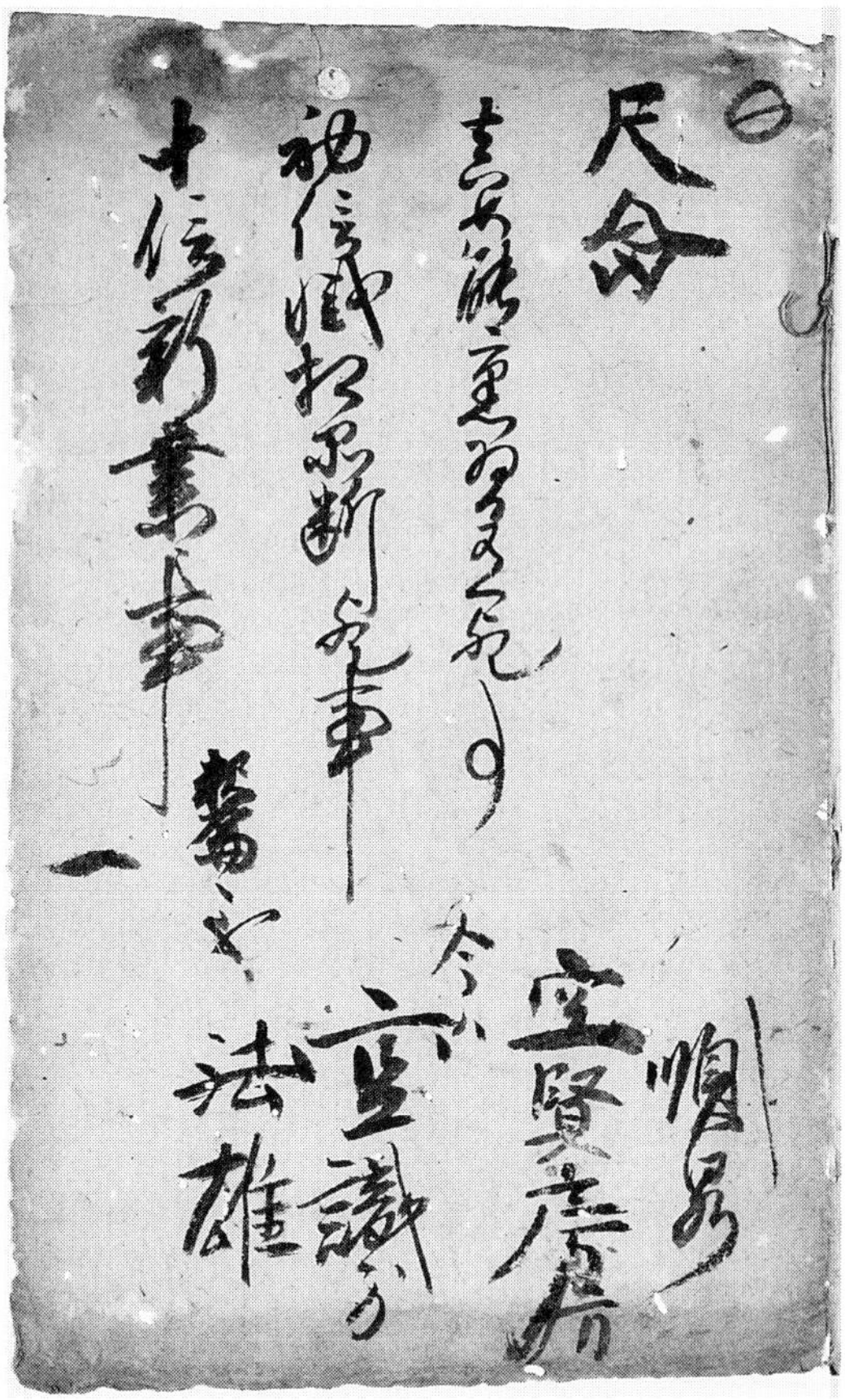

図3-1　覚S4-159

左肩から右に順に並ぶのが論題で、右肩の㊀や「尺命」は「釈論（釈摩訶衍論）」で、いずれも後筆である。下方に右より「／順泉」「空賢房（重書　下字不明）」「今ハ　空識房」「法雄」と伝領署名が並ぶ。本文1丁オは、「十信新業」と題して次行から本文が始まる。その末に奥書識語「天正十八年十一月八日夜書写之畢／城刕順泉房龍意」とあり、第一点の書写を終え、新たに丁を改め「滅相品初断歟」と題して本文を始める。その末に奥書識語「天正十八年十一月十五日夜書写畢／龍意」と第二点のものを写している。時期を移さずこの二点に表紙を附し、併せ綴じたものである。従って、本帖は、二点いずれも順泉房龍意の天正十八年十一月八・十五日両日の書写であることが知られる。前表紙の、右下に「順泉」という墨署名したのは、当の論草の筆者であった。即ち書写して所持したことの証であった。

このような事例は、中世の書物に典型的に認められる形式である。縦型・横型を問わず書物の表紙の左肩に打ち付けに題を記し、右下隅に所蔵者の名を留める（名の後に「之」を附すことも多い）。覚城院蔵の論草類も、その例に漏れない、ということである。

次に問題となるのは、「順泉房龍意」の左に順に「空賢房」（下字がある）「今ハ空識房」「法雄」と並ぶ順序がどのようなことを示しているのか、ということになる。幸い手懸りとなる論草が覚城院のこの四番箱に残る。通番125（図3－2・3）の論草で、体裁は綴葉装である。この帖の末の書写奥書は「天正十八年十二月三日書写之／畢／順泉」とあり、順泉房龍意の書写本である。

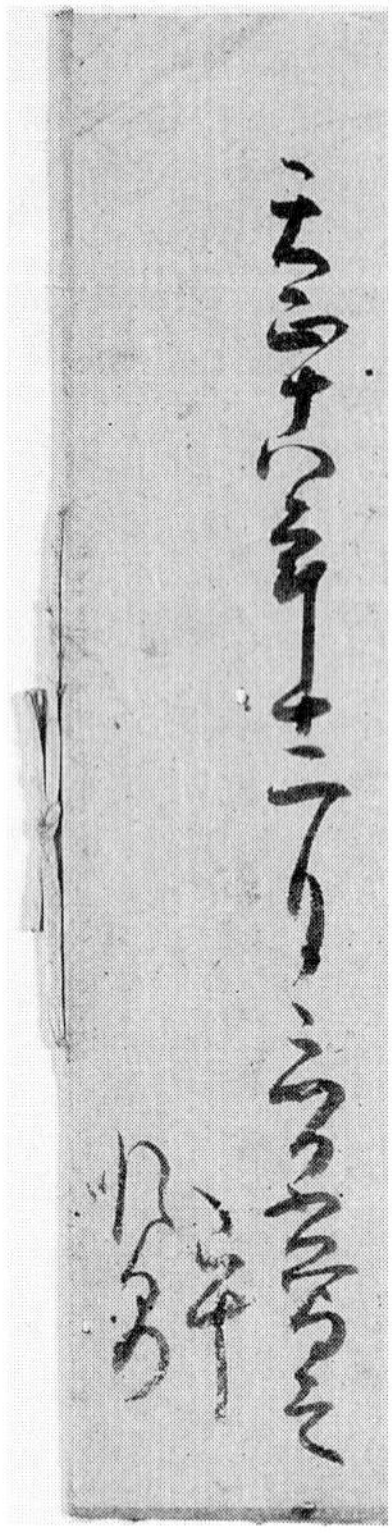

図3－2　覚S4－125

しかも、通番159のひと月後の書写で、伝領署名も「清晃」（下に二文字あり）の左に順に「今ハ空識房」「神龍」と並び、注目される。先程の検討例から「清晃」の位置には、元来、「順泉房龍意」があるべきところで、下字の推測の手懸りとすることができる。拡大（図3-4）し子細に観察すると下に「泉」字が少なくとも確認できる。即ち「順泉」の上に「清晃」と重ね書きしたのである。「順泉」と「今ハ空識房」の間に「清晃」を置くことが出来る。

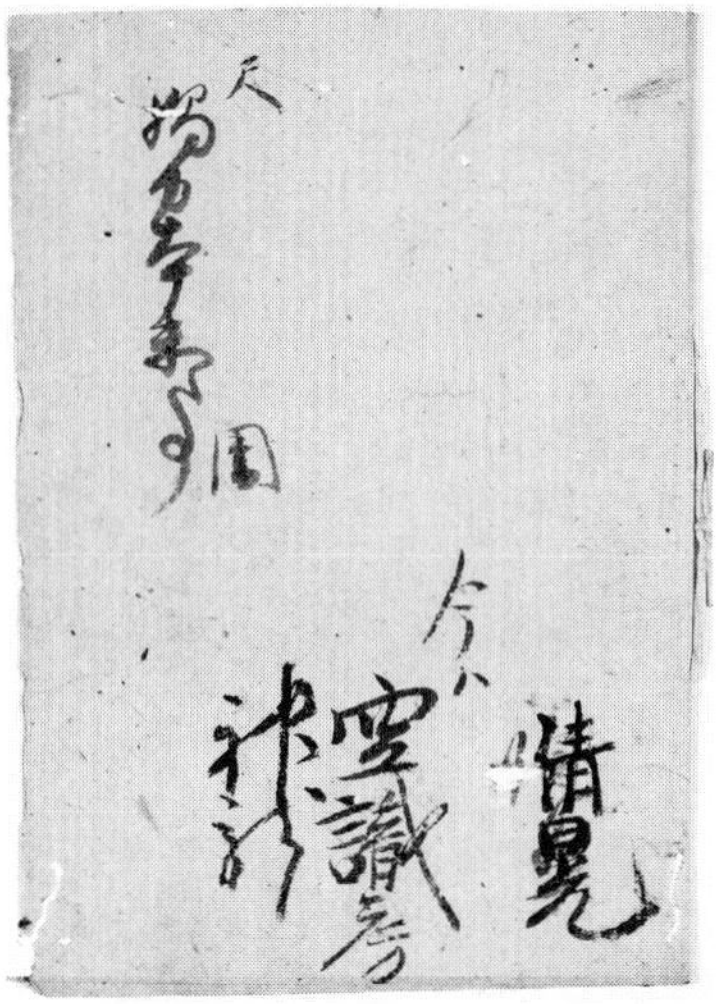

図3-3　　覚S4-125

図3-4

通番12（図3-5）は、右下に「清晃」の墨署名、下（上か）に墨署名があるが、不読。少なくとも、清晃→神龍である。

図3-5　覚S4-12

次に「空賢房」はどうか。「清晃」と「空賢之」が上下に並ぶこともある。通番157（図3-6）である。空賢を房号とする清晃という僧侶を想定すると、通番125・159は、いずれも「順泉房龍意」→「空賢房清晃」→「空識房」という伝領の順を示すことになり、通番157は、「空賢房清晃」→「空識房」という伝領の順が判る。「清晃」と房号「空賢」が別人の可能性も無視できず正確には不詳とするほかはないが、以下の事例から同一の僧か、と思われる。

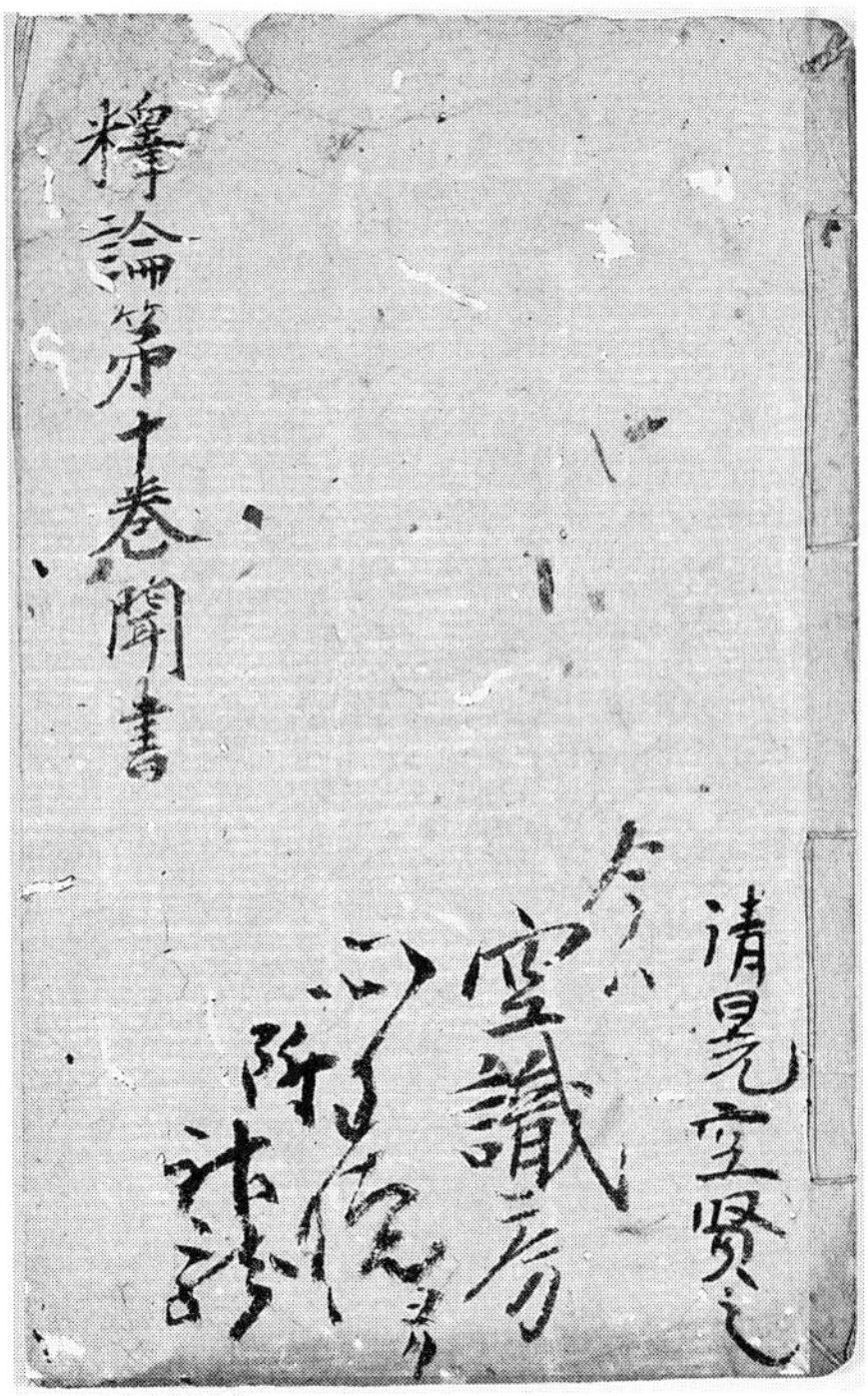

図３－６　覚Ｓ４－157

房号の上に僧名を記す傾向は、通番136の「業識上薫之事」の僧名「宣永」と房号「眞順房」にも認められる。表紙右下に「眞順房」と墨書、そのやや上の位置に「寶塔院宣永」と別時筆で墨書がある。書写奥書に「慶長十一年五月廿五日宣永」とある、慶長十一年の書写者「宣永」は房号を「眞順房」と号した、と考えられる。

その他に二例を挙げる。通番114は左上論題「佛果断私／二智所断無清胤口」と墨書、右下に墨署名「空真房」、その右上ややや小字にて「快智」と墨書。書写奥書は「寛永廿年四月廿七日書寫了…（略）…／快智空真房之」とあり、書写者の僧名「快智」、房号「空真房」と判明する。通番147も慶長元年の「玄光性深房」の書写奥書があるが、表紙右下にやや小字「玄光」とあり、大字で「性深房之」と墨書がある。僧名「玄光」で房号「性深房」なのである。僧名「清晃」と房号「空賢房」は、同一僧と考えるべきであろう。

以上の他に「空賢（房）」の墨署名をもつものは、通番25（図3-8）・49（図3-9）・101（図3-10）である。これら五点すべては、左に墨署名「今ハ空識房」をもち、更なる左に「法雄」（25・159）か「神龍」（49・125・157）、もしくは「心王院」（101・157）から「神龍」（157）や「住法」（101、不審が残る）に「附」という形で移っており、101は、後表紙墨書（図3-11）により、おそらくは最終的に「神龍房」から「法雄」へ「附」与されたようである（神龍を房号、法雄を僧名とも考えうるが、今回は書体などの相違から別人として扱う）。「心王院住法」から「神龍」へ付与された永亨年間書写の133（図3-7）もある。

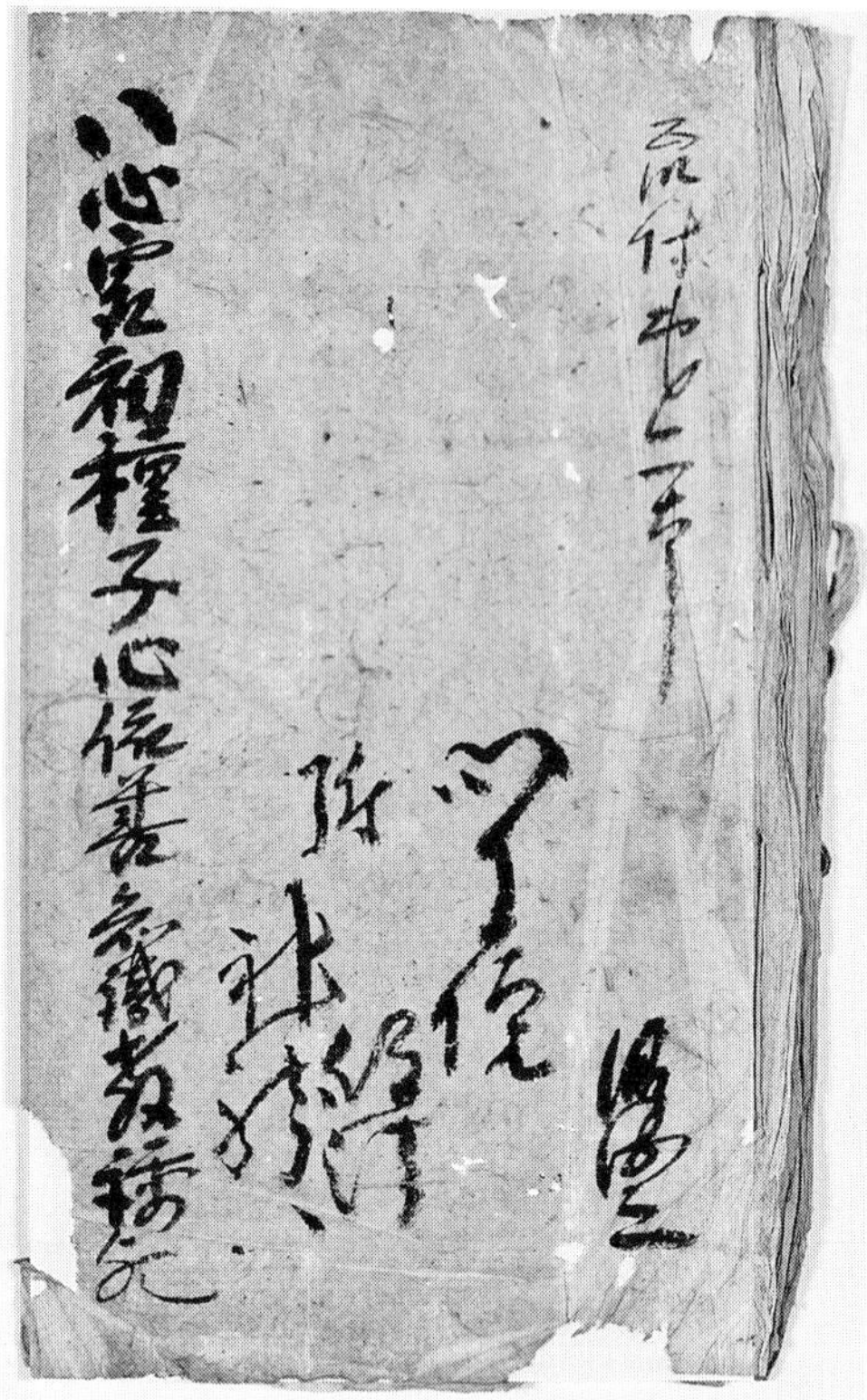

図3-7　覚S4-133

特に49番（図3-9）は、右下墨消しの「教■」と判読不明であるが、その左傍に「城玢／空賢房」とあり、重ね書き「空賢」の下に「順泉」の二文字があるか、と推察される。159番の書写奥書に「城刕順泉房龍意」とあることから、「城刕／順泉」の可能性は高い。ここでも「順泉房龍意→空賢房清晃→空識房→神龍」という伝領が示されることになる。

以上の六点は、天正・文禄頃書写の綴葉・仮綴装の論草を始め慶長頃を軸とした近世初期書写の仮綴装の一群の聖教と併せて、縦型・横型本いずれも、共紙の前表紙の左肩打ち付けに論題を墨書し、おおむね右下に書写者の所持墨署名（先ず房号を署し、その上方に僧名を墨書するケースが多いか）を記し、その墨署名の左に順次、逓蔵過程の伝領墨署名を列記する形式（暗黙の約束事）で、最終的な伝領者の墨署名が一番左に置かれる。即ち、六点の場合、神龍か、法雄の手に集積したことになる。「神龍」→「法雄」のケースが確認できるので、法雄の手許に集まったものであろう。以下に通番25（図3-8、「空賢」の下字墨書「□尭」）・49（図3-9）・101（図3-10）番の表紙書影を示す。

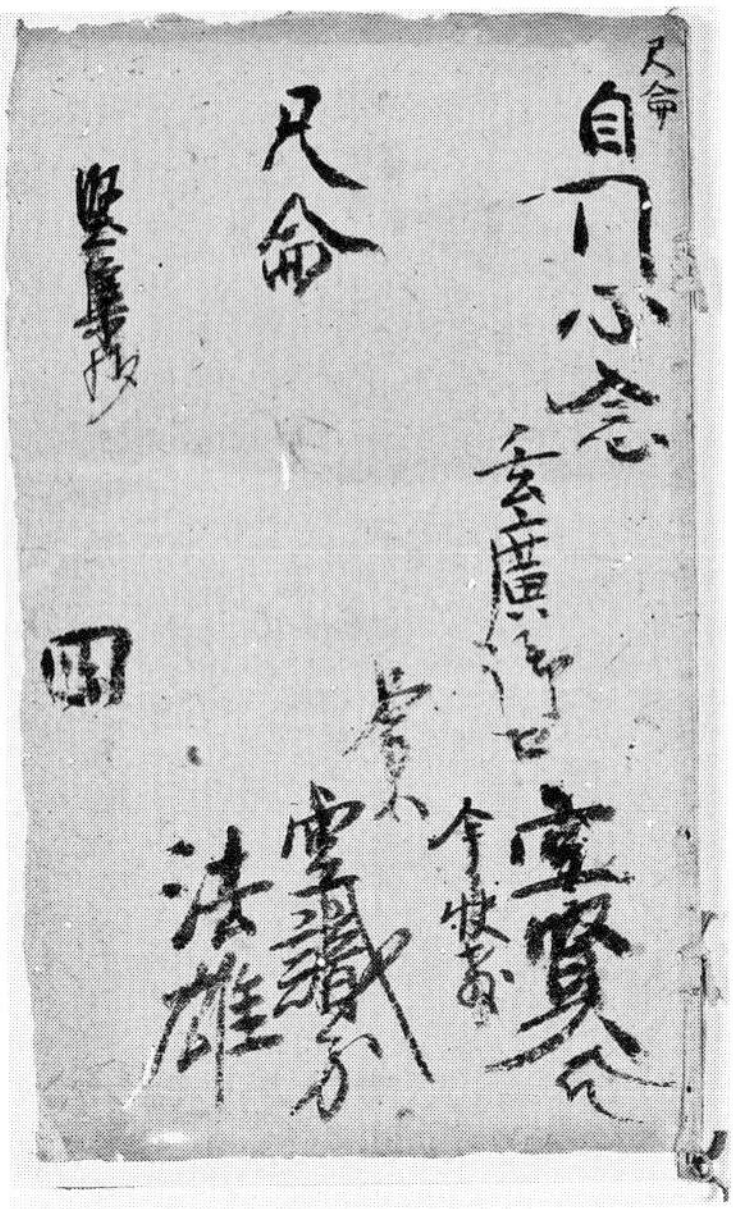

図3-8　覚S4-25

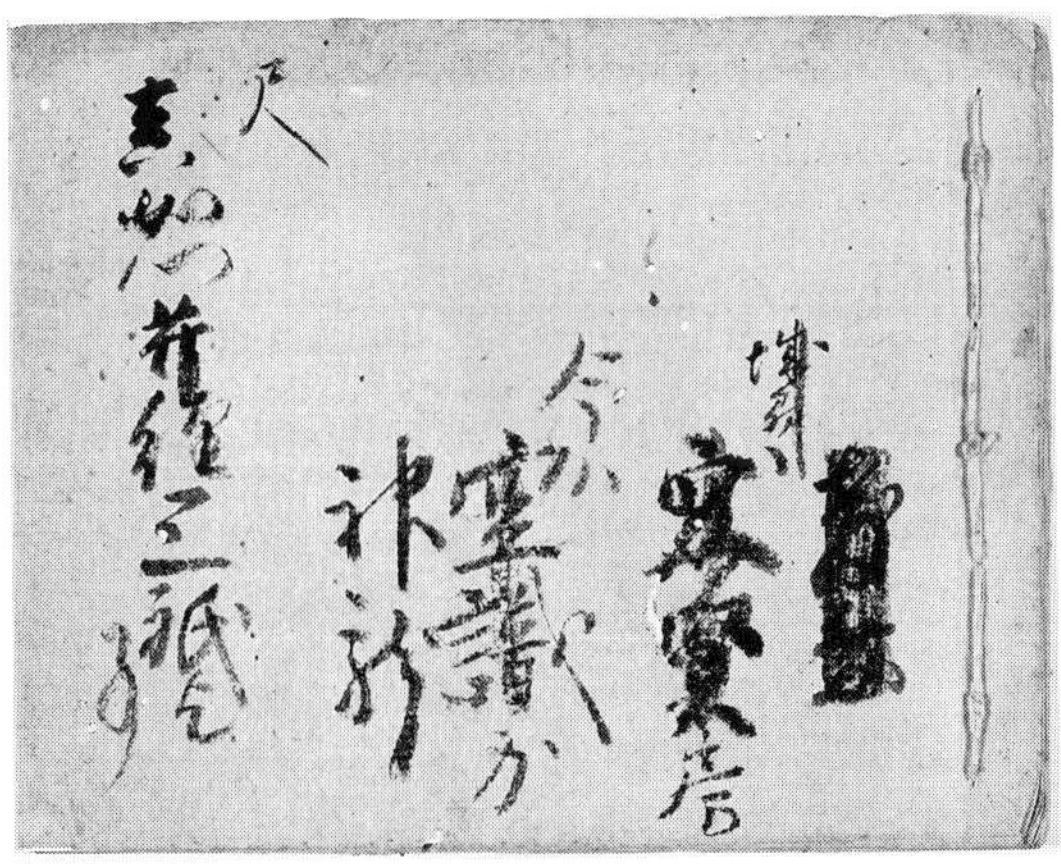

図3-9　覚S4-49

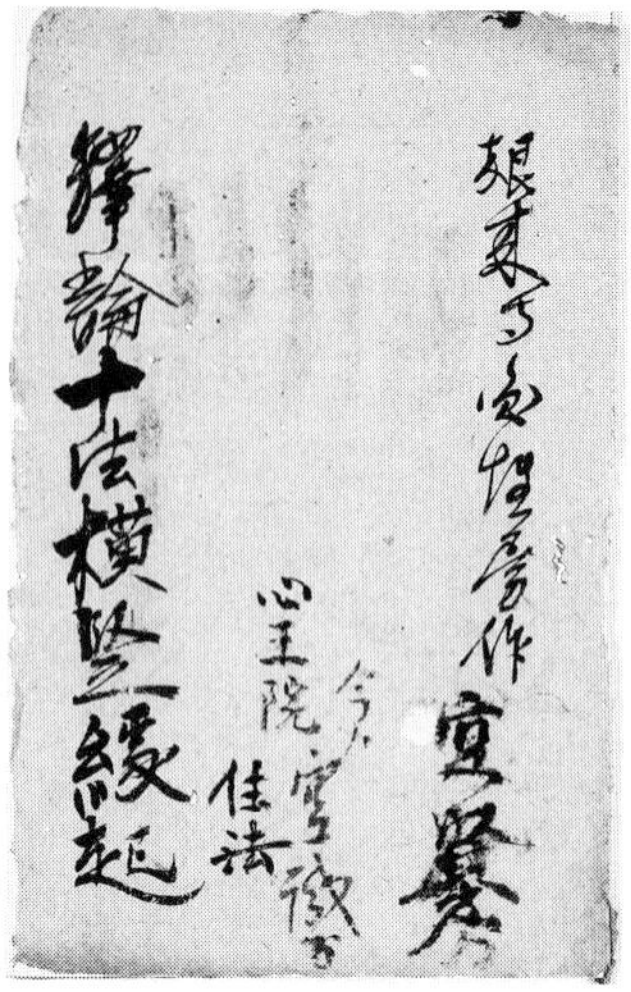

図３-10　覚Ｓ４-101

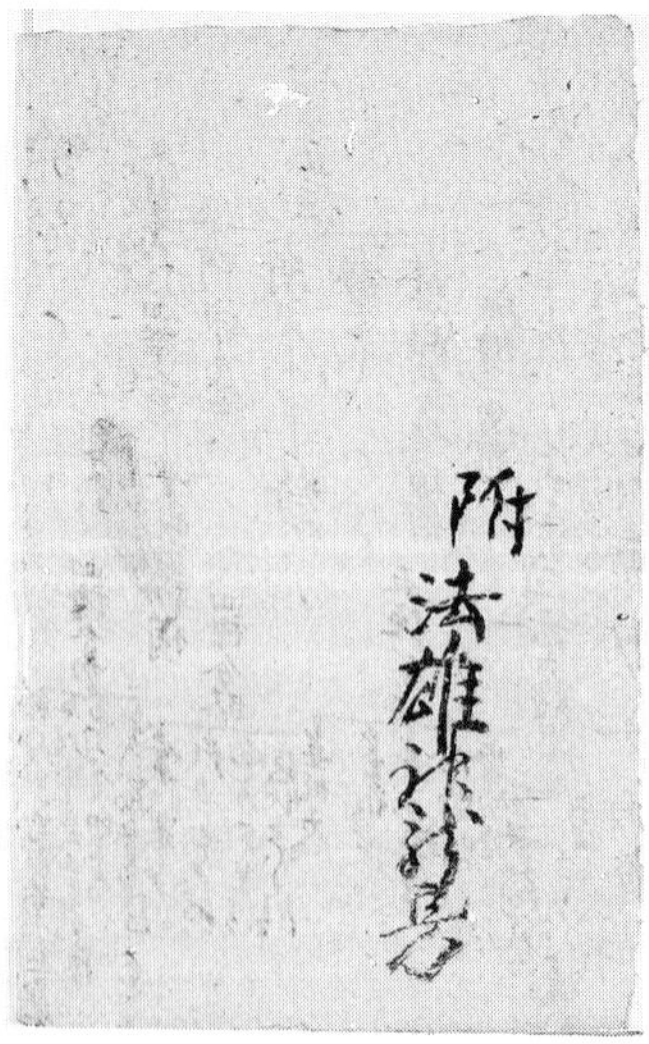

図３-11　覚Ｓ４-101

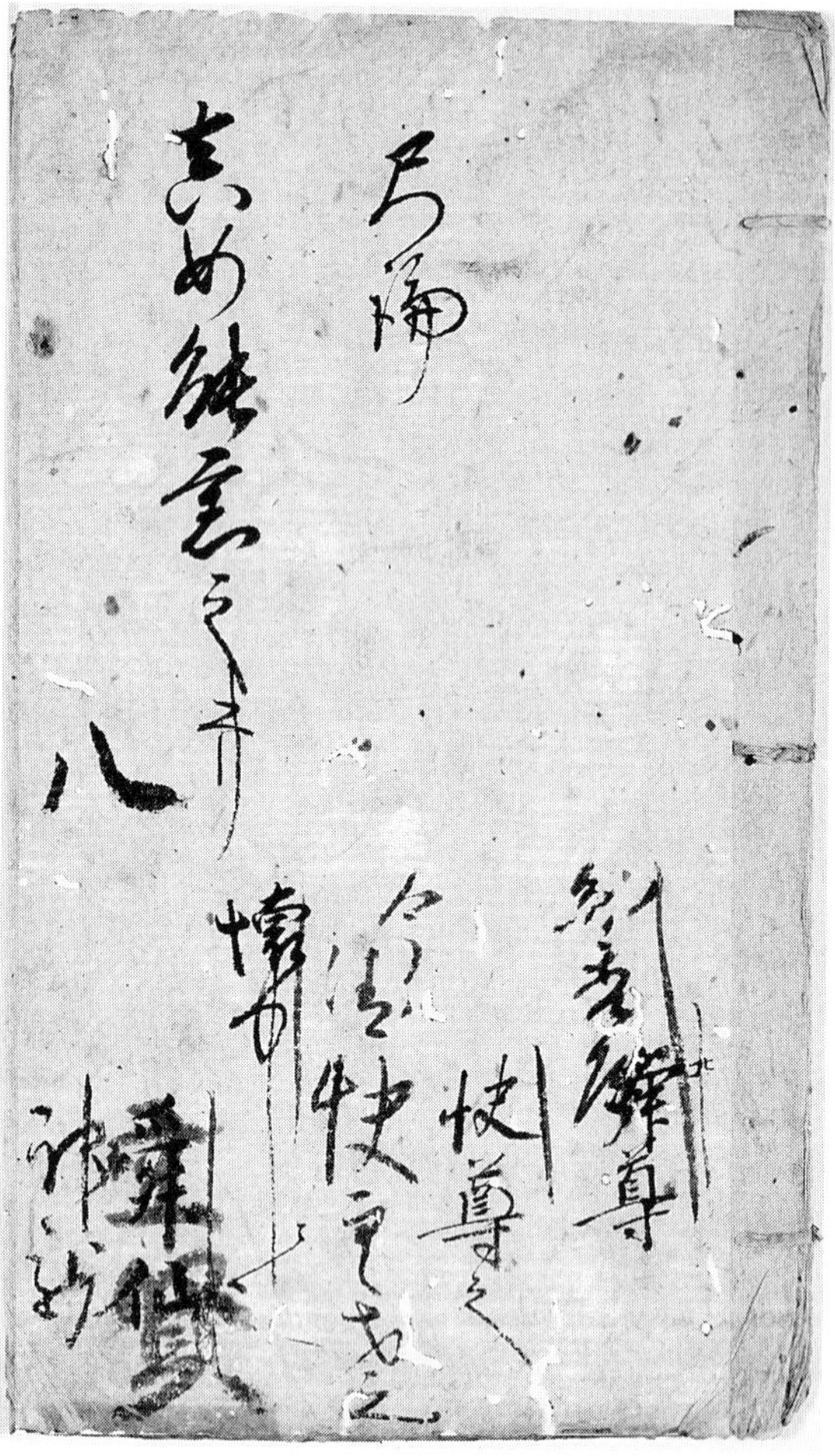

図３-12　覚Ｓ４-122

通番122（図3-12）は、慶長二年舜尊書写の論草であるが、「空賢」（下字）から「舜仙」（上字）経由（逆に「舜仙」から「空賢」経由も）で「神龍」の所持となっている。

「舜仙」は、19番「独力業相之事」（図3-参考）の書写奥書によって元和二年に活動していることが知られる。112番「煩悩即菩提義」と144番「秘鍵論議内」は、慶長十三年に尊意が書写したもので、「舜仙」の伝領墨署名がある。

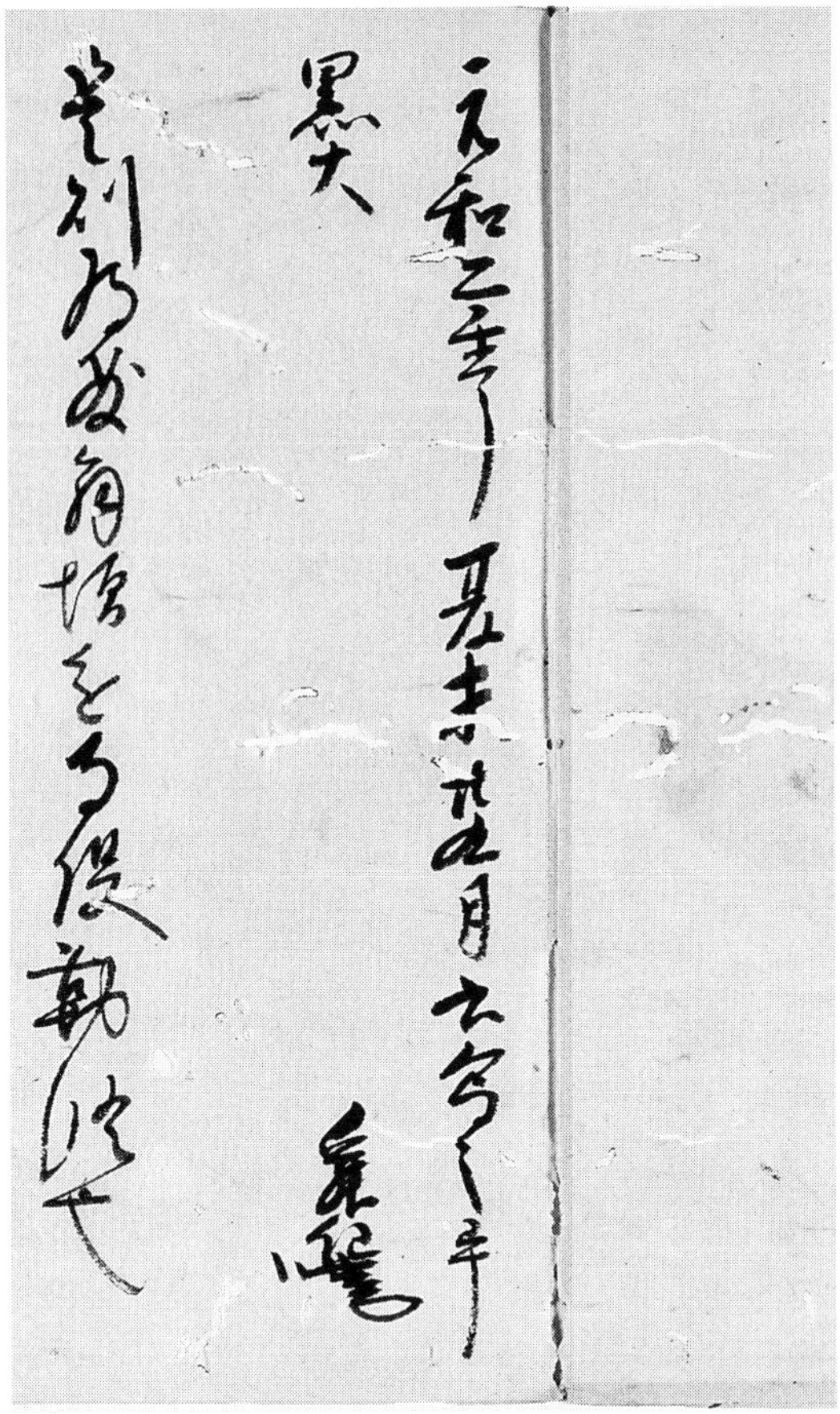

図3-参考　覚S4-19

即ち、四番箱に収納された室町後末期から近世初期の書写に係る論草類の多くは、神龍の手許に集積したものであり、そのうち、101は神龍→法雄に付与されている。法雄の手許に最終的に集積された論草類を調べることが、覚城院の蔵書形成において重要となってくる。

b　伝領墨署名―その二：法雄の蒐集

墨署名によると法雄へ繋がるものに95番（図3-13）の論草がある。表紙によると「アハ　秀尊」（墨消し）とあり、秀尊の書写本と思われる。

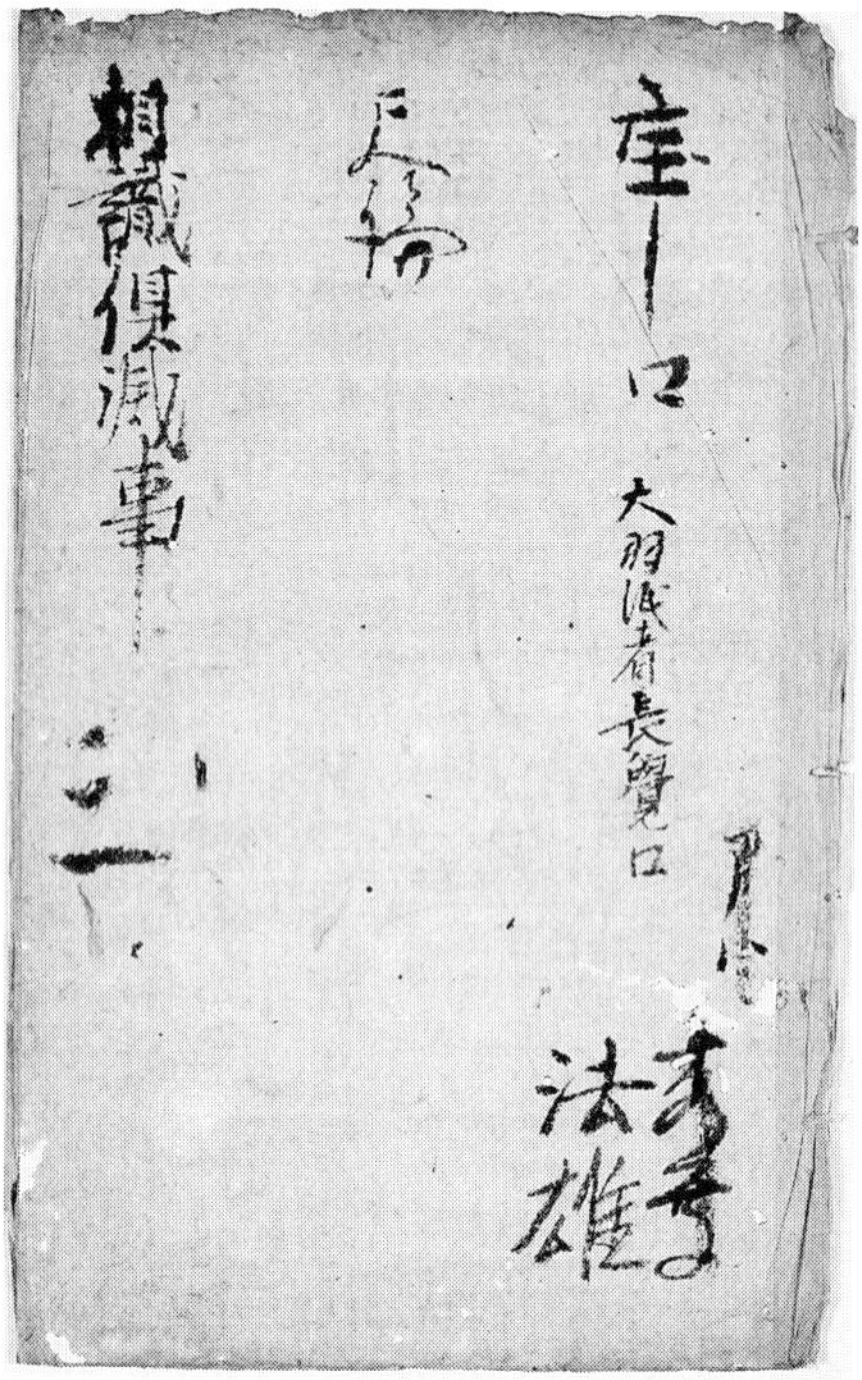

図3-13　覚S4-95

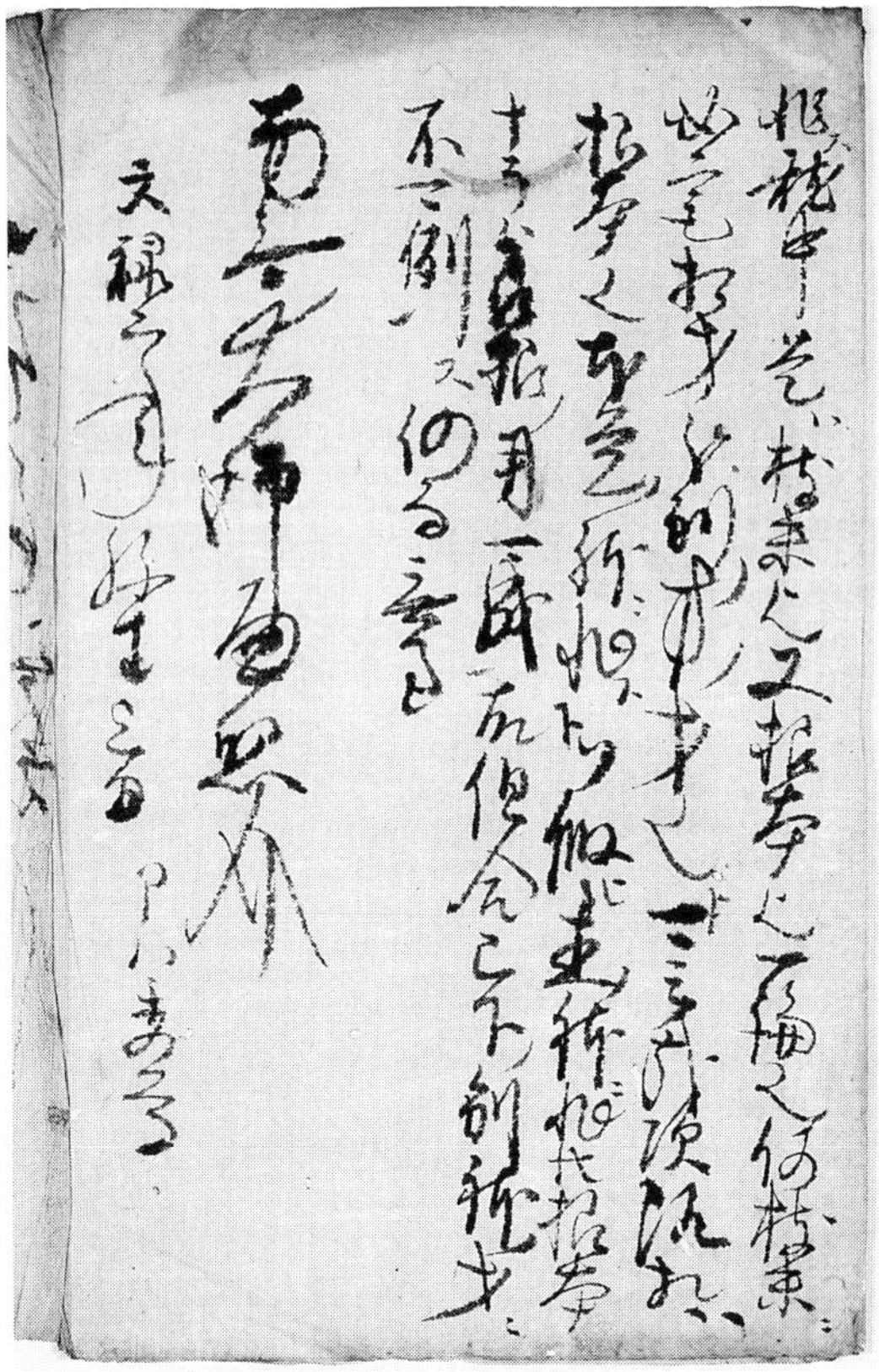

図３-14　覚Ｓ４-95

書写奥書は、「文禄二年弥生上旬　アハ秀尊」（図３-14）とある。次の103番の表紙墨署名を参照すると、「敞快」を経て「法雄」が入手したとも考えられる。

同じく103番（図3-15）、左傍に「近比悪筆無念候ニ」と謙辞を連ねる「阿波秀尊房」の〈文禄二年〉書写本（図3-16）が、「敞快」を経て入手されているからである。

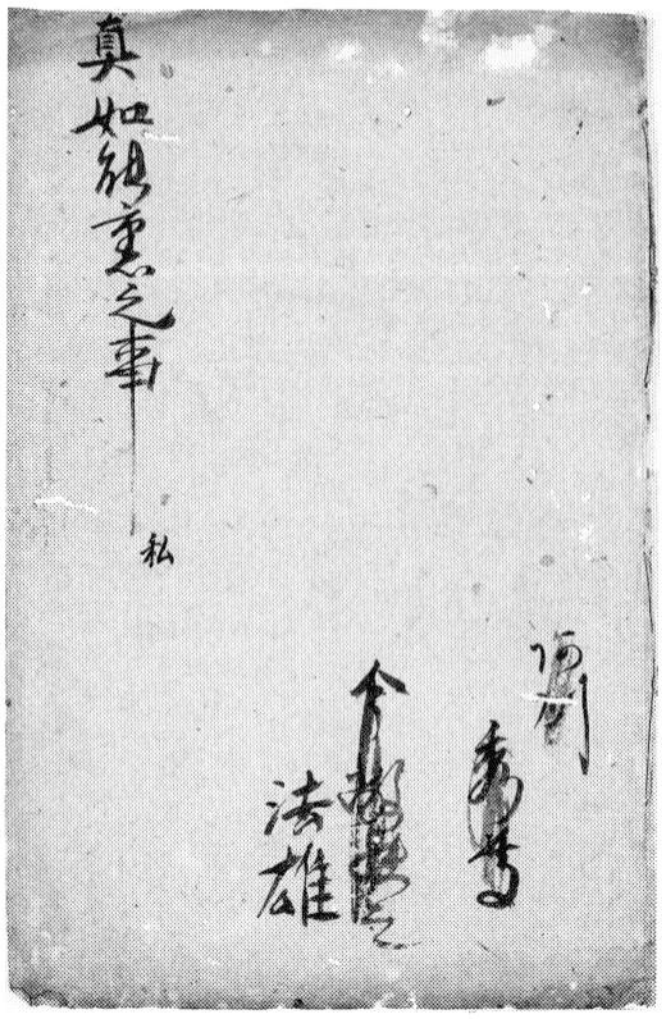

図3-15　覚S4-103

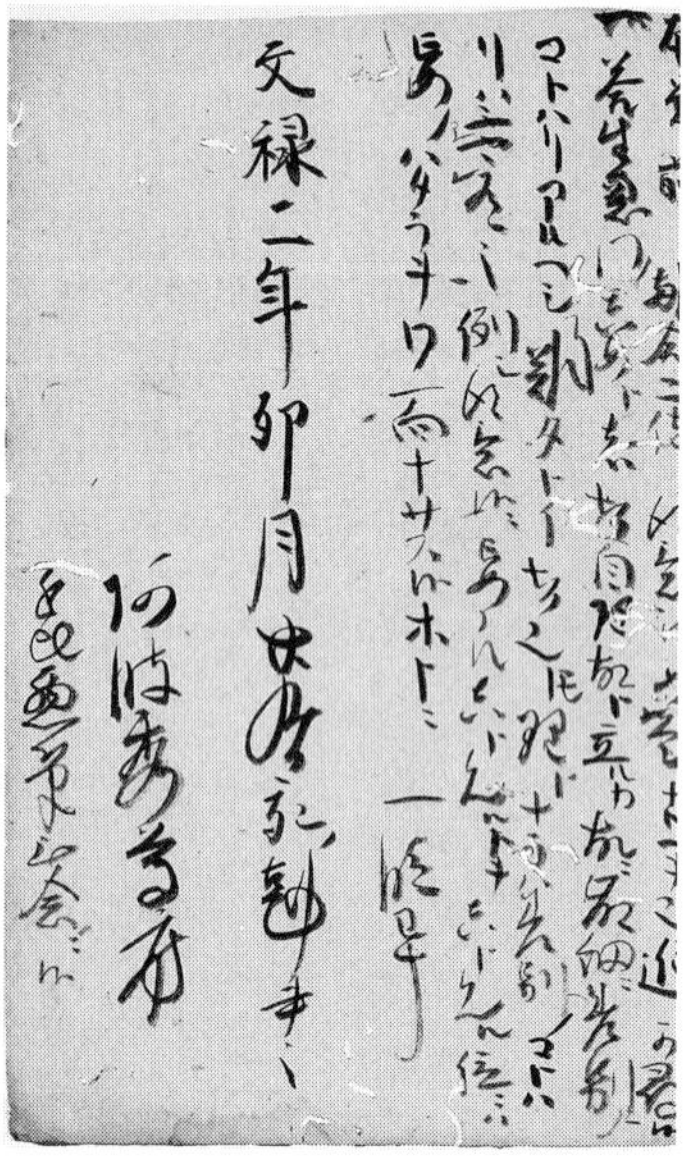

図3-16　覚S4-103

また、91番（図3-17）、宗音房の慶長十年書写本（図3-18）を増政経由で入手し、右下の書写者にして持主「宗音房」と遁蔵者「増政之」を墨で消して「法雄」に至っている。「右一冊者能州嘉祥寺第子頼盛房為／学問南山住山砌本中院遍明院て／誂申早……」という来歴識語があり、「南山」に発する論草である。「宥快」「玄廣」の「口」と明記する論草は多い。

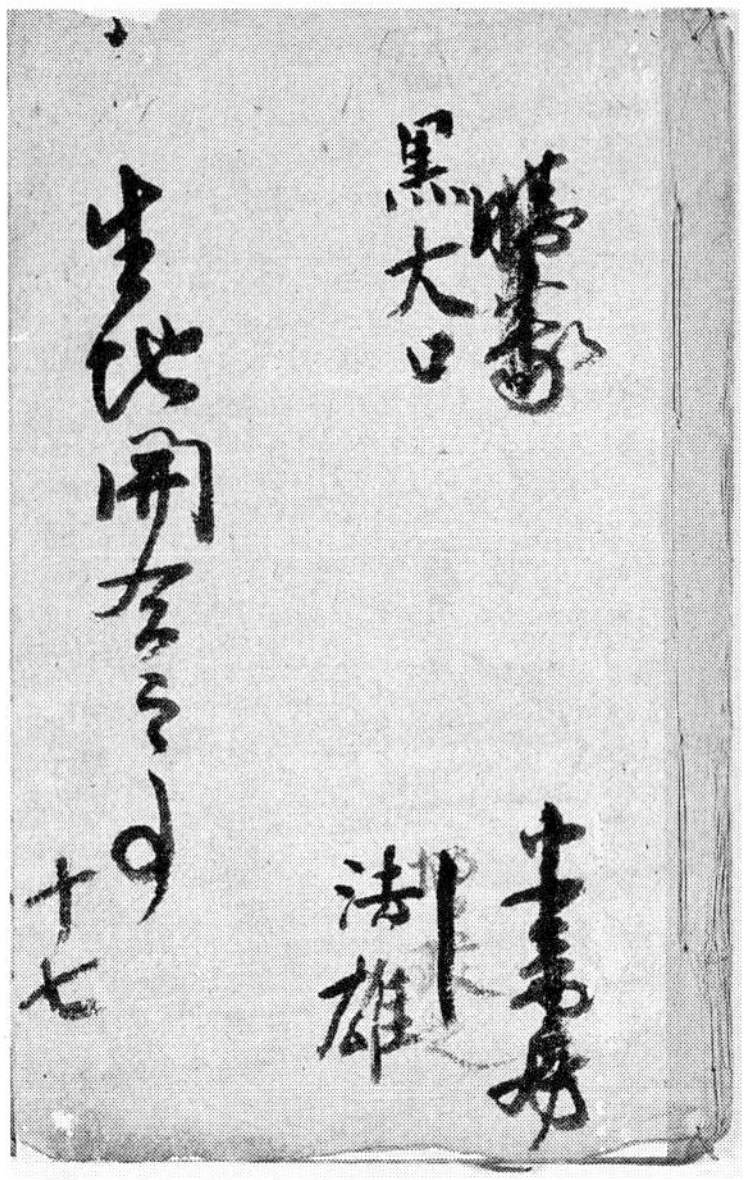

図3-17　覚S4-91

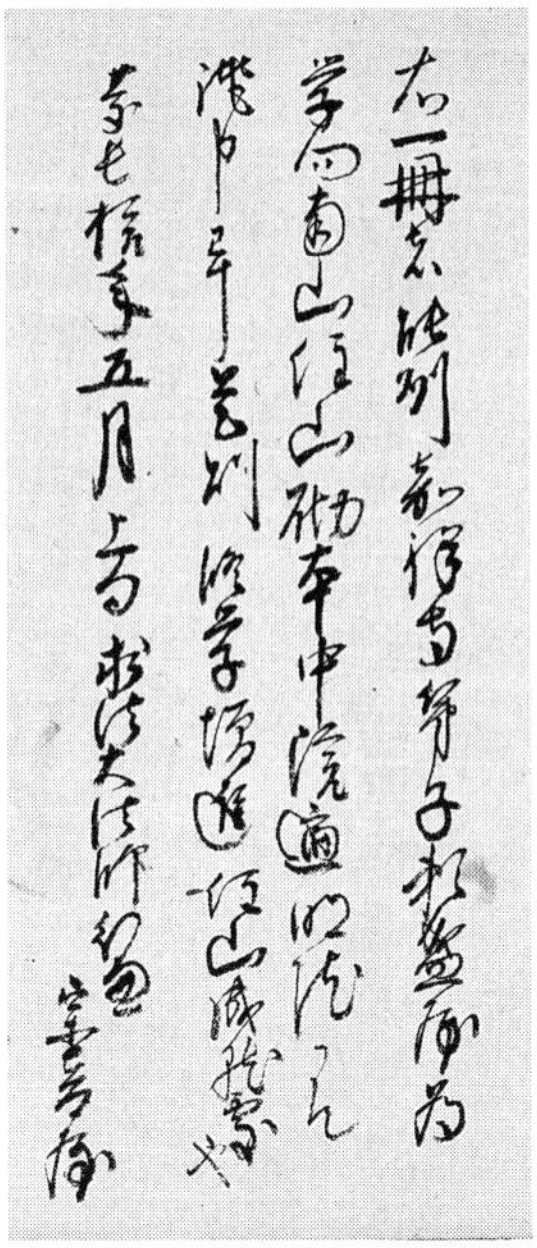

図3-18　覚S4-91

93番（図3-19）も「桑州」「遍性房」の書写本を「持主本雅房」を経由して「法雄」が入手。右下小字墨書「観三」は「観三房」かどうか。

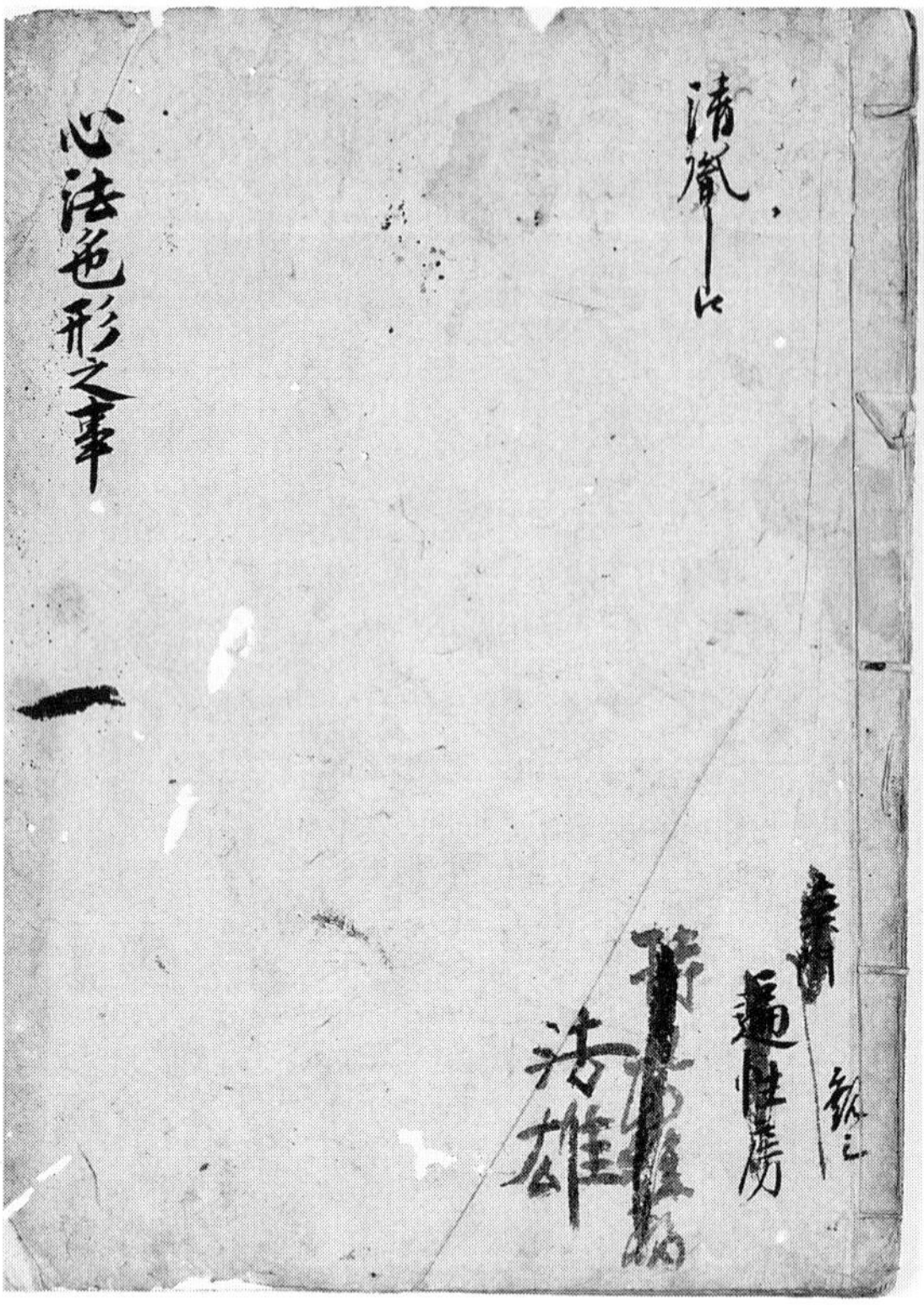

図3-19　覚S4-93

98番（図3-20）も同様である（↑増政〈墨消し〉）が、「増政之」を墨消しの後、右傍に墨署名。近世中期以降には、書写者墨署名の左傍に順次、伝領の墨署名を置くという暗黙の約束事の規範性が薄らいでいたか、とも考えられる。

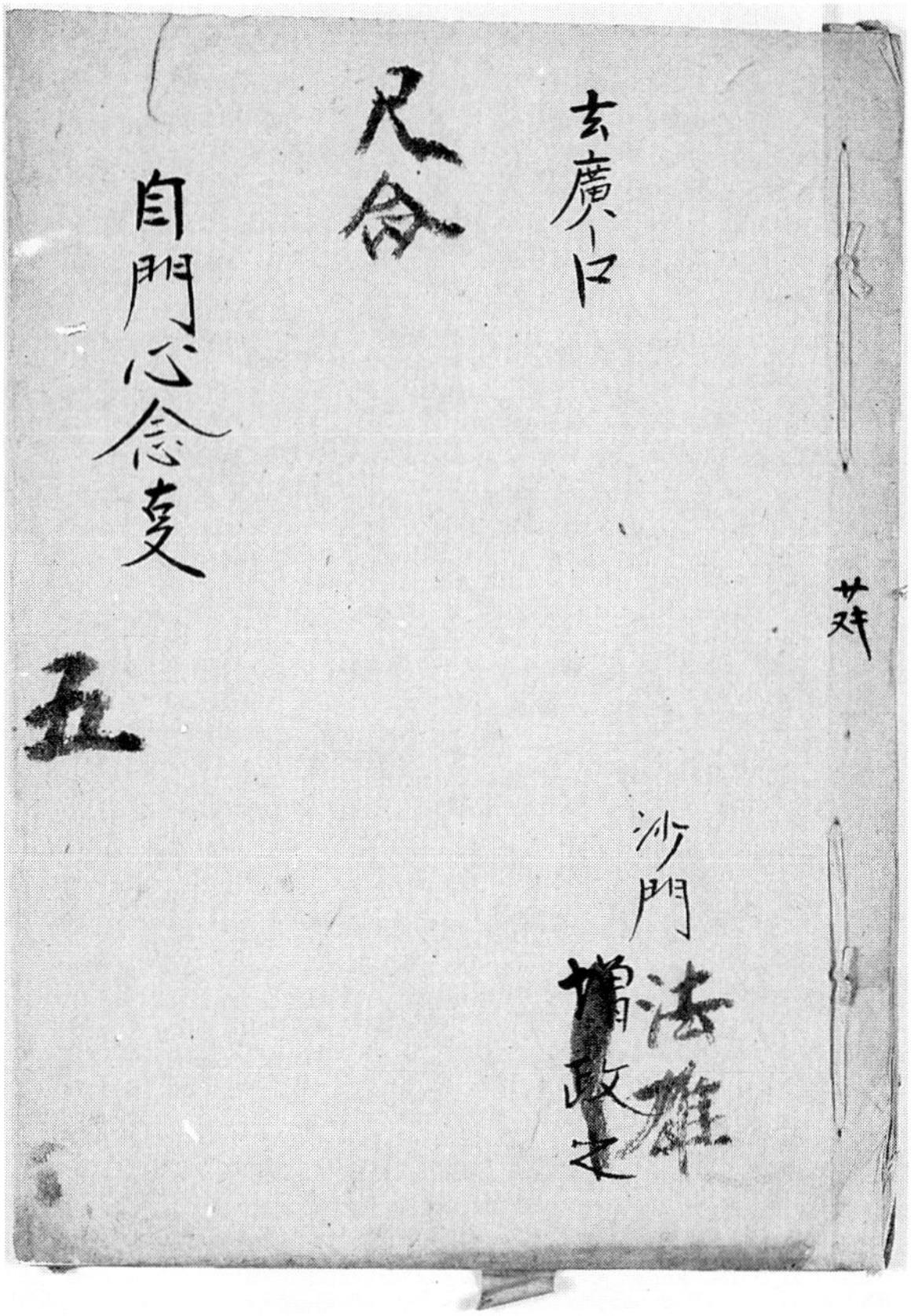

図3-20　覚S4-98

増政の活躍時期は、通番87（図3-21）「相識倶滅聞書」の奥書識語に「元禄十三」年とあり、近世中期の僧侶であることが知られる。従って、法雄は、それ以降の僧であることは確実である。

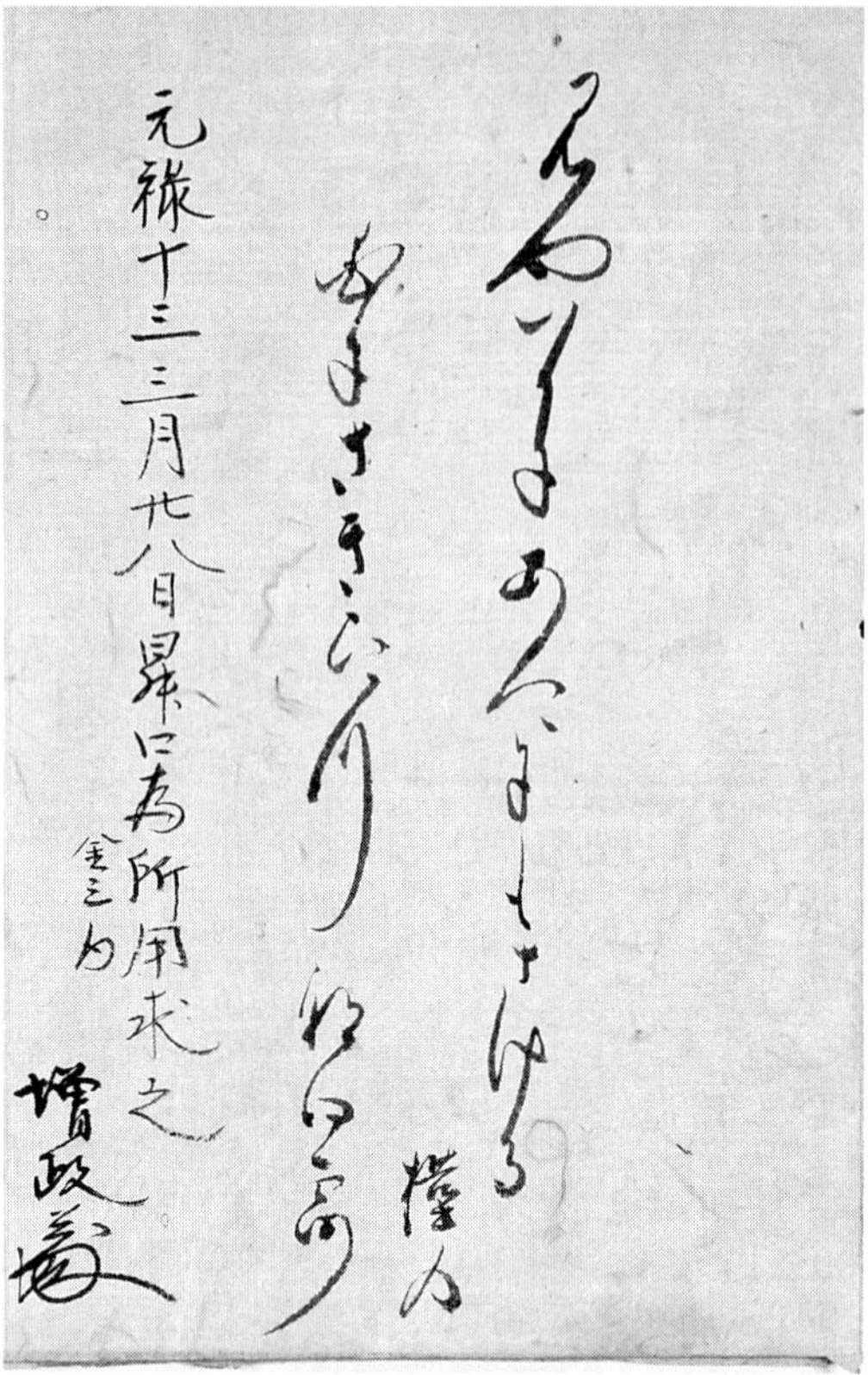

図3-21　覚S4-87

興味深い一点が132番（図3－22・23）である。

天文十六年真性房の手に係るかと思われる書写本である。右から左に順に「快智」「淳慶房」「大楽院本」「政海」「行応」と次第した後、政海の上の空白に「法雄」が墨署名しているケースである。「快智」の寛永二十年書写と考えられる論草の右下には、前掲の通番114（73頁）に指摘したが、「快智空真房」とあり、「快智」の房号は「空真房」である。従って天文十六年真性房書写も本奥書と考えることもできるが、「快智」の筆跡の問題が残る。また、天文十六年真性房の書写とも考えられる。その場合は、通番132の表紙右下「快智」は書写署名ではなく、伝領墨署名と考えられる。このようなケースも少なくない、と考えられるが、いずれとも決し難い。ともあれ、ここでの問題は「法雄」である。

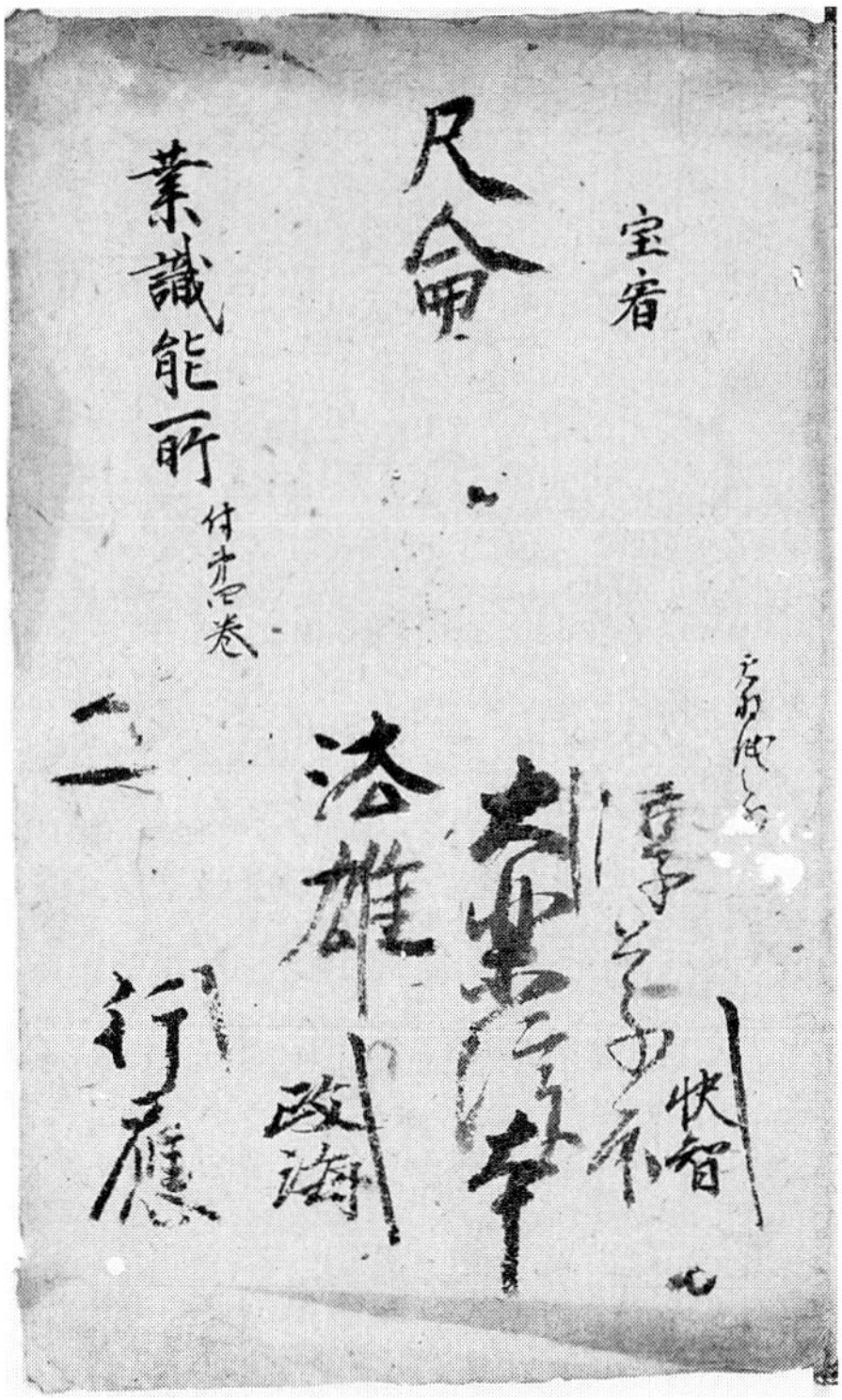

図3－22　覚S4－132

実は法雄自身の書写に係る論草類は現時点で確認できていない。神龍が心王院住法の論草類を付与されていることは、既に133番（図3－7）表紙の「心王院／住法／附神龍」や157番（図3－6）表紙の「心王院ヨリ／附神龍」とあることにより明瞭であるが、「心王院住法」と認められる97番の論草類三点合冊の各書写奥書の年号は「元禄第拾」「元禄十五」年である。「心王院住法」「神龍」いづれも元禄頃、近世中期頃以降の僧侶である。法雄は更に時代の下る僧と

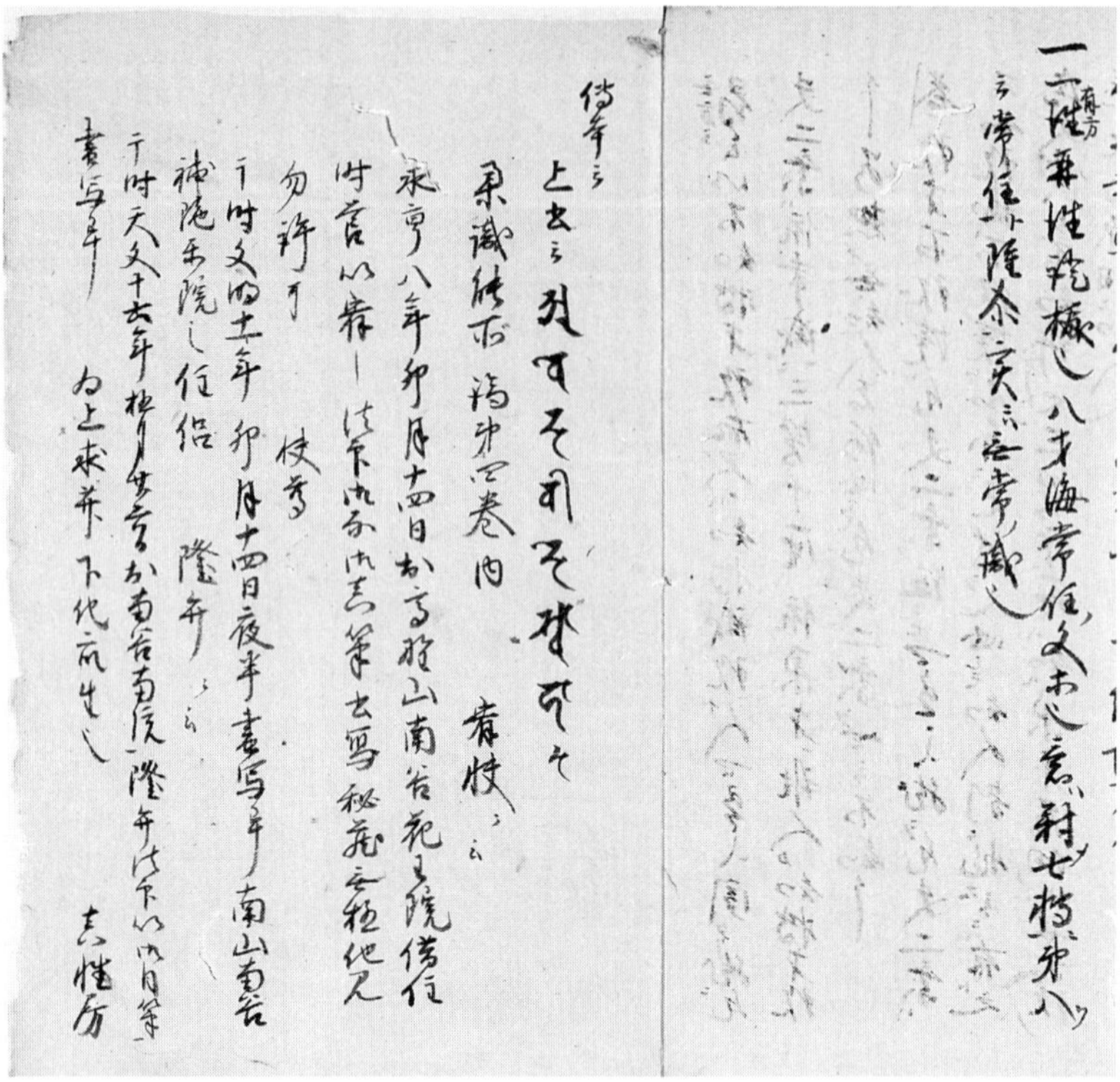

図3-23　覚S4-132

思われ、近世中後期頃の僧侶と考えることが出来そうである。

　法雄なる僧の手許に集積された論草類に多くの古写の草紙が認められたが、その伝領の過程は聖教が覚城院に収蔵されるに至った経緯を解明するうえで重要な情報源となる可能性もある。例えば、阿波の秀尊の場合、文禄二年頃にはその書写本が四国に齎されていたかとの推測も可能であり、その後の四国内での逓蔵過程の最終期のどこかで（覚城院との関わりは現時点で不詳）近世中後期頃の「法雄」が係わった、ということになろうか。今後の課題として残る重要な課題である。

　四番箱収納の論草類で「法雄」などと対極的な活動をしていた僧もいる。書写して蒐集するタイプの僧である。良厳（良厳房、「宝聚院」と併記すること多い）は、その活動の顕著なひとりで十五点内外（墨署名ないものもあるか）に及ぶ書写本があるが、今回は伝領墨署名の位置の持つ意味に限り論及するので、この僧の追及も今後の課題として暫くおくことにしたい。

通覧した限りでは、この第四箱の論草類のなかで「覚城院（もしくは覚城精舎）」を肩付にもつ僧名は「弘化四年」頃の「仁純」、通番149・152の二点に確認できるのみである。他に可能性のある「宥盛」を指摘できるが、ほとんどの論草類は覚城院に至る逓蔵過程を明らかにせず、今後の課題として残すことになった。

二、南都の論草類の伝領墨署名の形式

論草類の表紙などに認められる墨署名の位置を解明分析することで、個々別々の聖教類が固まった群として一括相承された可能性が浮上してきた。覚城院蔵四番箱収納典籍で試みた伝領墨署名の位置の検討結果を改めて確認しておく。繰り返しになるが、天正・文禄頃書写の綴葉・仮綴装の論草を始め、慶長頃を軸とした近世初期書写の仮綴装の一群の聖教は、縦型・横型本いずれも、共紙の前表紙の左肩打ち付けに論題を墨書し、右下に書写者の所持墨署名ないしは伝領者墨署名を記し、その墨署名の左に順次、逓蔵過程の伝領墨署名を列記する形式（かたち）（暗黙の約束事か）で、最終的な伝領者の墨署名が一番左に置かれる。

この形式が覚城院における論草類の伝領墨署名の形式であったか、どうかは確認できない。近世中期から後期頃に集積した一括の伝領聖教の中に確認できたに過ぎない。しかし、少なくとも天正・文禄頃から近世初期（順泉房龍意→空賢房清晃）の「南山」高野山系のいずれかの寺院で行われた論草の伝領に際してとられた「かたち」であったとはいえるであろう。

論議といえば、直ちに想起されるのが、南都興福寺で行われた論議であり、その豊富に現存する論草類である。天正・文

禄頃の南都論草類の伝領に際してとられた「かたち」のひとつを伝領墨署名に探ることは、寺院聖教に関して書誌学的な意味で将来的な比較対象が必須となることでもあり、ここに具体的な数例を挙げておく。十三点という極めて数の少ない事例で傾向を探ることは危険なこころみではある。覚城院四番箱収納の天正・文禄・慶長頃の論草類を検討してきたが、同時期の南都興福寺「空慶」という学侶の書写した論草（左下書写・持主墨署名「光祐」にとどまる一点を含む）と伝領した論草、計十三冊である。二点につき簡略な書誌的な事項を記す。

家蔵

有法自相事 光明院短釈

天文二十年舜清写　仮一冊

表紙：本文共紙楮紙原表紙（二〇・三×一七・二糎）書影参照。

内題本文初行：「（4）有法自相／問有法自相々違法ノ作法如何／」

書式：毎半葉八行々一七字内外字数不等。毎問・答頭に朱鈎点、処々朱断句、墨の一点、送り・訓み（片）がなを本文同筆で附す、

奥書：天文廿年辛亥二月十七日書之　　舜清（敬／白）…／後／天文二十二年…朱點了」

二十二丁。

舜清自筆の論義草紙（図3-24）。一括購入の十一冊の内の一点。空慶筆のものが多い。

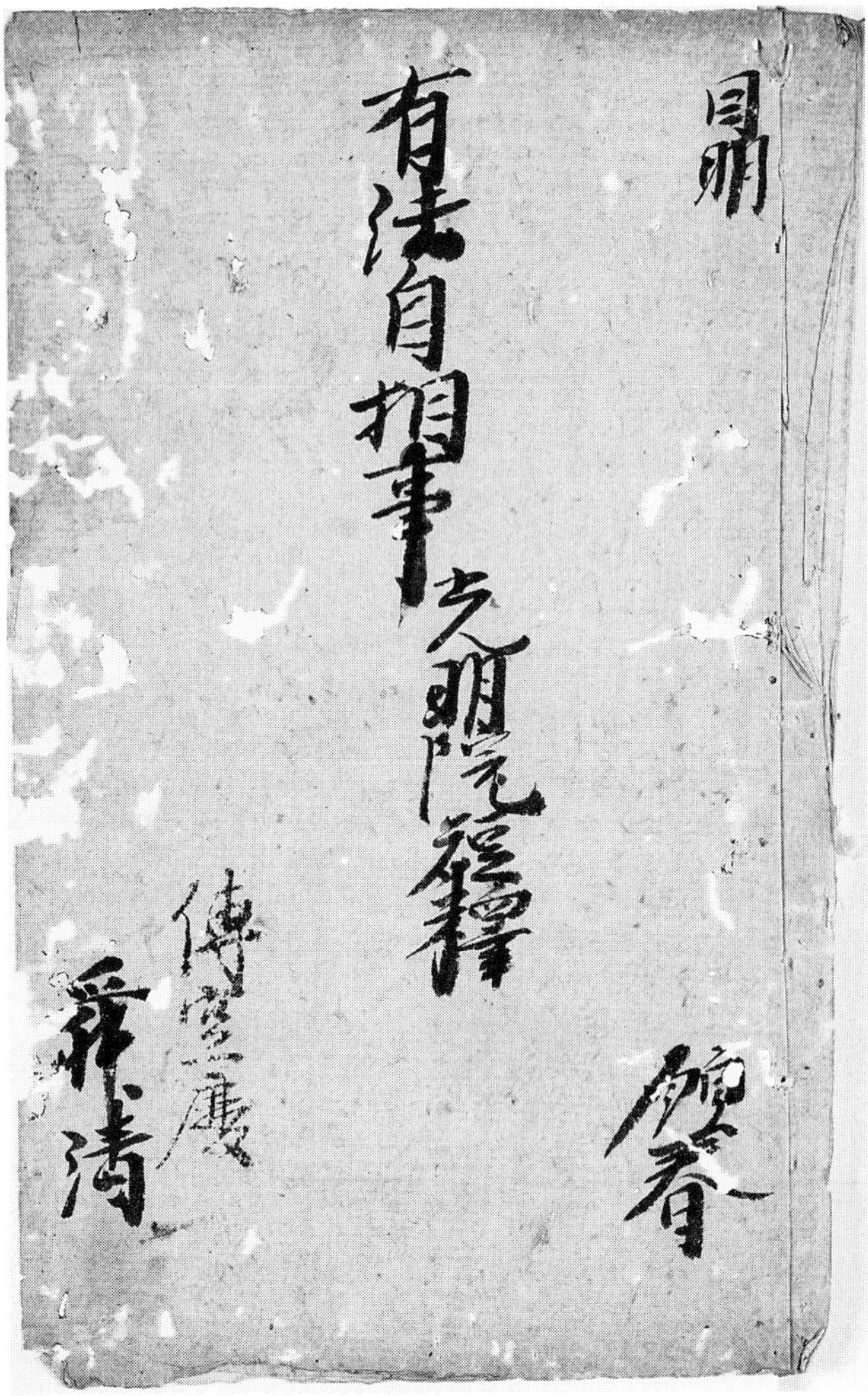

図３-24

この論議草紙は、中央に論題を打ち付けに墨書し、書写者の舜清が所持墨署名を左下に印す。右下に「願春」と墨書があり、伝領墨署名と思われるが、実は舜清の房号でもある（富喜原章信『日本中世唯識仏教史』大東出版社、一九七五年）。「伝空慶」は、左下の「舜清」の右傍に墨書している。この年の同形式の一点が『興福寺典籍文書目録　第四巻』（法蔵館、二〇〇九年）一二九頁「32　談一々蘊事　顕範」である。天文二十年正月の舜清書写の一点で「願春」（右下）・「舜清」（左下）である、という。

次も舜清自筆の論義草紙（図3-25）。一括購入（新宿区落合の文学堂より入手）の十一冊の内の一点。

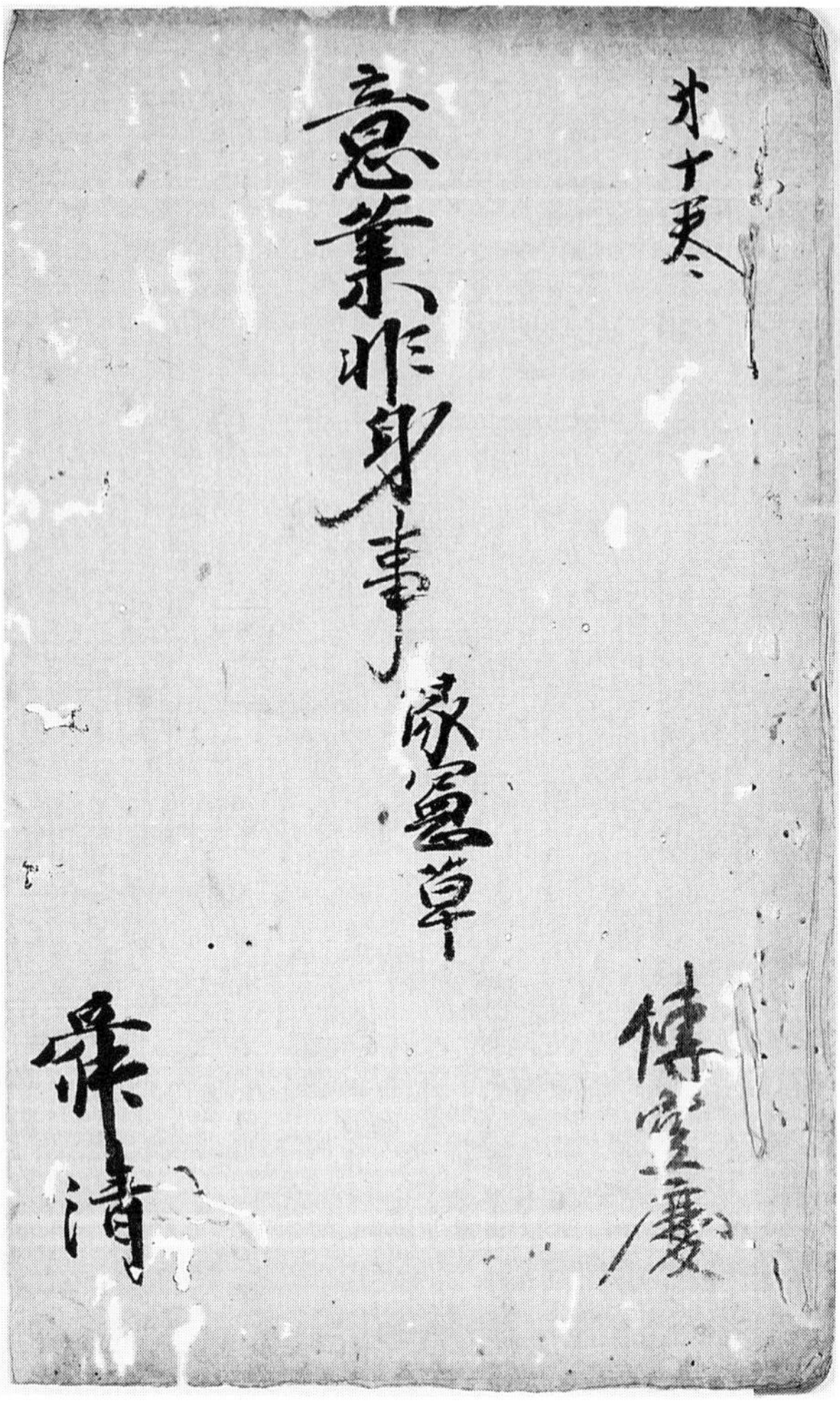

図3-25

表紙左下に「舜清」と書写者の所持墨署名があり右下に「伝空慶」と伝領墨署名がある。

次（図3-26）は、一括購入時とは別に入手した一冊で、二八・四×二一・〇糎の大本である。末に「文安四年丁卯十一月十一日終写功訖／光心」とあり、文安四年光心写の一冊、表紙左下に「光心」と書写者所持墨署名、右下に「妙音院」と墨書、右下「光心」の右傍に「伝空慶」と伝領墨書がある。注目すべきは、後表紙見返しの右下に「朝清」と伝領墨署名のあることであるが、空慶の前後を確定できない。前表紙の伝領署名と巻末奥書近くの署名や後見返しなどの伝領署名との関係については、今後の課題にしたい。

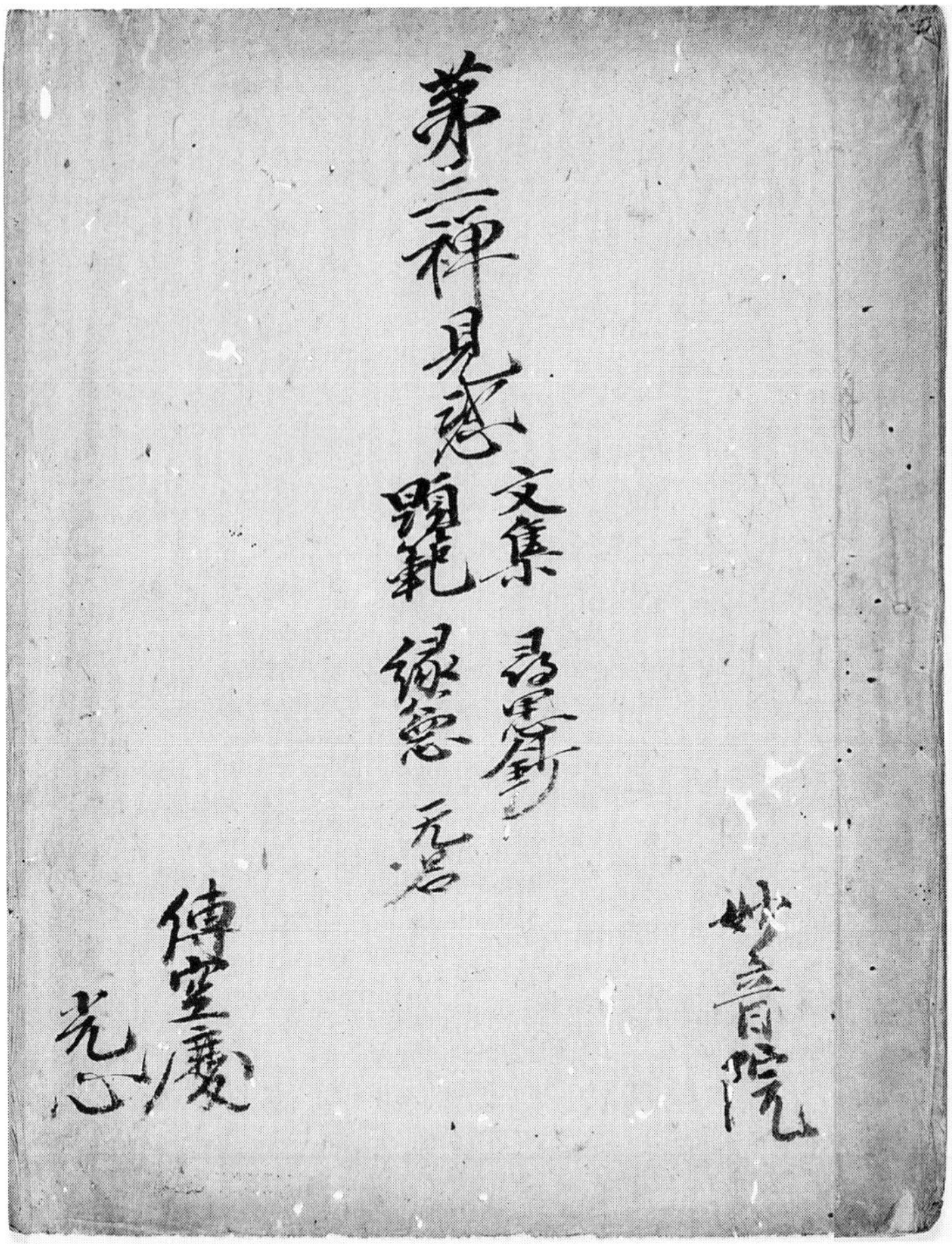

図３-26

『興福寺典籍文書目録　第四巻』（法蔵館、二〇〇九年）によれば、第七十九函には、室町末・桃山期の喜多院を継いだ「空慶」の自筆の論草類と「空慶」伝領の論草類が多く収納されている。いずれも同形式で墨署名が行われており、少なくとも興福寺喜多院の「空慶」に関して言えば、この「かたち」で論草類は書写・所持・伝領されていたことは確実である。

同目録の著録表示に従えば、鎌倉時代の論草類には「巻」（巻子本か）、南北朝にかけては「通」（一枚物又は数紙を横に継ぎたるもの）として著録されるもの多く、室町期に至ると断簡（但し短きものに限る）か、仮綴装の冊子本が増える傾向にあるようである。まさに天正頃の「空慶」に仮綴装の冊子本は相応しいのである。

「空慶」自筆・伝領の天正頃の論草類（即ち仮綴の冊子形態、縦・横型いづれも）の表紙について具体的に指摘できることは、中央に論題が打ち付け表記され、書写者（同時に持主）の墨署名が左下にあり、その房号乃至院家名等（書写年時なども）が右下に墨書される。もしくは右下に房号乃至院家の墨書のない場合は空白か、書写者に連なる伝領者の伝領墨署名が置かれる。右下に墨書（墨署名）がある場合、次に伝領所持するものは、左下の書写者墨署名の右傍に記すケースが多いようで、おぼろげながら、規則性が認められるということである。文安頃の「光心」なる僧の場合も同様であったかと思われる。

天正・文禄頃の論草類に見られる表紙墨署名の位置の規則性が真言系（南山）と南都系（興福寺）とで異なる、ということに繋がるものなのか、たまたま同時期に生まれ合わせた「空慶」と「順泉房龍意」などの個人的な習慣としての「好み」「傾向」による規則性の異なりなのかは、多くの事例の比較を必要とするものである。学系や地域・時代性にも係わるとなれば、聖教類全般に及ぼすべき課題となろうが、今後の更なる調査を期したい。

なお、覚城院伝領の墨書、特に四番函収納の聖教類の伝領墨署名によって、同じ房号で別な僧侶、同じ僧名で別人などが一、二判明したが、今回は言及せず省略した。

結び

ここに覚城院現蔵四番箱収納の論草類調査において帰納される論義草子の書物上の（伝領過程を辿るうえで有効な）〝習わし〟〈作法と呼称できるかどうか〉について考察してきた。このような傾向の相違が論義草子にとどまるものか、ひとつの手掛かりを興福寺の一括論草類と同じく南都興福寺に展開した一点の聖教、粘葉装の冊子一帖に確認しておきたい。

既に冒頭「はじめに」で採り上げた「シンポジウム―奥書・識語をめぐる諸問題」において検討済みのことであり、詳述は控えるが、書写者・持主の墨署名「範縁」を前表紙左下隅に書し、表紙中央に本文同筆墨で「三國傳燈記上」と外題を書す慶應義塾情報センター蔵〔南北朝〕写の零本一帖である。原表紙右下隅に右より「傳光曉」、その左に「傳光祐」と伝領墨署名を認めるものである。表紙中央に外題、左下隅に書写者・持主の署名、右下隅に伝領者署名を書す、という室町後末期興福寺の論草類に〝習わし〟を同じくする聖教である。論草類にとどまらぬ〝習わし〟の可能性がうかがえる貴重な一点である。しかし、「傳光祐」が左下の「範縁」の右傍にはなく、右下隅の「光曉」の左傍に位置している点で家蔵興福寺旧蔵論草類と異なる。書写者兼持主ではない伝領者の署名位置は、右下が空白の場合は右下隅に書し、更なる伝領者は親しく伝領した僧の署名の傍らに書す、というのが〝習わし〟であったようである。室町末期の「光祐」は、時代を異にした南北朝期の「範縁」から伝領したのではなく、ほぼ同時代の「光曉」から伝領したのである。授受の関係の親近が位置を決める。今回、採り上げた家蔵の一括購入の論草類のうちに書写者・持主の墨署名「光祐」を表紙左下隅にもつ一冊がある。推測するに室町末期の「光祐」を表紙右下隅の最終伝領署名としてもつ慶應義塾情報センター蔵『三國傳燈記』巻上一帖も家蔵論義草子と同時期に寺外に転じたものであろうか（近代か、と想像される）。

いまひとつ南都の書物上の習わしに関し今後の課題として検討する上で、新たな手掛かりとなる一事例に遭遇したので触れておく。文保本と呼称される『保元物語』巻中零本一帖の原表紙（か、と推測される扉、原本未見故、判断保留）である。一般的には寺院聖教という範疇に入らない領域の書物であるが、近年の寺院悉皆調査の傾向として、寺院聖教乃至それに準じた典籍として扱い検討されることもあり（近年、延慶本『平家物語』をそうした観点から見直した佐々木孝浩氏の論考もある）、加えておきたい。この『保元物語』巻中零本については、近時、阿部亮太氏の御発表（軍記・語り物研究会第419回秋例会）があった。最近、阿部氏よりその発表資料を提示された際に初校中の本稿の趣旨・内容をお伝えしたことを、阿部氏の御諒解を頂いて付記するものである。近く詳細を公刊予定とうかがっている。

現在、手許で確認できる聖教類の表紙を各種図録・目録掲載の書影に探る作業を進めているが、極めて乏しい数に過ぎない。図録などの書物紹介に際して表紙書影は掲載されること極端に少ないからである。真言系の書物については今後の調査課題に譲るとして、南都系の書物表紙の伝領署名について試験的に探るならば、東大寺宗性上人の係る聖教類を含め、乏しい事例ながらも、今回室町末期興福寺の論草類に確認できた書物上の〝習わし〟におおむね適うものが少なくないことを併せて付記しておく。

＊　＊

中世の天台系聖教についても若干確認することができたので（柏原成菩提院の中世聖教・金沢文庫蔵の天台系聖教数点）、校正中に付記しておく。おおむね南都系の論争に認められる形式（かたち）を示している点は留意される。

第四章　『安居院憲基式口決聞書』について

落合博志

覚城院から見出された、安居院憲基の講式に関する口伝を忍宗が記録した書について、概要を紹介し、関連文献と比較しつつ内容を検討する。

一、書誌

初めに書誌を記す。写本、継紙（未装巻子本）一軸。料紙は楮紙で、全六紙。紙高二六・〇cm。各紙の紙幅は、第一紙は前の方が破れており、最大約三三cm。以下、第二紙四三・〇、第三紙四三・〇、第四紙四〇・六、第五紙四三・二、第六紙四三・〇cm。

第二節で後述する、同内容の醍醐寺本『講式事』所収「式聞書」と比較すると、本文の第一行が全く欠けており、第二〜五行にも欠損がある。前欠のため、外題・内題は有無も含めて不明。その他題記の類は見られない。

式（講式）を読むには不断の修練が不可欠であることなどを説いた総論部分に続き、「条々被示畢」と標記して、一つ書で十五項の口伝を記す。その後に、次の跋がある。(1)

右条々聞書者、自去正安三年八月下旬之比至リ二同四年正月下旬一、又自嘉元二年十一月下旬之比二至同三年二月中旬一、奉レ逢ルコト二師匠一ニ（于時大納言法印憲基）、或日者参二向安居院之御宿坊一ニ、或時者参拝シテ嵯峨之東北坊一ニ、数十箇度令三習二学之一奉ツリシ問二答之一御口決等也。為レ備二廃忘一、随三令ルニ二臆持セ一所二記二置ク之一也。子細雖二繁多ナリト一、僅以九牛之一毛也。至二音曲之段一ニ者、非可載二筆端一之間、併記シ二心符一畢而已。

于時嘉元三年二月廿三日、於洛陽安居院寺所記、如斯。

一交了。　沙門忍宗判

これにより、正安三年（一三〇一）八月から四年正月にかけて、および嘉元二年（一三〇四）十一月から三年二月にかけて、忍宗が安居院の憲基から受けた口決を記したものであることが知られる。

右の忍宗の跋の後、以下の奥書がある。

至徳三年（歳次丙寅）二月廿一日、書畢。秘蔵々々耳。　深恵

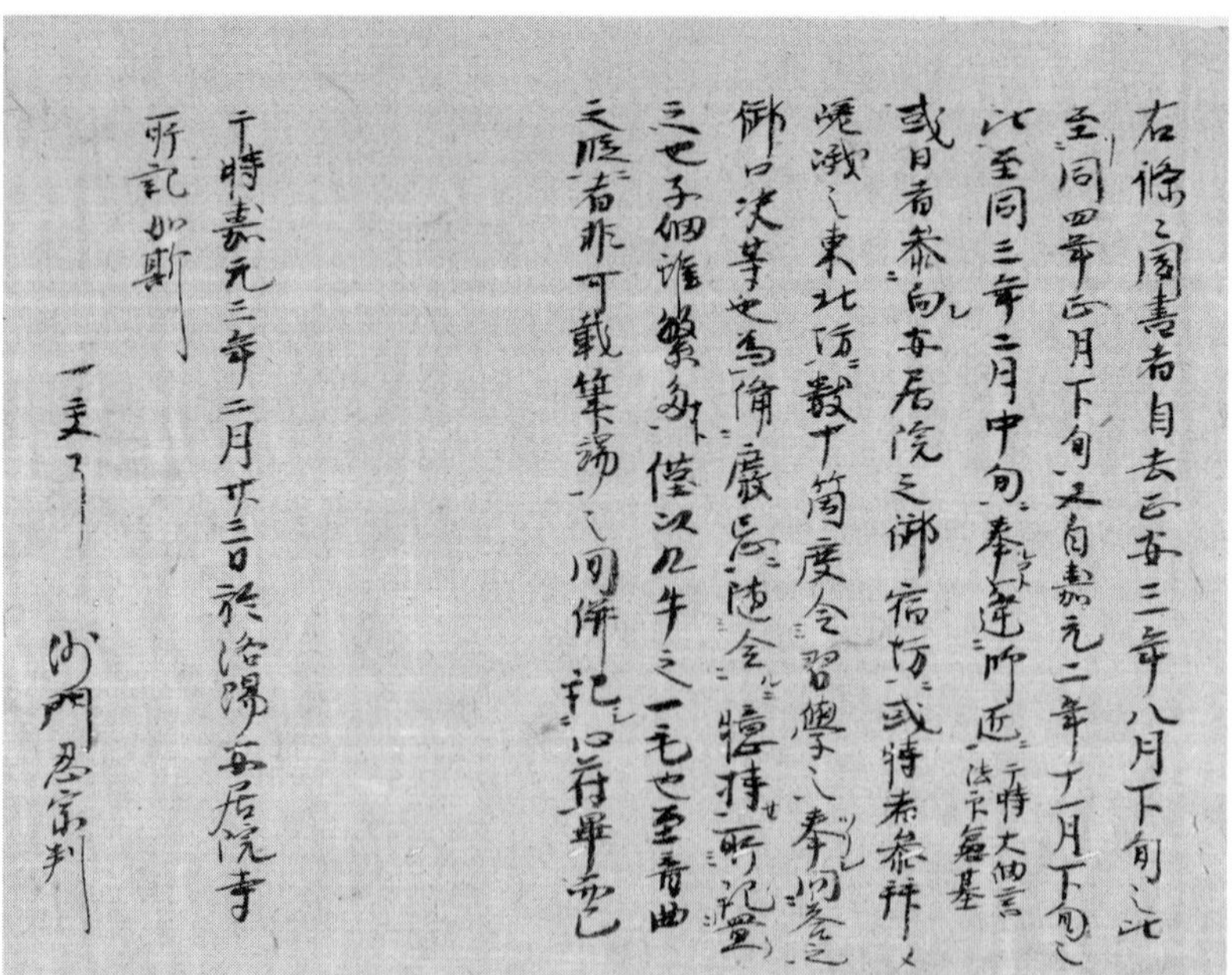
右條々聞書者自去正安三年八月下旬之比
至同四年正月下旬又自嘉元二年十一月下旬之
比至同三年二月中旬奉逢師匠于時大納言法印憲基
或日者参向安居院之御宿坊或時者参拝
嵯峨之東北坊数十箇度令習學之奉問答之
御口決等也為備廢忘随令臆持所記置
之也子細雖繁多僅以九牛之一毛也至音曲
之段者非可載筆端之間併記心符畢而已
于時嘉元三年二月廿三日於洛陽安居院寺
所記如斯
一交了　沙門忍宗判

応永十三年歳次丙戌九月七日、書写之。納心符、秘蔵々々。師誡言不輙。穴賢々々、写瓶第子一人外、不可相伝。可秘々々。　一校了。　信源

同十五年十二月廿四日、書写之畢。不可他見、秘蔵々々。　宗任

本書は覚城院に伝わる他の宗任書写本と比較して同筆と認められ、応永十五年（一四〇八）宗任写と考えられる。応永十三年の書写者信源は、覚城院に多くの写本を遺している人物である。至徳三年（一三八六）の書写者深恵については第四節で検討する。なお信源の奥書に言う「師」が深恵を指すとすれば、信源は本書を深恵から学んだことになる。ただし、この点は必ずしも確実でない。

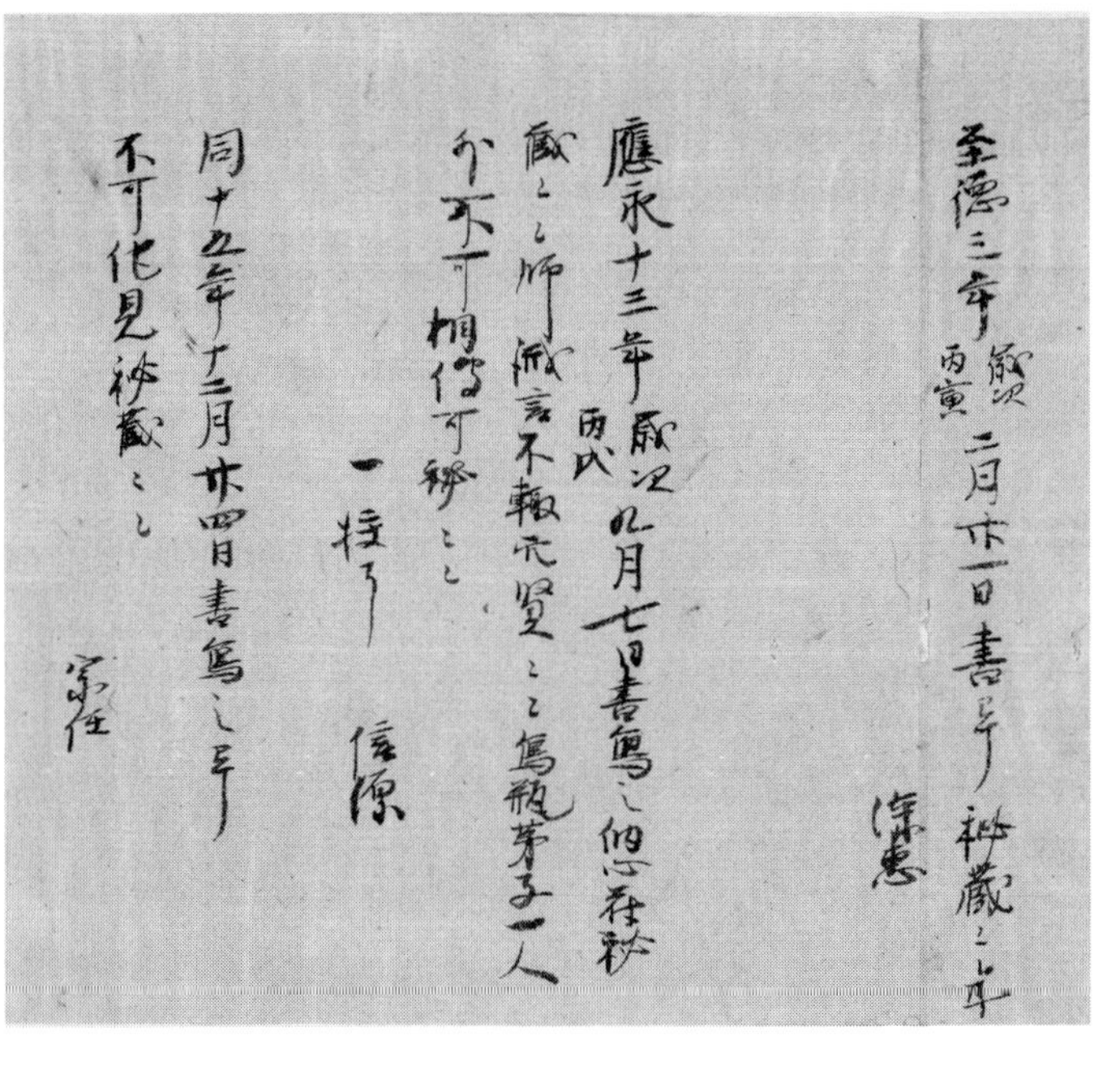
至徳三年歳次丙寅二月廿一日書写了秘蔵々々畢
深恵
應永十三年歳次丙戌九月七日書写之納心符秘
蔵々々師誡言不輙穴賢々々写瓶第子一人
外不可相伝可秘々々
一校了　信源
同十五年十二月廿四日書写之畢
不可他見秘蔵々々
宗任

二、醍醐寺蔵『講式事』所収「式聞書」について

ここで、覚城院蔵『安居院憲基式口決聞書』と同内容の書をその一部に含み、それ以外にも関連する記事を多く有する醍醐寺蔵『講式事』（醍醐寺文書207函46号）について言及しておく。(2)

写本一冊。表紙中央上部に「講式事」と外題を打ち付け墨書（本文と同筆）。本文は全二十五丁で、第二十五丁表に後掲する奥書がある。

本書は複数の講式伝書の合写本で、一応以下の**1**～**7**に分けることができ、多くの部分は称名寺の講式関係の資料と関連が深い。各部分の書名は、内題があるものはそれにより、欠く場合は仮の書名を〔　〕で示した。

1　式事条々（一オ～六ウ）

内題「式事条々」。称名寺蔵『式師御口伝聞書』（280函13号）(3)の2〔某式口伝明玄聞書〕と同じ。(4)末尾に、嘉元三年（一三〇五）二月十九日に洛陽安居院寺で書写したことを示す忍宗の奥書がある（第四節【B】参照）。

2　式聞書（七オ～十四オ）

中扉題「式聞書安居院御口決等私記之」。内題「式聞書安居院大納言法印□房憲基御口決也忍宗私記之」。本稿で紹介する覚城院蔵『安居院憲基式口決聞書』と同内容で、覚城院本で料紙の破損により失われている冒頭部の本文を有する。末尾に覚城院本と同じ嘉元三年の忍宗の跋があり、(5)それ以降の奥書はない。

3　不審条々（十四ウ～十六オ四行目）

内題「不審条々」。称名寺蔵『式事奉謁安居院僧都覚守所令問答之也舎利講』(6)（280函12号）とほぼ同内容で、末尾に称名寺本と同じ徳治二年（一三〇

七）六月十七日の忍宗の跋（第四節【D】参照）を小字で記載する。ただし本文に小異があり、称名寺本との前後関係は明らかでない。

4〔応長二年三月覚守より聞書〕（十六オ五行目～十七オ四行目）

内題なし。冒頭近くに「応長二年三月十日於相州鎌倉□懸（?）御坊奉値覚守法印御□□了」とある。貞慶作『舎利講式』と『往生講式』の語句を掲げ、読み方を示す。3が覚守からの忍宗の聞書であり、同年の5も忍宗による聞書と考えられることを踏まえると、その間に置かれた4も同じく忍宗の聞書ではなかろうか。

5〔安居院僧都問答条々〕（十七オ五行目～二十ウ四行目）

内題なし。称名寺蔵『安居院僧都問答条々式弁法則等』（117函2号・269函5号）と同内容で、冒頭に「安居院大僧都御房覚守自洛陽被下向之間令参謁大御堂御宿坊遂問答条々徳治二年十月廿八日」の記事がある点も同じ。

6〔式雑説〕（二十ウ五行目～二十三オ）

「一式事　示云　云音曲ト与法則ト古ハ強無其沙汰歟……」、「一式ヲ自初ヤカテ打チ上ケ読事無之也……」、「一反音事一座ノ式ニハ強不可多読也……」の各項と『往生講式』の語句の読み方。(7) 本来単一の書からの転写ではない可能性も少なくないが、便宜的に一括する。

7 式師用心口伝聞書（二十三ウ～二十五オ）

内題「□師用心口伝聞書」。称名寺蔵『式師御口伝聞書』（280函13号）の1の冒頭二丁弱、それと同内容の称名寺蔵『式用心故実事覚仙上人口伝』（375函8号）の冒頭二丁半弱と同じ。両書は覚仙上人の講式の口伝を忍宗が筆録したもの（第四節【C】参照）で、丁数はそれぞれ十四丁と十六丁であるが、7は末尾が「展敷坐具ヲ長跪シ其上ニ」で終わっており、途中で書写を中止した形である。

即ち１３５７は称名寺の講式関係の資料と、また２は覚城院蔵『安居院憲基式口決聞書』と重なり、４と６については今のところ同内容の資料を他に見出せない。２３７が忍宗の聞書であり、４５もそう推定されること、１も忍宗の関与した写本に基づくことを考慮すると、全体が忍宗に近い人物（弟子など）の編になることが想像される。(8)

第二十五丁表二行目まで７の本文があり、少し空けて次の奥書がある。

本云（??）
□□二年霜月廿日於如意輪院
（破　欠）□遮那院

右肩の二字は「本云」らしく、また一行目の「二」の上の字は「永」らしい。この本奥書は『講式事』全体に掛かるものと思われるが、『講式事』に見える最も新しい年時は４の「応長二年三月十日」であり、当然それより後の奥書である。仮に７のみに掛かるとしても、７は嘉元二年十二月十八日の成立であるから（第四節【Ｃ】参照）、それ以後の奥書となる。応長二年（あるいは嘉元二年）以後で下に「永」の付く年号は康永・応永・大永以下があるが、片仮名の字体や返り点の形状などから考えて大永以後の写本とは思われない。康永・応永の内では、同じ理由で康永の可能性の方を強く考えたい。７の本文の書写を中止しながら本奥書を写すことはやや考えにくいことから、右は『講式事』全体の本奥書であり、康永二年の写本を、恐らく南北朝時代の終わり頃までに転写したのが現存の醍醐寺本かと推測する。ただし、醍醐寺本の親本が書写されたと見られる如意輪院については明らかでない。次行の「遮那院」は、大原の遮那院(9)の可能性もあるが、醍醐寺の声明資料との関係からは、天王寺の遮那院(10)か。

覚城院蔵『安居院憲基式口決聞書』について考察する上で注目されるのは、同内容の『講式事』2にある「式聞書（安居院大納言法印□房憲基御口決也　忍宗私記之）」という内題とその下の注記で、これは忍宗の書いたものと認められるから、「式聞書」は忍宗の付けた書名であったと考えられる。覚城院本にも同じ内題があった可能性が考えられ、『式聞書』を書名とするのが妥当かも知れないが、現状では題記が確認できないことと、他の講式関係の口伝書と区別する意味もあり、本稿では跋の「右条々聞書者……令㆔習学之㆒奉(ツリシ)問㆓答之㆒御口決等也」や、『講式事』所収「式聞書」内題下の「安居院大納言法印□房憲基御口決也」を参照して、仮に書名を『安居院憲基式口決聞書』とした。

三、憲基について

次に、本書にその講式の口伝が筆録されている憲基について簡単に記しておく。憲基は澄憲に始まる唱導の家である安居院の人物で、澄憲の四代の孫に当たり、憲実（一二三六～一二八九）を父とし、弟に澄俊・覚守がいる（後掲系図参照）。確認できる記録上の初出は、文永六年（一二六九）十二月二十四日の浄土寺寺家灌頂に讃衆二十人の一人として勤仕している記事であり、[11]およそ一二五五年頃の生まれであろうか。その後、能説の名声の高かった父憲実の跡を継ぎ、唱導僧として公武の間に重んじられていたことが種々の記録から窺える。[12]その中で、講式に関わるものとして、次の『公衡公記』弘安十一年（一二八八）二月の記事を挙げる。

廿日、乙亥、火成、雨下、無殊事、入夜俄有往生講、式憲基阿闍梨、（憲実法印真弟）加陀覚淵僧都師弟、（千本居住之黒衣隠逸僧也、仍乱臈次在憲基下）笛景政・久政、笙予、篳篥重俊、比巴家君、簾中二面、箏簾中三張、大鼓舎弟小童五有丸、（兼篳篥）鞨鼓孝秀、妙法院僧止

入来、聴聞、有四个法用、調子盤渉調、楽例式物等也、採桑老以下、（史料纂集による）

管絃講の形の往生講が西園寺家で行われ、憲基が式師を務めたことが知られる(13)。

因みに、大原来迎院の玄雲撰『声塵要次第』に、憲基の『往生講式』の読み方が記録されているので引用しておく。

憲基法印、往生講式平調ニテ被読シハ、大原ノヨム体ニハ大ニカハリタリシ也。仮令説経ノ体也。二重ニアケラレタリシ也。

なお『安居院憲基式口決聞書』の忍宗の跋に、「或日者参二向シ安居院之御宿坊一ニ、或時者参拝シテ嵯峨之東北坊一ニ」憲基に学んだとあるが、「安居院之御宿坊」は洛中の安居院(14)にあった憲基の住坊であろう。一方「嵯峨之東北坊」については、次の『窮源尽性抄』巻一の奥書が参考になる。

本云
弘安三年十一月二十七日、於二西郊東北房一、観受二師説一著レ之。随分秘事等載レ之。非二其機一者勿二披見一。穴賢云云　隆禅二十一八臈

次本云
永仁三年五月二十六日、於二日厳院一申二出師御本一書レ之畢。（中略）此書者、故安居院法印御房憲―所二伝受給一聞書也。如法如法秘而不レ授レ人。然而再三依二懇望一被レ許レ之畢。此抄八帖内下六帖者、先日書写畢。彼者大旨余師相伝也。皆以宗之大事、法門之終極也。仍被レ号二窮源一矣（『続天台宗全書　口決Ⅱ』による）

『窮源尽性抄』は、比叡山東塔北谷竹林院の隆禅が、師の安居院憲実や、西塔の雲恵、横川の惟暹らに受けた恵檀両流に亘る口伝を編集したもので、右の永仁三年の奥書にあるように「八帖内下六帖」即ち巻三以降は概ね「余師相伝」であるが、巻一と巻二はほぼ憲実の口伝が中心になっていると見られる。その巻一の奥に「西郊東北房」において師説を受けたと隆禅が記しているが、これが忍宗の跋に言う「嵯峨之東北坊」であり、憲実の歿後に憲基が伝領していたのであろう。嵯峨における具体的な場所は明らかでないが、洛中の安居院と並び、少なくとも憲実以後安居院代々の拠点であったかと推測される。

〔安居院略系図[15]〕

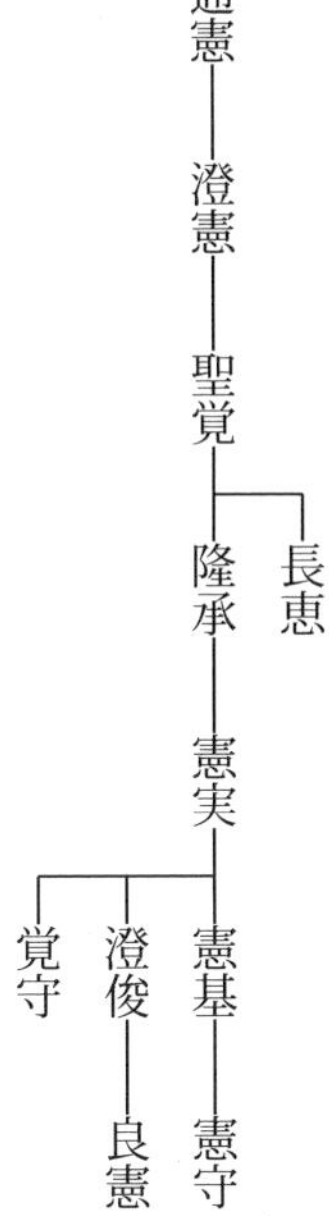

四、忍宗について——その師承の関係——

『安居院憲基式口決聞書』の筆録者忍宗については、以下に掲げるように称名寺蔵の講式関係書の奥書等に名前が見えることから、それらを扱った論考において時に言及はされているものの、事績等について詳しく追究したものはなく、例えばネルソン氏の注（2）論文でも、「声明習学のため三回も東国鎌倉から上京していること[16]、安居院の覚守・憲基の鎌倉下向[17]の折に伝承を受けていること以外は、ほとんど何も知り得ない」と記述するに止まる。

しかし、忍宗については声明・講式関係の資料から、様々な師に就いて学んでいたことが知られる。師承別に列挙してみよう（なお後掲の年譜を参照）。

明玄（明厳、正修上人・正修房、仁和寺）

【A】称名寺蔵『式法則用意条々』（114函15号）**奥書**

弘安元年七月九日、感得此秘本。即於灯下書写畢。自元只日付計ニテ無年号之条、無念之至也。心静可尋決之者也。明玄在判

于時嘉元三年二月十八日、下賜師匠（仁和寺正修上人）御本、於洛陽安居院書写之畢。但此本者孝道禅門之草也、云々。其子細者、凡読式之体、云音曲云法則、各提異是（見歟本マ、）、恣雅意之間、好悪相雑、軌範難定。依之、孝道禅門歎其狼籍（ママ）、被草此法則処、妙音院殿被聞食此由、有上覧彼草。御感尤太。即仰云、此思慮返々神妙也。是体有ラハヤト、誰モ日来ロ思ヒ寄リキ。而今、孝道ニハヤ上手被打ケリ。且ハ遺恨、且ハ無念。但、披見此書枝葉之所在之、又不足之事多之トテ、忝被加添削了。仍其所々ヲハ、令朱点是也、云々。而今、羊質於厳師之足下習学音曲多年、稽古法則幾日ソ。雖然、於此草本者敢テ以無御免。于茲日来領納之分、綴一通之法則令賢覧之時、御感之余リ、被載奥書於愚記。剰サヘ、此御本幷御私ノ見聞一帖、下賜之了。即被示云、於式口伝者、此ノ書秘奥之源底也。是故、未許一見於余人。雖然、稽古稍闌、鑽仰是顕ハレタリ。無由秘惜。不得輙爾、云々。誠ニ是、法則之肝心也、声韻之骨髄也。可秘々々。穴賢々々矣。魚山後胤　忍宗在判

元亨四年九月五日、於武州六浦庄金沢称名寺書写了。師云、企上洛謁仁和寺正修上人、始而習学式之後、為稽古重上洛、既及三个度。其間送十四年々序後、最後上洛之時、被免此書幷私見聞了。高慧（俗年四十一 通廿二夏）在判

建武二年乙亥十月三日、於称名寺書了。　湛睿
観応二年九月六日、於称名寺六室書了。　英禅

【B】醍醐寺蔵『講式事』1式事条々(18)　跋・奥書

右条々、大概記之了。此外口伝等、随臆持出尚可記入也。率尓之間、先此草子ヲ書了。後ニ能可中書也。　明玄厳

忍宗云、此御本ハ本古草子ニ散々ニ被下御筆之間、云義理云文字不審多々間、於御前一反不審申了テ後、能々治定了。

于時嘉元三年二月十九日、於洛陽安居院寺書写之了。但此本ハ、師匠仁和寺正修上人之御聞書也。于茲愚身、年来之間於此足下式之事雖致其沙汰、限此聞書尚□有秘惜。依之、稽古之趣領納□様、綴比興之愚案ヲ備厳師之賢覧之処ニ、御感歎之余、所被載種々之奥書於愚記也。其後被召愚身之間、即令参向之時、孝道ノ草本之法則幷此御聞書等下預了。仍、以夜継日令書写之間、散々馳筆畢。誠以施当座之面目了。又是、為後資之軌範者歟。可秘々々。　沙門忍宗在判

【B】は明玄がその師（誰か不明）に受けた講式の口伝をまとめたものであるが、忍宗はそれを「師匠仁和寺正修上人之御聞書」と言っているから、明玄は即ち仁和寺の正修上人であり、忍宗の師の一人であったことになる。そして【A】と【B】の奥書から、忍宗が多年に亙り明玄から学んだ講式の説を一通の法則(19)に編纂して明玄に進覧したところ、明玄が感歎のあまり奥書を加え、更に藤原孝道の『式法則用意条々(20)』と明玄自身の記した師説の聞書を賜ったこと、前者を嘉元三年二月十八日、後者を翌十九日に、忍宗が安居院寺で書写したことが知られる。『安居院憲基式口決聞書』が安居院寺で書かれる数日前のことであった。なお次掲【C】の奥書から、嘉元二年十二月十八日に忍宗がまとめた覚仙上人の講式の口伝を明厳（明玄）の所望により進上し、嘉元三年大蔟（正月）十日に明玄がそれに奥書を加えて忍宗に返したことが知られる。

忍宗が三度（初度は憲基に習うより十年近く前）も上洛して式の説を学んだ正修上人明玄は、当時における式の大家であったと思量されるが、ただし明玄についてはほかに知るところがない。(21) 今後の探索に努めたい。

覚仙上人

【C】称名寺蔵『式用心故実事覚仙上人口伝』（375函8号）跋・奥書(22)

右口伝故実等、且依厳師之芳訓、且任短慮之憶持、万端記一。九牛一毛也。愁草愚案輙載翰墨、其恥雖多、為驚羊質痴鈍之癡忘。此詞乍拙、盍記明匠秀逸之提撕乎。依之、偏不顧後覧嘲哢之多端、恣所綴今案比興之一巻也。是則、只専一身之自見、深憚衆人之外聞者也。可秘々々。穴賢々々。　嘉元二年十二月十八日、記畢。　忍宗

師云
先々如談申、自始高声、見苦事也。但、笠置上人弥勒講式者（中略。第五節の第4項の部分に引用）如此斟酌、可有人意。凡式、何有定法。但、孝道入道誂音楽講式、高範草之。其後、作法内々作之、覧妙音院太相国。太有感歎、被加添削。正本日記、相伝一人。写本、丹後阿闍梨所持。此是、妙音院声明師也。其後、多念々仏者読臨終講等式、是無風情。又、大原弁安居院、此両流伝世間。其外意楽差区也。所詮、以聴衆之称美可為詮。但、不知聴衆以声為美、不知作法。能々可沙汰事歟。今此覚仙上人、律家声明、大原博士、得其骨。就中、式口伝等御無双也。出自藍青自藍。後代明師、当時好客也而已。嘉元三年大蔟十日、寅初見之、灯下記了。　老筆夜陰、可破々々。硯凍而不浸筆者也。　一見老愚正修房明厳(23)

式読不読之句、以往生講式可准他式也。反音雖定句、大体有両所之口伝。所詮、横縦可練習也。乙式可有稽古歟。　臨終時作法、有別口伝也。　在御判

忍宗私云、以上之奥書如此令書給子細者、此私記可有一覧之由蒙仰之間、雖懐其恥辱、若於有其謬者、且為厳師、且為愚身、可為無物体之子細之間、忘万事進上之了。然而、経数日未還給之、剰明旦南都御下向之由承及之間、申案内之処、其夜被留使者、及暁天進発以前、如此令書給者也。仍、翌朝給之了。

元応元年十一月十一日、書写了。　実意

建武四年七月九日、書写了。先年之比、覚仙上人在鎌倉之時、式事随分送日雖、習学之後、抄物等依物忩不能書写。只厳訓口伝等、領□納心中了。然此抄出来之間、為後資書写之矣。　道円

于時永和第四戊午三月廿日、於鎌倉泉谷浄光明寺僧堂脇西坊西面ニテ書写了。　芿珍

【C】の最初の「右口伝故実等」以下は、嘉元二年十二月十八日に忍宗がまとめた覚仙上人の講式の口伝に付した跋である。この文から、覚仙上人は忍宗の師の一人であったことが知られる。ただし覚仙上人については今のところ他に所見がなく、詳しいことは分からない。続く明厳（明玄）の奥書に「今此覚仙上人、律家声明、大原博士、得其骨。就中、式口伝等御無双也」とあり、律宗の声明と大原の声明を学んで極意を得ていたこと、特に講式に達していたことが窺える。あるいは律宗の僧であったか。

なお『安居院憲基式口決聞書』の跋から嘉元二年十二月当時忍宗は在洛中であったことが分かるので、忍宗が覚仙上人に学んだのも京都においてであろう。【C】の建武四年（一三三七）道円の奥書に、「先年之比」覚仙上人が鎌倉滞在中に講式のことを学んだとあるが、それとは別の時である。ただし、忍宗が鎌倉でも覚仙上人の教えを受けた可能性はあろう。

覚守〔安居院〕

【D】称名寺蔵『式事奉謁安居院僧都覚守所令問答之也舎利講』（280函12号）[24] 奥書

本云　于時徳治二年六月十七日、謁東北坊之僧都覚守令合点畢。於大御堂別当御房桟敷沙汰之畢。忍宗

安居院大納言僧都覚守初度下向之時也。

【E】称名寺蔵『安居院僧都問答条々式弁法則等』（117函2号・269函5号）[25] 冒頭の記事

安居院大僧都御房覚守自洛陽被下向之間、令参謁大御堂御宿坊、遂問答条々徳治二年十月廿八日

【F】醍醐寺蔵『講式事』4〔応長二年三月覚守より聞書〕冒頭近くの記事

応長二年三月十日、於相州鎌倉□懸?御坊、奉値覚守法印御□□了。

【D】は、憲基の弟である安居院の覚守[26]が徳治二年（一三〇七）六月に鎌倉に下向した際、忍宗が覚守に受けた式の説。問答が行われた「大御堂」は鎌倉の勝長寿院。【D】では覚守を「東北坊之僧都」とも記しているが、この「東北坊」は、『安居院憲基式口決聞書』の忍宗の跋の「嵯峨之東北坊」のことであろう。憲基と同様、覚守もここを拠点の一つにしていたと見られる。

【E】は、同じ徳治二年の十月、鎌倉における覚守との問答の記録。忍宗の名は見えないが、やはり忍宗と覚守の問答と

考えられている。

【F】は応長二年（一三一二）三月の鎌倉における覚守からの聞書で、忍宗の名はないものの、【D】【E】とともに忍宗の聞書と見られることは第二節で述べた。「御坊」の上の字は難読ながら「懸」のようであり、「□懸」はあるいは「犬懸」で、鎌倉の犬懸ヶ谷を指すか。覚守は応長二年二月二十二日には鎌倉に滞在しており[27]、その機会に訪問して教えを受けたのであろう。

以上から、忍宗が覚守の鎌倉下向時に度々訪れて教えを受けていたことが知られる。

広明上人・尊賢（薬師堂師匠）・行宣（横川花光房）

【G】『長音供養文甲様』（勝林院蔵『魚山叢書』耳十九）本文末尾と付載記事

　伝受次第

右音曲者、最初ニ奉随広明上人一遍伝受之後、奉逢薬師堂師匠于時尊賢大進法印御房、両度伝受了。

其後又奉値叡山横川之花光房于時民部卿法印御房行宣、伝受及数箇度。所謂

正安四年壬寅二月三日、於横川御房伝受始之了。巨細栽（載カ）初者也矣。

嘉元三年乙巳八月十七日同八九之三箇日ニ、奉重受之畢。

延慶三年庚戌正月十一二両日之間、微細之重受又一遍了。

同廿七八両日之間令（授カ）校音律〻、委一反又畢。其後ハ毎登山之度、預連々之諷諫者也。

尋申云、此曲ヲ曼荼羅供ニモ用之由申仁有之。此条如何。

仰云答、此事未承タ及之。又旧記等ニモ所不勘得也、云云。

其後又大原法印御房ニモ覚渕尋申之処、此条不令存知事也、云云。

此ハ薬師堂師匠大進法印御房尊賢之御所持御聞書也。常為披見、所書具之一也。忍宗々(云カ)

条々

(記事略)

・已上是、薬師堂師匠之御聞書之内也。

此已下者忍ノ向(問カ)、師匠花光房之答也。

(記事略)

【H】『声秘集』(勝林院蔵『魚山叢書』鼻三十二)諸声明の伝の奥書

薬師堂師匠大進法印御坊尊賢　横川花光坊民部卿法印御房行宣

正安三年辛丑十一月廿八日夜、伝受畢。同十二月六七日重受。

嘉元三乙巳八月廿三日、又重受畢。

延慶三　二月廿二日、令授音律委細伝受了。

【I】多紀道忍蔵『五音博士法花懺法』(28)奥書

右音曲者。最初之時。奉レ随二広明上人一。数ケ度伝受之後。奉レ逢二薬師堂谷師匠一大進法印尊賢伝受及二度々一。其後奉レ値二叡山横川之華光房民部卿法印行宣一伝受数ケ度也。所謂正安三年…始之…延慶三年五月…令レ授二音律一委細伝受畢　魚山末学忍宗…

　応仁二天…了祐

広明上人以下の三者は、同じ資料に並んで現れることが多いので、一括して扱う。

【G】の伝受次第には、「長音供養文甲様」を最初に広明上人から伝受した後、薬師堂師匠尊賢から二度伝受し、更に横川花光房の行宣から正安四年～延慶三年にかけ数度に亙って伝受したことが記されている。伝受次第自体に忍宗の名は現れないが、付載された尊賢の聞書の前の忍宗の注記に照らして、伝受者が忍宗であることに疑いはない。

【H】の奥書にも忍宗の名はないが、薬師堂師匠尊賢と横川花光坊行宣の名が見えることと、伝受（行宣からの伝受であろう）の年月日が【G】の伝受次第と近接している点から、やはり忍宗の記したものと見て問題はない。

【I】は現所在不明で未見のため『昭和現存天台書籍綜合目録』に拠ったが、同じく広明上人・尊賢・行宣から忍宗への声明曲の伝授を伝えている。行宣からの伝受年時の正安三年と延慶三年（五月）も【G】【H】に近い。

忍宗がさまざまな声明を学んだこの三人について考えるに、まず広明上人に関して、称名寺蔵題未詳不完聖教の一点（三九九函9号）にある、次の奥書を挙げる。(29)

本云、
文暦二年乙亥二月六日、以故蓮入房笛穴本付五音博士了、　宗快
同年二月十八日、観音堂六時勤仕之、調子双調程歟、
已上ハ殿法印御本書写了、

正応元年十一月十二日、賜御本書写了、
同廿一日、曲一反重受了、　真憲
同六年二月一日、賜御本書写了、　忍宗
正安二年二月七日書写了、

称名寺蔵『大原流声明血脈』(30)によれば宗快は蓮入房湛智の弟子であり、宗快が師の本に基づいて五音博士を付けた本が、宗快━某━真憲━忍宗と書写されたことが分かる。忍宗の奥書の書き様から、忍宗は真憲に学んでいたと考えられよう。一方、称名寺蔵『舞楽曼荼供私記大山』(288函48号)は、弘安九年(一二八八)三月二十八日に行われた相模国大山寺の舞楽曼荼羅供の記録であるが、「金沢長老審海呪願」に始まる色衆交名の末尾に「広明房讃頭真憲」が見える。ここで讃頭を務めている真憲は、右掲の聖教の奥書に見える真憲と同じ人物であろう。これにより、忍宗の師であったらしい真憲が広明房という房号を持っていたことが知られるが、【G】や【I】で忍宗が尊賢や行宣に会う以前に最初に習ったという「広明上人」は、この広明房真憲と考えてよいのではないか。

次に尊賢は、【G】と【H】では「薬師堂師匠」とあるが、【I】では「薬師堂谷師匠」と書かれている。薬師堂は諸所にあって特定し難いが、「薬師堂谷」はあるいは鎌倉の薬師堂ヶ谷ではなかろうか。薬師堂ヶ谷は、建保六年(一二一八)に北条義時が建立した大倉薬師堂に由来する谷名であり、永仁四年(一二九六)には北条貞時が薬師堂を中心に寺観を整え、覚園寺を開創した。「薬師堂師匠」とも書かれていることからは、尊賢はもとの大倉薬師堂の住僧であったかとも思われるが、この点は確実ではない。なお【G】に収められた尊賢の問答体の聞書は、蓮入房(湛智)や良契(湛智の弟子)の名が見え、話者は明らかでないものの大よその系統が知られる。

また行宣については、次のような資料がある。

『徒然草』第百九十九段

横河行宣法印が申侍しは、「唐土は呂の国也。律の音なし。和国は単律の国にて、呂の音なし」と申き。（新日本古典文学大系による）

『井蛙抄』第六

信実朝臣、女三人あり。みなよき歌よみなり。（中略）弁内侍は老の後あまになりて、さかもとの北にあふぎといふ所にこもりゐて侍りけり。亀山院きこしめして、七夕御会の時、題をつかはされければ、「七夕衣」に

秋きても露をく袖のせばければ七夕つめになにをかさまし

とよみて侍けるを、「げにさこそ」とあはれがらせおはしまして、つねに御とぶらひなど侍けるよし、あふぎに行宣法印とてふるきもの丶侍しが語申し侍き。（歌論歌学集成による）

『井蛙抄』に見える、仰木（横川の東北麓）に隠棲していた後深草院弁内侍の消息を頓阿に語った「行宣法印」は、『徒然草』第百九十九段の「横河行宣法印」と同一人物と考えられている。そして、『徒然草』で中国と日本の呂律の対照を述べている「横河行宣法印」は、音楽の知識を披露していることから見て、【G】【H】【I】に見える声明の名匠横川花光房の民部卿法印行宣にほかならないであろう。『兼好法師集』によれば兼好は横川に隠棲していたことがあり、その折に行宣から耳にしたかと推測される。[31][32]

『徒然草』の行宣法印については従来伝未詳とされ、『井蛙抄』の記事が引かれる以外ほとんど具体的なことが知られな

かったが、【G】に収められた忍宗との問答や【H】の諸声明の伝から、主に行禅[33]の説を受け、大原の覚渕（宗快の弟子）にも学んでいたこと、良契の長音供養文の伝を故如観房（不明）から受けていたことなどが知られる。忍宗も正安三〜四年・嘉元三年・延慶三年と度々行宣に会って声明の秘曲を伝授されており、当時の重要な声明家であったことが窺える。

最後に忍宗と憲基との関係に改めて触れておけば、『安居院憲基式口決聞書』の跋から、忍宗が正安・嘉元年間に二度上洛して熱心に憲基に講式を学んだことが知られる。弟の覚守が鎌倉に下向した際にも度々教えを受けているが、憲基より後年のことであり、主として学んだのは憲基からであったことがこの跋から窺えよう。

なお記述がやや錯綜しているので、忍宗の声明・講式の習学の跡を年譜にしておく。

正応五年（一二九二）？　初めて上洛し、明玄に式を学ぶ（初度）[34]。

正応六年（一二九三）二月一日　真憲の本によって宗快が五音博士を付けた聖教を書写。

正安三年（一三〇一）八月下旬〜四年（一三〇二）正月下旬　上洛し、憲基に式を学ぶ（初度）。並行して明玄にも学ぶか（第二度）。

正安三年十一月・同年某月・正安四年二月　横川にて行宣より各種の声明を伝受。

乾元二年（一三〇三）某月九日『舎利講式』に加点（注（37）参照）。

嘉元二年（一三〇四）十一月下旬〜三年（一三〇五）二月中旬　上洛し、憲基に式を学ぶ（第二度）。並行して明玄にも学ぶ（第三度）。

嘉元二年（一三〇四）十二月十八日　在洛中、式についての覚仙上人の口伝を『式用心故実事覚仙上人口伝』にまとめ、跋を付す。

嘉元三年（一三〇五）正月十日　明玄より右の書に奥書を賜る。

同年二月十八日　明玄の本により、藤原孝道の『式法則用意条々』を安居院にて書写。

（これ以前、式について多年明玄から学んだことを法則にまとめ、明玄から奥書を賜る――現存不明）

同年二月十九日　『式事条々（某式口伝明玄聞書）』を安居院にて書写。

同年二月二十三日　憲基から式について学んだことを安居院にて『安居院憲基式口決聞書』にまとめ、跋を付す。

同年八月十七～二十三日　横川にて行宣より各種の声明を伝受。

徳治二年（一三〇七）六月十七日　鎌倉にて覚守より式を学ぶ。

同年十月二十八日　鎌倉にて覚守より式を学ぶ。

延慶三年（一三一〇）正月十一～十二日・二月二十二日・五月　横川にて行宣より各種の声明を伝受。

応長二年（一三一二）三月十日　鎌倉にて覚守より式を学ぶか。

元亨四年（一三二四）九月五日　高慧が忍宗の本によって称名寺で『式法則用意条々』を書写。忍宗は当時生存か（注(36)参照）。

〔大原流声明略系図(35)〕

∴良忍――家寛
- 家寛――行家――浄心
- 家寛――智俊――湛智
  - 湛智――良契――観蓮（観蓮房寂忍カ）
  - 湛智――宗快――覚渕

忍宗は、【I】から延慶三年五月までは少なくとも生存しており、『講式事』の4が推定した通り忍宗の聞書であるならば、応長二年三月までは生存していたことになる。[36]

忍宗の署名には所属の寺院名を冠したものが管見に入らないため、どこの僧であったか明瞭でないが、忍宗が書写あるいは成立に関与した本が称名寺に比較的多く残ること、忍宗を「師」と呼ぶ高慧が【A】を称名寺で写していることからすると、称名寺の僧であった可能性が高いと言えよう。[37]

なお忍宗自身の著作を含む忍宗の手になる写本を写している人物に、【A】の高慧、【C】の実意、『式師御口伝聞書』（第五節のb）の真宗、『安居院僧都問答条々式幷法則等』（第五節のe）の英禅・芿珍、『式事奉謂安居院僧都覚守所令問答之也舎利講』（第五節のd）の芿珍、『声秘集』（第五節のg）所収「式法則用意条々」の興恵、[38]『安居院憲基式口決聞書』の深恵[39]などがいる。この内高慧は、【A】の奥書で忍宗を「師」と言っているから、声明における忍宗の弟子であったことが明らかである。[40]【C】の実意の奥書は「元応元年十一月十一日書写了　実意」と極めて簡略で、年代は忍宗の生存期に近いかまたは重なるものの、この奥書からは忍宗との積極的な関係を読み取りにくい。真宗は奥書に「賜（約三字欠）書写了仰云秘蔵云云　真宗」と記しており、あるいは忍宗から本を賜って写したかとも想像されるが、年代不明で当否を判じ得ない。また英禅・芿珍・興恵・深恵は、年代からいずれも忍宗との直接の関係は考えにくい。

五、各項の内容と関連資料

本節では、『安居院憲基式口決聞書』の総論部分および各項について、関連資料を引きつつ所説の内容を確認する。

初めに、本節で引用する文献について簡単な解題を記す。

a　称名寺蔵『式法則用意条々』（114函15号）

雅楽家で琵琶の名手の藤原孝道（一一六六～一二三七）の著した、講式の読み方に関する伝書。内題「式法則用意条々」の次に、「孝道草之」とある。孝道と見られる署名のない跋の後に、前引【A】の明玄・忍宗・高慧の奥書があり、更に湛睿・英禅の奥書が続く。外題「式法則」。表紙に「英禅」の署名があり、英禅手沢本。

b　称名寺蔵『式師御口伝聞書』（280函13号）

表紙が破損しており外題の上部が難読であるが、従来の呼称による。以下の講式関係の三書（いずれも仮題）を合写。末尾に「（約四字欠）十二月一日賜（約三字欠）書写了仰云秘蔵云云　真宗」の奥書がある。表紙に「道円」の署名があり、道円手沢本。

1〔覚仙上人式口伝忍宗聞書〕

覚仙上人の講式の口伝を忍宗が筆録したもの。次のc『式用心故実事覚仙上人口伝』とほぼ同内容。ただし文章に一部相違があり、また前引【C】の奥書の内、「忍宗私云」以下の奥書はない。内題は「〔　　〕用心故実事」で破損のため上部を欠くが、『式用心故実事覚仙上人口伝』と同じく「可読式用心故実事」とあったものであろう。

2〔某式口伝明玄聞書〕

忍宗の師匠の一人である明玄が、その師の講式の口伝を記したもの。「師云」とあるが、誰に当たるか不明。内題なし。前引【B】と同じ明玄・忍宗の奥書がある（ただし欠損が多い）。

3〔某式口伝〕

話者・筆録者不明。内題なし。約二丁分で、比較的短篇。1が忍宗の聞書であり、2も忍宗の手を経ていることからすると、これも忍宗の関与したものか。

c　称名寺蔵『式用心故実事覚仙上人口伝』（375函8号）

前述の通り、b『式師御口伝聞書』の1と基本的に同内容であるが、文章にまま相違があり、この本にのみ「忍宗私云」の奥書があることを考えると、b1の祖本を基に忍宗が改訂を加え、「忍宗私云」の奥書を加筆したのがcの祖本であったか。内題「可読式用心故実事」。前掲【C】の奥書がある。表紙に「芿珍」の署名があり、芿珍手沢本で、本文も芿珍筆と見られる。b1は欠損箇所が多いので、記事の引用は原則として本書による。

d　称名寺蔵『式事奉謁安居院僧都覚守所令問答之也舎利講』（280函12号）

忍宗が徳治二年六月に覚守から受けた、貞慶の『舎利講式』の読み方などの説を書き留めたもの。奥書に「令合点」とあるのに対応して、『舎利講式』の語句の異なる読み（声点・送り仮名等）の一つに合点があり、それが覚守の説と見られる。内題「不審条々」。前掲【D】の奥書の後に、「後日重尋（タツネ）申云」に始まる付載記事がある。表紙に「芿珍」の署名があり、芿珍手沢本。なお346函152号も同一書であるが、冒頭から半分弱までで後を欠く（注（23）参照）。

e　称名寺蔵『安居院僧都問答条々式幷法則等』（117函2号・269函5号）

dと同年十月の覚守との問答記録で、講式や表白の読み方や作法などについて取り上げられており、同じく忍宗の聞書と考えられている。117函2号は表紙に「英禅」の署名がある英禅手沢本、269函5号は表紙に「芿珍」の署名がある芿珍手沢本（本文も芿珍筆と見られる）で、両本同内容。冒頭に前掲【E】の記事があり、内題はない。また、両本とも奥書はない。

f　**醍醐寺蔵『講式事』**（醍醐寺文書207函46号）

詳細は第二節を参照。b2・d・eと同内容の記事を含み、欠損箇所の多いb2については原則として本書から引用する。

g　**『声秘集』**

勝林院蔵『魚山叢書』鼻三十二。複数の書の合写本で、「十二律」に始まる記事、「安居院僧都覚守関東初度問答記」と標記したdと同じ記事、(41) eの途中から最後までと同じ記事、「諸式口伝事　理智光院」(42)、『往生講式』の伝、「天竺五音」以下の記事、諸声明（修正六時・発願・大懺悔律・教化・回向・礼仏頌合・教化・中曲伽陀・後担合・六種律・仏名・回向）の伝、「式法則用意条々　孝道草之」（ただし抄略本）から成る。奥書は、「文和五捻二月十二日書写之　興恵在判」（注（38）参照）の後に、「大文三捻二月廿四日書之畢　亮順之」「天文五捻　三月上旬於黒子千妙寺弁殿部屋如形書畢」「般若寺奇進（ママ）」「慶応三年七月於大原勝林院蔵本書写了　覚秀」とある。

h　**醍醐寺蔵『禅林式聞書』**(43)（醍醐寺文書465函19号）

『往生講式』についての聞書で、一つ書十一項から成る。話者・筆録者不明。末尾に「于時嘉元四年六月十六日、於蓮花心院、只聞一隅、不及聴聞。努力々々、不可有外見、云々」(44)の跋がある。蓮花心院は不明。表紙に「宝幢院」とあるが、宝幢院も不明（あるいは上醍醐か）。内容から、安居院流のものではないと考えられる。(45) なお注（52）参照。

i　**称名寺蔵『作法儀説経幷式師也』**（298函25号）

内題なし。声明譜を伴う供養作法、比叡山の説法者（忠尋・忠春・忠胤・祐範）の秀句、講式の口伝、安居院流の系図を記し、末尾に「正和四年九月五日於久米多寺書□以明式御房御本写之畢　照恵」の奥書がある。

j『声塵要次第』

大原来迎院の玄雲（一二八三～一三四〇以後）が編纂した講式の口伝集。正和二年（一三一三）成立。玄雲は大原の浄俊上人から口伝を受けたほか、安居院の聖覚の説を来迎院の知空上人から伝えている。『往生講式』『舎利講式』『順次往生講式』の口伝や、管絃講の作法などから成る。引用は稿者蔵嘉吉元年（一四四一）良秀写本による。

k 醍醐寺蔵『講式口伝』（醍醐寺文書198函58号）

折紙と思われる一紙。端裏に「講式口伝」。冒頭に「大原理賢房云故安居院良憲法印者先師丶丶講式伝之自余懺法以下声明同之云々」とあり、安居院良憲（憲基の弟澄俊の子）が大原理賢房（不明）の先師某に伝授した講式の口伝の一部を記したものらしい。

以下、総論部分、次いで一つ書の各項に通し番号と見出しを付け、順に検討する。【校異】に覚城院蔵『安居院憲基式口決聞書』と醍醐寺蔵『講式事』2「式聞書」との異同を覚城院本―醍醐寺本の形で掲げたが、全面的な校異ではなく、覚城院本の誤写・誤脱と思われるもののほか、異同のあり方を示す意味で返読表記と通常の表記・当てる漢字・漢字と仮名など表記の相違、その他覚城院本の本文を読むのに参考となる異同を中心に採録した。なお覚城院本と醍醐寺本の関係を結論的に述べれば、小異は少なくないものの別の祖本を想定すべきほどの違いではなく、同じ祖本に発し、それぞれに誤写誤脱や表記の改変を経てきたものと推測される。

〔総論〕

仰云、式之沙汰ハ、如ク二声明等ノ一付ケ博士ヲ二定テ二拍子ヲ一非レ令スニ二習学一。只大方得二其骨ヲ一知リヌレハ大姿ヲ一令二調練一者也。音曲ハ大段之事ニテ、一向口伝ト与心得事ト一也。能々令メ三領二納巨細一、又文字読ヲ自ニシテ1後ニ、音曲ヲハ有ルカ沙汰吉候也。縦又何イカニ雖レ得リト二口伝ヲ一、不練読一者其ノ体難レ成シ。何憲2基一モ、式ノ事ノ3沙汰シ始候4シ此両三年之間ハ、随分懸意ニ連日ニ稽古仕リキ。5先師之読ミシニ不相違ナント □所サマニモ其故歟○勅定在之、云々。何イツレノ声明モ皆サトコソハ申セトモ、殊ニ式ノ事ハ、未練ニテハ不ハ叶一者也。所詮、只以常読ニムヲ為シ其習トハ一候也。又調子ヲ不6シテ心得一、管絃講之時令迷惑セ一事也、云々。

【校異】　1自ニシテ—自在ニシテ　2何憲—モ—仍憲基モ　3式ノ事ノ—式ノ事　4沙汰シ始候シ此両三年—沙汰シ始シ之比両三年　5先師之読ミシニ不相違ナント □所サマニモ其故歟○　勅定在之云々—其故歟先師之読□不相違ナムト御所様ニモ　勅定在之云々　6不シテ二心得一—不シテハ心得一

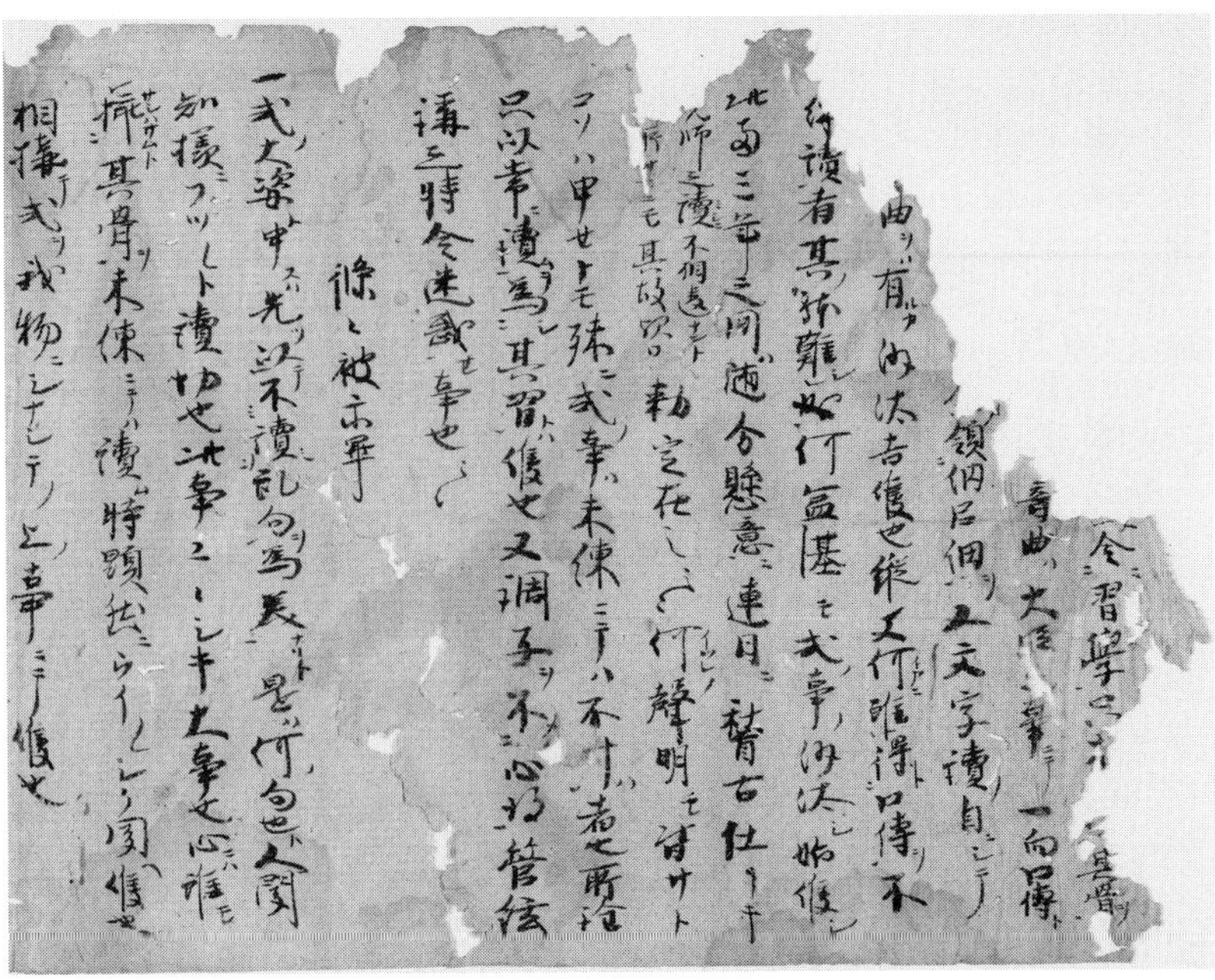

式（講式）の習得についての一般的な教えである。覚城院本は冒頭部に欠損があるため、覚城院本に欠けている文字を醍醐寺本で補った（傍線部）。式は普通の声明のように節を付け拍子を定めて習うものではなく、音曲は「大段之事」（「大段」は〝大枠〟〝大略〟〝あらまし〟といった意味）で、口伝と心得事が肝腎であると言う。次いで、口伝を受けた上での修練の大切さ、調子を心得るべきことなどが述べられている。校異の内、1 2は覚城院本の誤脱・誤写であろう。4も、「沙汰シ始候シ此両三年」では憲基が講式を修練し始めたのはこの二、三年のことになってしまい、「此」は「比」でなければならない。5は覚城院本に書式の乱れがあるようであり、醍醐寺本の形が適切である。「先師」は、憲基の実父で師である憲実であろう。「□所サマ（御所様）」は、憲基に恩顧を与えていた後深草院であろうか。(46) なお院は、忍宗が二度目に憲基に学び始めた嘉元二年十一月のしばらく前、七月十六日に崩じている。末尾の、調子を心得ていないと管絃講の時に困惑するとの言は、h『禅林式聞書』にも「大方調子無沙汰之事、管絃講之時、可有斟酌者也」と、それに通ずる記述が見える。

条々被示畢[1]

【校異】1畢―了

〈1　式の読み方の基本〉

一、式ノ大姿ト申スハ、先ツ以テレ[1]不三読ミ二乱句ヲ一為美ナリト一。是ハ何ノ句也ト人聞知様ニ[2]、フツ〳〵ト読切也[3]。此事、ユヽシキ大事也。心ニハ雖モレ挿サシハサムトニ其骨ヲ一、未練ニテハ読ム時顕然ニウイ〳〵シク聞ヘ候也。相構テ[4]、式ヲ我物ニシナシテノ上ノ事ニテ候也[5]。

【校異】1以テレ不三読ミ二乱句ヲ一―以テレ不三読ミ二乱句ラヲ一　2人聞知様ニ―人ノ聞知ル様□　3読切也―可読切也　4相構テ―相

構くテ　5候也―候也云々

f『講式事』1式事条々

先ツ読式ニ大段之用心ニハ、見ニ其筆体ヲ。不可読ニ乱句ヲ。迷句ニ之程ノ位ハ、中々不足言之次第也。今此用心ハ不ㇾ限ㇾ式一途ニ、可ㇾ読ニ一切物ニ通故実也。縦ヒ雖ニ音読ト、可切句ヲ道理ハ共以尓也。不ㇾ得ニ此口伝ヲ之人ハ、何切目ト云事モ無□ヒタツヽキニ読之間、利口ニハ雲水式トテ比興ノ事ニ申也、云々。

式を読む際は、何の句か聴く人が分かるように、句を明確に読み切ることが大事と説く。参考に引いたf1の記事も同趣のことを述べており、更にこの心遣いは式のみに限らず、あらゆる物を読むのに通ずる故実であると言う。ここに見える「雲水式」は、i『作法儀説経并式師也』の講式の口伝にも「所読者一字二字ニマレ、詮有各別ナル文字ナラハ、スコシ可有□。恣不分、則モツク式也」とあり、講式を切れ目なく棒読みにすることらしい。

〈2　式を甲乙いずれから読み始めるか〉

一、忍宗尋申候[1]。甲乙之間ニハ、始[2]自ㇾ何可ㇾ読候哉。仰[3]云、其事難一定[4]。可ㇾ依時調子ニ者也。仮令、平調双調ニハ出甲[5]、黄鐘調盤渉調一越調[6]等ニハ出ㇾ乙読[7]之、吉程ニ候也。但是ハ、取身事也。若ハ随人依声[8]、トモカウモ可候歟、云々。

【校異】1尋申候―尋申云　2始自ㇾ何―自何始テ　3仰云―（なし）　4難一定―難定一反　5出甲―出甲　6一越調―壹越調　7読之―読之　8依声―依声

a『式法則用意条々』

一、出音事、随其調子、甲乙高下之分斉兼テ能々相ヒ計ヒテ、案浮心地可出也。臨時不可猶予。但就出自乙、依式聊可有子細。若最初ニ「敬白々々」等ト書タル式□ラハ、自反宮音（大原□ニハ云羽也）可出之。多分ハ、自徴音出之歟。何カニモ其レハ、ナマレル□ニ□ユル也。

c『式用心故実事覚仙上人口伝』

抑出音事甲乙ハ随調子、高下ハ依道場、可有用意也。

g『声秘集』諸式口伝事　理智光院

一、甲乙ハ自調子、高下ハ自堂内、云々。

j『声塵要次第』一往生講口決

又云、依調子、甲乙ニ様可読始之也。仮令、平調之時ハ甲曲読出之、盤渉調之時ハ乙読始之等也。自余調子、以之可斟酌也。

j『声塵要次第』第三順次往生講式事

一、式ヨミ出ス時、甲乙ノ両曲可用何耶事。故師云、此事ハ調子ニモヨリ、又人ノ声ノ体ニモヨルヘキ事歟。但練師ノ口伝ニハ、乙ヨリ読始タルカ故也、云々。是、聖憲法印ノ口伝也。

式を甲乙(47)どちらの音から読み始めるべきかという忍宗の問いに対し、憲基は、それは時の調子（四季・月・日・時刻などによる、その時にふさわしい調子）に依るので決め難い、平調・双調の時は甲から、黄鐘調・盤渉調・一越調などの時は乙から出して読むのが良いが、これは自分にとってのことで、人により声によって如何様でもあり得るだろう、と答えている。a cに「出音事」とあるように、いわゆる出音(しゅっとん)の口伝である。aでは甲乙・高下を調子に随って計らうべしと言い、cとgでは甲乙は調子に随い、高下は道場あるいは堂内（広さを問題にしているか）に依るとするが、いずれにしても甲乙が調子に依るという点は本項と一致する。甲乙は調子によりまた人の声にもよるかという・jの順次往生講式事の説も、本項に近い。jの往生講口決で、平調の時は甲、盤渉調の時は乙とする点は本項と同じである。なお・jの順次往生講式事の「故師」は玄雲の師の大原浄俊上人と考えられ（・jの往生講口決の話者も同じ）、「練師」は浄俊の師の練空上人で、「聖憲法印」は練空の師である。[48]

〈3　テニハのこと〉

一、テニハノ事ハ、雖レ不レ読[1]其道理タニモ聞ヘ候ヘハ、相構テ以レ不二多読付一、為当流之相伝一候也、云々。

【校異】1雖レ不レ読一―雖レ不レ読一

d『式事奉謁安居院僧都覚守所令問答之也舎利講』
悲哉(カナヤ)此「ヤ」モ子細同前。但近来、イト(カナ)「ヤ」ヲハヨマス、云々

j『声塵要次第』第三順次往生講式事
一、文々句々ヲタシカニテニハヲ読否事。観師ノ義モ、アマリニテニハヲ慥ニヨミアラハサントシタルハ下手シキ事也、少々ノ事ハヨミステタルカ上﨟シクテキ、ヨキ事也、云々。練師、又此義也。近来ノ名僧タチ、又同義也。

式を読む際にテニハ（助詞の類）は、無くても意味が通るならば、多くは付けないことを以て安居院流の相伝とする、と言う。これに関連する記事は他書にあまり見出せない。

dは貞慶の『舎利講式』の読み方についての覚守の口伝で、「悲哉」の「哉」を「カナヤ」と読むか「カナ」と読むかを取り上げた部分。「子細同前」は、その前の「何況両様共用ニ不苦、先師ハ申シヽ也、云々」を踏まえ、「ヤ」は読んでも読まなくてもよいと先師は言った、との意。近来はあまり「ヤ」を読まない（意味は変わらないのであえて付けない）という点が本項と関わるようであるが、dの「先師」は憲実のはずであり、「カナヤ」「カナ」どちらでもよいと憲実が言ったとする点は、テニハを多く付けないのが安居院流の相伝であるという本項の記述と抵触するようである。ただ、安居院代々の相伝か否かは別として、憲基・覚守の頃に不要なテニハは読み付けなくなっていたことは読み取れるであろう。jは、テニハをあまり明確に読むのは品がない、少々は読み捨てた方が品があって聴きよいとの観師（観蓮房寂忍か）や練師（練空）らの説で、意味が通ればテニハを付けないという本項の説とはやや異なるが、いくぶん通ずるものがある。

〈4　式を高音で読むこと〉

一、式ヲ自初ソヽロニ高ク[1]読ム事、不可尓。至極ハ、不可過二重。思サマニ[2]打上読者、田舎式トテ、無下ノ事ニ申也。但シ是ハ、大方所定也。調子ノ下時ハ、三重ニ読事、強ニ又不苦歟。平調ナントノ調子ニハ、随様誰モ三重ニ度々読ム[3]事候也。又、往生講ノ式之尺迦ノ段ヲハ、自始打上テ高ウ読事聊為口伝□由、先師ハ被示候シ也、云々。

【校異】1読ム事―読ム事ハ　2打上読者―打上読ム者ヲハ　3候也―候シ也

a『式法則用意条々』

一、打上式読事、人々思々ナル歟。依之、且ハ狼籍（ママ）ニモ有之、且ハ物喧ウモ聞也。仮令五段ノ式ナラハ、二三ノ段ヨリ二重ニ上、四五ノ段テハ、明句対句ナラン処々ヲハ第三重ニモ打上テ可読之歟。而ヲ、自表白段ヤカテ打チ上ケ、又自第一段思サマニ読ミ上レハ、至四五段只同風情ニ聞ヘテ、無音曲之指規模之様ニ成也。但三段ノ式ナラハ、第一段ノ終リ方ニモ漸□上ケ読ム事不可苦。何様無是非。自初究声於読人、頗ル以テ似無其骨。

b『式師御口伝聞書』3〔某式口伝〕

（約四字欠）高声ニヨム。是ヲ□□様云□。若五段ノ式ナラハ、第三段ニテ二重ノ音ヲヨミ、四段ニテ□重ノ音ヲヨミ、第五段ニテ三段ノ音ニ立帰也。

c『式用心故実事覚仙上人口伝』明厳奥書

師云先々如談申、自始高声、見苦事也。但、笠置上人弥勒講式者、初段面白被振其筆。無常句多。此式初段、上之口伝也。又昔、何宮御所哉覧、集会上下雑人貴賤済々、仍聴聞衆音高甚忩。導師登礼盤打鐘、猶以物忩也。表白始三重ニ打上読時、聞此音万人止語、一会尤静。其後読下普通也。自二段如常。如此斟酌、可有人意。

e『安居院僧都問答条々式幷法則等』

又申候。段々ノ初ハ第一乃至第五等皆表白ノ段ノ出音ノトヲリニテ可候歟。又、次ノ重ヘ上ケテ読事モ可候哉覧。仰云、大旨ハ表白ノ重ニテ読候。但、廻向ノ段ナムトヲハ、随体差上テ読ムモ不苦。先師申候シ也。アノ往生講式ノ終ノ尺迦ノ段ヲハ、必打上テ読候也。

f『講式事』6〔式雑説〕

一、式ヲ自初ヤカテ打チ上ケ読事、無之也。但別口伝ニテ、笠置ノ上人ノ弥勒講式計ヲハ、初ヲ高読也。其故ハ、此式ハ初ハ貴ク面白テ、奥ハ無指事之間、貴キ所ヲ為令聞于人也。

j『声塵要次第』一往生講口決

「抑我等」ヨリシテ上ノ甲ノ曲ニヨミテ、「幸ニ今釈尊ノ遺教ニアフテ」ト云句ヨリ上ノ乙ニヨムヘキ也。今ハ音ヲオシムヘキニモアラス、爰ヲキハト思テセメフスヘキ也。

j『声塵要次第』

浄土寺仲円僧正云、安居院ニハ、講式ヲハ甲ニテモ乙ニテモ読始タラハ、ソノ重ニテヨキホトヨミテ、ソノ上ニ今一重ヲアケテ読也、云々。三重四重ニセメフスヘカラス、云々。

k『講式口伝』

式者、甲式乙式両様也。乙式之時ハ、多分二重ハ常上之。三重ハ、音声モアル仁、又ハトテハサム時ノ事也。只、細々ノ時ハ、上タケレハ二重也。甲ノ式ノ時ハ、三重常事歟。所詮、調子ノ高下ニ依テ斟酌スヘキ也。

式を初めから高音で読むのはよろしくない、また高くても二重までである、ただし低い調子の時は三重に読んでも差し支えない、と述べ、『往生講式』の釈迦の段(49)は最初から高く上げて読むのが口伝であるとの先師（憲実）の教えを紹介している。関連する記事は諸書に見えるが、aとbでは、五段式における二重と三重の使い方が言及される（bの四段の欠字部分は「三重」であろう）。cには、人々の喧騒を静めるために当座の気転で表白の初めを三重に上げて読んだという逸話が紹介されている。貞慶の『弥勒講式』のみ初めを高く読むとの口伝は、cとf6に共通する。『往生講式』の釈迦の段を打ち上げて読む説は、eにも見られる。jの往生講口決は大原浄俊上人の口伝であるが、「抑我等」は釈迦の段の二番目の文、「幸今遇釈尊之遺教」は中ほどの文であり、釈迦の段を高く読むのは安居院特有ではなかったことが知られる。jが浄土寺仲円僧正の言として伝える安居院の式の読み方は、本項が「大方所定ムル」とする「至極ハ、不可過ク二重ニハ」という説と一致する。k『講式口伝』の、乙式（注（47）参照）では多くは二重に上げ、特別な場合(50)のみ三重に上げる、甲式では三重に上げることも常にあるとの記述は、本項の説に近い。

〈5　各段の中で音を上げること〉

一、段々ニテ上事、強チ不可繁。一段ニ不可過一両所。但、其レモ可随式歟ト覚候。[1]往生講式[2]ナントノ[3]段々長ク書タランニハ、三所許モ可上也。所詮、随式可相計事也、云々。

【校異】　1往生講式―往生講ノ式　2ナントノ―ナムトノ様ニ　3段々―段々ヲ

式の各段で音を上げるのは、原則として一段に一、二箇所を超えてはならない、ただし『往生講式』のように各段の文章が長い場合は三箇所ほど上げるべきである、と言う。関連する記述は、管見の他書には見出せなかった。

〈6　礼盤に登るタイミング〉

一、[1]登礼盤事、管絃講之時有登楽不及申。不管絃講之時ハ、伽陀之第三ノ句ニ起座、寄礼盤之許也。但、道場狭ハ、第三ノ句ノ終リ方ニ可立座也、云々。

【校異】　1登礼盤事―登礼盤ノ事

a『式法則用意条々』

一、登礼盤事、条々委ク可有存知者也。先ツ管絃講之時、有登楽者、其間ニ可登。若略登楽之時、惣礼伽陀之時可登（但、第三ノ句ノ比、漸可起座也）。又、無管絃之時モ須ク准之。

c『式用心故実事（覚仙上人口伝）』

次、随其催促入道場、着座、而能々可静心也。但、往生講ナラハ、尺迦ノ段ノ有無兼テ可治定。次、調子。次、惣礼楽。次、同伽陀。

若略登楽、或無管絃時ハ、此伽陀ノ第三ノ句ノ時漸ク可立座。但、着座之遠ハ可斟酌。又、可有登楽者、聞楽始可立座。但、楽始マレハトテヤカテ立座事ハ、アハタヽシク見苦シキ事也。仮令、大鼓二拍子余リノ時可立座也。

j『声塵要次第』管絃講作法　一座講式次第

大鼓若上楽畢レハ、伽陀師惣礼ノ伽陀ヲ誦ス。伽陀ノ第三ノ句ノ時、式師本座ヲ立テ上礼版。

j『声塵要次第』管絃講作法　式師事

式師ハ、伽陀ノ三句ニ立。

式師が礼盤に登るタイミングについて、管絃講で登楽（のぼりがく）があればその時に、管絃講でなければ伽陀（惣礼伽陀）の第三句に座を起って礼盤の許に寄るべし、と言う。aと、cの後半の一字下げ部分の記述はこれとほとんど同一である（本項には管絃講で登楽がない時の説明がないが、a・cと同じ考えであろう）。座と礼盤の距離[51]によって座を起つタイミングを斟酌すべしとの説は、本項とcに共通する。jはともに管絃講作法の中の記述であるが、登楽ではなく惣礼伽陀の第三句で座を立つとしている。

〈7　念珠の扱い〉

一、念珠ヲハ、[1]三帀ニ盤貫入左手、或ハ盤テ置机上、式終テ後[2]取リ持ツ也。[3]両ノ説内ニハ、以置机上[4]為善候也。

【校異】1三帀—三匝　2取リ持ツ也—取テ持ツ也　3両ノ説内ニハ—両説ノ内ニハ　4為善候也—為善也

c『式用心故実事 覚仙上人口伝』

又、念珠ヲハ何程モ少ワゲテ、懸左手頸也。或又、只懐中シテ、式読ミ終後取出ス也。又一説云、ワゲテ置机上事モ有之歟。但、此説ハ何ニモ見悪也。若又、机上ニ忘ル、事モ有之。常不可用之。晴儀ニハ無失礼吉也。

式を読む間、念珠は三重に巻いて左手に貫き入れるか、あるいは巻いて机の上に置き終わってから取る、両説の内では机の上に置くのが良い、と言う。cはこれに加えて、懐中して式を読み終わった後で取り出すという説を記し、巻いて机の上に置く説について、いかにも見苦しく、また取り忘れる恐れもあるので用いてはならないとする。

〈8　式を巻き終わるタイミング〉

一、巻式事、廻向伽陀之間ニ可巻終也、云々。

c『式用心故実事覚仙上人口伝』

又、廻向ノ段読畢ヌレハ、又奏同楽。此楽ノ間ニ神分乃至六種廻向等シテ、打金也（此金ノ打様ニ、有重々秘口伝也。能々可尋之。式師ノ用心、只有此金打様。）
サテ式ヲハ、必サシモニヨカラネトモ、巻返シ紐ヲシテ、如本置之。但管絃講ノ時ハ、式ヲ皆巻キ終時分ニ口伝在之（同可面受之）。聊有子細事也。次廻向ノ伽陀之後、吹下楽。

f『講式事』1式事条々

一、式ヲ皆巻キ終ル事ハ、廻向ノ伽陀ノ第四句ノ終リ方ニ巻了テ、紐ナントシテ置机上也。

式の巻物は、最後に廻向伽陀が唱えられている間に巻き戻すようにすべきである、との教えである。f1がこれとほぼ共通であるが、「廻向ノ伽陀ノ第四句ノ終リ方ニ巻了テ」と、伽陀が終わるのと同時に巻き終わるよう指示している点、より細かいものになっている。cは式を巻き戻すのが廻向伽陀の間なのか、恐らくそうであろうと思われるものの必ずしも明確でないが、参考として挙げておいた。また管絃講の時は巻き終わる時分に口伝があると言うが、具体的なことは不明である。いずれにしても、式を巻き終わるタイミングに細かい決まりがあったことは、本項やf1・cから窺えよう。

〈9　法用なければ三礼を用いること〉

一、無法用之時ハ、可用三礼也。但、無言三礼也。大原辺ニハ、以声明之儀高声ナル歟。我々ハ、以如法微音為其習候也、云々。

b『式師御口伝聞書』1〈覚仙上人式口伝忍宗聞書〉

□用（略法用之時。無言三礼）。法用終ル時金打取式文、紐ヲ表紙ノ内ニ巻籠テ、引披式読□。

c『式用心故実事（覚仙上人口伝）』

略法用之時、此無言ハ近来明僧様也、三礼。如来唄畢後、或又有法用、若終ル時金一打。取式文、紐ヲ表紙ノ内ニ巻籠テ、引披式読也。

h『禅林式聞書』

伽陀之間ニ、聊可有三礼。儀事々シカラスシテ、微音ニ可出也。（中略）殊刷講ニハ、可有法用也。

講において、初めに法用（四箇法用＝唄・散華・梵音・錫杖）を唱えない時は三礼を唱える、ただし高声で唱える大原とは違い、我々安居院は微音で唱える無言三礼を習いとする、と言う。b1とcは同内容の書であるが、右の箇所は異文があるので並べて掲げた。b1の最初は「法用」であるらしく、「略法用之時無言三礼」は本項と一致する。cの最初の方は本文に混乱があるようであるが、本来b1と同じ「略法用之時無言三礼」の文言があり、「此無言ハ近来明僧様也」は「無言三礼」の注記だったのではなかろうか。kは、後文で「殊刷（かいつくろひたる）講ニハ、可有法用也」と特記していることから、最初は法用のない時のことを言っていることが分かる。三礼を微音で唱えるべしとする点、本項の説と共通する。(52)

〈10　初句と次句の読み方〉

一、[1]読式ヲ候ニハ、[2]初句ヲハ押静（ヲシシツメテ）長ラカニ、[3]次句ヲハ今少シ[4]カイキリミテ[5]短ウ読ミ候カ聞吉也。二句ヲ同長サニ読ム事、[6]猶以句延ニテ、ヘタカマシク聞ヘ候也。況又、下ノ句ヲ長ラカニ読候事、聞醒（キサメ）之至極也、云々。

【校異】1読式ヲ候ニハ―式ヲ読候ニハ　2初句―初ノ句　3次句―次ノ句　4カイキリミテ―カイキリウテ　5短ウ―短ク　6猶―尚

i『作法儀説経并式師也』①本文
　憲基覚　性修
或
上句ハスコシオシヽツメ下句ヲハスコシヒキリメ
一句々ヲヨミキルヘキ事

i『作法儀説経并式師也』②奥書の後の追記
式ヨム様
　上句ヲハ　スコシヲシヽツメ
下句ヲハ　スコシヒキヽリメ

式を読む際、第一句は静めて長く、第二句は少し「カイキリミテ」短く読むのが聴きやすい、両句を同じ長さに読むのでも間延びして下手に聞こえる、まして第二句を長々と読むのはひどく聴き醒めする、と言う。対句とは言っていないが、「二句ヲ同長サニ読ム」ことを批判しているので、対句の読み方のことであろう。「下ノ句」という言葉が使われているが、第13項では対句の両句を「上ノ句」「下ノ句」と言っている。参考に挙げたｉの記事は、これと同じことを述べたものと見られる。ｉには、本文と奥書の後の追記にほぼ同じ記事がある（仮に①②とした）。②は①と少々異同があり、単なる転記ではないらしい。②を参照すると、①の「或」は「式」の誤写とも疑える。①②とも右の記事の後に、「聖容早隠　雖隔給仕於四十五年之月　遺骨永伝　猶貽利益於万二千歳之塵」の対句を記し(53)、「聖容早隠」に「一尺」、「遺骨永伝」に「八寸」と注記する（「隠」と「雖」、「伝」と「猶」の間、「月」と「塵」の後にも寸法の注記があるが、誤写と破損のため正確に理解し難い）。第一句の長さに対し、第二句はその八割の長さで読むという目安を示したものであろうか。本項の「カイキリミテ」に当たるのがｉの「ヒキヽリメ」（①の「ヒキリメ」は誤写か、あるいは「ヒッキリメ」の促音無表記か）であるが、テンポを速めることを指すらしい(54)（第15項を参照）。なお①には冒頭に「憲基覚　性修」とあるが、最初の字は難読ながら「憲」と読めるようであり、この説が憲基と関わることを示唆するものであろうか。ただし「覚　性修」は不明で、なお検討を要する。

〈11　反音のこと〉

一、反音事、一座之式ニ数反読之条不可然之由、先師令申候キ。常ニハ不レ可レ過二一両所一ニ。或ハ又不レ読一マカル吉キ也[1]。当流ニハ口[2]伝ヲ之一候也、云々。

【校異】 1吉キ也―宜也　2口伝之ヲ候也―如此口伝候也

a『式法則用意条々』

一、反声事、是又無気味ク、思サマニ読ミ合ヘリ。或仁ハ、往生講式七段ニ四五段読之ヲ。或人ハ、舎利講式□□ニ両所読キ之。皆是、我ハ々ハト慢シ入ル歟。而ヲ此曲ハ、何イカニモ取テ夾ハサミタル之時而明句共ヲ読タランカ、殊ニ面白ク可有也。余ニ多読ハ、還テ聞キ醒メスル様也。一座之式ニハ、不可過ク一両所ニ。但、短句ナラハ上下之句共ニ反音ニ読之、長句ナラハ可読ノ上片句許リヲ者歟。

b『式師御口伝聞書』1〔覚仙上人式口伝忍宗聞書〕明玄正修房奥書の付記(55)

反声雖無定句、大体有両所之口伝。

b『式師御口伝聞書』2〔某式口伝明玄聞書(56)〕

□音事、式一巻ニ一両所歟。多読事無念也。

b『式師御口伝聞書』3〔某式口伝〕

(約四字欠) 帰リ音ハ、一座ニ何□心任ス。二度許リヨム也。

f『講式事』6〔式雑説〕

一、反音事、一座ノ式ニハ強不可多読也。問、往生講式ニハ何句ヲ反音ニハ可読候乎。答、師命候シハ、必其句ト難定、只雖為何句ノ面白貴カランヲ可読也、云々。雖然而師匠ノ被読ル所々ハ、第四段ニ、「黄金色映徹」等ノ一句也。又第五段ニ、「心猶駐者黄金樹林之暮色」等句也。

j『声塵要次第』舎利講式読様事(57)

一、カヘリ声ハ必ス一座一所歟又二所歟事。必シモ一座ニ一所トハ不可定歟。一所二所、ヲリニ随テ可在人意也。或説云、二度ト、若ハ三度ニ不可過、云々。又或云、近古世間ニ随分式ヨミタテケル人、常ニ此ノ曲ヲコノミ読ケリ。アナカチ何度ト云コトナシ、ト云々。然而三四度ニモナリヌレハ、且ハ無念ニモアリ、且ハ聞サメモシツヘキ事也。可斟酌歟。

j『声塵要次第』第三順次往生講式事

一、カヘリ声ノ事。練師ハ、仮令一期ニ両三度ニハ不可過歟、云々。一座ニ両三度ヨマムコト、返々無念歟、云々。大原観蓮上人ハ、一座ニアマタトコロモヨマレケリ、云々。是ハ聖覚法印ノ口伝歟、云々。

文献により「反音」「反声」「帰リ音」「カヘリ声」など様々であるが、記述の共通性から同じものを指していると考えられ、いずれも読み方は「かえりごえ」であろう。いわゆる転調のことである。

講式における反音については、d『式事奉謂安居院僧都覚守所令問答之也舎利講』の徳治二年忍宗奥書の後の付載記事に「後日重尋申云　反ヘリ音ハ通甲乙読之哉。仰云、甲ニハ勿論事也。乙ニハ無之。此曲ノ様ト申事ハ、甲ニ高ク打上テ読之、乙ヘ欲下之時、其アヒシラヒニ読曲也。仍、乙ニハ不可読之、云々」、j『声塵要次第』舎利講式読様事に「一、カヘリ声ハ甲声ノ時読歟乙音ノ時モ読歟事。甲声ノ時読事也。乙声時不可有之。凡カヘリ声ノ事、或一説云、カヘリ音ハタカク上テ今ハ読サケント思フ時媒介ノ曲也、云々。此説又有興口伝也。可得意云」とあるのが参考になる。甲において、高音に上げた後に低音に移る時の「媒介ノ曲」＝経過的に用いる曲節であるらしく、耳に立つので頻用を制限するというのが本項などの趣旨であろう。多用を戒め、一座に一、二箇所を超えてはならないという本項の説はa・b2と一致し、b1「大体有両所」・b3「二度許リ」もそれに近く、j『声塵要次第』舎利講式読様事も同じ立場であろう（f6で挙がっている例も二箇所）。j『声塵要次第』第三順次往生講式事の練師（練空）の説はより厳しく、一座に二三度読むのも「返々無念」であり（従って読まないか読んでも一度だけ）、例えば一生の間に二三度を超えてはならない、とまで言っている。どのような句を反音で読むかについて、aは「明句」、f6は「面白貴カラン」句と言う。j『声塵要次第』一往生講口決には、「第六段ハ（中略）此段ヲハ乙ニヨミ出シテ、「結縁者ヲ導キ、無縁者ヲ訪ハム」マテヲ乙ノ曲ニシト〳〵トヨミナカシテ、「或慈念掬育ノ父母タリキ、或至孝鐘愛ノ男女タリ」ト云句ヲハタトアケテ、ソノ後、「或ハ春風秋月ノ良友タリ、或ハ飛花落葉ノ同行タリ」、二句ヲハカヘリ声ニヨムヘキ也。カヘリ声ヲハ、加様ノカサネ句ヲヨミタルカ面白キ也。其後又トリ直シテ、如常ヨムヘシ」と具体的に例示している。「ハタトアケ」てその後に反音を用いている点は、前引のd・jの記述に通ずる。

〈12　傍字のこと〉

一、傍字事、聊子細在之。先ツ、付前句終読テ置ク様。[1]次ニハ、後ノ句之初ニ読ム、[2]是モ又非難。然間、サヨミテ可宜所ニテハ、[3]先師モ読之候キ。我々モ以同前也。サレトモ、打任テハ前句之終ニ付ケテ読ミ置ク事ハ尋常也、[4]ト令口伝之了。[5]又此傍字ヲ、前句之終ノ音曲之勢イニ聞ユル様ニ読ミ成ス事可有也。[6]其ト申ハ、短句ヲ読ミ下タル所ニ傍字ノ在之時ノ事也。此曲ヲハ、事ト覚時可読者也。仮令、式一座ニ不可過両三个所。希レニ読ミタルカ、珍又心ロ聞聞ユル也。又、傍字之内、嗚呼ヲハ不読口伝也、云々。

【校異】1付前句終─付前句終　2読ム是モ又─読ムモ是又　3可宜─ヨロシカリヌヘキ　4前句之終ニ付ケテ─付前句之終　5了─畢　6前句─前ノ句

b『式師御口伝聞書』3〔某口伝〕

□ノ上ニ可付字事「ア、」「爰」「夫」、大方如此。臨□可存知□□歟。

d『式事奉謁安居院僧都覚守所令問答之也舎利講』

傍ノ字ノ事、尋申云、是ハ前句ノ終リニ可付之哉、又次ノ句ノ初ニ可付哉。仰云、上下ニ付ル事共以不苦。随時用之。但、「嗚呼」ヲハ、管絃講之時ハ略之故実也、云々。

i『作法儀説経并式師也』

一、傍字ヲ上句ノ終リニヤトヒカル事、若少句ナラハ上句ニヤトフヘシ。

f『講式事』1式事条々

一、傍字事　或ハ一字、或ハ二字也。所謂一字ト者、「而ヲ」「方ニ」等也。又二字者、「而今」「方今」等也。此外不能具記、以之可准知。此傍字ヲ若ハ付上句終為韜、若ハ於下句初為冠。共以不苦之内、為韜尋常也。就中次ノ句ヲ一重打上テ欲読、必韜読テ可置也。用冠者読悪有リ、又文字カ余タル様ニテ、打聞タルモ悪也。此傍字読ム用心ハ、縦雖為韜冠、其字ノ前後ヲ少延読テ、其色目ヲ可令聞別于人也。

f『講式事』3不審条々

嗚呼　前句ノ終ニ可付之歟、又次句ノ初ニ可付之歟。仰云、管絃講之時ハ略之故実也。

g『声秘集』諸式口伝事　理智光院

一、管絃有時ハ、式ニ有ル「嗚呼」ト云所略之、云々。

傍字とは、b3やf1に例が挙げられているように、講式の文章にしばしば用いられる「爰（ここに）」「夫（それ）」「而（しかるを）」「方（まさに）」「而今（しかるをいま）」「方今（まさにいま）」などの発語のことである。文章的には続く文の頭に付くものであるが、本項では、式を読む際には前の句の終わりに付けて読むのと後の句の初めに読むのと両様あり、どちらも差し支えないが、一般的には前の句の終わりに付けて読む、と言う。これはf1の説も同じである。dは、前の句の終わりに付けるのが普通であるとしない点で、本項やf1とは少し異なる。iは上句が短い時は上句の終わりに付けるとの説で、これも本項などとは相違する。続く、短句を読んだ後に傍字がある場合の読み方の説は、管見の他書に見えない。最後の、傍字の内「嗚呼」は読まないとの口伝は、d・f3・gに見えるが、ともに管絃講の時と限定している。憲基の口決も恐らく同じで、本項には聞書の際の不備があるのではなかろうか。

〈13　対句の上句の終わりの読み方〉

一、読(ニ)二対句(ヲ)一、上ノ句之終ヲ読ミ下(サクル)[1]、又引張テ読トノ両説也。共以用之。但、聊用心之可レ有様ハ[2]、甲ノ時ハ読下(ヨミサクル)事ヲ為(シテ)地盤(ト)一引キ張ル事ヲハ二三句ニ一度許[3]。又、乙ノ時ハ反(シテ)[4]之(ニ)一引張事ヲ為(シテ)二地盤(ト)一読ミ下ル事ヲハ二三句ニ一度モ[5]候ハ吉候也。又、付(テ)二引張(ニ)聊心(コヽロハセノ)馳[6]候キ様ハ、声ヲハ雖引張(ト)、ヲロ末枯(スヘカレニ)持銷(モチキヤス)[7]体ニ読ミ成シテ、下ノ句ノ初ニハ又音勢ヲ指副ル様ニ候カ、イキ〳〵[8]ト聞ヘ候也、云々。

【校異】1下(サクル)―下(サクルト)　2用心之可レ有様ハ―可有用心之様ハ　3一度許―一度許スヘシ　4反(シテ)之(ニ)―（なし）　5一度モ候ハ―一度シ候カ　6候キ様ハ―候ヘキ様ハ　7持銷(モチキヤス)―持消(モチキヤス)　8イキ〳〵ト―生々(イキ〳〵)トハ

i『作法儀（説経幷式師也）』

一、甲乙ニ付テ、上句ノ終リヲヨミサクルト引ハルト、二説アリ。但、乙ノ時ハ引張ヲ地盤トシテ、読ミ下ルヲハマシニスヘシ。仮令、三句ニ一句ナントナルヘシ。甲ノ時ハ、乙ニ反ス。

対句の上句の終わりを読み下げるのと引き張るのと両説あり、ともに用いるが、甲様・乙様によってどちらを主にするかの違いがあることを説く。更に、引き張って読む場合の声遣いの細かい技巧について述べている。iの記述は、本項の前半とほとんど同じである。

〈14　式を読む姿〉

一、声明ニモ、皆サソ候覧物ニハ、其体其姿ト申事在之。読物[1]候ニモ、不限式、表白風情等ノ事マテモ皆以尓也。故(コトサラ)[2]此式ヲハ、打聞タルハ閑々(シツ〳〵)トシテ、而下(シタ)早ニ読タルカ吉候也。其体ハ仮令トテ、「禅林春朝」等ノ句、一句皆令読給畢[3]。誠以殊勝々々。但此姿ハ、為音曲之間、不被顕筆端。是故ニ、為未来不能記付之。此事、聊声明道ニ得合タル子細在之。仍、併納心符畢。為後資、頗(スコフル)以テ為(スル)無念者歟[4]。

【校異】1読物―物ヲ読　2故(コトサラ)―故(コトサラニ)　3畢―了　4者歟―者也

声明の曲には、それぞれに然るべき姿がある、式に限らず、表白のようなものまでもそうである、殊に式は、聴いたところは閑かであって、下早に読むのがよい、と前置きして、実際に読んでみせた。この時憲基が忍宗に聴かせたのは、『往生講式』表白段の「禅林春朝　華色自増観念　孤山秋暮　風声纔為知識」の対句であった。忍宗は、音曲なのでその姿を筆に表すことはできない、後代の人のため残念だ、と記している。声明の曲にそれぞれの体・姿があるとの考えは、j『声塵要次第』の玄雲の序にも「夫声作仏事之道、種類無尽也。就中式与説経等、皆異其体、互為進退之資糧矣。当世所用之表白経釈説経等姿者、賀縁阿闍梨為根本也。其以往ハ、以声明家之教化姿令啓之云々。及末代之流、何レモ皆錯乱歟。凡能辨其体、令不失古体矣。恐辨知其体、採独在声明家歟。知呂律、辨清濁故也。予雖不敏、纔知故実。仍為備廃忘、記其梗概而已」と説かれている。

〈15　管絃講の時の式の読み方〉

一、管絃講之時ノ用心ニハ、自常[1]少シカイキリミテ読カ吉候也。句延ニ読ミ成候ヘハ、伶人モ聴衆モ、无骨気ニ思候也、云々。

【校異】　1自常―自常（モ）

a『式法則用意条々』

一、管絃講ノ時之式ヲハ、ヲロ小早ラカニ読タルカ吉也。押シ静タル気ハ、ヨニ心健覚ユル也。

c『式用心故実事覚仙上人口伝』

サテ管絃講ノ時ハ、相構テ自常モカイキリミテ可読也。是則、大段ノ用心也。サレハトテ不可物忩。

管絃講の時の式は、少し「カイキリミテ」読むのがよい、と言う。「カイキリミテ」の語はcと共通し、第10項でも「初句ヲハ押静長ラカニ、次句ヲハ今少シカイキリミテ短ウ読ミ候カ聞吉也」と使われていた。テンポを早めに取ることらしく、aの「ヲロ小早ラカニ」も同じ意味であろう。管絃が入るため、講の全体が長くなることからの心遣いであろうか。

＊

以上、『安居院憲基式口決聞書』の総論部分および各項目について、他書の関連する記事を参照しつつ一通り検討した。基本的な心得から読み方の細かい技巧、あるいは具体的な故実作法まで様々なレベルに亙っており、更に資料を博捜する必要はあるものの、今回調査した限りでも、多くは他書に共通または類似の説が見えることが確認できた。その意味で、鎌倉時代における講式の読み方について一つの典型的な説を伝えていると位置付けることが可能であろう。

なお憲基から「数十箇度」習学し問答した結果にしては十五項は少ないようであるが、忍宗が「子細雖繁多、僅以九牛之一毛也」と言うように、多く聴いた内からこれらを選んで書き留めたものであろう。そのためもあってか必ずしも体系的とは言い難いが、この点は他の講式関係書もほぼ同様であり、本書のみの問題ではない。

『安居院憲基式口決聞書』や関連する講式口伝書を読んで気付かれるのは、講式に固定した読み方がなく、式師の自由裁量に任されていた部分が多いことである(58)。特に第4・5・10・11・12・13項あたりにそれが現れており、第2項もそれに准じて考えられよう。本書の冒頭に「式之沙汰ハ、如声明等付博士定拍子非令習学」とある通り、節が決まっていて師に教えられたままに唱える一般の声明と違い、講式は自由度が高い反面、自分で音高・旋律・早さなどを考えなければならず、加えて当座の判断・気転が必要となることも多い。それだけに式師の技能と力量が問われるわけであり、「殊ニ式ノ事ハ、未練ニテハ不叶者也」の言に象徴されるように、高度な修練が欠かせないことになる。

忍宗が明玄・覚仙・憲基など系統の異なる様々な師に就いて学んだのも、講式に決まった読み方がなく、自分の節を定めることができる、むしろ自分で定めなければならないためであろう。多くの師から学ぶことにより、それぞれの流儀の読み方を体得して、技量を広げかつ高めることを意図したものと思われる。本書は、そのような講式の音楽とその習学のあり方を窺わせる資料の一つとして極めて興味深いものと言えよう。

(1) 以下、本稿における『安居院憲基式口決聞書』をはじめ古文献の引用は、適宜句読点や「 」を付す(既存の活字本に拠る場合も、私意により句読を改めることがある)。なお本稿末尾に、奥書を含む『安居院憲基式口決聞書』全体の翻刻を掲載したので参照されたい。

（2）原本未見、東京大学史料編纂所の醍醐寺文書写真帳による。本書についてはスティーヴン・G・ネルソン氏「藤原孝道草『式法則用意条々』における講式の音楽構成法」（福島和夫編『中世音楽史論叢』二〇〇一年一一月、和泉書院）にやや詳しい紹介があるほか、菅野扶美氏「『音楽講式』と音楽―「法用ニハ郢曲　伽陀ニハ朗詠」をめぐって」（『日本歌謡研究』第三〇号、一九九〇年一二月）・同氏「『音楽講式』について」（坂本要編『極楽の世界』一九九七年七月、北辰堂）・阿部泰郎氏「中世の音声―声明／唱導／音楽」（『中世文学』第四六号、二〇〇一年六月）にも言及がある。

（3）本稿では、称名寺の講式関係資料については第五節を参照。

（4）以下、称名寺蔵神奈川県立金沢文庫管理本については、金沢文庫における函号を（　）内に示す。

（5）ただし、「至同三年二月中旬ニ」―「至ルマテ同三年二月中旬ニ」「或日者―或日ハ」「或時者―或時ハ」「廃忘―癈忘」「至音曲之段ニ者―至テ音曲之段ニ」「非可載筆端之間―不可載ス筆端ニ之間」「沙門忍宗判―沙門忍宗在御判」のような異同がある。

（6）外題下の割書の「問答」は280函12号本では「同答」に作るが、後欠ながら同内容の346函152号本は「問答」であり、単純な誤写と見て、本稿では訂正した形で引用する。

（7）この中に、「先事懺悔ト者」の句を挙げて右に「安居院長恵法印ハ自此句上ニ初トヲ之」と注記した箇所がある。長恵は聖覚の子で、東大寺の僧、法印・権大僧都。

（8）第四節の【A】に引く、称名寺蔵『式法則用意条々』の嘉元三年二月十八日の忍宗奥書の二～四行目「凡読式之体……忝被が添削る」は、『講式事』6の最初の「式事」と文辞が重なり、それを参照して書かれたと考えられる。従って、6の内少なくとも「式事」は、忍宗の周辺にあったと推定できる。

（9）正応三年（一二九〇）三月以前に「大原遮那院」が存在していたことが、妙法院蔵『諸加持聞書』の奥書から知られる（『昭和現存天台書籍綜合目録』八二九頁）。

（10）天王寺から醍醐寺に移住し、醍醐寺に慈業上人方大進上人流声明を伝えた隆厳（前名玄覚・隆堅。一二六五～一三三六）の師は天王寺遮那院の禅慶であり、隆厳の資に「天」（天王寺の意）「遮那院覚禅阿闍梨」と注記された定慶、その資に「天」「遮那院式部阿闍梨」と注記された兼守がある。新井弘順氏「醍醐寺蔵本『真言声明血脈』解説」（醍醐寺文化財研究所『研究紀要』第一三号、一九九三年一二月）参照。

（11）『門葉記』巻百二十五「灌頂五」。

（12）憲基の事績に関しては、福田晃氏「安居院と東国―原神道集の成立をめぐって―」（『中世文学』第二七号、一九八二年一〇月。同氏『神道集説話の成立』に改編所収）に詳しく、多く参照させて頂いた。

（13）伽陀の役を務めた覚淵僧都は、大原流の声明系図（第四節参照）に宗快の弟子として見える覚渕であろう。

（14）その位置と規模について、清水眞澄氏「安居院の力―十四世紀の実像を考える―」（『伝承文学研究』第六五号、二〇一六年八月）は「東は堀河通、西は千本通、南は寺之内通、北は鞍馬口通に区切る中にあって、今日考える以上に広大な規模の寺院であった」とする。

（15）『尊卑分脈』により、本稿に関係する人名を中心に摘記。

（16）次掲【A】『式法則用意条々』の高慧の奥書を参照。

（17）覚守は徳治二年と応長元年～二年に鎌倉に下向しているが（注（26）多賀氏論文参照）、憲基については鎌倉下向を確認できない。徳治二年三月に、六波羅南方探題であった金沢貞顕が亡父顕時の七年忌を、憲基を導師に招じて六波羅の南方亭で行っているが（『拾珠抄』）、これを鎌倉で行われたものと誤認されたか。

（18）同じ奥書が称名寺蔵『式師御口伝聞書』（280函13号）の2にもあるが、料紙の破損のためかなり文字が欠けている。ただし『講式事』の誤脱と思われる文字は、傍線を付して同書により補った。

（19）この書は現存不明。

（20）明玄が「秘本」である孝道の『式法則用意条々』を書写し得た背景として、孝道が仁和寺と深い関りを持っていたこと（注（2）菅野氏論文参照）が考えられる。

（21）櫛田良洪氏『真言密教成立過程の研究』が示された、増瑜から伝授を受けている明玄（増瑜の真弟子とも伝える）は、署名に「小野末資」と記しており、仁和寺の明玄とは別人であろう。

(22) 十二行目の「忍宗私云」の前までは同じ奥書が称名寺蔵『式師御口伝聞書』（280函13号）の1にもあるが、料紙の破損のためかなり文字が欠けている。

(23) 『式師御口伝聞書』1には、署名が「一見老愚明玄正修房」とある。【C】の「明厳」は誤写かとも思われるが、【B】の明玄の署名は「明玄厳」であり（ただし『式師御口伝聞書』2では「明玄」で、後人が「厳」と書き添えたか）、『式師御口伝聞書』1より【C】が後の形らしいこと（第五節参照）を踏まえると、あるいは明玄が後に明厳と改名しそれを反映したものか。

(24) 346函152号も280函12号の冒頭一丁半と同内容であるが、後欠のため、忍宗の奥書は見られない。

(25) 117函2号は英禅手沢本、269函5号は芿珍手沢本。両者同内容。本稿では原則として英禅本を用いる。

(26) 覚守の事績については、多賀宗隼氏「安居院僧都覚守について―金沢文庫本「式事」その他に因みて」（『金沢文庫研究』第七九・八〇号、一九六二年五・六月。同氏『論集　中世文化史　下』所収）に詳しい。

(27) 『拾珠抄』。注（26）多賀氏論文参照。

(28) 『昭和現存天台書籍綜合目録』九一五頁による。

(29) 『金沢文庫古文書　識語篇』二六七八。

(30) 『金沢文庫資料全書　歌謡・声明篇　続』所収。

(31) この説は、湛智（一一六三～一二三七？）撰『声明用心集』上「一条三種ノ五音者」の「一悉曇蔵笛ノ五音」を「印度」「中（中曲）」、「二楽書要録五音」を「辰旦」「上（呂曲）」、「三和国神楽五音」を「日本」「下（律曲）」とした説、円珠房喜渕が文永九年（一二七二）四月以降随時に記した『諸声明口伝随聞注』の「呂・中・律ニ当二三国一事」の「中曲ハ印度也。呂ハ震旦也。律ハ和国也。楽書要禄（録カ）ニ此事委細也。此文ハ唐書也。一切楽事委細也」、貞和五年（一三四九）に知空が撰した『三種五音事』の「問。呂律ノ外ニ中曲ヲ立ル事、有二何説一哉　答。中曲ヲ立ル事、妙音院弁蓮戒房流等ニハ不レ立歟。是ハ悉曇蔵ヲ以テ専可レ為二其説一。是印土ノ音也。可レ得レ意也（中略）又尋云。中曲ハ印土天竺ニノ音ト云ハ、呂律ノ二ハ是何ノ国ノ音ソヤ　答。呂ノ七音曲ハ、専ラ楽書要禄（録カ）ヨリ出タリ。此即震旦ノ音也。律ノ五音ハ我国ノ五音也。大笛・和琴ノ調ヘ、神楽ノ曲等是也。故ニ三種ノ五音ハ、即天竺ニ、震旦、我朝ノ音也ト可レ得也」（以上『続天台宗全書　法儀1』による）と、中曲・呂・律をそれぞれ印度・中国・日本に配当した説に基づくと見られる（ただし『徒然草』では印度が省かれ、中国と日本の対になっていることに注意したい）。なお「単律」は『徒然草』の諸本ではこの表記のようであるが、声明関係の文献では「但律」と書かれる。

(32) 兼好が横川に住んでいたのは元応元年（一三一九）頃と推定されており、忍宗が行宣に学んでいた時期より一〇〜二〇年ほど後のことになる。

(33) 【H】の諸声明の伝の「回向」に「師云、大原ニハ反音ニシテスレトモ、故僧都ハ不可然之由被仰、ト云々」の注記があり（「師」は行宣、「故僧都」は行禅）、行禅の声明は大原流とは別系だったらしい。

(34) 前掲【A】の元亨四年高慧の奥書に、忍宗が上洛して明玄に謁し初めて式を学んでから十四年を経て、『式法則用意条々』と明玄が師から受けた式の口伝の聞書を書写することを許されたとあることから逆算して、最初の上洛は正応五年頃と推定。

(35) 称名寺蔵『大原流声明血脈』、および『諸声明口伝随聞注』の「声明血脈事」により、本稿に関係する人名を中心に摘記。

(36) 前掲【A】の元亨四年九月高慧の奥書には、「師云」として、「企上洛謁仁和寺正修上人、始而習学式之後、為稽古重上洛、既及三个度。其間送十四年ノ々序後、最後上洛之時、被免此書幷私見聞了」という忍宗の言葉が引かれている。高慧がかつて師から聞いたことを書き付けた可能性もなくはないが、やはり『式法則用意条々』を書写するに当たって忍宗から伝えられたものと考えられ、とすれば忍宗はこの時点で生存していたことになる。なお「最後上洛之時」は嘉元二年〜三年にかけてのことを指すが、「最後」は忍宗が明玄に会った最後ということであって、忍宗が元亨四年九月の時点で既に歿していたことを示すわけではなかろう。

(37) 覚城院にある、忍宗の奥書を持つもう一点の資料に触れておく。端裏に「式口伝」とある一紙で、冒頭に「私云舎利講式也」と記し、「右朱点者、依或最極初心仁之懇望、為易心得、以今案之計如此所令調也」に始まる講式の読み方の注意を記した文章があり、終わりに「本云于時乾元二年□□月九日　相□□門忍宗記之」とあり、その左に「□□宗任」とある（図版参照）。忍宗の署名の上四字は難読であるが、「相似沙門」らしい。忍宗が朱点を加え、末尾に奥書を記した『舎利講式』の写本から、奥書部分だけを転写したもののようである。「私云舎利講式也」は、この転写を行った者（宗任の可能性もある）が加えた注記であろう。なお本資料は宗任の写本ではなく、室町後期頃の書写と見られる。いずれにしても、忍宗の著作や加点資料がなぜ覚城院に複数存在するのか、伝来事情を検討する必要があろう。

(38)「此本ハ孝道禅門之草也可秘々々　魚山後胤忍宗在判」という、【A】に見えるものを極端に省略した忍宗の奥書の後に、「文和五捻二月十二日書写之　興恵在判」とある。なお興恵の署名は、『声秘集』の第七丁表にも「文和四　卯月十八日　興恵」と見える（それ以前の記事全体に掛かるか）。

(39) この深恵について、橋本正俊氏「随心院蔵『遍口鈔』『遍口鈔口伝』について―付翻刻―」（『随心院聖教と寺院ネットワーク』第二集、二〇〇五年三月）が紹介された随心院蔵『遍口鈔口伝』末尾の相承血脈に見える、室生寺真海の資の深恵と同一人物である可能性を牧野和夫氏より御指摘頂いた。深恵は『覚禅鈔　求聞持法』（東寺観智院蔵）を建武二年三月に、『陀納口決』（大谷大学図書館蔵）を建武四年正月～二月に、宇陀高塚の宝光院で真海の本によって書写していることが知られる。深恵の年齢の分かる記録は管見に入らないが、しかし『覚禅鈔　求聞持法』奥書の建武二年（一三三五）と『安居院憲基式口決聞書』奥書の至徳三年（一三八六）は五十年以上を隔てている。同一人物であることはあり得ないことではないが、可能性は比較的少ないであろう。むしろ、元亨四年に忍宗の本によって『式法則用意条々』を書写した忍宗の資高慧がおり、その資に円恵がいること（注（40）参照）、忍宗との関係は不明ながら、同じく忍宗の本によって

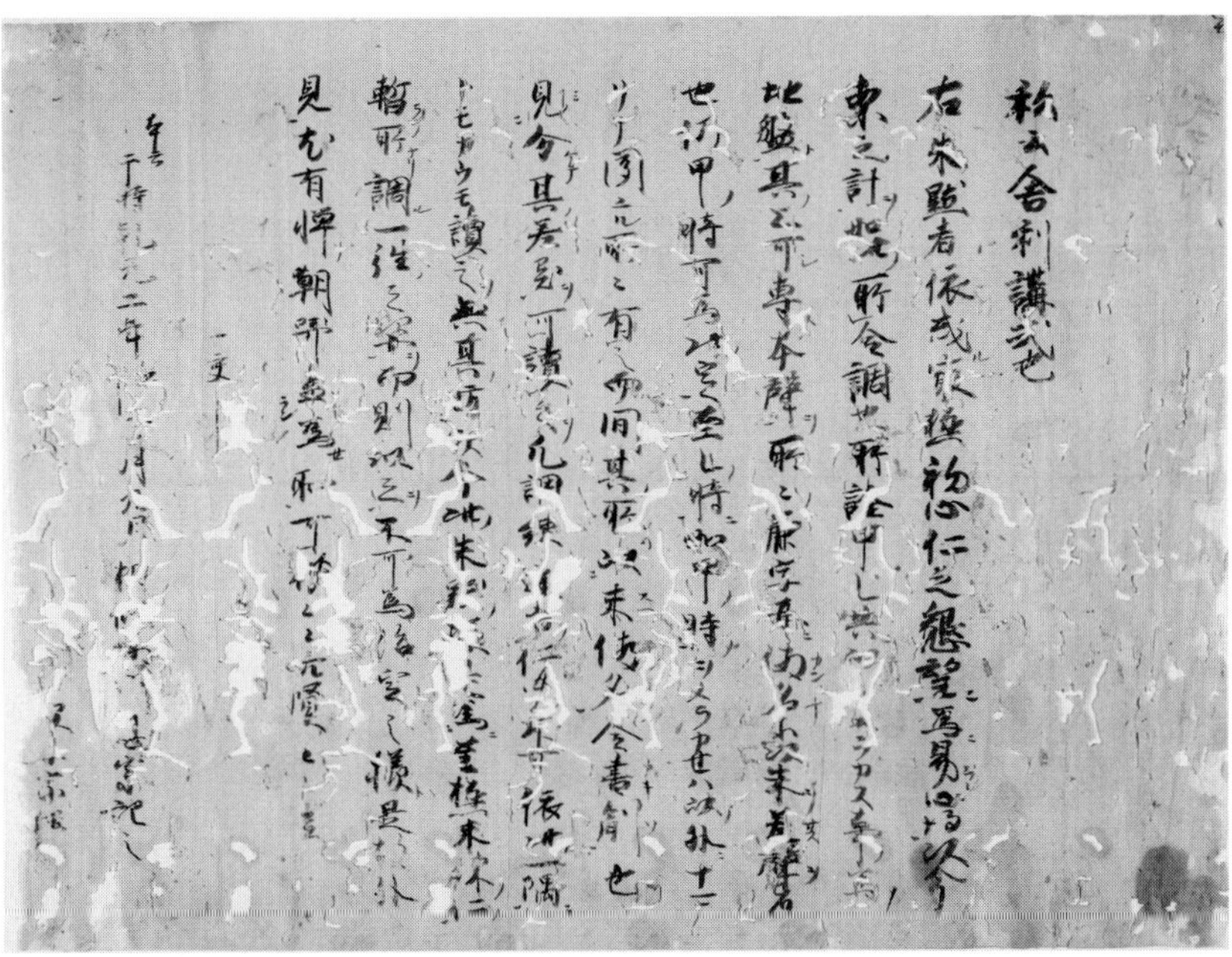

興恵が『式法則用意条々』を写していること（注（38）参照）を考慮すると、高慧の系統に連なる僧であった可能性を考えるのが適切ではないか。ただしいずれにしても、深恵と信源の関係の解明は課題として残る。

(40) 金沢文庫蔵および高山寺蔵『持戒清浄印明』によって正中二年正月八日にこの印明を書写したことが知られる高慧（田中久夫氏「持戒清浄印明について」『金沢文庫研究』第一二巻一～三号、一九六六年一～三月。同氏『鎌倉仏教雑攷』所収）は、「末資高慧 通廿二 俗卅二」と署名しているから、この高慧と同一人物である（ただし「通廿二」は「通廿三」の誤写か）。高山寺本付載の血脈により、高慧がこれを円恵（東寺の杲宝の舎兄という）に授けていることが知られる。

(41) 文章はd称名寺本と同じく、f『講式事』3とは異なる。

(42) 理智光院は、あるいは鎌倉にあった理智光院か。その場合、これも忍宗に関係する可能性が考えられる。

(43) 菊地勇次郎氏「醍醐寺聖教のなかの浄土教」（醍醐寺文化財研究所『研究紀要』第五号。同氏『源空とその門下』所収）に翻刻。原本・写真未見。

(44) 東京大学史料編纂所蔵『醍醐寺文書記録聖教目録』による。

(45) 「一、文点事。往生講式ニハ、十五ノ秘点アリト申伝タリ。此等タゝ随時ニ随境ニ、或知執主(ママ)之心、或ハ依当座之儀、ヨメル事ヲ申事ニテ侍ニヤ。依之後嵯峨院御時、宜実法印承導師、読往生講式之時、「孤山」ヲハ「芝砌」、「禅林」ヲハ「躰山(謝カ)」ト読ケリ。（中略）乃至七段「謂生死有終」句除之。聖宣法印・隆永法印等、此御時皆如此読タル也」とあるが、「宜実」は恐らく「憲実」の誤読か誤写で、この言い方からは、話者が安居院やその門流の人物ではなかったことが推測される。なお「隆永法印」は恐らく憲実の父安居院の隆承法印で、「聖宣法印」は隆承に学んでいたらしい聖憲法印であろう。

(46) 注（12）福田氏論文参照。なお『拾珠抄』に、後深草院の中陰仏事で導師を務めた憲基の表白二編があり、称名寺蔵『阿弥陀』（309函10号）はその内の日付を欠く方と同文である。

(47) 講式における甲乙について、注（2）論文におけるネルソン氏の説明を引く。「もう一つの基礎概念としては「甲」対「乙」がある。様々な用法をもつ用語であるが、講式の場合には甲（あるいは甲様）は音階の宮音を基礎音とする旋律様式（旋法）で、対する乙（あるいは乙様）は徴音を基礎音とする旋律様式（旋法）を指す。」

(48) aの「随其調子」について、注(2)ネルソン氏論文は「管絃講の場合の全体の調子(壱越調、平調、黄鐘調、盤渉調など)のことであり、奏楽と式文の読誦のそれぞれの調子を合わせることが原則であったと考えられる」と述べておられる。しかし講式は常に管絃講の形で読まれるとは限らないので、やはり時の調子のことではなかろうか。

(49)『往生講式』第七段の後に置かれた、阿弥陀如来の衆生を救う願を説き、極楽往生への道を示した釈迦如来の恩徳を讃える段のこと。

(50)「トテハサム時」は、正確な意味が不明であるが、第11項に引くaの文章にも「何取テ夾之時」と見える。

(51) f『講式事』7式師用心口伝聞書では、cの「着座之遠ハ」が「着座ノ所遠ハ」となっており、cは「所」を誤脱したらしい(b1は当該箇所欠損のため不明)。

(52)『禅林式聞書』は上述のように安居院とは別系統の伝書であるが、この点からすれば大原流でもないらしい。「蓮花心院」が不明であるが、あるいは醍醐流であろうか。

(53) 貞慶作『舎利講式』の一部。

(54)『名語記』巻八に「問、ハヤムルヨシノキリム如何。答、急ノ義也(下略)」とある。

(55) cは「無」を誤脱するため、b1を引く。

(56) f1は誤写・誤脱があるため、b2を引く。□の字は、f1は「反」。

(57)「当寺知空上人自筆記之、大原式様大概以此可為指南歟」とあり。

(58) このことは、講式の鎌倉時代以前の古写本に節付がない(あるいは少ない)ことと一体の関係にある。大体の傾向としては、鎌倉時代までの講式の写本には節付がないかあっても僅かで、南北朝時代を経て室町時代に至ると詳しい節付が記入されるようになる如くである。憲基や忍宗の頃は、講式の音曲が徐々に固定化に向かおうとする以前の段階にあったと言えよう。

覚城院蔵『安居院憲基式口決聞書』翻刻

〔凡例〕一、字体は通行のものを用いる。
一、改行は底本通りとする。

（前欠）
（約九字欠）レ令(ス)ニ習(ニ)学一只□□□其骨(ヲ)一
（約八字欠）　音曲ハ大段□事ニテ一向口伝ト
（約七字欠）　領ニ納巨細(ヲ)一又文字読ヲ自ニシテ
□□曲ヲハ有(ルカ)　沙汰吉候也縦又何(イカニ)　雖レ得(リト)ニ口伝(ヲ)一不
□読一者其ノ体難(シ)レ成一何憲(基)｜モ式ノ事ノ沙汰シ始候シ
此両三年之間ハ随分懸意(ニ)一連日ニ稽古仕リキ
先師之読(ミシニ)　不相違ナント　□所サマニモ其故歟○　勅定在之云々何(イツレノ)　声明モ皆サト
コソハ申セトモ殊ニ式ノ事ハ未練ニテハ不叶(ハ)一者也所詮
只以常読(ニ)一為(ムヲ)ニ其習(シ)一候(トハ)也又調子ヲ不(シテ)ニ心得一管絃
講之時令迷惑(セ)一事也云々

条々被示畢

一式ノ大姿ト申スハ先ツ以不読乱句為美是ハ何ノ句也ト人聞
知様ニフツ〳〵ト読切也此事ユヽシキ大事也心ニハ雖
挿其骨未練ニテハ読ム時顕然ニウイ〳〵シク聞ヘ候也
相構テ式ヲ我物ニシナシテノ上ノ事ニテ候也

」第一紙

一忍宗尋申候甲乙之間ニハ始メテ自何可読候哉
仰云其事難一定可依時調子者也仮令平調
双調ニハ出甲黄鐘調盤渉調一越調等ニハ出
乙読之吉程ニ候也但是ハ取身事也若ハ
随人依声トモカウモ可候歟云々

一テニハノ事ハ雖不読其道理タニモ聞ヘ候ヘハ相構テ
以不多読付為当流之相伝候也云々

一式ヲ自初ソヽロニ高ク読ム事不可尓至極ハ不可過二一
重思サマニ打上読者田舎式トテ無下ノ事ニ申也但シ
是ハ大方所定也調子ノ下時ハ三重ニ読事強ニ又不苦歟
平調ナントノ調子ニハ随様誰モ三重ニ度々読ム事候也
又往生講ノ式之尺迦ノ段ヲハ自始打上テ高ウ読事聊
為口伝□由先師ハ被示候シ也云々

＊「読」と「乱」の間に訓合符あり

一段々ニテ上事強チ不レ可繁一段ニ不レ可レ過二一両所ニ但其レモ
可随式ニ歟ト覚候往生講式ナントノ段々長ク書タランニハ
三所許モ可上ク也所詮随式ニ可相計事也云々
一登礼盤事管絃講之時有ルニハ登楽不及申ニ不ル管絃
講ナラ之時ハ伽陀之第三ノ句ニ起テ座寄ヲ礼盤之許ヘ也
但道場狭セハクハ第三ノ句ノ終リ方ニ可立座ヲ也云々
一念珠ヲハ三巾ニ盤ワケテ貫キ入レモシノ左手ニ或ハ盤テ置テ机上ニ式終テ
」第二紙
後取リ持ツ也両ノ説内ニハ以テ置ノ机上ニ為善候也
一巻式ヲ事廻向伽陀之間ニ可キ巻終ル也云々
一無カラン法用之時ハ可用三礼也但無言三礼也大原
辺ニハ以声明之儀ヲ高声ナル歟我々ハ以如法微音ヲ
為シ其習ト候也云々
一読式ヲ候ニハ初句ヲハ押静ヲシシツメテ長ラカニ次句ヲハ今少シカイキ
リミテ短ウ読□ミ候カ聞吉也二句ヲ同長サニ読ム事猶以
句延ニテヘタカマシク聞ヘ候也況又下ノ句ヲ長ラカニ読候事
聞醒キサメ之至極也云々
一反音事一座之式ニ数反読之条不可然之由先師
令申候キ常ニハ不可レ過一両所ニ或ハ又不レ読ルカマ吉キ也当流ニハ

＊「貫」と「入」の間に訓合符あり

＊「ミ」の上、「ム」を書きかけたか

口伝之候也云々
一傍字事聊子細在之先ッ付前句終読テ置ク
様次ニハ後ノ句之初ニ読ム是モ又非難然間サヨミテ
可宜所ニテハ先師モ読之候キ我々モ以同前也サレトモ
打任テハ前句之終ニ付ケテ読ミ置ク事ハ尋常也ト令ム
口伝之了ヌ又此傍字ヲ前句之終ノ音曲之勢イニ聞ユル
様ニ読ミ成ス事可有也其ト申ハ短句ヲ読ミ下タル所ニ傍字ノ
在之時ノ事也此曲ヲハ事ト覚時可読者也仮令式一座ニ
不可過両三个所希レニ読ミタル力珍 又心ロ聞 聞ユル也 」第三紙
又傍字之内嗚呼ヲハ不読口伝也云々
一読対句上ノ句之終ヲ読ミ下 又引張テ読トノ両説也共以
用之但聊用心之可有様ハ甲ノ時ハ読下 事ヲ為 地
盤引キ張ル事ヲハ二三句ニ一度許又乙ノ時ハ反 之引張
事ヲ為地盤読ミ下ル事ヲハ二三句ニ一度モ候ハ吉候也
又付引張聊心 馳 候キ様ハ声ヲハ雖引張ヲロ末
枯 持鎖 体ニ読ミ成シテ下ノ句ノ初ニハ又音勢ヲ指副ル様ニ
候カイキ〳〵ト聞ヘ候也云々
一声明ニモ皆サソ候覧物ニハ其体其姿ト申事在之読

＊「口」と「伝」の間に音合符あり

物ヲ一候ニモ不限式ニ二表白風情等ノ事マテモ皆以尓也
故(コトサラ)此式ヲハ打聞タルハ閑々(シツヽ)トシテ而下(シタ)早ニ読タルカ
吉候也其体ハ仮令トテ禅林春朝等ノ句一句皆令読一
給畢誠以殊勝々々但此姿ハ為(ル)三音曲二之間不レ被三顕二
筆端ニ一是故ニ為ニ二未来ノ一不能三記ニ二付之一此事聊声
明道ニ得合タル子細在之一仍併納心符ニ二畢為後
資一頗(スコフル)以テ為(スル)無念ト二者歟
一管絃講之時ノ用心ニハ自常一少シカイキリミテ読カ
吉候也句延ニ読ミ成(ナシ)候ヘハ伶人モ聴衆モ无
」第四紙
骨気ニ思候也云々

右条々聞書者自去正安三年八月下旬之比
至(リ)二同四年正月下旬一又自嘉元二年十一月下旬之
比一至同三年二月中旬ニ二奉(ルコト)レ逢ニ二師匠ニ一（于時大納言法印憲基）
或日者参ニ向(シ)安居院之御宿坊ニ一或時者参拝シテ
嵯峨之東北坊ニ一数十箇度令三習学之一奉(ツリシ)問二答之一
御口決等也為レ備二廃忘ニ一随三令(ルニ)二臆持(セ)一所三記二置(ク)

＊「得」と「合」の間に訓合符あり

＊「問」と「答」の間に音合符あり

＊「記」と「置」の間に訓合符あり

之一也子細雖繁多ナリト一僅以九牛之一毛也至音曲
之段ニ一者非可載筆端二之間併記シ二心符一畢而已

于時嘉元三年二月廿三日於洛陽安居院寺
所記如斯
　　一交了　　　沙門忍宗判

至徳三年（歳次丙寅）二月廿一日書畢秘蔵々々耳
　　　　　　　　深恵　」第五紙

応永十三年（歳次丙戌）九月七日書写之納心符秘
蔵々々師誡言不輙穴賢々々写瓶第子一人
外不可相伝可秘々々
　　一校了　　　信源

同十五年十二月廿四日書写之畢
不可他見秘蔵々々
　　　　　　　　宗任　」第六紙

第五章　伝憲深撰『醍醐三宝院大事』をめぐる問題

高橋悠介

はじめに

覚城院に、『醍醐三宝院大事』という聖教が伝わっている。これまでに調査し得た限りでは、覚城院に近世写本を二点、見出すことができたが、これは真言宗全書に高野山真別所円通寺蔵本を底本として収められている『灌頂印明口決』の伝本とみられる。

『灌頂印明口決』については、真言宗全書に「成賢口憲深記」として所収されており、また覚城院の二伝本でも建久八年（一一九七）の憲深の本奥書が転写されている。しかし、建久八年時点では憲深がごく幼少であることから、憲深本奥書に疑問があることは、すでに恭畏が『偽書論』（一六二九）で指摘しており、私も以前、称名寺聖教中の伝本をもとに、金剛王院流の空観房如実（一二〇六～？）編の可能性があることや、本文中の「随心院権僧正宣厳」という僧階表記などの検討から、成立は建長元年（一二四九）十月を下ると考えられることなどを指摘した（以下、前稿と称す）[1]。如実の関与を推測したのは、称名寺聖教の粘葉装の伝本にみえる建長六年（一二五四）の如実本奥書「于時建長第六年之暦三月廿一日／如実記之」が主な根拠だが、この本奥書を疑う理由は特になく、円通寺蔵・享保十四年写本も外題を「水丁如實記」とし、建長六年の如実本奥書を持つ点を重視したのである。

覚城院の伝本は『灌頂印明口決』の成立という問題に何か新しい材料をもたらす訳ではないが、宝暦三年（一七五三）の袋綴の写本には、本文に邪義に関する注記が加えられているという特徴がある。本稿では、そうした邪義に関する注記を通して、改めて本書の性格を考えてみたい。

一、覚城院蔵『醍醐三宝院大事』の書誌

『灌頂印明口決』の伝本には、覚城院蔵本以外に以下のような諸本を調査したことがある。

◆称名寺蔵・神奈川県立金沢文庫管理

○『醍醐三宝院灌頂印明口伝』〔鎌倉後期〕写　折本　一帖　称名寺聖教（二八八函三八）

本奥書「写本云、奥云、／今此鈔者秘々中秘、深々中深、秘密／源底、諸流極位也、輙雖不可所依之、／依求法志深書写了、写瓶一人／外、穴賢、勿見聞之、努々々々、／弘長三年癸亥十一月廿九日正法金剛安厳」

○『醍醐三宝院灌頂口決中性院』嘉暦三年（一三二八）熙允写　巻子装　一巻　称名寺聖教（一三一函六）

書写奥書「于時嘉暦三年七月十五日／於鎌倉普恩寺書写了／三宝院末資（熙允）」。

○『醍醐三宝院灌頂印明口伝』〔鎌倉後期～南北朝期〕写　粘葉装　一帖　称名寺聖教（三六七函一九）

◆高野山真別所円通寺蔵・高野山大学図書館寄託

○『醍醐三宝院灌頂印明口伝』享保十四年妙瑞写　粘葉装　一帖（真全対校本）

○『醍醐三宝院大事』寛延二年四月證吽写　粘葉装　一帖（真全底本）
○『三宝院灌頂口決中性院』寛延二年七月聖吽写　粘葉装　一帖

◆高野山大学蔵

○『醍醐三宝院灌頂印明口伝』享保二十年深演写　袋綴装　一冊

◆善通寺蔵

○『醍醐三宝院大事』明和七年（一七七〇）光恕写・光國校閲　袋綴装　一冊

続いて、覚城院で調査し得た二点、袋綴装の宝暦三年（一七五三）写本と、巻子装の宝暦七年（一七五七）写本の書誌を紹介する。

○醍醐三宝院大事　一軸　覚S18-10

宝暦七年（一七五七）七月八日写。巻子装（木軸あり）。紺表紙（二六・四×一五・〇糎）。左上に素紙題簽を貼り、外題「西酉三宝院大事」を墨書。見返しは雲母引。内題「西酉三宝院大事」、その次行から「灌頂印明口伝少々記之閉眼之／尅対上根上智ノ機一人授之雖不／可及紙筆予依為愚鈍師口決乍／恐記之／金剛仏子憲／師云……」と本文に入る。料紙楮紙。一紙四五・三糎（第二紙）程で、十五紙を継ぐ。各紙幅、三三・六、四五・三、四五・四、四五・三、四五・二、四五・二、四五・二、四五・〇、四五・〇、四五・〇、四五・一、四五・二、四五・二、四五・〇糎、（補紙）一四・二糎。

本文は毎行十三字前後、附、返点・送仮名・連合符。最終紙のみ、本文が紙背にまわり、奥書に至るまで書かれている。

奥書「御本奥書／云若人我入滅之後放此文対両人／不可開聊背此旨者必蒙金剛／天等将罰也如是注事定可有其／罪但我久尽求法之志如是親受／秘密口伝于然依○(依)愚朦従後日亡失／後悔定可有故少々記之何呪／輒此条被露セハ其罪難遁者也穴賢／々々／

建久八年十一月七日於西酉寺／三宝院道場所奉受師主前権／僧正成賢御房大事雖不可及／紙筆恐癡忘之故粗嫡流一人／之外不可他見并書写努力々々／法印権大僧都　憲深御判右此口訣摂州武庫山神呪寺之住／宝乗大和上於座下當流伝授砌／書写一校了覚城院法印無等四十一齢／宝暦七丁丑秋七月初八日」（宝暦七年奥書のみ、筆を変えて書かれているが、筆跡は同じ僧によるものとみられる）。

なお、本書と同じ函には、本書と紺表紙と外題の筆、軸の素材と形状が一致する巻子聖教が他に三軸、存在する。このうち、『当流嫡々三重相承秘口訣』（覚S18-11）も、宝暦十四年四月の無等の書写奥書を持つ写本であり(2)、これらの装訂は無等（享保二年（一七一七）生）乃至その周辺で行われたものと推測される。奥書からは、無等が神呪寺（現、西宮市甲山町）の宝乗からの伝受に基づき本書を残したことがうかがえるが、覚城院聖教には、無等が神呪寺の宝乗からの伝受に基づき、宝乗の本を転写したことがうかがえる聖教が複数伝わっている（転写させる場合もあり、等光や等雅による書写奥書の署名の上に、「無等」と書いた紙を貼付している例などもある）。柏原康人氏は、若年の頃には三等から新安流を伝授されていた無等が、宝暦二年（一七五二）から同八年（一七五八）にかけて、神呪寺で宝乗から三宝院流幸心方（報恩院流）を伝授されていることを明らかにしている(3)。本書も神呪寺における、そうした一連の伝授の中で、書写されたものとみられる。

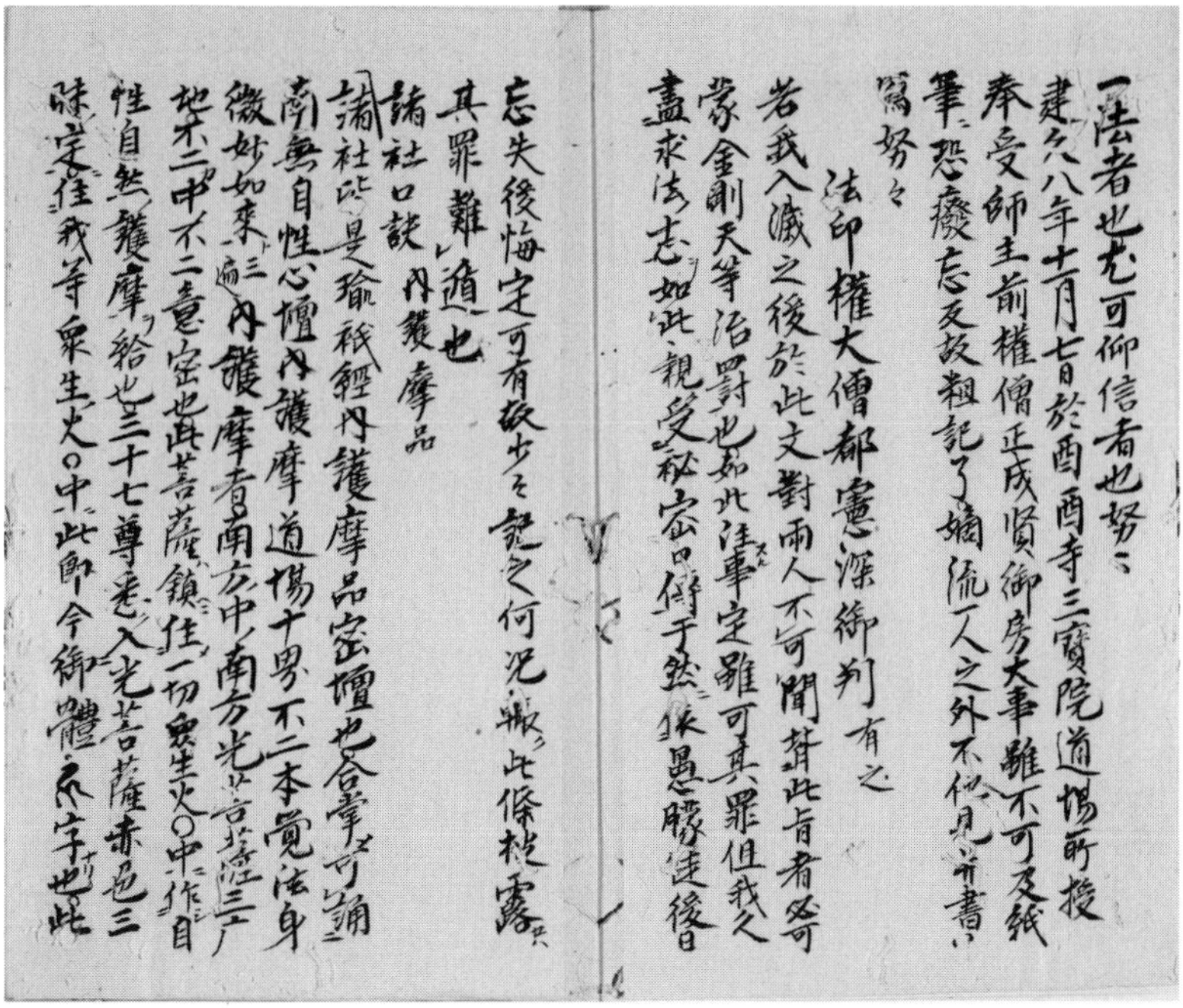

○醍醐三宝院大事　諸社口訣内護摩品各一巻　一冊　覚S1-17

宝暦三年（一七五三）六月十八日自蓮写。袋綴装、一冊。全二十丁。

薄茶色後補表紙（二四・四×一六・八糎）、左上に外題「酉々三宀完大事」直書、右下に「眞海」と墨書。剥がれた見返しの表紙側に、覚外題「酉酉三宝院大事」、右下に「自性蓮／真海」と墨書。内題「酉酉三宝院大事」、内題下に「憲―口決」と朱書。

本文は毎半葉九行、字面高二一・五糎前後。全体一筆。付返点・送仮名・区切点・連合符、一部読仮名。一部朱引、また朱で邪義に関する注記あり。朱の不審紙あり。

一九丁オ二行目までが醍醐三宝院大事、その末尾に奥書「建久八年十一月七日於酉酉寺三宝院道場所授／奉受師主前権僧正成賢御房大事雖不可及紙／筆[ニ]恐廢忘反之粗記了嫡流一人之外不他見并書／写努々／法印権大僧都　憲深御判有之／若我入滅之後於此文対両人不可聞聊背此旨者必可／蒙金剛天等治罰也如此注[スル]事定雖可其罪但我久／盡求法[ノ]志[ヲ]

如此親受秘密口伝于然依愚朦従後日／亡失後悔定可有故少々記之何呪輒此條披露／其罪難遁也」。

一九丁オ三行目から合点を打ち、「諸社口訣内護摩品／諸社皆是瑜祇経内護摩品密壇也、合掌シテ可レ誦二南無自性心壇内護摩道場十界不二本覚法身微妙如来一三遍ト……」以下、『諸社口決』第四の一部に相当する記事があり、その末尾に「……右大事口訣、真然僧正相伝故、小野ノニ有レ之、師云、此／大事莫レ令二外見一、若不ハレ用二師誡ヲ一者定可レ蒙二神祇／金剛天童之冥罰ヲ一者也、可秘云云」とする。

奥書「明暦丁酉之夏奉受之了／享保乙巳十二月十四日以京北野観音寺／宏源之本書写　宝厳六十一／（朱）「右此一巻往々邪義多後之見者辨別正義知邪義／委看偽書目録　宝厳」／宝暦三癸酉六月十八日以興隆寺本書写之／自蓮／（朱）「右一校了」」。

見返しに署名がみえる真海については、柏原康人氏によって、覚城院に残る真海の書写本・手沢本と、幕末から明治にかけての経歴が紹介されており、真海は伊予実報寺で活動した後、晩年に仁尾の吉祥院の住僧となったと推測されている(4)。また、『唯授一人大事』（覚城院蔵、弘化四年五月写、一枚物）から、真海は少なくとも弘化四年（一八四七）五月二十日までは観蓮と名乗っていた僧であること、「妙瑞―本初―龍海―隆鎮―霊明―学峰―観蓮」と続く相承次第を引くことが判明する。

本書の享保十年（一七二五）の宝厳本奥書には、「京北野観音寺宏源之本」を以て書写したとあるが、善通寺蔵本も同じく北野観音寺の宏源に基づく本で、「「諸社口訣」を合写する点でも共通し、奥書に「享保十乙巳十月十四日以京師北野観音寺宏源之本書写宝厳六十一／明和七年九月書写校合訖　右筆法眼光恕／校閲僧正光國」とある。北野観音寺は北野社の神宮寺であった東向観音寺（上京区観音寺門前町）であり、宏源（一六二五～八二）はその十六世住持である(5)。

この宏源本を書写している宝厳は、道隆寺（現、香川県仲多度郡多度津町北鴨）の僧とみられ、覚城院聖教の中では、『金剛波羅蜜菩薩法』一帖（覚S12-8、正徳五年写）・『小六帖記』一冊（覚S5-65、慶応四年写）などの本奥書に、その名を見出すことができる。また、次のように浄厳の写本を転写している例が複数ある。

・『開眼供養作法最秘』（宝永八年興厳写、覚S2-58）本奥書

「天和三年正月十二夜書之并校点了　安祥寺流末裔浄厳四十五載／元禄九年丙子正月元日於讃州多度郡堀江村法蓮庵矯居而書写了　宝厳三十二歳」（後略）

・『鎮宅法』（天保十五年頃写、覚S2-64-2）本奥書

「御本云、天和四年正月十一日校之浄厳四十六載／元禄十年六月五日於江都北郊霊雲寺通慧房以御本写之了　宝厳三十三」（後略）

・『大聖文殊師利菩薩法要』（享保六年義雲写、覚S8-40）本奥書

「旹元禄八年十一月六日草此一帖……浄厳誌……同十年龍舎丁丑仲夏廿八烏於宝林山通慧房令繕写了　讃州道隆寺宝厳三十三載」（後略）

そして書写奥書からは、興隆寺の本を書写したことがうかがえるが、この興隆寺は愛媛県西条市丹原町古田の真言寺院である。覚城院聖教中には、他にも『地蔵法』（覚S2-19、寛政四年写）[6]や『幸心伝法灌頂式口訣』（覚S2-88、明治六年写）など、興隆寺の本を転写した聖教が伝わる。中でも、『幸心伝法灌頂式口訣』は「明治六癸酉年八月六日於予州西山興隆寺書写畢法印真海」という真海の奥書を持ち、真海の興隆寺での書写活動がうかがえる。真海の署名を有する本書は、真海によって覚城院にもたらされた可能性が高いと考えるが、それが興隆寺の本を転写した自蓮書写本である点も、ひとまずは真海の活動範囲から考えることができそうである。

なお、末尾の「諸社口訣内護摩品」は、内容的には「醍醐三宝院大事」と直接関わるものではない。最初に合点を打って「諸社皆是瑜祇経内護摩品密壇也」と始まるが、これは四帖からなる『諸社口決』の第四帖の冒頭にほぼ相当する。『諸社口決』は本来、全四帖からなり、神社の鳥居・円鏡・神体という三者に対する作法と観念を説くものである。(7) 作法については、一に鳥居・円鏡・神体に対する具体的な印明が、四に合掌して「南無自性心壇内護摩道場、十界不二本覚法身微妙如来」と三反誦すことが記されている。また、一は主に金胎両部不二の観念と大日本国説、二は𑖮𑖳𑖽（吽）字の神体を通して凡心と仏心の相応を観念すること、三は社頭を人の生死の表示とみなす胎生学的な観念、四は諸社を内護摩（観相的護摩）の密壇とする観念が中心的主題となっている。覚城院本は、『諸社口決』の第四帖だけが「内護摩品」という名称で流布していたことをうかがわせる点で興味深い。『諸社口決』の称名寺聖教・釼阿手沢本と比較すると、諸社を内護摩の密壇とし、金剛界三十七尊が悉く光菩薩の赤色三昧の三摩地に入り、我等の火輪中に住するのが神体の𑖮𑖳𑖽字であると説く点に関して、「社壇赤色可思之」と注するのは独自記事である。一方、「以西天仏法鏡」から「天照大神御威力也」で終わる記事が欠けている。また、「所持日輪即日天子、吾川(州カ)神明也」とした後に、「此日天子者愛染王也、伊勢本地愛染義、委在口伝云云」という記事が加えられた形になっている。『諸社口決』の影響下に展開した社参作法とその観念の展開は、後に愛染明王をめぐる思惟が強くなる形に変容するが、この増補記事もそれを物語っている。

二、『醍醐三宝院大事』にみえる「邪義」に関する注

ここで注目したいのが、袋綴装の宝暦三年（一七五三）写本にみえる、邪義に関する注記である。以下に挙げた箇所には、朱合点が打たれ、「邪義」という墨による書入れがあり、それが朱で重ね書きされている（ただし、第十六条のみ、朱の重ね書

きはない。）本書は、最初に三重の印明を示した後、第三重の塔印と鑁明について三十種の効能を説いており、その三十種の各々に条数が振られていることから、引用箇所にはその三十条中の条数を付して示すことにする。

○第三条「故我等相続之子名ヲ二子息一。天台門人於胎内第五位口開時、始続カ二母息一故、名二子息一。彼疏浅略故、不レ談二本有命息一。自宗赤白ニ二水即風也。故名二子息一。仍疏云、命者所謂風也。風者想也。想者如是命根出入之息ハ文。」（「故我等」の部分、左上に朱の不審紙も貼付）

○第十二条「所謂我等[梵字]（カラン）者、九廻之腹内證託経五仏位、得ヲ二大転輪身一。次赤白ニ二水故、名二雙円重如ト一。法界同両部不一故、胎蔵火大至極、名ノ二八大熱地獄ト一。又金剛界水大最低名ヲ二八大寒地獄一。或以二金剛界天一為レ父、以胎蔵界地一為レ母。以二虚空一為宮殿一、以二日月一為二両部一二目一。諸法皆両部五大之体也。是則名二両部一。五大所成之法界塔婆也。」

○第十四条「即両部大日舎利也。古仏舎利、変成為米。々即為二婬相続有情文。不空云、本地法身法界塔婆、入我々入、仏加持故文。法界塔婆中、何者不レ摂、仍我等カ[梵字]是舎利也。種与果同体故、此身即舎利也、仏也、法界塔婆也。」

○第十六条「即、浄飯王与摩耶夫人赤白二水者、今雙円也。我等本来仏子故、釈迦同体也。」

○第十七条「現図曼荼羅、向上者即女人踏天井形也。三角形也。」

○第十九条「父母交会之時、天金地胎、二気来ルナリ。本命星自レ天来テ、住二父頂一従レ耳入。父五大五穀精引下。元辰、是従也。上自二母□一入、従百会五穀精引テ、二水和スル合時、我等本有識神託シテ依テ二愛恚ニ一、現二男女相ノヲ一。是即両部五智和合ノ身、故名二十仏大日一、悟サトレハ本来仏体故、一切衆生本有薩埵文。」（称名寺蔵・粘葉装本は、「元辰」以下を「元辰星従ハ地一上テ自母耳一入テ」とする。）

○第二十八条「敬愛時ハ赤白二婬和合義、鉤召時ハ可思之。」

奥書には、「右此一巻、往々邪義多、後之見者、弁別正義、知邪義、委看偽書目録」との宝厳の注記が朱書されていることから、これらは宝厳が注した朱書を自蓮が転写したものとみられる。このうち、第二十八条の記事には「赤白事皆邪義」と注してあり、以上の記事を見渡す時、赤白二水（二渧）に関する記事が顕著であるのは明らかである。第十二条・第十四条にみえる𑖎𑖩𑖩𑖽（伽羅藍・カララン）は、胎内で人が成長する過程を五段階に分けた際の第一段階を指す言葉で、赤白二水和合の結果とみることもできよう。

従来、こうした内容の記事は、いわゆる「立川流」と関連付けて論じられることが多かったように思われる。その原因は、宥快が『宝鏡鈔』で行った立川流批判が大きな影響を及ぼしたことが挙げられよう。高野山大学蔵『醍醐三宝院灌頂印明口伝』（享保二十年深演写）には本書の立川流に関する記事に「宥快宝鏡鈔所破ノ邪流也」という注記があり、覚城院の宝暦三年写本と同様、赤白二水に言及する記事にも邪流と注記している。ただし、『宝鏡鈔』の明暦三年刊本を見ると、「立河聖教目録」と「宝鏡鈔」が合わせて刊行された形になっており、その「立河聖教目録」に収められた快成の「正流成ル二邪流一事」には立川流批判に限られない、多様な邪流批判もうかがえる。

その前に、版本の「立河聖教目録」所収の「正流成ル二邪流一事」には文中四年本奥書があるものの、もと文中四年に書写した人名が脱落している点について補足しておきたい。覚城院には『正流成邪流事』という写本があり（覚S5-120、粘葉装一帖、延徳三年九月廿一日写）、内容は『宝鏡鈔』明暦版本の「正流成ル二邪流一事」に対応するが、それによれば文中四年の本奥書は宥信（宥快の弟子）によるものであることがうかがえる。本書は、一七・四×一六・五糎程の粘葉装、全四丁で、外題「正流成邪流事」、内題「正流成ノ二邪流一事」、毎半葉押界七行（界高一三・四糎、界幅一・九糎）の聖教である。奥書には、

「文中四年三月十五日以宝生院／快成法印御自筆本書写畢／傍正分別尤大切也／末代求法宥信生年廿一歳／于今延徳三年九月

廿一日／於南谷心南院書写之云々」

とあり、宥信が書写した本の転写本系統が明暦版本のもとになったことがうかがえる。

さて、その快成の「正流成ル二邪流一事」では、「金剛王院流ニモ二水和合成二一円塔一、一字転成二齊運三業一云云、以テ二此義一為二秘密一ト大ナル邪見也」という記事がある。「二水和合して一円塔と成る、一字転じて齊しく三業に運ぶ」とは、『金剛頂経義訣』の「鑁字法界種、相形如円塔」と、『瑜祇経』の「常以一字、齊運三業、當獲得大普賢薩埵之身」を合成した上で、『瑜祇経』の「一字」である「鑁字」が水の種字であることから、「鑁字」を赤白二渧に置き換えた句と思われる。前稿では、こうした句が実際に『金剛王院灌頂口決』などにもみえることをふまえ、『灌頂印明口決』の第四条・第九条・第十一条にこうした思想と関わる句がみえることを、金剛王院実賢の弟子筋にあたる如実が本書に関わった可能性と合わせて指摘した。ただし、覚城院本では、例えば自身を𑖪字二水伽羅藍の転じた「𑖪字所成之塔婆形」とする第九条には邪義注はみえない。これは、金剛王院流の思想傾向に対して快成が持っていたような問題意識が薄れて、邪義批判の性格が変容していった傾向を物語っているようにもみえる。

三、「邪義」注の付された記事の検討

先述の第十四条では、「我等」の伽羅藍を舎利としている一方、第十六条には浄飯王と摩耶夫人の赤白二水を雙円とした上で、「我等」が釈迦同体であるという思想もみえる。ところで、櫛田良洪は、建治元年（一二七五）七月二十七日に女仏が了印から授けられた舎利灌頂印信を称名寺聖教から紹介しているが、そこでは「二大者釈迦舎利也云云」とした後に「又云

二大者浄飯王摩耶夫人和合赤白二渧身骨也是釈迦身骨云々、此釈迦身骨即自性身之身骨也云々」という記事がみえ、続けて自らの身骨と大日の身骨を重ね合わせる観念が記されている(8)。これは、『醍醐三宝院大事』第十四条・第十六条の内容とも一部共通性を持った観念といえよう。櫛田良洪は、より古い称名寺初代長老審海の立川流の印信に特に男女和合の邪見思想がない一方、女仏が伝えているこうした印信は「名を立川流に附して伝法灌頂の節に作為して附け加えられたものと考えるのが自然」であると位置付けている。

また櫛田は、「寛元四年道範が善通寺誕生所で高野の二品大王印抄によつて書写した」という『三宝院秘口決実賢口決』を根拠として、やはり浄飯王と摩耶夫人の和合の赤白二渧身骨についてふれる同様の記事を紹介し、「所謂立川邪流に伝えられた舎利灌頂の内容と全く規を一にせるもので釈迦の身骨を大日の身骨と観じ、自己の身骨も亦かくの如し父母師長の身骨も亦然りと悟らんとするのを、真実の舎利であり、深秘舎利法の所以であると述べている」としている。

櫛田の紹介には混乱と誤読があるようで、この記事は『三宝院秘口決実賢口決』ではなく、称名寺聖教『駄都口伝』（三三九函六四）の記事とするのが正しいようだ。折本で鎌倉後期写、外題「駄都口伝」、本文の書出は「𑖠𑖯𑖝𑖲（駄都）印」として九条道家の説を伝える記事から始まっている。この『駄都口伝』の中に、弘安二年（一二七九）十二月十五日に伝授されたという年記を持つ「𑖠𑖯𑖝𑖲秘印」「舎利法深秘」という印信が含まれており、その「舎利法深秘」で無所不至印を説明する中に浄飯王と摩耶夫人の和合の赤白二渧身骨についてふれる記事がある。『駄都口伝』では、記事の途中に「本云、寛元四年三月廿五日、於善通寺御誕生所依高野二品大王仰、記之　阿闍梨道範」という本奥書が挟まっているが（櫛田が「二品大王印抄」としたのは「二品大王仰」の誤読か）、この本奥書の後の記事は複数の書からの引用で構成されており、そこに含まれる「舎利法深秘」は道範（建長四年没）とは直接には関わらない。そうなると、釈迦の舎利を浄飯王と摩耶夫人の和合による身骨と観念する見方は、立川流に途中から流入した思想であるにしても、道範に由来すると見ることはできないことになる。

なお、『[梵字]法口伝集』（称名寺聖教二九五函一五）三帖のうち上巻の一部にも、無所不至印に関して浄飯王と摩耶夫人の赤白二渧の身骨を説く『駄都口伝』と同様の記事がみえる。この上巻は弘安四年（一二八一）写本で、書写奥書に「于時、弘安第四之暦三月十三日、於武州六／浦荘金澤之郷称名寺東谷弥勒院／之南僧坊知客寮、以或上人秘蔵之本、／密借預書写了」として釼阿の梵字署名がある。この「或上人」が誰なのかは不明であり、現時点では本書全体を見ても特に立川流の痕跡は認められないが、こうした思想の形成と流布をめぐっては、なお資料の探索に努めたい。

次に、三十条のうちの第十七条の記事を、「邪流」注記の付された少し前から引いておく。

「一、第十七、仏母印者、此印風火間、指上之三角穴者、即遍智院也。開二大指、即同義也。疏曰、女人蓮花向下者、仏母院也。疏云、利端向下文。現図曼荼羅、向上者即女人踏天井形也。三角形也。左右有二比丘者、一人婬欲人。一人殺欲人也。貪欲即是道恚癡亦然説文也。（後略）」

この記事は、塔印（無所不至印）の火指（中指）が三角形を成していることから、この三角形を胎蔵曼荼羅の遍智院（中台八葉院のすぐ上部に位置する）の中央にある一切如来智院（一切遍智印）の三角形に擬したものであろう。三角形のすぐ隣にも仏眼仏母が配されており、遍智院は仏母院とも呼ばれるが、この現図曼荼羅の遍智院の三角形は鋭角が上を向いており、『大日経疏』が女人の心蓮華は下を向いているとする説と三角形の向きは逆になっている。これを、女人に天井を踏ませる形、と形容したものと考えられる。遍智院の三角形の上部両脇には、優楼頻羅迦葉・伽耶迦葉と称する二人の比丘が配されているが、この二比丘が仏に帰依する前は婬欲・殺欲の人であったという面についても言及されている。

ここに「女人踏天井形」という特徴的な表現が出てくるが、一つ参考になるのは、称名寺聖教『愛染人形杵』（二八九函一二）にみえる類似記事である。本書は、鎌倉後期写の折本（三紙四折、一四・七×一二・八糎）で、内容は人形杵（組み合わせ式の密教法具）の意義を述べる口伝が中心となっている。冒頭では、男を金剛薩埵に、女を愛染明王に配当し、人形杵が両者の和合を表わしていることなどを説いており、『瑜祇経』の経文を性的な隠喩として解釈する点などに特色があるが、注目したいのは次の記事である。

「南云、瑜祇経、爾時世尊復入馬陰蔵三摩地一切如来幽隠玄深文。（中略）
南云、人形杵二上下和合事、男女冥会一体ナルコトヲ表也。（中略）
サレハ人形杵印二形倶生人交会スルカ如。彼普通人交会喜悦音カマヒスシ。故、師子吼等五声出也。男女境界如此観速仏道入示也。サリトテ、男女交会事非好也云々。一身二頭像、冥会一体法門表也。証拠、幽陰玄深文也。被帯衣者、男女二人ネテウヘニキモノヲ覆、身一様頭二也。此被帯衣最秘也。人形杵、和合五古作、此時形也。又、遍知院三角鋭下ムクヘキカ、上ムカウタルハ、被帯衣時、女人天井フマスル故也。甚深事口伝アリ。可聞尋云々。経疏秘隔不載事、此一事也。浅智人聞之、邪執必三悪道可堕也。深智利根人、忽流転生死串執蕩、仏恵覚開。（中略）
南云、被帯衣者、天竺方、男女交会時着衣互ヌカス。ヲヒノ様物以男女フタリカ身帯二根交会スル也。サスカニ普通帯如アラス。キヌナムトノ様物作、必交会時男女タカラウタルウヘニ、ヨコサマニヒツマツウ也。此被帯衣云也。」

以上の記事は、人形杵が両頭愛染明王の儀礼と深く関わることをふまえて読む必要がある。ここでは「被帯衣」という言葉をめぐって、男女交会の時に絹などのようなもので作った帯で二人の身を覆っている状態と説明しており、そうして一身二頭となっている状態を人形杵の形と重ね合わせている。そして、その男女の「被帯衣」の時に女人に天井を踏ませている形

（通常とは天地が逆になっている意か）を、遍智院の三角形の鋭角が上を向いている理由の引き合いに出しているのである。

　この折本は、共紙表紙左上に「愛染人形杵」とあり、内題はなく、見返しに「私云、此法門ハ是、悪見邪執法門也。努力不可信用。為破彼故、才学之料写之許也。若信此者、定可无間地獄業因。可慎々々、努力々々」と本文同筆の注記がある。書写された当時から「悪見邪執法門」として写されていたのである。そこで、本文が「南云」として始まる「南」とは誰を指すのかが問題になるが、水原堯榮『邪教立川流の研究』に、本書とほぼ同様の内容の聖教が引用されていることに注意したい(9)。水原が人形杵について「「覚源抄」又は「諸口伝鈔秘中秘」の説明」として引用する記事は(10)、『愛染人形杵』の本文と極めて一致度が高いが、末尾に「定印聖人伝ニ云ク」として人形杵の印の関する記事がある点や、「南云」を伴わずに書かれている点などは異なっている。この記事は通常の『覚源鈔』とも異なるが、『覚源鈔』は覚海と融源の口伝を蓮道房宝篋（一一八九～？）が集記したものであり、覚海（一一四二～一二二三）の口伝が『覚海法橋法語』では覚海の房号・南勝房に因み「南云」として記されることが想起される。水原尭栄の引く「覚源抄」の実態は不明であり(11)、これが覚海自身の口伝かどうかも留保しなくてはならないが、「南云」が南勝房覚海の口伝を指している可能性を、一案としては考えておきたい。

　また、称名寺聖教には、蓮道房宝篋の『瑜祇第七瑜伽成就品口決』を熈允が嘉暦三年（一三二八）に写した本があり、その記事には『愛染人形杵』と部分的に重なる内容も含まれている。宥快の『宝鏡鈔』でも、蓮道房宝篋の書籍は邪見法門のものが多いとしており、宝篋の『一滴鈔』は立川の法門であると位置づけているが、これは立川流を邪流の代名詞とする用法の典型である。宝篋は金剛王院実賢（一一七六～一二四九）の弟子であり、如実に師事した心定の『受法用心集』では如実が宝篋からも伝授を受けていたことが示されている。もし『醍醐三宝院大事』（『灌頂印明口決』）が如実の手になるものだとすれば、遍智院の三角形をめぐる蓮道房宝篋周辺の説が引用されるのも自然なように考えられる。

おわりに

本稿では、覚城院に伝わる『醍醐三宝院大事』の伝本を二点紹介した上で、宝暦三年写本の邪義注を検討した。これは近世における邪義注ではあるが、中世の邪流批判をふまえたものであり、またその一部には本書の成立を考える上で重要な手がかりも含まれることは確認できた。邪義を立川流に限定するようなバイアスを除いて考えるという立場から、特に如実や宝篋の周辺と邪義批判の関係の一端は明らかになってきた。なお資料を博捜しないとわからないことは多いが、引き続き取り組んでいきたい。

（1）高橋悠介「伝憲深編『灌頂印明口決』と空観房如実」（『斯道文庫論集』五一、二〇一七年二月）。

（2）書写奥書に「宝暦十四甲申歳夏四月十九日拝書了／覚城密院現住法印無等四十有八（朱陰方印「阿三迷」）」とある。

（3）柏原康人氏の口頭発表「覚城院における新安流の展開―無等止住期を中心に」（仏教文学会、二〇一九年四月二十七日）。『初重』（覚S5-114-1、宝暦二年写）、『臨終大事』一帖（覚S13-10-1、宝暦二年写）、『四度次第三宝院口傳頼瑜口決等』一冊（覚S16-49、宝暦四年二月写）、『二重』（覚S5-114-2、宝暦七年写）、『幸心方第三重印可伝授聞記巻四』一冊（覚S11-4-5、宝暦七年写）、『秘蔵金宝集』『諸尊要鈔』『玄秘鈔』（覚S16-26～28、宝暦七年六月写）、『玄秘抄』四帖（覚S5-83、宝暦八年写）、『秘蔵金宝集』十帖（覚S5-84、宝暦八年写）、『胎蔵界念誦次第』（覚S7-7-b、江戸中期写）、などが挙げられる。

（4）第一回覚城院聖教調査進捗報告会（二〇一八年三月十七日）の柏原康人氏による報告「覚城院聖教にみる仁尾地域の寺社と覚城院」「附、真海関連聖教について」。

（5）東向観音寺史料調査団「東向観音寺史料目録（五）」（『東京大学史料編纂所紀要』一三、二〇〇九年三月）に、宏源の奥書を持

つ『醍醐三宝院大事』（二五函三三、巻子本）の存在が紹介されているが、原本未見。

（6）『地蔵法』（寛政四年写）奥書「寛政四子年中夏日西山興隆寺光幢阿遮梨以本紙書畢」。

（7）高橋悠介「『諸社口決』と伊勢灌頂・中世日本紀説」（小峯和明監修『日本文学の展望を拓く5　資料学の現在』笠間書院、二〇一七年十一月）。

（8）櫛田良洪『真言密教成立過程の研究』（山喜房仏書林、一九六四年）第四章、三五五～三五七頁。

（9）彌永信美氏の御教示による。

（10）水原堯榮「邪教立川流の研究」（『水原堯榮全集』第一巻、同朋舎、一九八一年）。

（11）『国書総目録』によれば、高野山三宝院に「諸口伝抄／秘中秘」と題する慶安二年写本が存するようだが、未見である。

第六章

蔵書から見る覚城院周縁――主要な僧と関連寺院について

平川恵実子

はじめに

覚城院は香川県西部に位置する三豊市仁尾の古刹であり、多くの典籍を所蔵している。本稿では覚城院が所蔵する典籍に見られる蔵書の形成に大きく関わった人物と、覚城院以外の蔵書印を有する典籍に関わる寺院と人物を紹介する。

一、覚城院蔵典籍の奥書に見る住職とその周辺の僧

覚城院の歴代住職を知るために比較的入手しやすい資料として、『讃州仁保浦大寧山覚城院縁起』(1)と『新修仁尾町誌』(2)がある。これらに覚城院客殿の一室に額装され掛けられている「覚城院年表」を加えた三つの資料によりながら覚城院の歴代住職を挙げたい。

まず、宝永七年(一七一〇)、覚城院住職の三等による『讃州仁保浦大寧山覚城院縁起』には次のように書かれている。

今推二其開基一、不レ知二何代、何年、何人之創草一矣。惜哉、旧記不レ伝也。治安（至二宝永七年一凡六百九十一載。）之頃、有二定朝朝臣者一、再二修此院一也。而後永承（至二宝永七年一凡六百六十四載。）三年、有二国主命一、附二斎田若干一、賑二其香積一。代遷時変、而亦堕廃二百有余載。至二寛元（至二宝永七年一凡四百六十有三歳。）三年一、有二上人隆胤者一、欲下奮二中興之力一復中旧院上。当二是時一、有二左近将監者一。為二之檀一、造二之堂一。堂未レ成上人掩化焉。其資隆憲法印、補二其迹一、而自二嘉暦元（至二宝永七年一凡三百八十有三歳也。）至二元徳二一、梵宮方成。（中略）数十年之後卒遭二回禄（火神）一、爾来復荒寂久矣。後有二僧正増吽者一。欲レ復二聖迹一、而勤二十方之檀縁一、不レ余二寸鉄片楮一聚採、而以二応永三十有三（至二宝永七歳一凡二百六十有九年也。）仲春二十有五日一、営二建梵宇一、而安二旧金容一焉。

開基がいつなのかは旧記が伝わらないので不明だが、覚城院は治安年間（一〇二一～一〇二四）に定朝朝臣なる人物が修理したが荒廃した。寛元三年（一二四五）に隆胤が立て直したが、志半ばで隆憲が受け継いた。その後、再び荒廃し、増吽に(3)よって元の威容を取り戻した。縁起には、増吽の後は宗任(4)が寺を受け継いだとあり、以下歴代住職の名が列挙されるが、まとめると次のようになる。

隆胤―隆憲―増吽―宗任―任貞―宥真―乗遍―秀憲―良融―秀遍―秀聖―任瑜―（不詳）―（不詳）―三等

次に、『新修仁尾町誌』には、覚城院の歴代住職についてこのように記載されている。

隆胤―隆憲―（不詳）―増吽―宗任―任貞―宥真―秀憲―乗遍―良融―秀遍―秀聖―宥腎―任瑜―官公―宥盛―三等―

智体―無等―増明―等玄―行深―唯仁―宥基―仁純―信元―体仁―来仁―諦円

隆憲と増叶の間が不詳とされ、乗遍と秀憲の順序が逆になり、縁起には書かれていない宥腎と、三等の一、二代前の住職である官公と宥盛が記されている。

また、「覚城院年表」によると次のように書かれている。

行基（奈良）―空海（平安）―隆胤（鎌倉）―隆憲―増叶（室町）―宗任―任貞―宥真―秀憲―乗遍（江戸）―良融―秀遍―秀聖―宥賢―任瑜―官公―宥盛―三等―智体―無等―増明―等玄―行深―唯仁―宥基―仁純（明治）―信元―体仁（大正）―来仁（昭和）―興仁（諦円）[5]

年表では、弘仁十年（八一九）に空海開基とあるが、空海の前に行基の名も記されている。他の覚城院寺内記録には行基を開基とするものもあり、開基が誰なのかは確定には至らない。他の歴代については、『新修仁尾町誌』とほぼ同じである。現状として判明しているのは右に挙げた通りであるが、これらの資料を見比べると、それぞれに疑うべきところがあるので、資料調査が進むにつれ、整理していく必要があるだろう。

覚城院が所蔵する典籍には、それぞれ多寡はあるが歴代住職の名前が散見する。次に述べるのは、三等以降の残存典籍中の奥書に名前が多く記されている覚城院僧と、覚城院の蔵書の形成に深く関わった外部の僧の中で、ある程度具体的に来歴が判明できる僧達である。

（1）三等

三等の出自については、『当院灌頂修行之記録』(6)に記されている。これは宝永四年（一七〇七）から天明四年（一七八四）までの覚城院における三等・智体・無等・増明の四人の住職による灌頂の記録である。灌頂を受けた讃岐西部や伊予東部寺院の僧の名が列挙されるほか、結縁灌頂を受けた在家信者の人数が最も多い時で「弐千弐百人余」と記されており、当時の覚城院が真言宗修法の道場の中心地の一つであったことを示している。

『当院灌頂修行之記録』の冒頭に、三等について次のように書かれている。

一父高島氏母飯田氏三木郡大町村産／哲真諱三等　宝永四丁亥年十二月／十六日入寺　同五戊子三月十九日箕宿水曜／入院
灌頂安流伝法令執行了

三等は讃岐国三木郡大町村（現、高松市）に生まれた。『牟礼町史』(7)によると、高松の無量寿院(8)で薙髪し灌頂を受けたとある。覚城院には元禄五年（一六九二）、白峯寺(9)における圭典阿闍梨から圭嵒への伝法灌頂の印信が現存する。同包の血脈には「圭嵒大法師」の記名の横に「三等法印ノ事也」と書かれた貼紙があることから、十五歳の時点では圭嵒の名であったようだが、白峯寺の調査報告書(10)によると圭典は元禄三年（一六八九）に示寂しており、疑問が残る。

三等の覚城院入寺は宝永四年（一七〇七）十二月十六日とある。三等による『讃州仁保浦大寧山覚城院縁起』に「但由シテ二壇末ノ之請一而、自リ二州府高松一来住リス」とあることから、入寺は要請に応じてのものであったようだ。さらに、故人の忌日を記した『補陀洛山多聞寺過去帳』（覚S14-60）によると、「宝永四丁亥三月／宥盛法印　覚城院一代」と、三等入寺の年の三月に前住職の宥盛が示寂したことが記されていることから、後継としての入寺だったことがうかがえる。この多聞寺は覚城院の末寺[11]である。

覚城院在職中に三等は山下、中ノ街にあった覚城院を現在地の城山の中腹に移し、二十余りの末寺を五か寺に整理するとともに、金光寺、瑞雲寺などの中興としても活躍した。香川県立ミュージアムの調査[12]によると、現存する覚城院宝物の多くが三等の代に施入・修補されており、覚城院の隆盛に寄与している。『当院灌頂修行之記録』にも「当院中興三等法印」と記されている。

修学面については『牟礼町史』によると、「壮年の頃高野山豊山智山に遊び、特に秘密の大法悉曇等を東都霊寺（ママ）の浄厳和上・実詮大徳から伝受された」とある。『浄厳大和尚行状記』[13]によると、浄厳は寛永十六年（一六三九）～元禄十五年（一七〇二）。新安祥寺流の祖であり、前高松城主松平頼重[14]の帰依を受け、延宝六年（一六七八）から元禄元年（一六八八）の間、数度にわたり讃岐を訪れた。善通寺[15]で法華経を講じたのをはじめ、各地で講演を開いている。覚城院が所蔵する聖教からは、三等が浄厳の本を書写したり校合したりしていた様子がうかがえる。

『通用表白』（覚S7-2）

右行法軌則一巻已後関予門流者之者／以之為定準耳

元禄四年十一月廿九日書／海東武都霊雲寺苾蒭浄厳五十有三

同十四年極月初八烏書写之／三等廿有一

享保元極月初旬書写之／妙住十有五

『受三昧耶戒作法安雲』（覚S12-22）

元禄六己酉年四月二十五夕再浄書之及加註了（後略）東都北郊霊雲沙門浄厳五十五載
（朱）「校点了」
宝永第七寅年初冬中浣八／讃州美野郷仁保覚城院頭陀三等三十三
元文三戊午之年初冬一日於洛東清水智文院以真教和上之真本／校合之了　三等六十一

三等は覚城院入寺以前の若い頃から六十歳代まで浄厳関係の聖教を学び続けていたようである。
三等の没年は『補陀洛山多聞寺過去帳』（覚S14-60）の二十七日の項に「延享三寅六月／権大僧都法印三等名哲真六十九示寂」と記されている。延享三年（一七四六）に六十九歳だったことから逆算すると、延宝六年（一六七八）生まれであったことがわかる。

（2）智体

三等の次には智体が住職を務めた。智体については高野山の山内寺院の住職の来歴を記した『金剛峯寺諸院家析負輯』八所収「浄菩提院代代先師名簿」(16)に詳しい。

寺務検校大和尚位智体字義周房在住十八年
第三百十八世寺務検校執行法印大和尚位法諱智体字義周房。讃州高松人也。俗姓一宮母氏未詳。以宝永五年戊子生。享保六年乙丑年十二入于同州三野郡仁保覚城院三等闍梨之室得度受学。享保十五年庚戌登于本山寄錫於浄菩提院遁籍於学衆。此時院主如輪闍梨是也。遂勤十問慧業与於高祖九百回忌法会。元文二年丁巳三等闍梨由老且病不堪覚城之住持乃令師董其席住可十箇年。既而移住於同州財田伊舍那院兼帯嵯峨院室宝光院。宝暦四年甲戌再登山居勝鬘院列于勧学院之講

場両年。（中略）天明二年壬寅九月由疾辞職退于故院。同十三日示寂

これによれば、智体は宝永五年（一七〇八）讃岐高松生まれ。享保六年（一七二一）、十四歳の時に覚城院の三等の元で得度し、享保十五年（一七三〇）に高野山に登るが、元文二年（一七三七）に三等の病によって覚城院に戻った。その後、十年住職を務めたが、宝暦四年（一七五四）に再び高野山に戻り、寺務検校大和尚位に就き、天明二年（一七八二）に七十五歳で示寂した。

一方、『当院灌頂修行之記録』には、享保五年（一七二〇）三月十五日に「一同日当院資高松産父一宮氏（母中井姓）義周房慧日於／当道場受明灌頂令許容之了」とあり、智体は三等から享保五年三月の段階で既に受明灌頂を受けていたとしており、「浄菩提院代代先師名簿」の記事とは多少の違いが見られる。（ここに書かれる慧日とは、同年三月十六日の記事に「義周房慧日」（今智体）とあることから智体のことである）さらに、「浄菩提院代代先師名簿」では享保十五年に智体は高野山に登ったとするが、『当院灌頂修行之記録』には享保十五年（一七三〇）十月二十二日に智体が三等から安流伝法灌頂を受けた記事もあり、少なくとも十月までは覚城院にいたと思われる。

なお、現時点で覚城院の典籍中に智体の書写本は、年代不明で慧日の署名のある『光明真言秘印口』（覚S2-42）と、享保九年（一七二四）書写で智体の署名のある『送終作法安雲』（覚S12-83）のみで、現存資料は少ない。

（3）無等

智体の次代の住職は無等である。『当院灌頂修行之記録』によると、俊彦房無等は享保十五年（一七三〇）十月二十一日に三等より受明灌頂を受けている。同記録には元文二年（一七三七）の三等から無等への安流伝法灌頂が記されるが、その時

の紹文（覚S7-54-1）も覚城院に現存している。同記録には「○延享四卯九月七日入院無等生歳三十」とある。その後、『愛染王法』（覚S5-85-7-5）には「寛延二巳己六月八日書写了／讃仁保覚城院常住／現住法印無等」とあり、寛延二年（一七四九）以前に住職を引き継いだと思われる。香川県立ミュージアムによる調査(17)によると、無等は在職中に三等を凌ぐ寺宝の修補・施入を行っているが、典籍も百六十点以上現存しており、活発に活動していた様子がうかがえる。

無等について、覚城院には摩尼山神呪寺(かんのうじ)(18)における伝授を示す聖教が多く残るが、それらの多くは宝乗によるものである。『当院灌頂修行之記録』には正徳五年（一七一五）二月十八日に「一同日当院資当所産父母共吉田氏義諦房／宝乗於当院道場安流伝法灌頂令許与之了」と記されており、宝乗が元は覚城院僧であり、三等から安流を伝授されたことがわかる。また、同記録によると、宝乗は延享三年（一七四六）、智体の代に覚城院で亡父の三十三回忌追善供養を行っているが、その際の記述には「当院中興三等法印高弟河内国通法寺前住宝乗比丘」とあり、三等の高弟であったとも記されている。

覚城院の聖教中に無等と宝乗とのつながりを示す現時点で最初の記録は『初重』（覚S5-114-1）である。

宝暦二壬申九月於讃州三野郡／覚城院因請益肇当流伝授乃同／月一日修行印可所示口訣也他日印／信授与之砌許書写於無
等
伝授阿遮黎耶苾蒭宝乗

現時点では、覚城院が所蔵する宝乗関係の典籍のすべてに無等が関わっているが、無等が宝暦四年（一七五四）から八年（一七五八）にかけて、三十～四十代の時に神呪寺に通っていた様子が次の聖教からも確認できる。

『結縁灌頂部録』（覚S6-11）
　宝暦四甲戌年四月七日於甲山書写　無等

『玄秘抄第四』（覚S5-83-4）
　宝暦八寅八月晦日摂州武庫山神呪宝乗和上／之賜御本而書写交点了／覚城院現住法印／無等四十有二才

『幸心方第三重印可伝授聞記　巻四』（覚S11-4-5）
　宝暦七丑七月八日摂州甲山神呪寺／宝乗律師之下ニテ伝授了　無等四十有一
　一高野山蓮金院一代住慈世房曇龍先年甲山宝乗師ヨリ伝授アリ／残続伝授依ㇾ懇望令ㇾ授与ㇾ了／秘抄作法部四十四巻ノ并厚双紙二巻也
　明和七庚寅冬十一月廿一日開白同廿八日伝授了／無等五十有四才

　宝暦四年（一七五四）は先述した通り智体が高野山へ帰山した年であり、これら宝乗からの伝授は覚城院の継承とも関わる伝授であったと考えられる。そして明和七年（一七七〇）には、無等自身が高野山の曇龍に幸心流第三重の印可を宝乗の後を引き受けて授けている。

　他にも無等の修学の場としては、持善院が確認できる。

『三十帖目録大師御筆御請来本』（覚S12-89）
　本云／元亀三年壬申八月十三日於仁和寺／御室御所書写了／金剛峯寺順良五十五才／朝意在判（中略）
　宝暦十庚辰年九月十九日以本中東南院／御本書写之了／備後尾道持善院法印　快嵓六十五才
　明和五戊子秋七月晦日　書写畢／覚城院現住法印無等五十有二

これによると、無等は持善院法印の快嵓が書写した典籍を書写している。持善院は広島県尾道市にある摩尼山西国寺の塔頭寺院である。[19]

その後は天明四年（一七八四）、覚城院における増明による結縁灌頂の際、「当寺隠居」として無等が参列していたことが『当院灌頂修行之記録』に記されている。前年の天明三年（一七八三）には、無等は次代の覚城院住職である増明へ印可を授けている。

『授印可』（覚S5-115-1）

天明三正月於讃州三野郡覚城院／因請益肇当流伝授乃同月一日／修行印可所示口訣也他日印信授／与之砌許書写於

増明

伝授阿遮黎耶法印無等

これらが現段階における無等の六十歳代の活動を記した記録である。無等の没年は寺内に残る記録によれば、寛政六年（一七九四）、行年七十八であったとされる。

（4）快嵓、行範、行如

覚城院の蔵書には覚城院の僧ばかりでなく、他寺の僧による典籍も多く存在する。その一人が快嵓である。[20] 快嵓の経歴については未詳だが、前項で取り上げた無等が快嵓書写本を転写した『三十帖目録大師御筆御請来本』（覚S12-89）によると、快嵓は宝暦十年（一七六〇）時点で六十五歳であることから、元禄九年（一六九六）生まれであるとわかる。快嵓にまつわる典籍は覚城院には十数点残されており、それらのほとんどは、『伝法灌頂勝』（覚S7-57-1）など、明和元年（一七六四）六～七月にかけて行われた快嵓から行範[21]への小野流の灌頂の印信である。
行範は、覚城院の末寺である宝珠山遍照院金光寺の住持を務めた僧[22]である。

『〔梵字〕（理趣経）法秘』（覚S7-11）
享保八年十一月三日書功了／金剛智光廿五
（朱書）「同月廿八日暁対孤燈朱点校合了／香積苾芻慧濬[23]」
寛保第三癸亥年秋九月廿六日書之畢／宝珠山金光寺　行範三十四歳
（朱書）「同夜校合共了」

行範は寛保三年（一七四三）に三十四歳であることから、生年が宝永七年（一七一〇）であることがわかる。寺内の記録によると、天明八年（一七八八）に示寂したとある。覚城院の典籍の中に行範が関連するものは現時点で百点以上確認でき、覚城院の蔵書に大きく関わった人物であるといえる。
行範に関連した典籍の中には、行如文隆房が関わったものがあることも述べておきたい。行如は行範の右筆として活動していたことが『平座曼荼羅供導師作法糸玉』（覚S13-54）からわかる。

于時明和九壬辰年四月十六日書写校合了／野沢末資快嵓七十七才
安永四未七月四日高野山谷上於観智院会下書写之了／筆者行如文隆房

右は快嵓が書写校合したものを安永四年（一七七五）に行如が書写したことを示す奥書であるが、表紙右下に「行範」と墨書があることから行範の所持本とみなされる。このような例は他にも『求聞持法口決東』（覚S2-18-3-1）の奥書に「天明二壬寅十一月初五日謹書写之了／讃州仁尾金光寺行範法聖教内／筆事行如文隆」とあり、行範の所持本には自身が書写したものの他に行如によるものもあることが確認できる。

この行如は、行範の次代の金光寺の住職である[24]。生没年は未詳だが、『当院灌頂修行之記録』には宝暦十三年（一七六三）に覚城院で三宝院憲深方の伝法灌頂を受けたことが記されている。また、『臨終大事幸心最秘』（覚S13-96）には「寛政五歳次丑五月十日写了宝珠山遍照／院金光寺行如法印」とあり、寛政五年（一七九三）までは活動していたようである。

（5）仁純

先に紹介した無等から数えて七代目の住職が仁純である。『自誓受作法』（覚S6-50）の書写奥書には「明治四辛未年七月十五日以重伝／大和尚御所持之本写得畢／西讃州仁保邑覚城院現務仁純五十四」とあることから、文化十五年か文政元年（共に一八一八）生まれである。また、寺内に残る記録によると、明治六年（一八七三）に示寂している。

覚城院が所蔵する仁純の度牒（覚S7-119-1-1）には次のように書かれている。

法名／仮名理玄／実名仁純
維天保二歳次辛卯十二月／於覚城院蜜道場得度則沙弥十戒等／授畢
戒師阿遮梨耶唯仁

天保二年（一八三一）に、覚城院の住職であった唯仁のもとで得度し、仮名として理玄、実名として仁純の名を授かっている。これと同じ包紙で包まれた度牒（覚S7-119-6-1）には、仁純自身が戒を授ける側になったことを示すものも存在する。

法名／仮名覚玄／実名弘仁
維嘉永七年歳次甲寅十二月十八日／於覚城院密道場／得度則／沙弥十戒等授畢
戒師権大僧都法印仁純苾蒭（花押）

仁純は嘉永七年（一八五四）から慶応四（一八六八）にかけて、七人の僧に沙弥十戒や菩薩戒を授けたことを示す度牒が覚城院に現存している。

仁純による典籍には、覚城院の近隣寺院である吉祥院[25]との関係を示すものもある。吉祥院については、三等作の「金光寺文書」[26]によると、三等より七代以上前の覚城院住職であった乗遍が瑞雲院に隠居し一乗坊にいた頃、無住寺であった吉祥院とかけ持ちしたとある。『流水灌頂／幡結雛形花曼結雛形入』（覚S5-116-3-0）には、「吉祥院如真法印御所持以雛形認／仁純」とあり、年次は不明だが、仁純は吉祥院に赴き、妙真が所持する雛形を参考に、流水灌頂の際に用いる幡と花鬘をかたどった紐の結び方を学んでいた。覚城院と吉祥院とは古くからつながりがあったが、仁純の頃にも関係は続いていたようである。

二、他寺の蔵書印に関連する人物

覚城院が所蔵する典籍の中には、覚城院以外の寺院の蔵書印が押されているものがある。そのうち比較的まとまった分量があるのが実報寺、徳蔵寺、法華寺、宝積寺であるが、これらはいずれも伊予の寺院である。

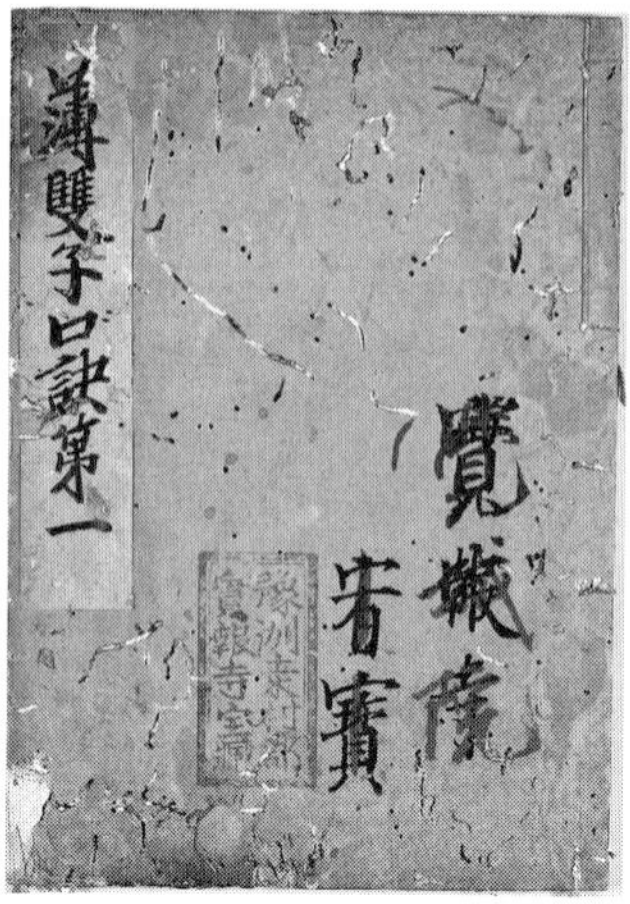

図6－1　『薄双子口訣第一』（覚Ｓ10-1-1）表紙

図6－2　実報寺印『薄双子口訣第一』（覚Ｓ10-1-1）

（1）実報寺

実報寺[27]は東予市（現在は西条市）にある真言宗御室派の寺院である。山号は聖帝山（しょうていざん）、院号は十性院、坊号は般若坊。舒明天皇十二年（六四〇）、天皇の勅願により建立された。開山は恵隠と伝えられる。はじめは法相宗であったが、空海が一時滞在したことを機に真言宗になったという伝承がある。天正十三年（一五八五）福島正則の臣であった小川土佐守の侵入により堂宇が焼壊し、寛文十二年（一六七二）松山藩主の命により現在地に移転再建した。

覚城院所蔵本には実報寺の印（印文「豫洲桒村郡／實報寺宝藏」）や、実報寺旧蔵を示す墨書を有する典籍が四十点以上存在するが、それらの中に宥宝（宥瑩）と宥泰が関わったものがある。

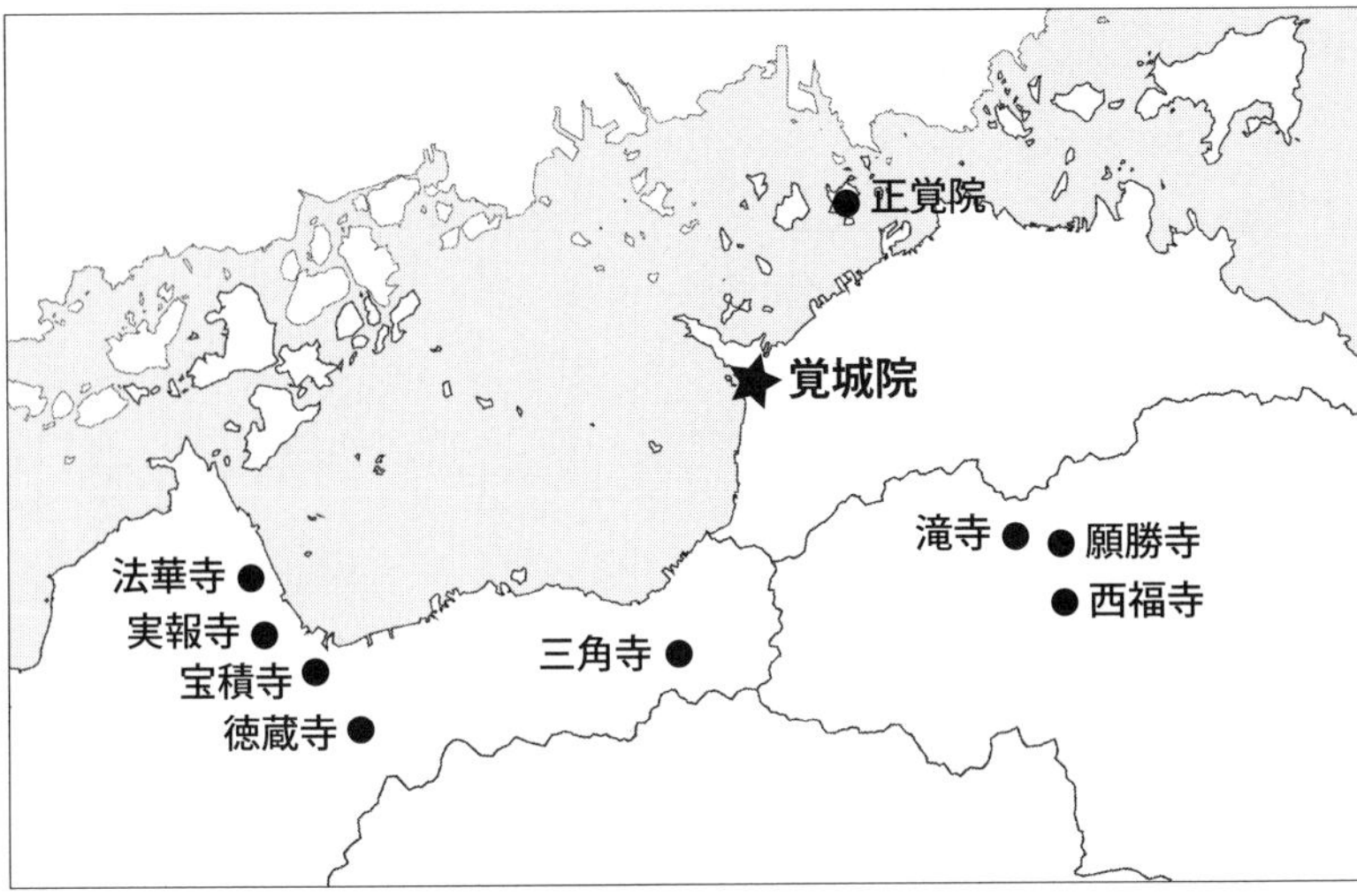

図6－3　覚城院とその周辺寺院の現在地の地図

まず宥宝に関連するものであるが、『薄双子口訣第一』（覚S10－1－1）の表紙に「実報寺／宥宝」と墨書があることから、宥宝が実報寺僧であることがわかる。この「実報寺」の墨書は朱墨で「覚城院」と上書きされ、「宥宝」は線で消されており、実報寺旧蔵本が覚城院所蔵になったことを示している。

宥宝の名前については、『神供口訣』（覚S9－62）の書写奥書に次のように書かれている。

時維延享四丁卯歳八月下旬／以阿闍梨真源大徳御本書之了／密乗末資宥塋（改宝）

これによると、宥塋は宥宝に改められており、両者が同一人物であることがわかる。また、『十八道口訣報恩院本』（覚S1－29）の書写奥書に「時維寛延改元戊辰年閏十月二十／四日以戒本師本写得之畢／密乗末資宥塋（宝）文雅」とあるように、宥宝文雅という署名もある。

宥宝の生没年は定かではないが、『薄草紙第二重口決』（覚S10－2－3）の奥書から、おおよその活動時期を知ることができる。

天明八申歳六月吉祥日／老師宥宝上人御伝受之後依遺言而／書写之物也
寛政四子歳五月中旬書写了／予陽桑村郡実報寺弟子金剛仏子宥恭（花押）／年臈廿五歳

これによると天明八年（一七八八）に老師である宥宝が弟子の宥恭に第二重を授け、宥恭が宥宝の遺言によって書写し、その後寛政四年（一七九二）に二十五歳の宥恭が書写し終えたとあるので、宥宝は天明八年以前には没していたようだ。覚城院歴代と照らし合わせると、宥宝は三等、智体、無等の存命中に活動していたことになる。『当院灌頂修行之記録』には享保五年（一七二〇）三月十六日に三等から安流許可を受けた者として「上田村蓮華院資　理本房宥宝」の名が記されるが、同一人物の可能性がある。

その他にも、覚城院所蔵本中に実報寺の僧として宥泰が確認できる。『千手深要決義全』（覚S14-28）の書写奥書に「天保四巳晩冬求之聖帝山摩々帝　宥泰恵照[illegible]」とあることから、天保四年（一八三三）時点には宥泰が実報寺の僧であったことがわかる。宥泰がいつから実報寺の所属であったのかは定かでないが、愛媛県による『寺院に関する調査』[28]によると、実報寺の「当山中興の祖」と称されている。

これ以前の資料として、文化十年（一八一三）に宥泰が泰山から『第三重』（覚S3-3-1-2-1）を授かったことを示す印信が覚城院に所蔵されている。

文化十歳次癸酉十一月十日／右最極秘密印明授／宥泰大法師訖
金資泰山三十九歳

泰山については宥泰の師であったこと、生年が安永四年（一七七五）であったこと以外は現段階では不明である。

また、宥泰は後述する徳蔵寺の龍暉とも関連があったことが『金剛界念誦私記下安』（覚S５-71-２）の書写奥書から確認できる。

> 文政六癸未三月六日於予陽広江村蜜村山徳蔵寺／祥流伝授砌大阿遮梨龍暉法印依ノ御命／普寂大和尚之以御本謹テ拝写之終／不退　宥泰春秋二十有九

宥泰は文政六年（一八二三）の徳蔵寺における伝授の際、龍暉の命を受けて書写している。このことから、宥泰は泰山以外に龍暉との間にも師資関係が確認できる。

（２）徳蔵寺

図６－４　徳蔵寺印『成雄大口訣』（覚Ｓ５-37）

徳蔵寺[29]は愛媛県西条市にある高野山真言宗の寺院である。天文年中（一五三二～一五五五）に宥玉によって開創され、補陀洛山徳蔵寺南之坊と称し栄えていたという。その頃は現在地より六百メートルほど東北の海岸にあったが、慶長元年（一五九六）に大地震によって沈下浸水したため、同九年に現在地に移築再建した。同十二年に補陀洛山を改め密林山と称し、この頃に高野山金剛三昧院[30]の末寺となった。

徳蔵寺の蔵書印（印文は「徳蔵寺蔵書／豫洲小厽／不許譲與」）は現段階

で二十点以上確認される。

『却温黄神呪経』（覚S9-13）の識語に「自高野山定光院主／龍光附属／徳蔵寺龍暉」とあることから、龍暉は徳蔵寺の僧であることがわかる。龍暉が関係する聖教は覚城院に二十点余り現存しているが、『日天子安初』（覚S9-2）には龍暉の年齢が書かれている。

元禄十一年十月十二日草之／浄厳六十
明和六九月十八日写之終／龍暉二十
（朱書）「同日朱副一校終」

これによると、龍暉は明和六年（一七六九）に二十歳で浄厳筆の聖教を書写していることから、寛延三年（一七五〇）生まれであることがわかる。

先に龍暉と実報寺の宥泰に師資関係があることを示したが、龍暉からは等光への小野流の印信『許可小野』（覚S3-33-1）も現存している。

文政六癸未二月廿五危宿日曜日授等光
伝灯大阿闍梨龍暉

また、『成雄大口訣』（覚S5-37）には、等光は龍暉の法孫であるとも記されている。

于時文政七甲申年／依師命大通庵普寂師以御本書／拝写之了密林山徳蔵寺／安祥仏子等光俊明／十五歳写之
前年従二月廿六日大阿遮梨龍暉上人／伝授砌法孫俊明令写者也

これらによると、龍暉は実報寺の宥泰の師であるとともに、徳蔵寺の等光俊明の師でもあったようだ。等光は文政七年（一八二四）に十五歳であったことから文化七年（一八一〇）生まれであることがわかる。実報寺の宥泰と徳蔵寺の等光は、所属寺院は違えど同じ師匠を持ち、おおよそ同じ時期に活動していたようである。

また、次に挙げる資料は奥書部一丁のみ（覚S9-172）が現存するが、これによると、等光は師の命によって宥泰の師である泰山の本をも書写している。

于時文政七申載／依師命阿闍梨泰山師以御本／書拝写之終
予陽広江里密林山徳蔵寺／安祥仏子等光俊明春秋十五

図6-5　法華寺印『大聖不動明王念誦私記大谷記』（覚S9-61）

泰山については、この等光による書写本と、先に紹介した宥泰への印信が確認できるのみである。

（3）法華寺

法華寺は今治市桜井町にある真言律宗の寺院である。天平十三年（七四一）、聖武天皇の勅願で伊予国分尼寺として創立された(31)。

法華寺の蔵書印（印文は「豫州越智郡／櫻井法花寺」）を有する典籍は現時点では六点と比較的少数である。『月輪観』（覚S8-51）の表紙に法華寺の蔵書印があり、見返しに「実報寺」と墨書があることは、法華寺と実報寺の間に往来があったことを示している。その一例として、先に述べた実報寺の宥泰が瓊算[32]の書写した聖教を法華寺で転写していることが挙げられる。聖教の断簡「秘護身法作法秘□決」（覚S9-159-b）には次の奥書がある。

永仁三年乙未□月十二日以南都西大寺／護国院御自筆書写伝授了／求法末資信日
正和三年甲寅十二月二十七日於大楽院奉／伝受畢即給御本同廿八日於最勝院書／写之畢／同一校了／金剛仏子瓊算 生年六十一
文化十二乙亥霜月廿九日於予陽法花寺／以瓊算之御本ヲ書写之畢　末資宥泰 春秋二十一

文化十二年（一八一五）に宥泰が実報寺の僧であったかは不明だが、法華寺は宥泰の修学の場の一つであったようだ。
これらのことから、実報寺、徳蔵寺、法華寺は宥泰が関係していた寺院であるといえる。

図6-6　宝積寺印
『伝授記佉三』（覚S1-24-10）

（4）宝積寺（ほうしゃくじ）

宝積寺[33]は愛媛県松山市にある真言宗豊山派の寺院である。山号は生石山。天平年間、聖武天皇の勅により行基が松山北斉院町丸山に創建し、聖観音立像を安置するとともに宝積坊と称した。明治四十年（一九〇七）に堂宇が消失したが再建し、現在地に移り、宝蔵寺と合併し堂宇を造営したのち現寺号に改めた。

覚城院に宝積寺の蔵書印（印文は「東豫／寳積寺蔵／千秋万歳／不許讓與」）を有する典籍は二十点以上あり、その多くに英峯が関係している。英峯は『密教大辞典』(34)によると、安永三年（一七七四）～天保十四年（一八四三）。宝積寺一代。讃岐三野郡比地村（現三豊市）の生まれで、俗姓は西脇氏。圭峰阿闍梨に就いて出家し、妙厳房と称した。同辞典には寛政九年（一七九七）十月に宝積寺に住職として入ったとあるが、覚城院蔵『伝授記 佉三』（覚S1-24-10）の奥書には「寛政八年丙辰冬十二月書挍合了／予陽宝積密寺資／英峯妙厳房 二十三」とあり、寛政八年（一七九六）には既に宝積寺にいたようである。また同辞典には「性多病にして寺務に倦み、文化六年十月寺を辞し、専ら諸国に遊歴して中院流三宝院流の灌頂壇を開き、又一流伝授を行う。灌頂五十箇度、法水に浴する者二百余人なり」とあり、病気が多いわりには諸国を歴覧していたようだ。

覚城院蔵『伝授記 秘』（覚S1-24-6）の奥書にも「文化八年辛未夏六月十九日書写一功畢／前宝積寺英峯 生三十八 戒三十」とあり、文化八年（一八一一）には宝積寺を辞していたことがわかる。また、『三摩耶戒儀式 幸心 隆源』（覚S5-129-2）の奥書には、

> 文化十癸酉十月八日以上品蓮台寺蔵本 原本者尾州大須真福寺本云々 ／書写之納宝積寺庫中矣／明厳(ママ)房英峯

とあるように、英峯の諸国遊歴の行き先の一つに上品蓮台寺(35)があり、そこで書写した本を宝積寺に納めていることから、宝積寺との関係も続いていたようである。

英峯が関係する覚城院の典籍は数多いが、それらの多くに円心と真海という二人の僧が関わっている。

次に挙げるのは、まず円心と英峯との関わりを示す資料である。

『伝授手鑑十六伝法灌頂三戒式』（覚S1-16-1）

享保五庚子年八月十八日／権僧正運助記之

享保十九甲寅年秋月十三日模写之／沙門洞泉性善

去文化庚午夏初後夜并結縁伝聞記写之尓正本／闕三摩耶戒記一巻今文化癸酉十月幸得此一巻写／以補之矣　英峯

天保七丙申初夏四月廿三日拝写畢／智幢

嘉永第四辛亥幾久月廿七日阿陽於万念山滝寺／伝授之砌於勢力邑施宿書写之／由霊山三角寺住侶法印円心（円心の上から「弘増」と朱書）(36)

これによると、文化七年（一八一〇）に英峯が『初後夜』と『結縁伝聞記』を写すが、『三摩耶戒記』一巻が欠けていたので文化十年（一八一三）に入手し、書写し補う。それを天保七年（一八三六）に智幢(37)が書写し、嘉永四年（一八五一）に由霊山三角寺(さんかくじ)(38)の円心が阿波の万年山滝寺(たきじ)(39)で伝授の際に阿波の三好郡勢力村（現、三好市）で書写している。同年十月十六日に書写した『伝授手鑑十九結縁灌頂三戒式初夜金界式』（覚S1-16-4）によると、「三角寺法印円心寂本房三十四」（「円心寂」の上から「弘増乗」と朱書）とあり、円心は文化十五年か文政元年（共に一八一八）生まれであることがわかる。前項（5）で述べた覚城院住職の任純と同年の生まれである。

円心が転写したのは智幢による英峯の書写本であったが、智幢と円心とが師資関係にあったことを示す度牒が覚城院に現存している。

『大乗菩薩毘奈那蔵有三聚浄戒』（覚S3-34-1）

於宝壺山願勝寺授与円心菩薩（円心の上から弘増と朱書）
嘉永四年亥歳九月晦日
伝戒苾蒭阿闍梨耶智幢（印）

先に挙げた『伝授手鑑十六伝法灌頂三戒式』を書写したのと同年の嘉永四年に、円心は阿波の願勝寺[40]で智幢から菩薩戒を受けていた。願勝寺と滝寺とは十キロメートルほどの距離にある。

智幢については、同年十月五日に書写した『伝授手鑑十七伝法潅頂金界式』（覚S1-16-2）に、「天保七年丙申四月廿八日朝拝写之功了／阿北一宇山西福寺智幢」とあり、天保七年時点では阿波の美馬郡一宇村（現、美馬郡つるぎ町）西福寺[41]の住僧である。しかし、『祖師忌日幸心』（覚S2-48）には「西讃塩飽正覚院権僧正智幢　慶応四丙辰」とある。これは真言宗幸心流（報恩院流）の祖師の忌日を記した本であり、龍猛から始まり、末尾が英峯、智幢、真海である（ただし真海の忌日は記されていない）。智幢は阿波の西福寺からいつからか讃岐の正覚院[42]へ移っていたようだ。

次に、真海と英峯との関わりであるが、『伝法灌頂初後夜口決』（覚S5-130-0）の表紙には「英峯／附与真海」とあり、英峯がこの書を真海に与えていたことがわかる。他にも、真海は英峯による書写本を転写したり、英峯が所持したと思われる本を多数所持したりもしており、英峯から受けた学恩が大きかったことが窺える。

続いて真海と智幢との関係であるが、真海は智幢から直接教えを受けていた。

『許可小野』（覚S5-82-1-1）
慶応四年戊辰九月十九日火曜井宿授于真海

伝授大阿闍梨権僧正智幢（花押）
（朱書）「右以印信重授真海師／伝授大阿闍梨幢徴候上人（花押）」

これは智幢から真海への小野流の許可印信であるが、慶応四年（一八六八）には他にも智幢からの印信が多数現存していることから、真海が智幢と師資関係にあったことがわかる。智幢が関係する覚城院の典籍については、現時点ではすべて円心と真海が関係しているが、そのほとんどは真海によるものである。

覚城院の現存典籍中に真海が関係するものは最も多く、それらを繙くことである程度真海の来歴を知ることができる。まず、『別行抄高雄神護寺口決』（覚S2-90）の書写奥書には「慶応三丁卯冬十一月廿六日灯下写焉真海寂音四十一才」とあることから、文政十年（一八二七）生まれであったことがわかる。そして、『神供作法』（覚S2-71-1）には真海の所属寺院が記されている。

安政六己未四月下旬於東予宇摩／郡西寒川村神宮寺三宝院幸心／方伝授之砌写功了三角寺真海
慶応三丁卯六月於金光山授法之砌一校了

これによると、安政六年（一八五九）、三十三歳の時点で、真海は三角寺の住僧であったようである。円心（一八一八〜）と真海（一八二七〜）は二人とも三角寺に所属していた経歴があり、三角寺での活動時期が重なっていた可能性がある。

しかし、『定慧十六大菩薩讃』（覚S7-6-0）の帙の表には「前三角寺真海」、裏には「慶応二丙寅於南山記之／真海」とあることから、慶応二年（一八六六）、四十歳の時には、真海は三角寺の住僧ではなくなっていたようだ。また、『祖師忌日幸心』（覚S2-48）には「伊予実報寺法印権大僧都真海」と記載されていることから、真海が実報寺に所属していた時期もあったことがうかがえる。覚城院が所蔵する実報寺の旧蔵書の一部には真海の署名があるものもある。

真海が関係した典籍には、これら実報寺旧蔵本や元英峯所持本の他に、徳蔵寺旧蔵本もある。例えば『安流伝授随筆上下』（覚S1-8）の見返しには徳蔵寺印を墨で消し、その上から「真海」と墨書している。本稿で紹介した伊予の四寺院と真海は、直接・間接的に関わりがあったようである。

ところで、真海と覚城院との直接の関係を示す資料は現時点では見当たらないが、『曼供誦経表白』（覚S9-91）の奥書に、「弘祖大師一千五十年御忌前年明治／十六年十月廿一日讃州仁尾吉祥院／ニテ勤之真海五十七」とある。真海は若い時期に三角寺に所属し、その後いつからか実報寺の僧となり、明治十六年（一八八三）五十七歳の頃には覚城院と関わりのあった吉祥院[43]において法会を行っていた。真海が関係する典籍が覚城院に多数現存するに至った経緯は未詳であるが、現時点において真海は覚城院の蔵書中に最も多くの書写本や所持本が残る人物であり、覚城院の豊富な蔵書に真海が寄与したところは大きい。

まとめ

覚城院が所蔵する典籍には多くの僧達が関わっているが、その中でもまとまった数が確認できる僧について、活動時期や内容を現時点でわかる範囲で整理した。

覚城院の蔵書には覚城院の住僧による書写本や所持本のみならず、近隣寺院の旧蔵本も存在する。それを示すのが伊予の四寺院の蔵書印であるが、他寺院の旧蔵書がどのような経緯で覚城院に流入したのかについては今後の調査で判明することを待ちたい。

〈寺院・人物関係図〉

※ ▒ 覚城院に蔵書印を有する典籍がある寺院。
―― 師資関係を示す。 ------ 蔵書の書写を示す。

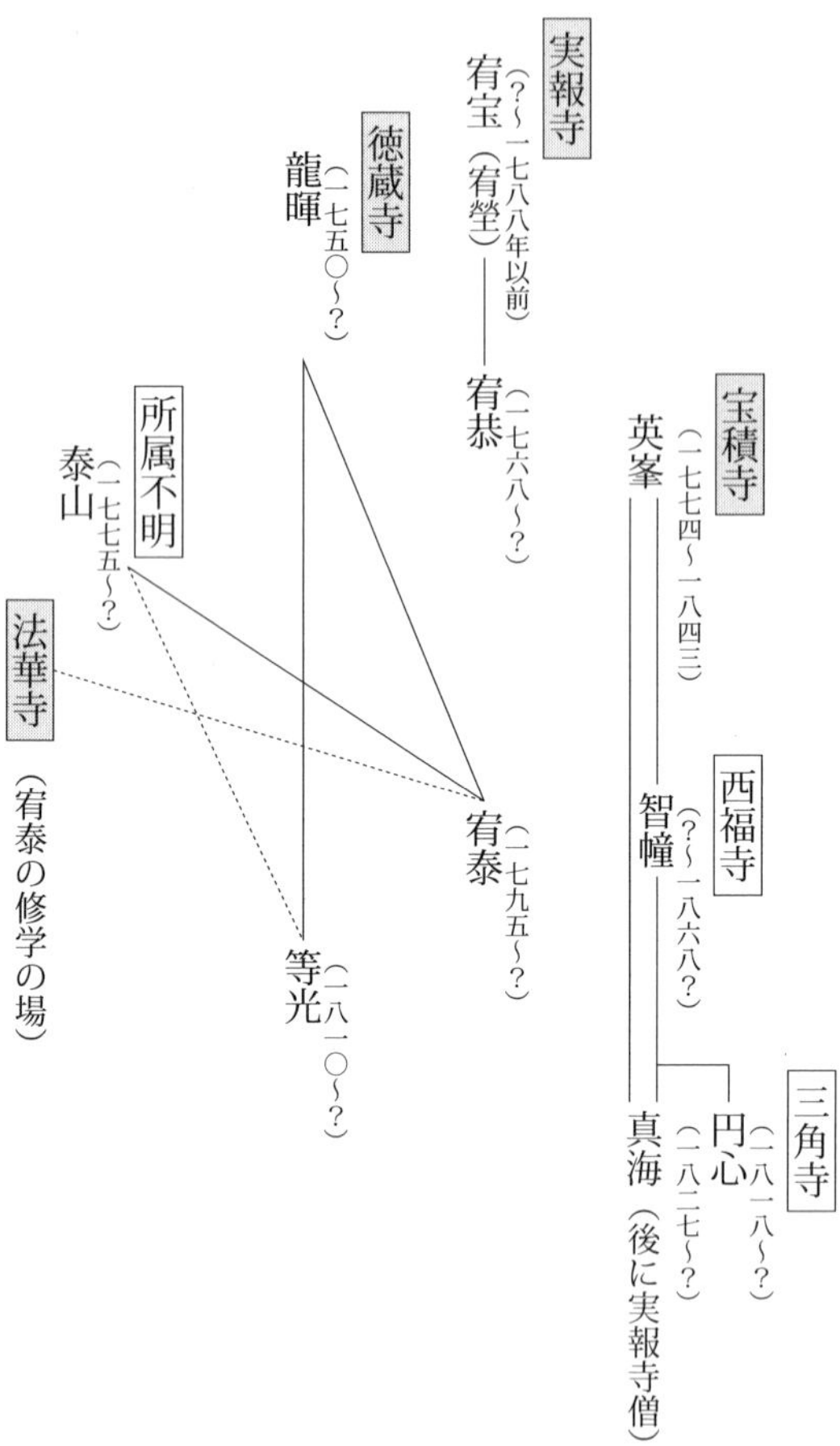

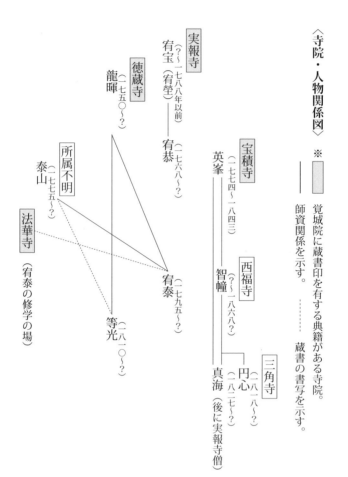

（1）『香川叢書第一』（香川県、一九三九年所収）を参考にしながら原本にて校訂した。句読点は『香川叢書第一』に依る。以下、本稿では印記以外の翻刻は通行の字体に改めた。改行は「／」で示した。また、特に断らない限りは覚城院蔵本である。
（2）仁尾町誌編さん委員会『新修仁尾町誌』（香川県三豊郡仁尾町、一九八四年）
（3）武田和昭『増吽僧正』（総本山善通寺、二〇〇五年）
（4）中山一麿「寺院経蔵調査にみる増吽研究の可能性―安住院・覚城院」（大橋直義編『アジア遊学　根来寺と延慶本『平家物語』』勉誠出版、二〇一七年）は、増吽から宗任への伝法灌頂印信の存在を報告している。
（5）本書、幾浦裕之「栂尾祥雲の蔵書について―ＵＣＬＡ栂尾コレクションと『栂尾蔵書目録』との関係から」は、来仁（栂尾仲道）と興仁（諦円）の間に栂尾祥雲の存在を指摘している。
（6）香川県編『香川県史　第十巻　資料編　近世資料Ⅱ』（四国新聞社、一九八七年）に翻刻が掲載されている。それを参考にしながら原本を確認した。
（7）牟礼（むれ）町史編集委員会編『牟礼町史』（牟礼町役場、一九七二年）
（8）高松市役所編『高松市史』（臨川書店、一九三三年初版、一九八六年復刻版）、高松市史編修室『新修高松市史Ⅱ』（高松市役所、一九六六年）によると、無量寿院とは随願寺のこと。真言宗御室派の寺院で、行基が香川郡坂田郷牟漏山（むろやま）（室山）に開いたものと言われる。空海が仏殿の改修をしてから讃岐七談義所の一つに選ばれた。観賢が中興開山となり、観賢の奏上により宇多法皇の祈願所となり、山号を紫雲山としたが、観賢十三回忌に朱雀天皇より紫衣を賜ったので紫山と改めた。覚道、宥範、増吽なども止住した。現在地に移るまでに火災などにより数度移転している。
（9）圭室文雄編『日本名刹大事典』（雄山閣出版、一九九二年）によると、白峯寺は香川県坂出市にある真言宗御室派の寺院。平安初期開創。四国霊場第八十一番札所。
（10）香川県政策部文化振興課編『四国八十八ヶ所霊場第八十一番札所白峯寺調査報告書　第1分冊』（香川県・香川県教育委員会、

二〇一二年）によると、白峯寺の圭典の位牌には、表に「〈ア〉権大僧法印圭典霊位」、裏に「元禄三庚午年十月十一日　法印離言造立之」とある。

(11)『讃州仁保浦大寧山覚城院縁起』や、永享二年（一四三〇）に宗任によって書かれた『覚城院惣末寺古記』（香川県教育委員会編『新編香川叢書　史料篇（二）』新編香川叢書刊行企画委員会、一九八一年所収）に覚城院の末寺として多聞寺が記されている。『新修仁尾町誌』（前掲注（2））によると、明治四十一年（一九〇八）一月三日に庫裏を焼失し、本堂のみが残ったが、翌年十一月に覚城院に合併し、廃寺となった。

(12) 田井静明「覚城院調査について」『歴史博物館整備に伴う資料調査概報―平成八年度・九年度―』（香川県教育委員会、一九九九年三月）

(13) 上田霊城『浄厳和尚伝記史料集』（名著出版、一九七九年）所収。

(14) 四国新聞社出版委員会編『香川県人物・人名事典』（四国新聞社、一九八五年）によると、松平頼重は元和八年（一六二二）～元禄八年（一六九五）。水戸藩主徳川光圀の兄。寛永十九年（一六四二）、初代高松藩主となる。延宝元年（一六七三）、五十二歳で光圀の子頼常に家督を譲り隠居。

(15) 全日本仏教会・寺院名鑑刊行会編『全国寺院名鑑　中国・四国・九州・沖縄・付海外篇』（一九七〇年改訂版）によると、善通寺は香川県善通寺市にある真言宗善通寺派総本山。五岳山、屏風浦誕生院。大同二年（八〇七）空海が長安の青龍寺を模して建立し、父の名の善通をとって寺号としたと伝える。四国霊場第七十五番札所。鎌倉時代に寺領が拡大したが、鎌倉末期頃から寺勢が衰え、元徳三年（一三三一）中興の祖称名院宥範により復興された。のちに高松藩主松平氏、丸亀藩主京極氏が帰依した。覚城院には善通寺に関わる聖教が数点現存している。

(16) 続真言宗全書刊行会編『続真言宗全書』第三十五巻（続真言宗全書刊行会、一九七八年）。引用文は、旧字を通行字体に改めた。

(17) 前掲注（12）。

(18) 全日本仏教会・全国寺院名鑑刊行会編『全国寺院名鑑　近畿篇』（一九七三年第三版）によると神呪寺（甲山(かぶとやま)大師）は摩尼山（甲山）宝珠院と号す。兵庫県西宮市にある真言宗御室派の寺院で、「西の高野」とも言われ隆盛を極めたが、その後荒廃し、元禄九年（一六九六）五代将軍徳川綱吉の母桂昌院の帰依を得て堂宇を再興し現在に至る。神功皇后が国のしずめとして金のかぶと八個、その他武器を納めてから地名を武庫、山を六甲といい、山の形が甲に似ているので甲山というと伝える。

(19) 青木茂編著『新修尾道市史』第六巻（尾道市役所、一九七七年）によると、持善院はもとは地善坊といった。摩尼山中にある西国寺（真言宗醍醐派の大本山）の塔頭寺院である。享和三年（一八〇三）と文化元年（一八〇四）の二度、大雨のために本堂も厨舎も破滅したが再建した。

(20) 本書の鈴木英之「覚城院所蔵の神道関係資料について」は快嵓について言及している。本論文からの教示によると、大山公淳『神仏交渉史』（高野山大学、一九四四年。東方出版、一九八九年復刊）に、快嵓は元文四年（一七三九）に日光院英仙から『神道八十通竪印仁目録』を伝授されたとある。英仙は高野山内の神道説を整理し、当時の唯一神道を受けてこれらを総合し大成した人物であるという。

(21) 行範の行状については本書の柏原康人「金光寺僧行範の修学―覚城院蔵金光寺旧蔵聖教を中心に」に詳しい。

(22)『新修仁尾町誌』（前掲注（2））によると、金光寺の歴代住職は、通寿―秀遍―秀聖―秀範―秀印―良遍―増音―興厳―三友―慧旭―行範―文隆―行如―行雅―増信―行融―良慧―宥敞―信元―来仁―澄仁―諦円―密円。

(23) 慧濬は香積山日晴院恵光寺（えこうじ）中興の僧。恵光寺は『仲南町誌』（仲南町誌編集委員会編、一九八二年）によると、香川県仲多度郡仲南町（現、まんのう町）にある真言宗御室派の寺院。覚城院には『香積山中興慧濬和尚伝』が所蔵されている。本書の向村九音「『香積山中興慧濬和尚伝』翻刻・解題」参照。

(24)『新修仁尾町誌』（前掲注（2））には金光寺の歴代住職は「行範―文隆―行如」とあるが、文隆と行如は同一人物である。

(25)『新修仁尾町誌』（前掲注（2））によると、吉祥院七宝山十波羅密寺は真言宗醍醐派の寺院。慶長十年（一六〇五）の草木庄八幡宮上遷宮の棟札に「大阿闍梨・吉祥院乗遍」とあることから、この頃には乗遍は覚城院から転住していたようである。

(26)「此段慶長九年迄ハ従覚城院、棟札等打申候。覚城院七代以前之乗遍と申住持、瑞雲院へ隠居仕候其節迄ハ瑞雲院之寺八幡之近所ニ御座候故社参之者共彼隠居へ頼み祝詞撫子向候。依之慶長十二年之遷宮之時一乗坊乗遍与棟札を被打候。其時之覚城院者右乗遍之弟子ニ而御座候故棟札之とがめも無之其通ニ仕候。其後吉祥院無住仕候ニ付旦中より彼一乗坊乗遍法印ヲ吉祥院住持ニ達而願申候無余儀申ニ付一乗坊与吉祥院与かけ持ニ仕候而其以後吉祥院ニ而病死被致候。それより以来自然と吉祥院構之様ニ成行申候。然者根源覚城院構之八幡宮ニ而御座候得とも右乗遍瑞雲院被参候ニ付瑞雲院構ニ罷成候。」（『新修仁尾町誌』（前掲注（2））所収。旧字を通行の字体に改めた。なお、「金光寺文書」の原本は失われている）

（27）愛媛県史編さん委員会編『愛媛県史　学問・宗教』（愛媛県、一九八五年）
東予市誌編さん委員会編『東予市誌』（東予市、一九八七年）

（28）『寺院に関する調査1（真言宗　東予地方）』（愛媛県、一九三六年刊、二〇一〇年複製）

（29）前掲注（27）『東予市誌』。

（30）『金剛峯寺諸院家析負輯』五所収「金剛三昧院住持次第」によると、金剛三昧院第四十五代住職の等如俊高房は讃岐屏風浦白方村（現、多度津町）の生まれで、覚城院の無等の元で得度している。

（31）『全国寺院名鑑　中国・四国・九州・沖縄・付海外篇』（前掲注（15））、今治市誌編さん委員会編『新今治市誌』（今治市役所、一九七四年）。どちらも「法華寺」の表記である。

（32）瓊算は中院流の血脈にその名が記されている。（密教辞典編纂会編『密教大辞典　増訂版』第六巻、法蔵館、一九七〇年）

（33）前掲注（15）。

（34）密教辞典編纂会編『密教大辞典　増訂版』第五巻（法蔵館、一九六九年）

（35）『日本名刹大事典』（前掲注（9））によると、上品蓮台寺は京都府京都市北区にある真言宗智山派の寺院。山号は蓮華金宝山、院号は九品三昧院。境内に塔頭十二院があったため十二坊と称したが、現在は三院のみという。

（36）典籍に記された円心の署名は、そのすべてが上から「弘増」あるいは「弘海」と朱書されている。円心と弘増については、上書きの頻度の高さから両者が同一人物の可能性があるが、円心の所持本を弘増あるいは弘海が受け継いだととらえることもでき、現時点では判別しかねる。

（37）『英峯相承 中院流血脈／心南院方／宝性院々家相承／引摂院方／智荘厳院方』（覚S14-141）によると、英峯と智幢は師資関係にある。

（38）『愛媛県史　学問・宗教』（前掲注（27））によると、由霊山慈尊院三角寺は愛媛県川之江市金田町（現、四国中央市）にある真言宗高野派の寺院。四国霊場第六十五番札所。天平勝宝年間、聖武天皇御願により行基開創と伝えるが明らかではない。のち弘仁六年（八一五）に空海が一時滞在し、本堂脇の三角の池中に三角の護摩壇を築き、護摩の修法を行ったところから三角寺という寺名になったという。天正の兵火で焼け、嘉永二年（一八四九）に現在の堂舎が再建された。『浄厳和尚伝記史料集』（前掲注（13））によると、浄厳は延宝八年（一六八〇）に三角寺の鐘の銘文を撰している。

また、『四国辺路研究』第十五号（喜代吉榮徳、一九九八年）によると、天正十三年（一五八五）、羽柴秀吉による四国征伐である天正の陣以降の三角寺歴代住職は、来慶―恵慶―良慶―真乗―恵乗―乗脩―脩慶―脩典―通典―弘典―瑞応―瑞雅―瑞真―密山―密勝―弘弁―一如―重如―弘宝―円如―弘宝―瑞応。このうち、瑞真、密山、密勝、一如、重如、弘宝、円如、弘宝の名前を記した覚城院の聖教があることは、覚城院と三角寺との長年の関わりを示している。

(39)『日本名刹大事典』（前掲注（9））によると、万念山滝寺は徳島県三好郡三野村（現三好市）にある真言宗御室派の寺院。開創は天長年間（八二四〜八三三）、開山は空海という。

(40)『日本名刹大事典』（前掲注（9））によると、願勝寺は徳島県美馬郡（現、美馬市）にある真言宗御室派の寺院。山号は宝壺山、院号は真城院。開山は行基、開基は忌部氏という。原卓志、梶井一暁、平川恵実子編『寶壺山願勝寺所蔵文献目録』（鳴門教育大学、二〇一二年）によると、願勝寺には智幢の書写本・所持本や、英峯書写本を転写した本がそれぞれ十点以上所蔵されており、二人の活発な書写活動を示すとともに、四国内の僧への影響力がうかがえる。

(41)笠井藍水編『新編美馬郡郷土誌』（美馬郡教育会、一九五七年）によると、声名院龍頭山西福寺は真言宗御室派の寺院。

(42)『日本名刹大事典』（前掲注（9））によると、妙智山正覚院観音寺は香川県丸亀市、塩飽諸島の本島にある真言宗醍醐派の寺院で、通称山寺。聖武天皇勅願により天平年間（七二九〜七四八）に開創。京都醍醐寺開山の聖宝（理源大師）の生誕地と言われている。寛政三年（一七九一）「讃州塩飽島古義真言宗本末帳」によると、末寺は塩飽諸島域に三十七か寺を数えたという。

(43)前掲注（25）、（26）。

第七章　覚城院所蔵文献と地蔵寺所蔵文献――蓮体を起点として

山﨑　淳

はじめに

近年、寺院の文献調査では悉皆調査が一つの位置を占めている。悉皆調査には、ある寺院の所蔵文献が総体としてどのようなものであるのかを把握し、それがどのような変遷を経て成立したのかを解明するという大きな目的がある。寺院の所蔵文献総体が、それ単独の閉じた存在であることはまずないだろう。現在の姿に至るまでに、文献の流入と流出は繰り返されてきたと認識すべきである。したがって、文献中に見える寺院外部の情報には、絶えず目を配る必要がある。そして、その延長線上には、他の寺院の所蔵文献が視野に入ってくることになる。それは、もともと対象としていた寺院の所蔵文献について考える補助材料となるだけでなく、寺院や僧侶のネットワークの復元、さらに他の寺院の所蔵文献の総体的・歴史的把握に資するものともなる。すなわち、寺院同士（それは二寺院間に限らない）の所蔵文献を連関させることにより、さらに豊穣な世界が立ち現れてくると期待できるのである。

本稿では、覚城院と地蔵寺という二つの寺院を、その一つのモデルケースとして提示することにしたい。

一、蓮体及び地蔵寺を取り上げる理由

稿者は、大阪府河内長野市の地蔵寺所蔵文献[1]の悉皆調査を進めている。地蔵寺の開基は、真言僧・蓮体（寛文三年〜享保十一年［一六六三〜一七二六］）である。彼は河内に生まれ、河内を拠点に活動し、河内で入寂した。地蔵寺所蔵文献には、蓮体関連のものが大量に含まれている。

蓮体は、新安祥寺流（以下、新安流）の祖・浄厳（寛永十六年〜元禄十五年［一六三九〜一七〇二］。河内生まれ）の高弟である（血縁上は叔父・甥）。浄厳は悉曇学や民衆教化でも名高い。浄厳・蓮体の法流は地元はもとより、中国・四国へも広まった。それらの地域の真言寺院には、浄厳・蓮体や新安流の関連文献が残されている可能性が高い。実際、覚城院にはそのようなものが多数存在する。覚城院所蔵文献の調査・研究のために蓮体と地蔵寺を取り上げる理由は、まずここにある。

また、覚城院と地蔵寺の悉皆調査が現在ほぼ同時進行的に行われていることも、その理由として挙げられる（稿者は覚城院調査にも継続的に参加）。たとえば、地蔵寺では近時、新たに聖教類が見つかった[2]。この中には、後述するように覚城院所蔵文献と強い関係を持つものがあることが判明した。つまり、時をさほど置かず最新の成果を利用し合えるという利点がここには認められるのである。

なお、蓮体は多数の著作があり、とりわけ『礦石集』『観音冥応集』などの仏教説話集編者として知られている。それらは刊行されてもいる。近世の文学や文化事象と仏教との関わりにおいて、蓮体は注目すべき存在と言える[3]。彼の知的基盤を考える上で、諸寺院所蔵の関連文献はきわめて重要である。覚城院調査は蓮体研究にとっても期待できるものなのである。

二、仁尾と蓮体・地蔵寺

覚城院と蓮体に直接の関係はあるのだろうか。現時点では決定的な証拠がなく不明である。覚城院のある仁尾（現香川県三豊市）を蓮体が訪れたという事実も確認できない。

ただし、蓮体は土佐を除く四国をしばしば訪れており、四国との関係はすでによく知られている。蓮体の著した浄厳の『伝記、『浄厳大和尚行状記』（元禄十五年［一七〇二］成立）によれば、延宝六年（一六七八）、浄厳は善通寺誕生院院主・宥謙の招きで讃岐に行く。空海ゆかりの地であったことも、浄厳がこの地に赴いた理由の一つだった。そして、この記事の後には、当時の高松藩主・松平頼重の招きで高松を訪問したとも記されている。これ以降、浄厳と四国には強い結びつきができる。

蓮体は、この四国滞在中、浄厳に付き従っていた。浄厳と四国との縁の始まりは、蓮体と四国との縁の始まりでもあった。地蔵寺蔵『和漢合運（指掌和漢皇統編年合運図）』（地34-C2）蓮体自筆部分[4]によれば、蓮体は延宝八年に松平頼重から「資縁金」を頂戴し（これも浄厳の高松行きに随伴してのことだろう）、天和三年（一六八三）に讃岐・世尊院、貞享二年（一六八五）に讃岐・龍灯院の住持にもなっている。

また、蓮体の弟子には讃岐・大護寺の住持となった瑞宝や、阿波・正興庵の住持（開基）となった寂如がいる[5]。覚城院所蔵文献でも、たとえば、前者は『安祥寺諸流一統相承血脈』（覚S5-48-2）、後者は『安祥寺相承諸方血脈安』（覚S9-157-2）に、蓮体の直弟子として名が挙がる。瑞宝は地蔵寺の第三代目住持でもあった。蓮体と四国、地蔵寺と四国との関係はこのようにいくつかの面から確認ができる。

蓮体と覚城院との直接的な関係は、前述の如く確認できないが、覚城院のある仁尾との関係は、実は地蔵寺所蔵文献の中に見出せる。蓮体自筆『授印可灌頂等記録　一』(地20-B5-1)の宝永三年(一七〇六)十月朔日の受明灌頂十一人のうちに、良夢(=行善)という僧侶がおり、「讃州仁尾」と記されている。当時、蓮体は河内・延命寺の住持(第二世)であり、灌頂は同寺で行われたものだろう。この事例により、少なくとも仁尾の人間が河内の蓮体のもとを訪れていたことは確実となる。

三、覚城院所蔵文献と蓮体・地蔵寺

覚城院所蔵文献において、蓮体と関連するものは、おおよそ次のように分類できる。

A　蓮体の著作

B　蓮体の著作ではないもの

〔1〕本文に蓮体の名が見えるもの

〔2〕書き入れ(傍注・欄外注など)に蓮体の名が見えるもの

〔3〕奥書・識語に蓮体の名が見えるもの

〔4〕蓮体所持本

〔5〕蓮体自筆本(他筆の部分があるものも含む)

Aには、前掲の『礦石集』といった出版物以外に写本も含まれるが、蓮体の著作かどうか決定的な証拠がなく、あるいはBになる可能性を持つものがある。Bには、〔2〕かつ〔3〕のものや、〔4〕かつ〔5〕のものも存在する。

本節では、主にB、特に［3］を取り上げる。［4］［5］については節を改めて記述する（なお、［2］については稿を改めて論じる予定）。ただし、写本・刊本ともに調査継続中であり、以下での記述は現時点でのものであることを断っておく。

先に［1］について簡単に触れておく。いわゆる聖教類（主として写本）で蓮体の名が本文に見えるものは、前掲のような血脈類が多い。真言寺院、しかも新安流の文献を多く伝えている覚城院ならば、この類のものは今後も見出されるだろう。

さて、［3］の例として取り上げるのが、『光明真言法安雲（内題「光明真言念誦法私記附安祥寺次第記之」）』（覚S7-16）奥書である。以下に全文を挙げる（傍線は私。『』は朱書の範囲、／は改行を示す）。

旹正徳元辛卯霜月十日於河陽玉井山清水邑／地蔵寺蓮体大和尚本拝写之畢／讃州西ニ村蓮華菴　性光

享保十四年ニ月旬有四烏『同日朱点一校了(朱)』／同州仁保於神宮寺性光闍梨本拝写／之畢　妙住

ここには、正徳元年（一七一一）に讃岐の性光が地蔵寺で蓮体の本を書写し、その性光の本を享保十四年（一七二九）に仁尾で妙住が書写した旨が記されている。覚城院には、蓮体本を源として仁尾で書写された本が存在するわけである。

蓮体・地蔵寺研究にとって興味深いのは、当該文献の親本が正徳元年に地蔵寺で書写されていることである。蓮体自筆『地蔵寺雑録』（地20-B4）によれば、地蔵寺は元禄四年（一六九一）八月二十二日の「建立」だが、本格的に寺院の体を成すのは蓮体が延命寺住持を引退して移ってくる正徳五年以降である。正徳五年以前の状態はよくわからない（『地蔵寺雑録』では同年を「再興」としている）。元禄四年八月二十二日も、江戸・霊雲寺（開基は浄厳）の建立に合わせた日付のようで、実際にどのような「建立」だったかは不明である(6)。右の『光明真言法安雲』性光奥書を信じるなら、正徳元年時点では作業可能な建物としての実体があったということになる（もちろん、当該文献は正徳元年書写本そのものではないので、扱いに気をつける必要がある）。

当該文献が書写された仁尾（仁保）の神宮寺、及び書写者である妙住も、興味深い場所、人物と言える。神宮寺は、三等（後述）著『仁保浦大寧山覚城院縁起』に覚城院末寺の一つとして挙がっている「神宮寺」（本書所収・柏原康人論考参照）の可能性がある。妙住については、『通用表白』（覚S7-2）奥書から、浄厳の著作である同書を三等が書写し、三等本を妙住が書写した、という流れが判明する。すなわち、これらの文献によって、間接的ではあるにせよ、覚城院が蓮体とつながってくるのである(7)。

右の事例からは、覚城院所蔵文献と地蔵寺所蔵文献の調査・研究が双方にとって有益であることが了解されよう。

四、覚城院所蔵文献にとっての蓮体・地蔵寺所蔵文献

新安流という点から予想できることではあるが、覚城院には地蔵寺と共通する文献がしばしば見出せる。本節では、それらの中で蓮体という要素を共有するものを取り上げる。これも前節の分類では［3］に当たる。

現在、覚城院調査において主な対象となっているのは、お蔵や本堂にある聖教類だが、客殿と言われる建物の二階には、刊本を中心とする蔵書群が納められている。悉皆調査においては、当然これらの文献も対象となる。その中から一つの例として『秘密儀軌』を取り上げる（所蔵番号「覚K～」のKは客殿を示す）。

蓮体の師である浄厳が重視したものに、修行者の実践規則を記した『秘密儀軌』がある。浄厳は、その研究、出版を行っている(8)。浄厳による校正や加点を書き写した『秘密儀軌』刊本を所蔵している真言寺院は数多いと推測される。例えば、京都の随心院や香川の本山寺には、こうした『秘密儀軌』が蔵されている(9)。

覚城院の『秘密儀軌』（七十四冊）は、本の背に「三等」という署名がある。すなわち、近世中期の覚城院院主・三等（哲真、南月堂）の所持本だったことがわかる。三等については、時代として蓮体と重なるものの、二人を直接結ぶ同時代資料は見出せていない。『浄厳大和尚行状記』にも三等の名はない[10]。

ところが、覚城院本『秘密儀軌』のいくつかには蓮体の名が見出せる。その一例が『秘密儀軌　乾五』（覚K2-1-6）内『金剛頂瑜伽中略出念誦経』巻第四の奥書である[11]。当該部分（同経の末丁＝27丁表）の画像（図7-1）と奥書の翻刻を挙げる。

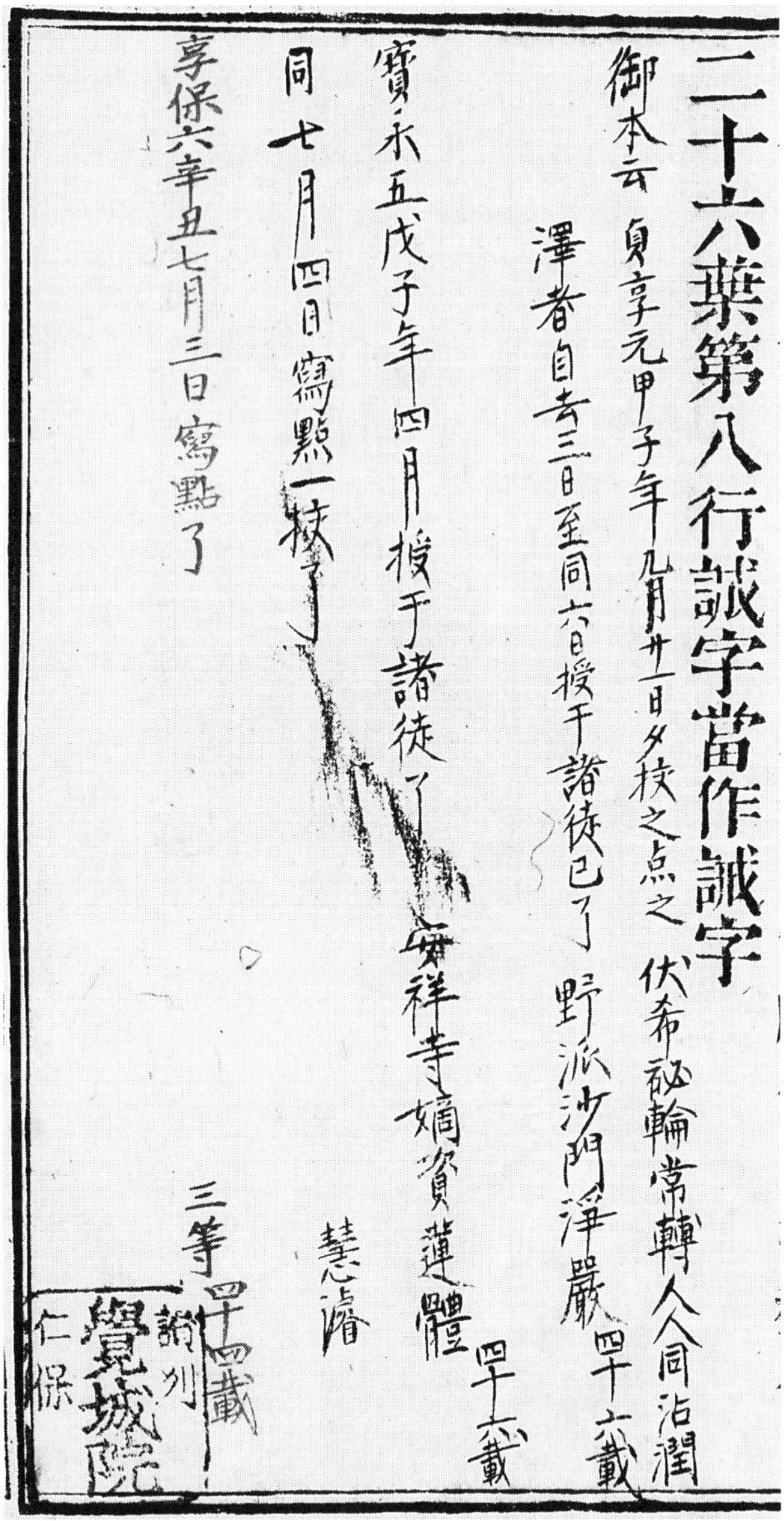
二十六葉第八行誠字當作誠字
御本云　貞享元甲子年九月廿一日夕授之点之　伏希秘輪常轉人々同治潤
澤耆自去三日至同六日授于諸徒已了　野派沙門淨嚴　四十六歳
寶永五戊子年四月授于諸徒了　安祥寺嫡資蓮體　四十六歳
慧濬
同　七月四日寫點一校了
享保六辛丑七月三日寫點了　三等　四十四歳
覺城院

図7－1

御本云　貞享元甲子年九月廿一日夕校之点之　伏希秘輪常転人人同沾潤
　沢者自去三日至同六日授于諸徒已了　野派沙門浄厳四十六載
宝永五戊子年四月授于諸徒了　安祥寺嫡資蓮体四十六載
同七月四日写点一校了　　　　　　　　　　慧濬
『享保六辛丑七月三日写点了　　　　　　　三等四十四載』

貞享元年（一六八四）九月に浄厳が校正・加点し、諸徒へ伝授、宝永五年（一七〇八）四月に蓮体が諸徒へ伝授、同年七月に慧濬が点を写して校正、享保六年（一七二一）七月に三等が点を写したとある。浄厳・蓮体・慧濬の部分が同じ筆跡（特に「月」に特徴がある）だが、慧濬の筆かどうかはにわかに決しがたい。最後の朱は三等の筆と認定してよいだろう。(12)

一方、地蔵寺にも『秘密儀軌』が蔵されている。その奥書に覚城院本との関係が見出せるのである。地蔵寺本『秘密儀軌乾五』（地39-乾5）内『金剛頂瑜伽中略出念誦経』巻第四の奥書は以下の通りである（翻刻での」は丁移りを示す。基本的には原本の行取りに従ったが、／で改行を示した箇所もある）。

（朱）『御本云　貞享元甲子年九月廿一日夕校之点之　伏希秘輪常転人人同沾潤沢者
　自去三日至同六日授于諸徒已了　野派沙門浄厳四十六載」27オ
宝永五戊子年四月捻※五日授于諸徒了　安祥寺嫡資蓮体四十六載
同十二月五日以別本校合了
元禄三年午ノ六月廿五日夕朱点了為無上菩提／智範三十一載』」27ウ

※「捻」は「念＝廿」か

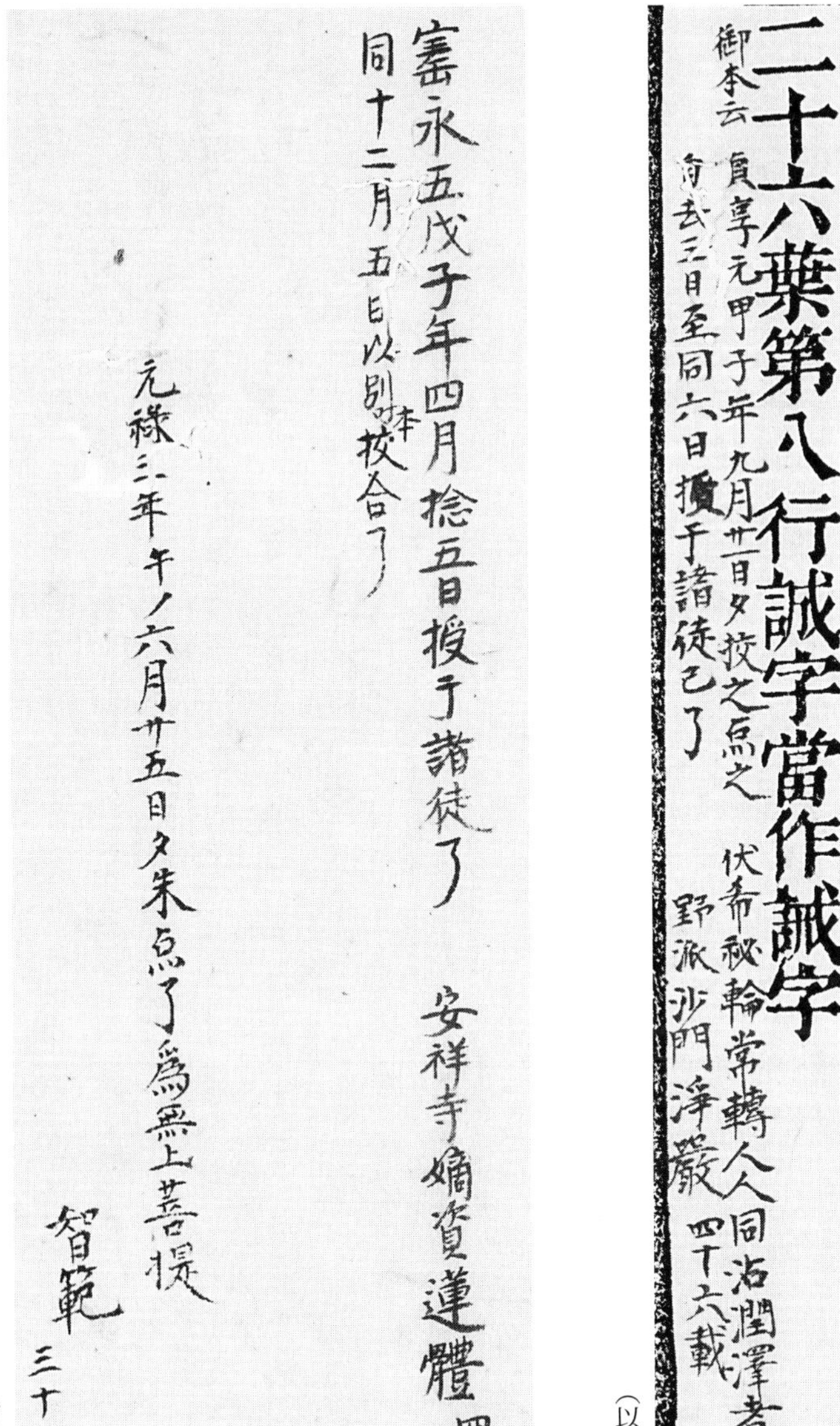
二十八葉第八行誠字當作諴字
御本云 貞享元甲子年九月廿日夕挍之点之 伏希秘輪常轉人人同沾潤澤者
同去三月至同六日授于諸徒已了 野派沙門浄嚴 四十六載

（以上、27丁表）

寶永五戊子年四月廿五日授于諸徒了 安祥寺嫡資蓮體 四十六載
同十二月五日以別本挍合了
元禄三年午ノ六月廿五日夕朱点了為無上菩提 智範 三十一載

（以上、27丁裏）

図7－2

実際には図7-2の通り、浄厳、蓮体、智範の三つの奥書は離れて記されている。貞享元年浄厳奥書は、同経の末丁=27丁表（奥書の後は黒板となっている）、宝永五年蓮体奥書・元禄三年（一六九三）智範奥書は27丁裏にある。

年号からすれば、記された順番は浄厳→智範→蓮体となる。当該文献は背に「智範」の署名がある。おそらく浄厳奥書は智範（詳細は不明。蓮体より三歳年長）の筆である。蓮体奥書は蓮体自筆であると見て問題ない。「子」「本」などは典型的な蓮体の字である。地蔵寺本は、浄厳の点を写した智範所持本が蓮体の手に渡ったものと理解できる。

覚城院本と地蔵寺本を照合すると、浄厳奥書は同一であり、蓮体奥書の内容も重なっている。もっとも、直接の関係については、地蔵寺本末尾の智範奥書が覚城院本にはないこと、蓮体奥書がやや異なる（覚城院本には日の記載がない）ことなど、なお検討の余地はある。とはいえ、覚城院本（三等所持本）の前段階に地蔵寺本（蓮体所持本）が位置することは認めてよいだろう。

覚城院本に関しては、今一つ注意すべき点がある。蓮体奥書と三等奥書の間にある慧濬奥書である。慧濬は、覚城院や本山寺の聖教にもしばしばその名が見える僧である。寛文八年（一六六八）生まれで、享保十五年（一七三〇）に生存していたことが『許可小野』（覚S8-24-1）などから確認できる。また、享保二十年（一七三五）成立の『香積山中興慧濬和尚伝』（覚城院蔵）によれば、入寂は享保二十年二月十日であり、秀昌、彦津、浄海とも称した[13]。

蓮体と三等の直接的関係が確定できないのと同様、慧濬と三等の直接的関係も現時点では確定できない。ほぼ同時代・同地域に生きていたわけなので、無関係であるとも考えがたいが、やはり文献的な裏付けがほしいところである。覚城院本『秘密儀軌』奥書は、決定的な証拠ではないにせよ、慧濬の許を通過した文献が、慧濬生前に三等の手に渡っていたことを物語っており、両者の距離を一気に近づけるものであると評価できる（慧濬奥書が慧濬自筆でなかったとしてもである）。

一方、この時期の蓮体と慧濬との関係はたどれるのだろうか。覚城院本『秘密儀軌』奥書によれば、蓮体の儀軌伝授（四月）と慧濬の儀軌への点校（七月）は、ともに宝永五年である。前掲『授印可灌頂等記録　一』に宝永五年四月の記事はあるのだが、「四月十二日印可十四人」とあるのみで、人名など具体的な記述がない（七月は記事自体がない）。

　ところが、『香積山中興慧濬和尚伝』には、

　　同年（宝永五）四月二日復往於河陽延命寺、随蓮体和尚進具兼受小野之嫡流及諸軌、満一夏而錦帰也。

という注目すべき一節がある。宝永五年の夏安居に慧濬は延命寺を訪れており、蓮体から「諸軌」を受けたというのである。一夏は四月十六日から七月十五日までである。この伝記の記事を信じるとすれば、『秘密儀軌』蓮体奥書の「諸徒」には慧濬が含まれており、点を写したのも延命寺でということになるだろう(14)。

　もっとも、当該伝記は享保二十年成立であり、宝永五年と三十年近くの開きがある。伝記を奥書の根拠として用いるには慎重を要する。むしろ、伝記の記事の信憑性を補強するのが件の奥書と捉えておいた方がいいだろう。少なくとも覚城院本『秘密儀軌』奥書は、蓮体と慧濬の接触を示唆するものである。そして、それは蓮体と三等との関係を考える上で視野に入れておくべき資料とも言える。

　次の事例は、『〔梵字〕（アン）流諸大事』（覚S8-47-a）である。奥書は以下のようになっている（図7-3）。翻刻では朱書以下の部分を挙げる。

『（朱）旹寛文十庚戌年四月廿三日賜師主良意阿闍／梨御房御本書写了甚深殊勝尤可持秘／之耳　金剛末資雲農卅二」26ウ

同日一校了

旹延宝九辛酉年八月十六受御本／書写之畢

同一校了　〔梵字〕仏子〔梵字〕十八歳

此本不可正依急卒尓書之後日／改書之而已

為令法久住利益人天而已』」27オ

金剛仏子妙厳二十二（後改蓮体）

宝永六己丑年六月五於讃州仲之郡／買田邑書写一校了　〔梵字〕雲阿七十八歳

享保元丙申年十月十九日以彦津和尚／御本書写之了　興厳三十九歳」27ウ

朱書によれば、寛文十年（一六七〇）の雲農＝浄厳書写本（親本は良意本）があり、それが延宝九年（一六八一）に書写された。延宝九年に書写した人物は十八歳であり、蓮体より一歳年下となる。[15]この朱書は27丁表で終わる。蓮体奥書は27丁裏にある。覚城院本は、蓮体本から宝永六年（一七〇九）の雲阿書写本を経て、享保元年（一七一六）に興厳が書写したもののようだ。

雲阿は、『授印可灌頂等記録　一』の宝永五年八月十七日に「讃州雲阿七十六」とあり、蓮体から灌頂を受けている（年齢は七十七が正しい）。蓮体の本を直に見る可能性のあった人物と言える。

書写者と目される興厳（覚城院末寺の金光寺住持。前掲柏原論考参照）は「彦津」本を以て書写している。先にも触れたように、『香積山中興慧濬和尚伝』によれば彦津は慧濬である。興厳と慧濬、興厳と雲阿との関係は、覚城院聖教調査に基づい

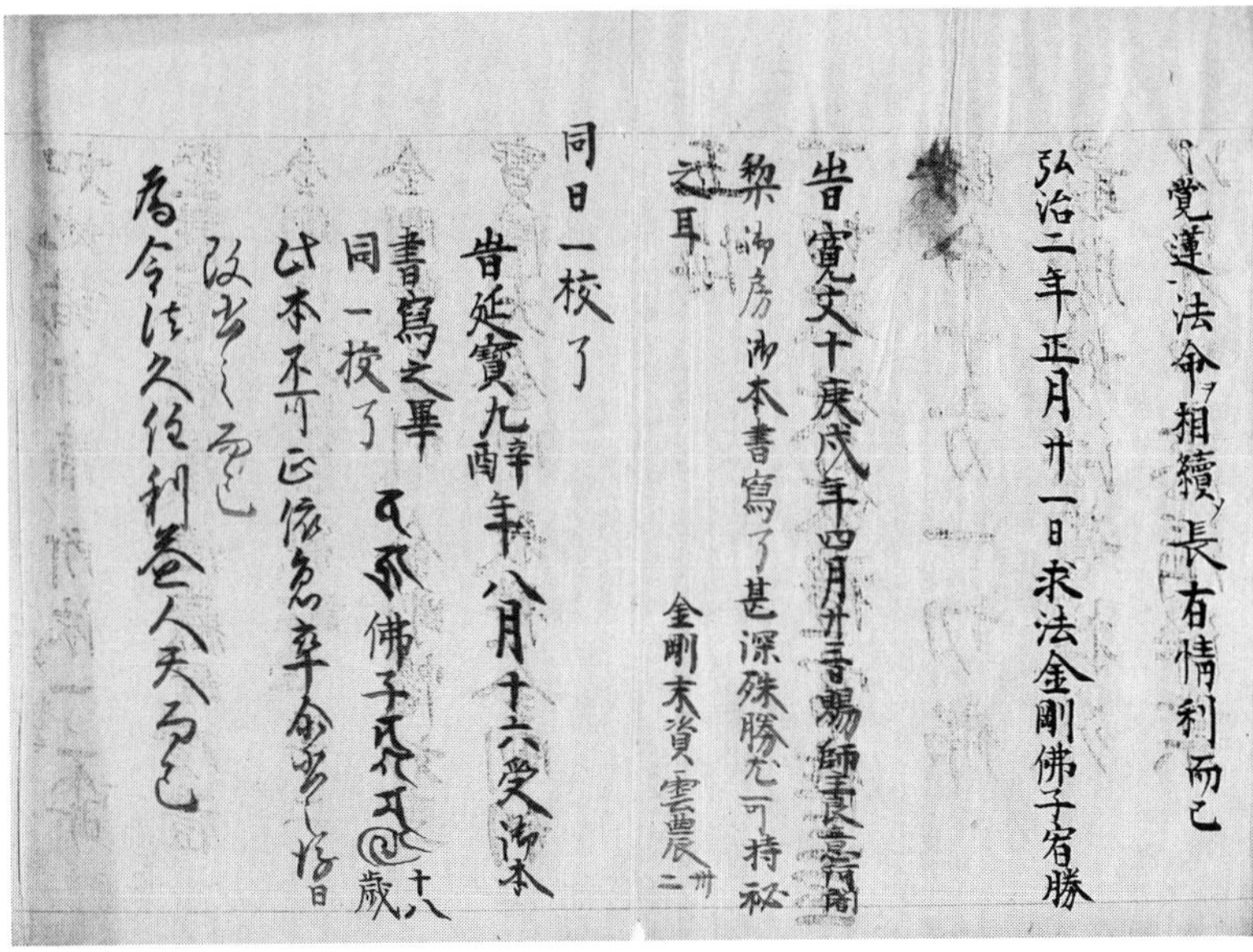
覺蓮法命ヲ相續シ長有情利而已
弘治二年正月廿一日求法金剛佛子宥勝
旹寛文十庚戌年四月廿三日賜師匠長遍闍
梨御房御本書寫了甚深殊勝尤可持秘
之耳
金剛末資雲農 廿二
同日一校了
旹延寶九辛酉年八月十六日受御本
書寫之畢
同一挍了
[illegible] 佛子 [illegible] 十八歳

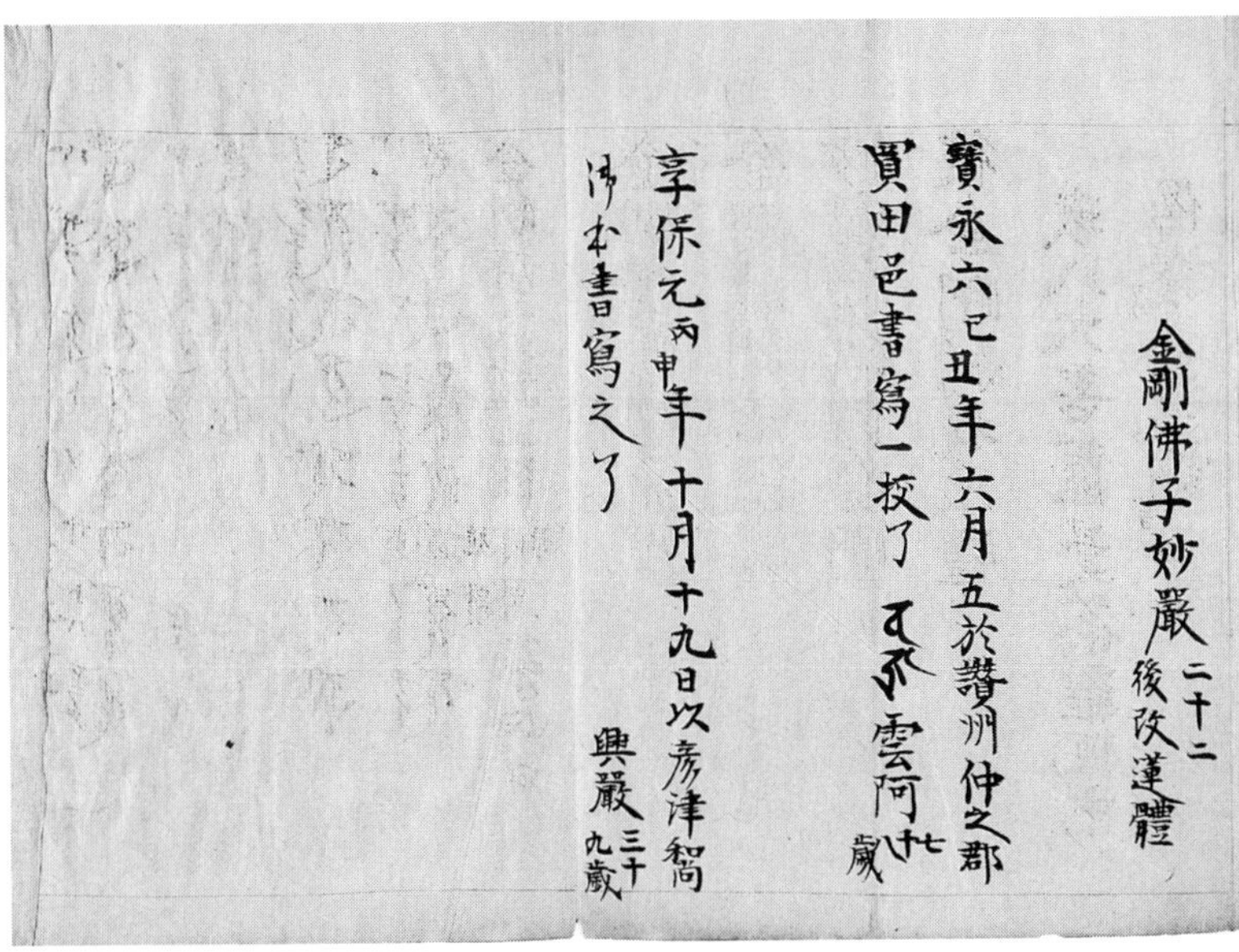
金剛佛子妙嚴 二十二
後改蓮體
寶永六己丑年六月五於讃州仲之郡
買田邑書寫一挍了 [illegible] 雲阿 廿八歳
享保元丙申年十月十九日以彦津[illegible]
御本書寫之了
興嚴 三十九歳

図 7 − 3

た指摘が本書所収の向村九音論考にある(16)。慧濬と雲阿とは行動をともにしていた時期があったと『香積山中興慧濬和尚伝』は伝える。前述したように同伝記の扱いには慎重を要するが、「慧濬が入手した雲阿本、もしくは雲阿本を書写した慧濬本があり、それを興厳が書写したのが件の『[梵字]流諸大事』である」と推測することは許されるだろう(17)。今後の資料的裏付けが待たれる。

この『[梵字]流諸大事』に関わる文献が、第一節で触れた新出の地蔵寺聖教の中に見出せる。『[梵字]諸大事』である（所蔵番号は現在なし）。当該文献は表紙右下に金字の署名があり、辛うじて「蓮体」と判読できる。本文の筆跡は蓮体ではなく、蓮体所持本ということになる。

本文自体は覚城院本『[梵字]流諸大事』と同一だが、奥書に相違がある。当該部分を挙げる（図7-4）。前掲の覚城院本の朱書部分は、この地蔵寺本奥書にすべて含まれている。異なるのはそれより後の部分で、次の如くである。

『苦ニ校合了』（朱） 金剛如鑁[花押] 『慈潭之印』（朱印） 18ウ

貞享元年甲子五月十四日賜之

金剛仏子妙厳二十二 後改蓮体 （次行の印は略）

「貞享～蓮体」の蓮体奥書は蓮体自筆である(18)。その後には「本浄子」（陽刻）と「蓮体之印」（陰刻）という朱印が押されている(19)。この二つの印は、他の地蔵寺所蔵文献の中にも見出せるものである。貞享元年（一六八四）に蓮体が二十二歳であることも正しい。「如鑁[花押]」（「慈潭」と同一人物か。あるいは慈潭は直前の朱書の筆者か）の奥書がどの段階でのものか断定できないが(20)、少なくとも蓮体の奥書は、元来貞享元年云々の部分を持っていたことになる。この部分があることで、「貞享元年の

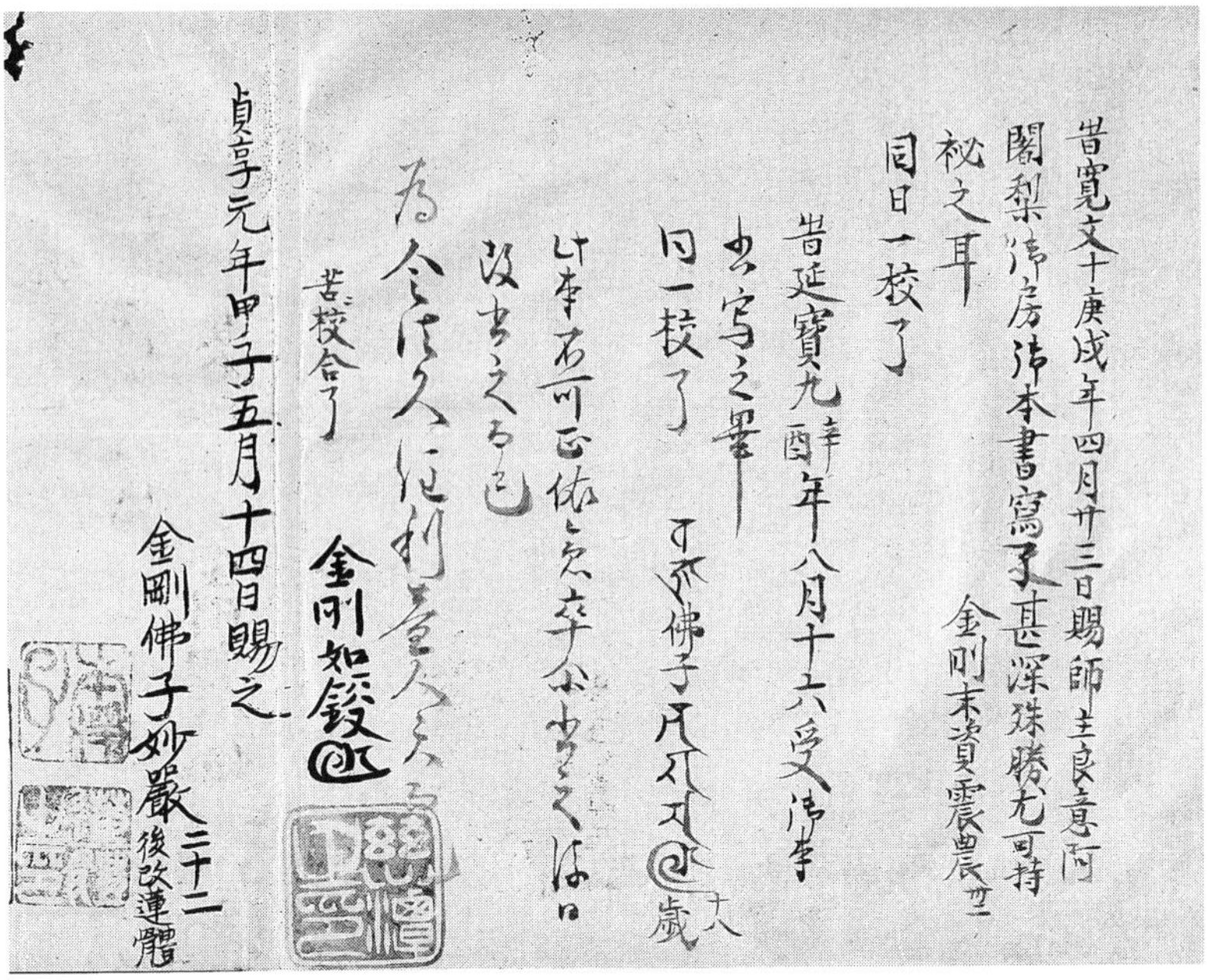
昔寛文十庚戌年四月廿三日賜師主良意阿
同日一校了
貞享元年甲子五月十四日賜之
金剛佛子妙嚴二十二 後改蓮體

図7－4

伝領」という蓮体と当該文献との関わりが明瞭になる。そして、地蔵寺本の存在により、覚城院本は年紀の部分を脱落させた形になっていると理解できる（覚城院本書写時での脱落かどうかはわからない）。

　この事例でも、地蔵寺本が覚城院本の直接の親本かどうかの判断は保留することになるが、覚城院本を遡れば地蔵寺本にたどり着くことは明らかである。

　ここで見た二つのケースは、覚城院聖教の研究にとって蓮体研究・地蔵寺調査が重要であることを示唆している。

五、蓮体研究にとっての覚城院所蔵文献

逆に、蓮体研究にとって覚城院聖教調査が益するのは、第一節で挙げた［4］［5］の存在である。本節では二つの例を取り上げる。

一例目は『提要文類』（写本　覚S9-6）である。当該文献は栗皮表紙の右下に朱書で「本浄」とある。本浄とは蓮体のことである（諱が蓮体、字が本浄）。地蔵寺所蔵文献において現表紙に「本浄」の署名を持つものは、写本・刊本あわせて一六点を確認している（新出の聖教類は未調査のものが多く今回は除外した）。そのうち朱書は一三点である。延宝五年（一六七七）の年紀がある『四教集解常聞記』（蓮体自筆　地19-A6）は、「本浄」が朱書である上に、表紙の色合い・状態も非常に近い。

また、『提要文類』表紙見返し右下には「内州沙門釈／如雲子」とある。如雲子も蓮体のことである。地蔵寺所蔵文献で、「如雲」「如雲子」の署名・奥書を持つものは現在五点を確認している。たとえば、『阿字観節解』（地12-D5　延宝六年［一六七八］刊か）は、裏表紙見返し右下に朱書で「大日本国内洲沙門／釈如雲」とある（ちなみに表紙右下に朱書で「本浄」）。

以下に『提要文類』『阿字観節解』の該当箇所を挙げる（図7-5）。上が『提要文類』、下が『阿字観節解』である。両者は同筆と認めてよい。「本浄」「如雲子」という二つの署名から、『提要文類』が蓮体所持本であったことはほぼ確実になる。

如雲子と蓮体が号したのは若い頃だという指摘がある。[21] 地蔵寺所蔵文献で、年紀があり「如雲（子）」の署名を持つものは二点ある。『落叉注記』（地19-A9）と『妙経新註聞講記』三（地19-B22-3　全五冊のうち）である。いずれも蓮体自筆で、前者は延宝七年～天和二年（十七～二十歳）にかけて、後者は延宝六年（十六歳）に記されている。『提要文類』も、若い頃から蓮体の手許にあったものと考えられる。

さらに注目すべきは、『提要文類』（全28丁）に蓮体自筆とおぼしい部分が存在することである。当該文献の16丁裏は白紙で、ここで一区切りと見なせる。1～16丁の字とそれ以降の字とはやや異なっている。記された時期が違うのか、前後で別の筆なのか即断はできない。しかし、少なくとも17～25丁の九丁分は蓮体の筆と認定できるようである。[22]

蓮体自筆本（欄外注・傍注などの書き入れのみのものは除く）は、地蔵寺所蔵文献の中で少なくとも一五点が確認できる。[23]とりわけ『宝山和尚行状／般若窟記』（地20-B1）の筆跡は、『提要文類』のそれに近い。両者を比較してみる（図7-6）。右が『提要文類』、左が『宝山和尚行状／般若窟記』である。

拡大して挙げた『提要文類』4行目下から2字目「願」と、『宝山和尚行状／般若窟記』4行目上から12字目「願」はよく似ている。また、『提要文類』最終行の下から8字目「本」（1行目末尾にも）と、『宝山和尚行状／般若窟記』最終行の下

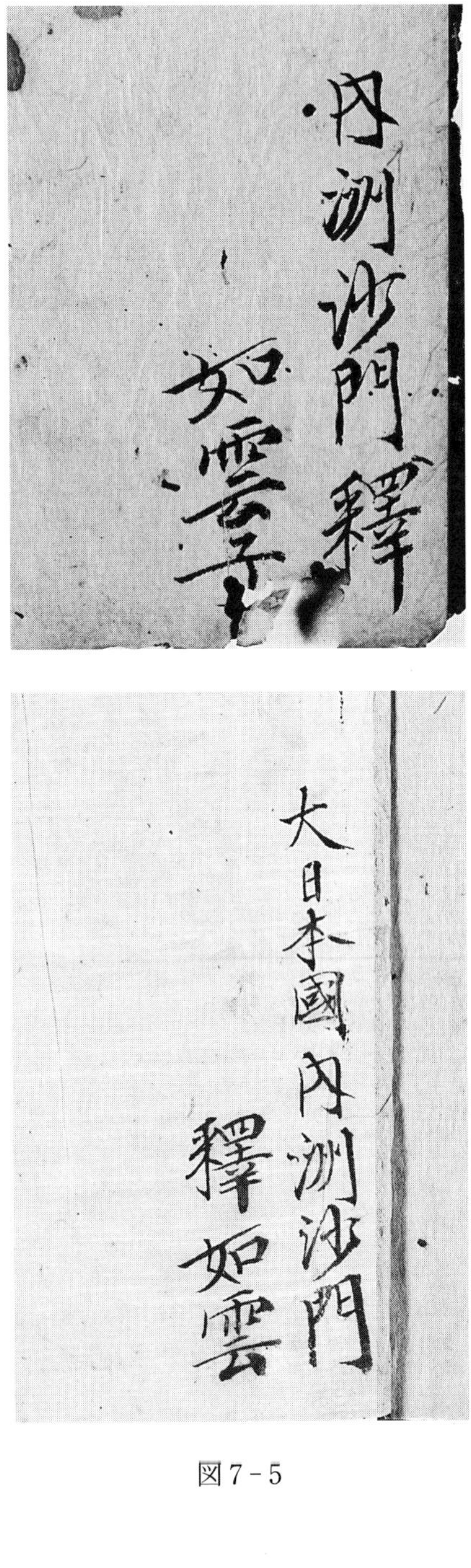

図7－5

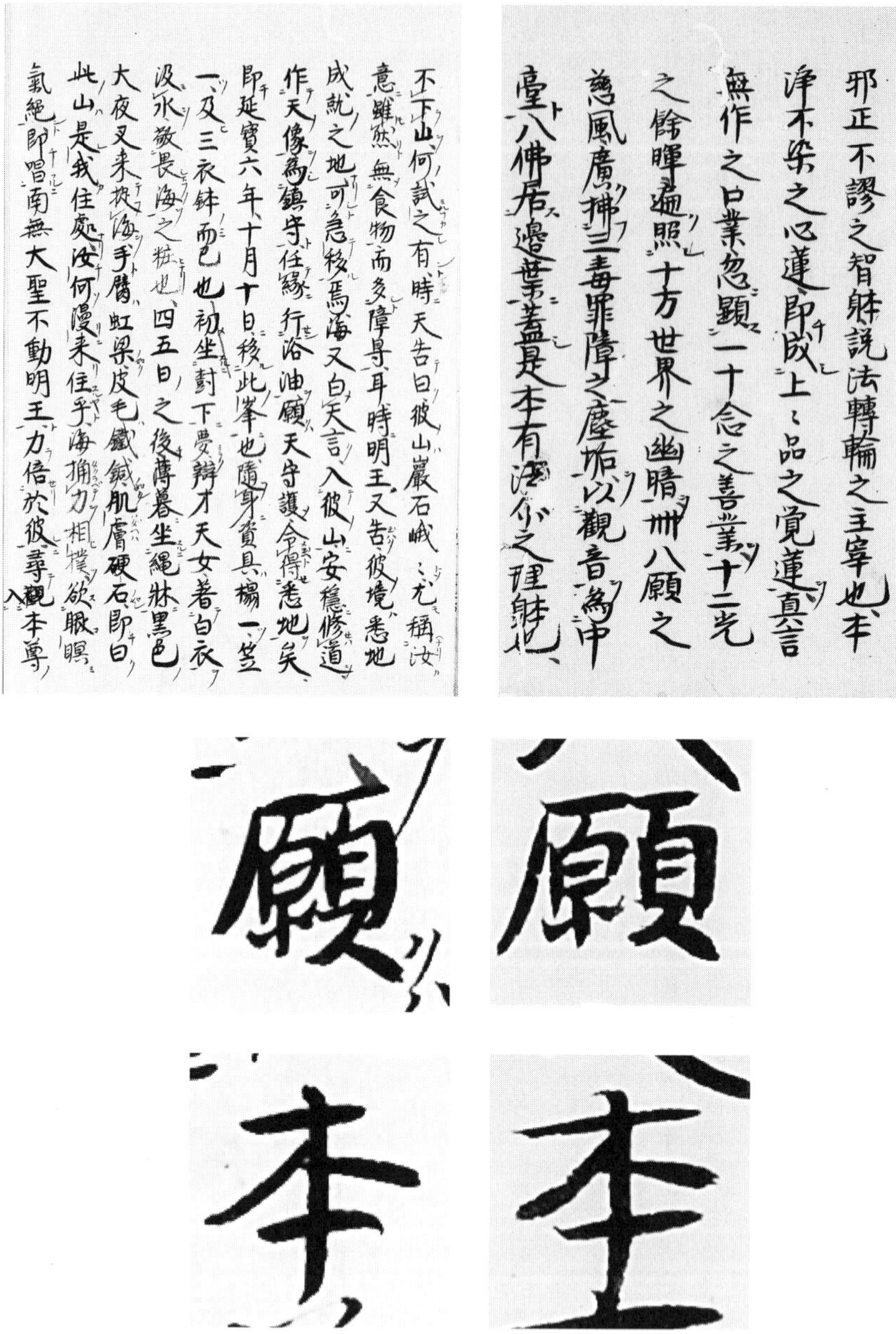

邪正不謬之智躰説法轉輪之主宰也本
浄不染之心蓮即成上々品之覚蓮真言
無作之口業忽顕二十念之善業十二光
之餘暉遍照十方世界之幽晴卅八願之
慈風廣拂三毒罪障之塵垢以観音為中
臺八佛居邊葉蓋是本有法介之理躰也
不下山何試之有時天告曰彼山巌石峨々尤稱汝
意雖然無食物而多障㝵耳時明王又告彼境悉地
成就之地可急移焉海又白天言入彼山安穏修道
作天像爲鎮守任縁行浴油願天守護令得悉地矣
即延寶六年十月十日移此峯也隨身資具楊一笠
一衣又三衣鉢而已也初坐對下旻辯才天女着白衣
汲氷欲畏海之粧也四五日之後薄暮坐縄牀黒色
大夜叉来捉海手臂虹梁皮毛鐵鍼肌膚硬石即曰
此山是我住處汝何漫来住乎海捔力相撲欲眠瞑
氣絶即唱南無大聖不動明王力倍於彼尋觀本尊入
願
願
本
本

図7－6

から2字目「本」もよく似ている。実際、書き入れも含めた蓮体の自筆にはこのタイプの「本」が頻出する。たとえば、前掲の地蔵寺本『秘密儀軌』奥書がそうである（ただ、必ずしもこのタイプばかりではない。前掲『阿字観節解』の表紙署名など、線が比較的鋭くなる例もある）。このほか、画数が少なくありふれた字とはいえ、「之」「十」「也」も同様と言える。

『宝山和尚行状／般若窟記』は「宝山和尚行状」「般若窟記」「宝山和尚伝」から成る（右は「宝山和尚行状」）。「宝山和尚行状」は元禄八年（蓮体三十三歳。同十年に加筆）、「般若窟記」「宝山和尚伝」は元禄七年（三十二歳）の奥書を持つ。あくまでも可能性だが、『提要文類』16丁裏が白紙であることを考慮すると、17～25丁は、もともと当該文献を所持していた蓮体によって後から付け加えられた部分だったかもしれない。

二例目は『六月成就並八印品訣』（覚S9-86）である。当該文献は、青地表紙の右下に金字で「蓮体」とある。地蔵寺所蔵文献で現表紙に「蓮体」の署名を持つものは一六点、そのうち金字は九点である。たとえば、刊本『悉曇字記聞書』（地12-D21）や享保四年写『憲法本紀』（蓮体自筆本　地23-B6）がそれに該当する（いずれも青地表紙）。『六月成就並八印品訣』も蓮体所持本であると認定できる。

「六月成就」「八印品訣」ともに元禄十四年浄厳奥書を持つ。本文や奥書の筆跡は、蓮体筆とも浄厳筆とも同定するには躊躇されるものである。

しかしながら、「八印品訣」浄厳奥書の後にある末尾六丁（図が記されている。柱題は本文と同じで「八印品秘訣」）に見える字は、蓮体のものと言える。以下に挙げておく（図7-7）。当該文献は、蓮体自筆本とは言えないにしても、蓮体自筆を含んだ蓮体所持本として位置付けてよい。

已下八圖出ニ持誦不同第七ニ
今謂前説爲善乎

図7-7

以上の二例は、蓮体関連では現在のところ同一書名が報告されていないものであり[24]、その意味でも貴重と言える（内容が重なるものはあるかもしれない）。覚城院には、他にも蓮体自筆の可能性を持った資料がある。調査が進む中で新たな蓮体自筆本出現の期待も抱かせる。覚城院調査が蓮体研究にとっても意義深いものであることが了解されよう。

おわりに

覚城院においては、地蔵寺聖教を含む地蔵寺所蔵文献の調査・研究とのリンクが有効であることを提示した。今回のケースに限らず、各寺院の調査で得られた人・場所・モノ等に関する知見の共有が進み、それが統合・整理されて活用可能になっていくことを期待したい。その一階梯として目録の作成は重要な作業となるが、同時に、個々の文献を精査した上での位置付けや伝来（今回は伝来の背景にまでは踏み込めなかった）について考えていくことも必要となってくるであろう。

（1）　近世の刊本（版本）を主とする五〇箱で、約九割の調査が済んでいる。稿者はこれまでの論考で「地蔵寺所蔵文献」としてきたが、「地蔵寺聖教」と呼ぶことも可能である。「聖教」は、「広い意味では寺院に伝わる仏教関係の書物全般」（図録『称名寺聖教」重要文化財指定記念　企画展　よみがえる鎌倉の学問』神奈川県立金沢文庫、二〇〇六年、一一頁）であり、「刊本写本を問わず、仏の教えを学ぶ上で欠かせない典籍すべてがその範疇に入ると理解」（高橋秀榮「中世仏教の世界と聖教の生成」『中世宗教テクストの世界へ』名古屋大学大学院文学研究科、二〇〇三年）という認識を前提にできるからである（なお、前掲金沢文庫図録には「狭い意味では仏法相伝の証拠ともなる先師たちの書いた書物」とある）。ただ、前述の如くこの五〇箱は近世の刊本でほぼ占められており、写本のイメージが強いであろう「聖教」を使うのは躊躇された。また、地蔵寺では写本を中心とする、それこそ「聖教」が新たに出現した（後述）。それも含んだより大きな範疇であることを示すため、便宜上「所蔵文献」を用いることにした。

本稿で「覚城院所蔵文献」としたのも、地蔵寺に合わせたということに加え、やはり近世の刊本を取り上げたことによる。

（2）未整理のものが多いが、大正期に束ねられ整理されたものも含まれているので、新発見と言うよりも再発見と言うべきか。昭和三七・三九年（一九六二・一九六四）の信多純一氏による地蔵寺調査では、聖教箱の存在が記録されている（同氏の調査ノートによる）。

（3）たとえば、『日本古典文学大辞典』第六巻（岩波書店、一九八五年）に「蓮体」が立項されている。出版の点からは、羽生紀子「大坂出版界の具体相―西鶴の周辺―」（『西鶴と出版メディアの研究』第二章、和泉書院、二〇〇〇年）がある。

（4）当該文献については、山崎淳「地蔵寺蔵『和漢合運』蓮体自筆部分―翻刻と解題―」（『上方文藝研究』八、二〇一一年六月）参照。以下、地蔵寺所蔵文献は（地～）、覚城院所蔵文献は（覚～）で所蔵番号を示す。なお、地蔵寺の番号は昭和四〇年代に付されたものである。

（5）上田霊城『改訂　真言密教事相概説―四度部―』（同朋舎メディアプラン、二〇〇二年）第一章第四節「新安流の血脈」（二一～二六頁）など参照。

（6）『地蔵寺雑録』には、元禄四年より前から地蔵寺はあったと記されている。『河内長野市史　第二巻　本文編　近世』（河内長野市、一九九八年）では、「荒れていた建物を建て直したのであろうか」と推測している（五五〇頁）。

（7）性光について付言しておくと、『地蔵寺雑録』では、享保七年（一七二二）二月十三日から始まった安流伝授のメンバーの中に「讃州源流房性光」が見出せる。これが『光明真言安雲』の性光と同一人物かは、今後検討する必要がある。

（8）上田霊城「解説　真言密教史上における浄厳の位置」（『浄厳和尚傳記資料集』名著出版、一九七九年）など参照。

（9）随心院本は、一九八七～一九九六年にかけて随心院聖教類綜合調査団により行われた悉皆調査を集成した『随心院經藏聖教函次目録』（随心院蔵、全八冊、未刊）の記載、及び二〇〇〇～二〇〇七年にかけて行われた随心院聖教調査（代表・荒木浩）における稿者の実見にて確認。本山寺本は、香川県歴史博物館『本山寺総合資料調査報告書』（一九九九年）参照。

（10）三等に関する研究は少ないが、たとえば『讃岐人名辞書』（梶原猪之松編、高松製版印刷所、一九二八年）に「三等法印」の項がある（七九四～七九五頁）。また、本書所収の平川恵実子論考を参照されたい。

（11）『秘密儀軌　乾五』は、『金剛頂瑜伽中略出念誦経』巻第一～四である。

（12）背に「三等」の署名があること、『伝法灌頂初夜作法安雲』（覚Ｓ8-28）の三等奥書の字と似ていることから、この奥書は三等自筆と考えられる。一方、慧濬は参照できる筆跡が現時点で見出せず、蓋然性は三等の場合より劣る。

（13）『香積山中興慧濬和尚伝』については、本書所収の向村九音論考参照。なお、興厳写『七支念誦法』（覚Ｓ10-103）奥書には「秀昌後改慧濬」とある。

（14）『香積山中興慧濬和尚伝』によれば、慧濬は宝永七年に請に応じ高松蓮華寺で諸軌を伝授している。

（15）「𑖪𑖕𑖿𑖨（バ・ザラ）仏子𑖡𑖐𑖦𑖜𑖰」の5字目からが「ナ（ナウ）・ガ（ギャ）・マ・ニ」と読めるのならば、「那伽摩尼」で「龍珠」か「龍宝」のような名になるか。浄厳『悉曇三密鈔』巻下には「𑖡娜（ナウ）𑖐伽（ギャ）ハ龍也（ナリ）」とある。「摩尼」は「𑖦𑖡𑖰」が多いが、『悉曇三密鈔』巻中によれば「𑖜𑖰」は「𑖡𑖰」と同じである（同巻中では「𑖡𑖰」に「ヂ」「ニ」「ヅヰ」の読みを挙げる）。なお、浄厳・蓮体の周辺で「龍珠」や「龍宝」といった僧侶は現時点で見出していない。

（16）注（13）。

（17）享保十八年（一七三三）龍誉写『毘沙門天供』（覚Ｓ8-52）奥書には、雲阿から彦津に譲られた本を書写したとある。

（18）末尾の「後改蓮体」は蓮体自筆だが、墨がそれまでのものと異なり薄い。後に書き足したと考えられる。注（6）『河内長野市史』では、妙厳から蓮体への改名は元禄三～四年（一六八六～一六八七）の間と推定されている。同書にはその根拠となる『六字口伝秘』（延命寺蔵）の写真（部分）が掲載されており、妙厳での元禄三年奥書に続き、「改蓮体」とする元禄四年奥書を確認することができる（五四五頁）。

（19）二つの印の後には、延命寺の印と慶応二年（一八六六）に上田照遍（近世末期から明治期にかけて延命寺・地蔵寺等の住職を務める。『蓮体和尚行状記』の著者）が当該文献を延命寺から地蔵寺に移した旨の奥書がある。もともと地蔵寺になかった文献ということになるが、蓮体に直接関連するものであることは間違いないし、地蔵寺所蔵文献の歴史的変遷を知る上で貴重である。

（20）如鑁𑖜𑖰、慈潭ともに不明。なお、地蔵寺本の本文は朱の傍書で訂正が示されている。覚城院本の本文はすべて訂正後の形になっており、朱での校訂が解消されている。覚城院本では、本文の訂正に連動して「苦ニ校合了」が削られた可能性がある。「金剛如になくなった段階のものだった可能性もある。

（21）注（6）『河内長野市史』では「蓮体は二〇歳以前には如雲子・無窮とも号した」とある（五四五頁）。後掲の『妙経新註聞講記』三（地19-B22-3）の奥書には「大日本国求法沙門／本浄／如雲子／行年二八」（部分）とある。すなわち蓮体十六歳の時の筆である。

（22）1～16丁も蓮体自筆の可能性があるが今は判断を保留しておく。なお、26～28丁は梵字や平仮名で、蓮体筆か否かの判定がさらに難しい。

（23）新出の地蔵寺聖教からはさらなる自筆本の出現が期待される。実際、何本かの蓮体自筆本を確認している。

（24）注（8）上田著書の「延命寺相承安流聖教奥書集」で確認すると、二例目の『六月成就並八印品訣』に該当する聖教が、河内・延命寺に蔵されている（三七〇頁）。『六月成就法秘訣』と『秘密八印口訣』の各一冊である（合冊はされていないらしい）。元禄十四年の浄厳奥書を持つのは覚城院本も同じだが、延命寺本では前者が延享四年（一七四七）真常写、後者が享保三年（一七一八）諦観写とのことである。また、三好龍肝『真言密教　霊雲寺派関係文献解題』（国書刊行会　一九七六）には、『六月成就法並秘密八印』が霊雲寺蔵として挙がる（四四九頁）。同文献について三好著書に書写者の情報は記されていないが、二点の聖教が合冊されているらしく（「写一冊」とある）、そこは覚城院本と共通する。なお、稿者は延命寺本・霊雲寺本とも未見。

［謝辞］貴重な資料の掲載を御許可くださった地蔵寺ご住職・堀智真師、覚城院ご住職・森恭円師に厚く御礼申し上げます。

［付記］本稿は、科学研究費助成事業（学術研究助成基金助成金）基盤研究（C）（一般研究）「近世仏教説話集の知的基盤についての研究―近世聖教及び出版物との関わりから―」（課題番号18K00293）の成果の一部でもある。

第八章

金光寺僧行範の修学—覚城院蔵金光寺旧蔵聖教を中心に

柏原康人

はじめに

寺院に残されている古典籍は、基本的にはその寺院に関わる僧侶の修学のために蓄積されてきたものである。それらの古典籍を繙くことで寺院とその周辺での修学の実態を明らかにしていくことが可能となると考えられる。また、覚城院においても所蔵典籍の調査・分析を進めることで、覚城院とその周辺での修学の実態を明らかしていくことができるであろう。本稿では、覚城院に所蔵されている聖教のうち、覚城院末寺である金光寺に由来する聖教群に着目して、金光寺住持の修学活動の一端を明らかにしたい。

一、覚城院と仁尾地域の真言宗寺院

覚城院は、古くから仁尾地域の中に複数の末寺を抱えてきた。永享二年（一四三〇）に覚城院中興二世宗任によって作成された『覚城院惣末寺古記』によれば、その数は実に二十三を数える。(1)しかし、宝永四年（一七〇七）に高松から来住した三等によって著された『仁保浦大寧山覚城院縁起』(2)（宝永七年〔一七一〇〕成立）には、「為其末派之者凡二十有余寺 金伝寺 長楽寺 善光寺 海蔵寺 聖幢寺 小寺 蓮華寺 三瀧坊 宝幢坊 一乗坊 薬師寺 善蔵坊 宮坊 神宮寺 千台寺 如観寺 新光坊 金光寺 妙音寺 上之坊 多聞寺 地蔵坊 船積寺 今見在者少五箇也余皆隳廃焉」と記されており、末寺の数は五ケ寺にまで減少していた。同『縁起』には残存している五つの末寺の名は記されていない。しかし、元禄十二年（一六九九）の棟札(3)に覚城院末として神宮寺、金光寺、三瀧坊、一乗坊、多聞寺とあることから、この五ケ寺が残存していたと考えられる。

この後、享保八年（一七二三）の棟札「鴨大明神幣殿拝殿」(4)には、三等の名と共に覚城院末寺として神宮寺、金光寺、瑞雲院、広厳院、多聞寺の名が見える。元禄十二年から享保八年までの間に、「三瀧坊」と「一乗坊」が「瑞雲院」と「広厳院」へと変容し、この五ケ寺に末寺が再編されたことが窺える。瑞雲院は「覚城院調査」(5)の中で三等によって中興されたことが指摘されており、広厳院も元禄の末から享保にかけていくつかの小寺院が広厳院として集約されて再興したとされる。これは三等の止住期とほぼ重なっており、本寺住職であった三等の主導のもとに末寺の整理が図られたと考えられる。

この五つの末寺は安政五年（一八五八）に刊行された『西讃府志』(6)などの地誌類にも記載されており、近代に至るまで覚城院末寺として定着していたようである。その後、五ケ寺のうち、神宮寺、多聞寺は近代に入って退転し、金光寺、広厳院、瑞雲院（現・瑞雲寺）は現在も覚城院の近隣に所在している。

一方で覚城院は、これらの末寺のみならず、仁尾地域に所在する他の寺院とも密接なつながりを有していたと考えられる。『新修仁尾町誌』に記載される同地域の諸寺院の歴代の中には、覚城院住持を務めた僧の名を複数見出せる。たとえば、吉祥院は、覚城院の現在地近くに所在する真言宗醍醐派に属する寺院であるが、その中興初代とされる乗遍は覚城院住持を務めた人物である。「金光寺文書」(7)によれば、乗遍はもと覚城院住持であったが瑞雲院・一乗坊へ転住し、次いでしばらくして当時無住であった吉祥院を兼帯したという(8)。

このような覚城院と吉祥院との関わりは、覚城院聖教の中にも確認でき、『鎮守勧請法』（覚S9-64）には表紙に所持を示す「真隆」との墨書が見られるが、ここに記される真隆は吉祥院住持であった僧である。[9] 因みにこの吉祥院との関係は古くからあったようで、地蔵院萩原寺の僧真恵によって蒐集された聖教のうちに、覚城院住持であった宗任から吉祥院の僧任恵に授けられた印信が伝存することが指摘されている。任恵は、文明八年（一四七六）に覚城院で行われた御影供の交名である『仁尾草木御影供結衆交名』[10]にもその名を連ねている。[11] 乗遍以前の中世期においても覚城院と吉祥院のつながりがあったことが分かる。

また、『胎蔵界念誦次第』（覚S7-81）には「以覚城院御本写之　宗成／宝暦八戊寅正月廿八日於七宝山慈眼寺写レ書之金剛仏子宥真　助筆恵証　料紙施主塩田長右衛門尉」（奥書引用にあたっては、原資料の改行ではなく奥書の区切りで改行あるいは「／」を施した。また、読みやすさを考慮して奥書本文と署名の間に私に一文字分の空白を挿入した。以下同じ）との奥書がある。この聖教は、覚城院のほど近くに所在する七宝山慈眼寺普門院（真言宗醍醐派）において、宥真によって書写された覚城院に由来する典籍が、経緯は不明ながら普門院からふたたび覚城院に流入したものである。

このように、覚城院聖教の分析からは、本末関係に関わらず、覚城院が同地域の多くの寺院と関わりを持っていたことが浮かび上がってくる。その中でも特に注目されるのが、本稿で取り上げる金光寺旧蔵聖教である。金光寺旧蔵聖教には金光寺僧による書写や所持を示す書き入れや奥書があり、それらは金光寺での修学の実態を窺い知る重要な手がかりとなる。また、それらが現在では覚城院に移管されていることは、覚城院と金光寺の関係、ひいては仁尾地域の寺院間での僧侶の活動や典籍蒐集の様態を知る上でも好材料となろう。金光寺旧蔵聖教は、覚城院聖教の中で現在百六十点以上確認されている。覚城院末の五ヵ寺でこれだけの数の典籍が伝存するのは金光寺のみであり、金光寺旧蔵聖教に特に注目する所以である。

二、金光寺旧蔵聖教の特徴

金光寺は、山号を宝珠山、院号を遍照院と言う。開基は不明ながら、『覚城院惣末寺古記』に「一　本尊観音金光寺」と記されるように、少なくとも永享二年には存在していた。寛永二年（一六二五）に秀遍が覚城院から転住して中興第一世となり、その弟子である秀聖が慶安二年（一六四九）に諸堂宇を整備した。[12] その後は、行範によって宝暦八年（一七五八）に山門が、天明八年（一七八八）に本堂が整備された。嘉永年間に宥明信元が来住した際には、庫裡を新築し、寺域内に護摩堂、客殿、鎮守堂、隠居家を完備したという。しかし、明治六年（一八七三）に西讃竹槍騒動[13]が発生すると金光寺も焼き討ちに遭い、山門を残して伽藍は焼失した。現在は、明治三十二年（一八九九）に栂尾仲道によって伊予から移築された本堂が建つのみである。

金光寺歴代は、「通寿―秀遍―秀聖―秀範―秀印―良遍―増音―興厳―三友―慧旭―行範―文隆―行如―行雅―増信―行融―良慧―宥敞―信元―来仁―澄仁―諦円―密円」と法灯を継承した。[14] このうち、覚城院と関係する僧は、秀遍、秀聖、信元、来仁、澄仁（『大寧山覚城院歴代先師尊霊』）、諦円（覚城院先々代）である。一方、覚城院での灌頂の記録である『当院灌頂修行之記録』[15]（覚城院蔵・三等起筆）には、金光寺に関わる僧として増音、三友、慧旭、行如、行知、行厳らの名が確認しうる。とりわけ、三友、慧旭に関しては、「当院徒　契禅房三友……」、「……当院資金光寺主慧旭於当道場安流伝法灌頂令許与之了」と記載されており、覚城院資であったことが確認でき、覚城院住僧であった。彼らは金光寺歴代にもその名を連ねており、覚城院で修行した後に金光寺へ入寺したことが分かる。

そこで金光寺旧蔵聖教を繙くと、秀範、秀印、良遍、興厳、行範、行如、行融、行雅、行本ら金光寺に関係する僧の名を奥書や表紙署名などに見出すことができる。点数としては秀範二点、秀印三点、良遍一点、興厳二十二点、行範百二十点、行如二十四点、行融一点、行雅一点、行本一点が現在把握されている。注目されることは、行範の聖教の数が飛び抜けて多いことである。しかも、行如の書写になる典籍の中には、たとえば『求聞持法口決東』（覚S2-18-3-1）に、「天明二壬寅十一月初五日謹書写之了　讃州仁尾金光寺行範法聖教内　筆事行如文隆」と記されるごとく、行如が行範の右筆として書写したものが見られる。このような典籍は現在のところ十六点確認されているが、いずれも行範が所持したものと見なせる。これらを含めると、金光寺旧蔵聖教は、そのほとんどが行範に関わる典籍によって占められていると言える。

行範の生年は、『度人要軌』（覚S12-27）に享保十六年（一七三一）時点で二十二歳であることが記されていることから、宝永七年（一七一〇）である。現在確認できる行範に関わる聖教で最も古いものは、享保十五年（一七三〇）に授与された印信である『許可安』（覚S8-24）であり、最晩年のものは天明五年（一七八五）書写『牛馬疫風大事』（覚S7-75-2）である。その他、先述したように天明八年に本堂を整備していることから、この頃まで活動していたことが確認できる。したがって、行範に関わる聖教は、行範の生涯に亘る修学を示す聖教群と言えるだろう。

すなわち、金光寺旧蔵聖教は、行範の修学を跡付けることのできる格好の聖教群であると言える。さらに、一人の僧に関わる典籍がまとまって伝存していることから、金光寺旧蔵聖教は、金光寺に蔵されていた聖教が覚城院へ移管されたものというよりも、行範に関わる聖教がまとまって移管されたものであると考えられる。以降では、金光寺旧蔵聖教から行範の修学過程を追うことで、その特徴について論及したい。

三、行範の修学と恵光寺系統の新安流

行範は、『愛染法』（覚Ｓ２-59）の奥書に「讃州仁保産　桑門行範」と記すごとく、仁尾の生まれである。また、『如宝不動供次第青』（覚Ｓ７-17）の奥書では、「寛延三庚午年十一月八日於宝珠山遍照院奉為先師興厳大和上成三菩提書写之了　現住末弟行範四十一」と行範の三代前に金光寺住職を務めた興厳を「先師」と仰いでいる。行範の修学初期の典籍である『理趣経法』（本山寺所蔵聖教420-25）の奥書には、[16]

時元禄九年七月二十三日武都北南霊雲開基■萬妙極欽誌
同十年三月十五日於霊雲通慧房以真本書功了『朱点一校了』　讃州産宝厳
同十四辛巳年正月十三日書写之了慧濬『同夕朱点一校了』
正徳三癸巳年四月十一日於仁保浦金光密寺書写之了　同十二月『朱点妙業』三十五歳
享保十六辛亥年四月八日小豆島之内手島唐櫃村於宝珠院書写之了　行範二十二『同日朱点校合了』

と、興厳（＝妙業）が金光寺で書写した典籍を、行範が手島（豊島）の唐櫃村の宝珠院で写した旨が記されている。これらの典籍に見られる興厳とのつながりから、行範の初期の修学は、仁尾地域、特に興厳が住持を務めた金光寺を中心に展開されたと考えられよう。

行範の師である興厳に関わる聖教には、

元禄十年仲秋晦日於武府北岡霊雲寺戒度房以　妙極大和上之御真毫書写之了　讃州産小野末裔宝厳三十有三
元禄十三庚辰二月廿九日書之　秀昌後改慧濬
宝永七庚寅年十月五日書写之畢　妙業興厳

との奥書を持つ『七支念誦法』（覚S10-103）や正徳四年（一七一四）に恵光寺の僧慧濬から興厳に授けられた切紙（『小野　四紙』覚S7-52）が伝存している。興厳に伝授を授けた慧濬[17]は、新安流の祖である浄厳、その高弟の一人である蓮体より新安流の伝授を受けており[18]、香積山恵光寺中興となった人物である。讃岐における新安流の展開にも影響を与えた注目されつつある僧である。

また、『開眼供養作法最秘』（覚S2-58）には、

天和三年正月十二夜書之并校点了　安祥寺流末裔浄厳四十五載
元禄九年丙子正月元日於讃州多度郡堀江村法蓮庵矯居而書写了　宝厳三十二歳
同八月廿五日於弥谷山院書写了　雲阿六十五才
元禄十五年五月十五日於室本書写　真了二十
宝永八辛卯年初夏仏誕生日於仁保浦金光密寺書写之了　興厳三十三歳

との奥書が見える。ここに登場する雲阿は、慧濬と共に密供を修するなど慧濬と関わりの深かった人物である[19]。興厳は、この他にも「元禄十一庚寅年五月三日書功了　雲阿行年六十七／正徳三癸巳年初夏廿五日右御本書寫了　興厳三十六歳」との

奥書をもつ『許可作法秘説非明法師莫行謹慎』（覚S12-2）や『(安)流諸大事』（覚S8-47-a）といった雲阿に由来する聖教を書写している。[20] これらの典籍から、興厳が慧濬、恵光寺との関わりの中で修学活動を行っており、彼を介して金光寺に恵光寺・慧濬系統の新安流が流入していたことが窺える。

一方、行範は、享保十五年（一七三〇）三月に恵光寺で慧濬から新安流の伝授を受けている。（『許可安』覚S8-24、『伝法灌頂印信』覚S12-73-1）『伝法灌頂印信』には、「小僧数年之間尽承事誠幸蒙河州延命寺蓮体大和上灌頂印可矣今授金剛弟子行範為次後阿闍梨為示後喆記而授矣」と慧濬が延命寺蓮体から受けた伝を行範に授ける旨が記され、行範が興厳と同じ法流を受けていたことが分かる。慧濬から行範への伝授は、金光寺に流入していた恵光寺・慧濬系統の法流を背景としたものであったと考えられる。

他方、覚城院では、『当院灌頂修行之記録』によると、三等来住の翌年にあたる宝永五年（一七〇八）から天明四年（一七八四）までの間に延べ百六十人近い僧に対して新安流を中心とした伝授が行われており、継続的に覚城院の住僧のみならず仁尾地域内外の僧侶に対して新安流の伝授が行われていたことが窺える。このことは、元文二年（一七三七）に三等が無等へ新安流を伝授した際の印信である『伝法安』（覚S7-54）をはじめとした覚城院聖教に伝存する多くの印信類からも裏付けられる。また、覚城院内には、「旹元禄九年七月廿三日武都北岡霊雲開基苾蒭　妙極欽識ス／宝永六年仲秋念五日　讃陽仁保覚城院現住　三等書写了」（『理趣経法安　雲』覚S7-12）などの三等が浄厳（＝妙極）に由来する書を書写したとする奥書を持つ典籍が多く残されている。[21] これらの典籍から、本寺である覚城院において三等を介して浄厳からの流れを汲む新安流が流入していたことが分かる。

三等は、宝永四年に入寺し、元文二年に病を得て住職を退いている。[22] 慧濬は享保二十年（一七三五）に遷化するが、興厳と行範が存命中の慧濬から恵光寺で伝授を受けた時期は、まさに三等の覚城院止住期と重なる。しかし、『当院灌頂修行之記録』には興厳と行範の名は一度も記載されておらず、この間に両者の覚城院での受法は確認できない。本寺である覚城院で三等を中心に新安流が展開していく中で、興厳、行範は覚城院ではなく恵光寺で慧濬から新安流の伝授を受けていたのであった。このことは、第二節で述べた金光寺と覚城院との密接な本末関係や興厳、行範以外の金光寺僧の覚城院での受法が複数確認されることから考えると非常に対照的である。行範の修学初期においては、覚城院と金光寺双方に系統の異なる新安流が流入しており、それぞれの寺院で系統に沿った修学活動が展開されていたと考えられる。

四、行範の修学の展開

行範は、『[梵字]（理趣経）法秘』（覚S7-11）に、「享保八年十一月三日書功了　金剛智光廿五（朱）／（朱）『同月廿八日暁対孤灯朱点校合了香積苾蒭慧濬』／寛保第三癸亥年秋九月廿六日書之畢　宝珠山金光寺　行範三十四歳／『同夜校合共了』」とあることから、寛保三年（一七四三）頃に金光寺の住持になったと考えられる。住持になってからも行範は、金光寺で恵光寺・慧濬に関わる典籍を多く書写している。たとえば、享保六年（一七二一）に照津が恵光寺で書写したとする元奥書を持つ浄厳撰述『[梵字]（水天）持念次第』（覚S8-43）を寛保三年九月十一日に書写している。翌年の延享元年（一七四四）には恵光寺に由来する『[梵字]天供』（覚S12-3）、『文殊師利菩薩念誦秘軌』（覚S13-60）を写し、寛延四年（一七五一）にも慧濬の令写になる『愛染王供養念誦要略法』（覚S12-13）を書写している。行範が慧濬の法流を金光寺において継承し展開していたことが窺える。

このような行範の修学に変化が現れるのが、宝暦七年（一七五七）である。この年の六月から八月にかけて行範は、高野山浄菩提院に赴いている。行範は浄菩提院で六月七日に浄菩提院主増三から小野流の許可灌頂を受け、八月には「于時宝暦七丑年八月四日高野山於南谷浄菩提院会下以栄伴師本書之了　讃州遍照院金光寺行範」（『求聞持次第私日記』覚S10-96）とあるように当地で書写を行っている。行範は宝暦十三年（一七六三）にも浄菩提院に赴いて書写を行っており（『稲荷社大事』覚S13-12）、浄菩提院とのつながりが浅からぬものであったことが窺える。

行範の修学の場となった浄菩提院は、覚城院住持であった智体が享保十五年（一七三〇）から覚城院住持となる元文二年（一七三七）まで学衆として研鑽を積み、覚城院を辞して高野山に戻った後も明和元年（一七六七）から住職を務めた高野山の院家であった[23]。また、行範は、晩年に行如に『求聞持法』（覚S8-1）、『求聞持法口決東』（覚S2-18-3-1）などの典籍を、智体が浄菩提院普山以前に住持を務めた高野山雨宝院で書写させている[24]。行範の高野山、浄菩提院での修学の背景に智体との関係があった可能性が考えられるだろう[25]。

次いで宝暦七年十月、行範は仁尾に戻り、『光明真言土砂加持安最極四帖』（覚S12-88）を書写している。四点を内包するこの典籍は、「享保廿乙卯年閏三月五日書写之　沙門妙瑞／元文二年丁巳閏十一月十二日写之　沙門智本／宝暦七丁丑年十月廿三日書之　仁保村宝珠山金光寺行範」（『光明真言土砂加持』覚S12-88-1　奥書）とあるように、いずれも妙瑞に由来するものだった。妙瑞は、釈迦文院維宝より安流を受けており、安流の中でも恵光寺や慧濬とは系統を異にする人物である[26]。行範は、この妙瑞に由来する典籍を宝暦七年から八年にかけて集中的に書写している。

さらに、行範は明和元年の五月から十二月にかけて半年以上に亘って備中国尾道の摩尼山持善院にて快厳、快嵓から新安流を含めた諸流の伝授を集中的に受けている[27]。このとき承けた『安祥寺諸流一統相承血脈』（覚S2-13-2）に記される血脈の末には、「浄厳阿闍梨―蓮体阿闍梨―融妙律師―快厳阿闍梨―行範」との系譜が記されている。この快厳、快嵓からの伝授に先だつ宝暦十三年に、行範は高野山で快嵓から伝法灌頂を受けている（『伝法許可印信』覚城院蔵）。行範は、先に述べたようにこの年に浄菩提院に赴いており、持善院での一連の伝授と修学が行範の高野山での修学を端緒としたものであったことが窺える。以上のように、恵光寺・慧濬の系統を中心とした行範の修学は、本寺である覚城院や高野山、尾道持善院と

佐藤洋一郎 編（京都府立大学文学部特別専任教授）

日本のイネ品種考

木簡からDNAまで

イネの化石分析から、「ブランド米」の出現まで。イネの品種の栄枯盛衰はどのように繰り返されてきたのか。そのことは私たちの文化・社会にいかなる影響を及ぼしたのか――考古学、自然科学、料理人それぞれの視点から、イネと米の来し方、行く末を展望する。

■Ａ５判上製・266頁　四、五〇〇円＋税

ISBN978-4-653-04414-7

同編集委員会 編

新井晋司・川原秀城・武田時昌・橋本敬造
宮島一彦・矢野道雄・山田慶兒

藪内清著作集　全7巻

6回配本

第6巻「自然科学史　数学史／医学史」

叡智を極めた科学史の碩学、その全容が明らかになる――科学史の諸領域にわたり独自の史観を打ち立て、独創的な研究を生み出すと共に科学史を一つの学問分野として確立した藪内清（一九〇六―二〇〇〇）。単行本未収録の論文、入手困難な著作を中心に多岐にわたる氏の業績を編む。各巻解題・月報付。

■第6巻　菊判上製・約528頁　予価一四、〇〇〇円＋税

6巻：ISBN978-4-653-04446-8
ISBN978-4-653-04440-6（セット）

名古屋大学人類文化遺産テクスト学研究センター 監修
岡田荘司・伊藤　聡・阿部泰郎・大東敬明 編

真福寺善本叢刊〈第三期〉神道篇

既刊

第2巻「麗　気　記」

真福寺（大須観音）は、仏教典籍と共に、鎌倉・南北朝時代に書写された数多くの中世神道資料が所蔵されており、研究上比類ない価値を持つ。先の『真福寺善本叢刊』以降に発見された写本をはじめとして構成される本叢刊は、中世神道研究のみならず、日本中世の宗教思想・信仰文化の解明にとって多大な貢

BN978-4-653-04472-7
-4-653-04470-3（セット）

説話の形成と周縁

古代篇・中近世篇

軍記・古註釈、説話の言説・メディア論まで。物語・和歌・美術・宗教との関わりのなかで、説話はいかに生み出され定着したのか。また、時空間やジャンル、虚実の壁を越えて、説話はいかに発展してきたのか。

■四六判上製・296頁～304頁　各三、二〇〇円＋税

古代篇：ISBN978-4-653-0
中近世篇：ISBN978-4-653-

坪井秀人 編（国際日本文化研究センター教授）

戦後日本を読みかえる

全6巻

全巻完結

1 敗戦と占領
2 運動の時代
3 高度経済成長の時代
4 ジェンダーと生政治
5 東アジアの中の戦後日本
6 バブルと失われた20年

——編者のことば——

〈戦後〉は日本の内から外から、しかもそれぞれまったく違う力学のもとでその終末を迎えようとしているのかもしれない。しかし、このような現在だからこそ、人文学の知をここに集めて、臆することなく真っ向から〈戦後〉を読みかえることに挑んでみたい。

■四六判上製・平均270頁　全6冊揃二〇、六〇〇円＋税

ISBN978-4-653-04390-4（セット）

京都大学文学部国語学国文学研究室 編

全巻完結

京都大学蔵 潁原文庫選集

近世語研究を畢生の研究とした潁原退蔵博士が生涯にわたって収集し学んだ一大史料群、京都大学蔵潁原文庫から、従来未翻刻のもので学術的意義の高い稀覯書を厳選して翻刻（一部影印、索引付）、巻末に詳細な解題を付して刊行する。

■Ａ５判上製・平均500頁　全10冊揃一六二、〇〇〇円＋税

ISBN978-4-653-04320-1（セット）

國語國文

京都大学文学部国語学国文学研究室 編

大正十五年（一九二六）の創刊以来、実証的な研究を重んじる立場から画期的な論文を掲載しつづけ、国語国文学の分野に貢献してきた本書は、国語学国文学の最新の研究状況をリアルタイムで発信する好資料である。86巻12号で通巻1000号を迎えた。

■88巻6号・7号　Ａ５判並製　48頁～64頁　九〇〇円＋税

88巻6号：ISBN978-4-653-04428-4
88巻7号：ISBN978-4-653-04449-9

いった覚城院内外の寺院とも関わりながら、別系統の新安流にも拡がり、展開していった。

　そして、行範の持善院での修学は、行範自身の修学を展開させただけではなく、行範以外の僧の修学にも影響を与えている。『𠫓一山秘密記』（覚S12-91）の

　　于時正徳六丙申三月廿四日再書写了　持主苾芻純浄五十有五
　　　　　　　　　　　　　　　　　　　筆者智良十八才
　　宝暦十四甲申五月七日備後国尾道持善院西院伝授之砌書写之了　讃岐仁保金光寺行範
　　明和二乙酉九月吉祥日行範以本書写了　覚城院現住法印無等四十有九齢矣

との奥書にも示されるように、摩尼山持善院に関する伝書は、行範を経由して無等の書写するところとなる。持善院と仁尾地域のつながりは現状において行範以前には確認できず、行範の伝授が覚城院無等と持善院系統の法流の接触の契機となったと推される。

　無等は、この後、明和五年（一七六八）に『三十帖目録大師御筆御請来本』（覚S12-89）を写得している。当該典籍の奥書には、「宝暦十庚辰年九月十九日以本中東南院御本書写之了　備後尾道持善院法印快嵓六十五才／明和五戊子秋七月晦日　書写畢　覚城院現住法印無等五十有二」とあり、無等が持善院の流れを汲む聖教を行範を経由せずに独自に手にするようになっていたことが分かる。行範の持善院での修学が、本寺である覚城院住僧の修学に影響を及ぼしていたことが窺えよう。

　その後の行範の修学は、それまでの修学の蓄積の上に展開する。安永年間以降の行範に関わる聖教には、行範自身の書写に加えて先述した行如令写行範所持本が多く見られる。行如に書写させた典籍を繙くと、妙瑞、快嵓に由来する典籍が含ま

れており、自身の修学をなおも深化させようという姿勢が窺える。また、行範は、安永五年（一七七六）に『遷宮大事』（覚S13-76）などを書写し、天明元年（一七八一）に千葉胤麻呂なる人物から唯一神道の伝授を受けるなど、この時期になって神道に関わる修学を行っている形跡が見られる。この神道に関わる修学には、持善院で行範に伝授を授けた快宮の影響が窺えることが指摘されている。(28) この時、行範はすでに齢七十を超えていたが、なお新たな伝授を承け、典籍を書写して修学をさらに深めようとしている姿に旺盛な意欲が垣間見える。

そして、晩年期の行範は、金光寺において新安流の伝授を行っていることが確認できる。『許可安』（覚S12-61）には「天明二年壬寅六月八日□曜■宿（亢カ） 授行本了／伝灯大阿梨（ママ）□（耶カ）行範」とあり、行本に行範が伝授を行ったことが分かる。自身の新安流を基軸とした修学の果てに金光寺という讃岐の一地方寺院において、法流の伝授を行えるまでになったと言える。

このように、享保の中頃から始まった行範の修学は、当初恵光寺・慧濬系統の新安流を中心に始まるが、仁尾地域を中心に研鑽を積む中で地域内外の寺院・住僧と関わり、他の系統・法流を摂取しながら展開した。とりわけ、恵光寺・慧濬の系統の新安流典籍は、当時の覚城院（本寺）には流入していた形跡が薄く、金光寺（末寺）特有のものであったと考えられる。これら金光寺行範所伝の新安流聖教が後代に覚城院へもたらされたことにより、既に在った三等・無等所伝の新安流聖教と合わせて、多系統の新安流聖教が覚城院に集まることになったと考えられる。

おわりに

以上、金光寺旧蔵聖教から行範の修学の過程を跡付けてきた。本稿で取り扱った行範は一地方の末寺に住した僧に過ぎないが、彼の残した多くの典籍とそこから浮かび上がる修学活動は、地方寺院における僧侶の修学の一例を示すものであると言えるだろう。また、本稿でみたように、行範の修学は、仁尾地域への新安流の伝播や高野山、尾道持善院と関わりながら展開された。その中で行範が受けた法流は、最終的に覚城院へ流れ込んでいく。末寺において展開された法流とその典籍が本寺に移管されて継承されていることは、修学や法流の展開における本寺と末寺の関係やそれぞれの役割を考える上での重要な手がかりとなるだろう。今後は、仁尾地域における新安流の伝播と展開や寺院の本末関係のあり方にも視野を広げて調査研究を進めていく必要があると考える。

（1）「覚城院調査」（『歴史博物館整備に伴う資料調査概報―平成八年度・九年度―』香川県教育委員会、一九九九年）所収のものを参照した。なお、『覚城院惣末寺古記』原本は県立香川ミュージアムに寄託されている。また、翻刻は前記の他に『香川県史』、『新編香川叢書　史料編二』に収載されている。
（2）引用は覚城院蔵の原本による。なお、当該資料の翻刻は、『香川叢書第二』（香川県、一九四一年）に収載されている。
（3）『新修仁尾町誌』（仁尾町、一九八四年）収載。原板未見。
（4）『新修仁尾町誌』収載。原板未見。
（5）前掲注（1）。
（6）丸亀藩編纂。『西讃府志』（藤田書店、一九二九年）を参照した。
（7）『新修仁尾町誌』に三等が認めた文書として引用されているが、どのような形態の文書であったかなど全容は未詳。三豊市教育委員会によれば、原本は現在所在不明とのことである。このため、当該資料については、『新修仁尾町誌』五三五頁に掲載されている翻刻を参照した。
（8）乗遍の覚城院止住期間は未詳であるが、『新修仁尾町誌』に載る「金光寺文書」には慶長十年（一六〇五）に乗遍が一乗坊で棟札を作成した旨の記述があることから、覚城院の住持であったのはそれ以前かと考えられる。

（9）覚城院聖教の内、覚城院と吉祥院との関わりを示すものとしては、この他に吉祥院住僧であったと思われる真海なる人物に関連する聖教群がある。当該聖教群は、現在三百を超える点数が確認されており、覚城院聖教の中でも群を抜いて数の多いものである。真海関連聖教に関しては、その伝来や流入の経緯、真海の来歴等を含めて今後の調査及び研究が必要である。

（10）注（1）「覚城院調査」所収。なお、原本は香川ミュージアムに寄託されている。

（11）中山一麿「覚城院の聖教調査と『密宗超過仏祖決』の出現」（中世禅籍叢刊編集委員会編『中世禅籍叢刊　第十二巻　稀覯禅籍集続』臨川書店、二〇一八年）参照。

（12）金光寺寺史の概略については、『仁尾町誌』（仁尾町、一九五五年）および『新修仁尾町誌』を参照した。

（13）明治六年（一八七三）六月に発生した徴兵令に関する流言蜚語に端を発する大規模暴動。『仁尾町誌』、『新修仁尾町誌』によれば、観音寺周辺で発生した暴動が仁尾に波及し、役所や学校などを襲撃したついでに金光寺、多聞寺、北之坊に放火して焼き払った。金光寺は境内に学校が臨時に設置されていたために標的になったとされる。

（14）このうち行如・文隆は覚城院聖教のうち『求聞持用意』（覚S8-9）に「筆事行如文隆房」と見えることから同一人物である。

（15）『香川県史　第十巻　資料編近世史料Ⅱ』（一九八七年）所収。

（16）『理趣経法』の奥書は、香川県教育委員会編『本山寺総合資料調査報告書』（香川県歴史博物館、一九九九年）を参照した。

（17）慧濬については、本書所収向村九音「『香積山中興慧濬和尚伝』翻刻と解題」で詳しく論じられている。

（18）新安流は、宗意を流祖とする安祥寺流を基礎として、近世前期に浄厳が新たな事相を立てて形成した法流である。浄厳の立てた新安流は、蓮体、慧光、慧弁らに継承され、日本各地に伝播した。讃岐では蓮体と慧光から伝授を承けた瑞宝が高松大護寺を拠点にするなど法流が展開した。仁尾地域と蓮体の関わりについては、本書所収山崎淳「覚城院所蔵文献と地蔵寺所蔵文献―蓮体を起点として」に指摘がある。

（19）『香積山中興慧濬和尚傳』の記述による。なお、雲阿と慧濬の関係については、注（17）向村解題に指摘がある。

（20）覚城院聖教には、慧濬、雲阿、宝厳など新安流の展開に影響を与えた僧や彼らと関わる諸寺院との関係を示す典籍が伝存している。讃岐への新安流の伝播と瀬戸内地域に所在する諸寺院との関係については、注（17）向村解題および本書所収平川恵実子「蔵書から見る覚城院周縁～主要な僧と関連寺院について～」に詳しい。
（21）三等の修学については、注（20）平川論文に指摘がある。
（22）三等の在住期間については、注（20）平川論文および『当院灌頂修行之記録』を参照した。
（23）智体については、注（20）平川論文に指摘がある。
（24）『金剛峯寺諸院家析負輯』（『続真言集全書』所収）の智体の伝記には、「宝暦四年甲戌再登山居勝髪院列于勧学院之講場両年。十年庚辰因前検校法印真弁遺命住于雨宝院。以十三年発未勤勧学講演第三度。明和元年甲申八月以有浄菩提院増超遺嘱師即為後嗣。」とあり、宝暦十年（一七六〇）から明和元年（一七六四）まで雨宝院の住持を務めていたことが確認できる。
（25）『当院灌頂修行之記録』には記載はないが、行範は延享二年（一七四五）に智体から天長印信を伝授されている。（『天長印信』覚城院蔵）行範が金光寺において恵光寺・慧濬の法流を展開しつつ智体の法流にも接していたことが確認できる。
（26）妙瑞は高野山の学僧で真別所円通寺住持などを務めた人物である。『金剛峯寺諸院家析負輯』には、「第九代妙瑞恵深房者讃州二野郡田淵氏産。十二歳於国之威徳院従慧了剃髪染衣。登山交衆住持宝巌院。又移転大坂生玉南坊。又帰山転住如意輪寺。師事前寺務検校兼宝性院英同法印伝受中院西院等法流。伝受安流於釈迦文院維宝闍梨。伝受子嶋流於南院教栄前官。四十八歳寛保三年七月入真別処。九月廿一日辰時進具継円通。又兼住和州久米寺及弘福寺河州通法寺。」とあり、讃岐出身であったことが確認できる。
（27）『鎮守読経作法』（覚S８-17）の奥書に「于時宝暦十四甲申六月朔日備州尾道随持善院快嵓阿遮梨而西院伝受之聞書之了　讃州仁尾村宝珠山遍照院行範」とあることから、行範はこのときに快嵓から新安流の他に西院流など諸流の伝授も承けていたことが分かる。
（28）行範の神道関係の修学と快嵓との関係については、本書所収鈴木英之「覚城院所蔵の神道関係資料について」に詳しく論じられている。

第九章　覚城院所蔵の神道関係資料について

鈴木英之

はじめに

全国各地の真言宗寺院には、今も近世神道に関連する文献が大量にのこされている。御流神道、唯一神道、雲伝神道といった高野山を中心に伝授された神道諸流派の典籍や印信・血脈類である。諸寺院の聖教調査によって次々と見出されるそれらは、江戸期を通じて幕末にまで及ぶ膨大なもので、儒家や国学者が勢力を誇った近世においてもなお、本地垂迹説にもとづく中世的な神道論を核とした言説・儀礼が命脈を保っていたことを窺い知ることができる。(1)

近世の高野山における神道流派の礎となったのが日光院英仙（一六六六〜一七四三）である。(2)英仙は高野山塔頭寺院である日光院の院主で、御流神道・三輪流神道などを受け継ぎ、吉川惟則なる人物から唯一神道の伝授を受けたという。英仙は御流と唯一神道を組み合わせた神道論をとなえ、近世高野山における神道伝授を確立した。英仙の神道論は日光院において代々相承され、英仙から数えて五代目の日光院主・鑁善（一七七四〜一八四五）に至って更なる体系化がなされた。また慈雲飲光（一七一八〜一八〇四）によって神密一致を旨とする雲伝神道が説かれるなど、高野山の神道論は、明治期の神仏分離に至るまで大きな影響力を誇っていた。

ただし、一口に「御流」といっても、その位置付けは時代や諸師によって変遷があり一定しない。鑁善『神道伝授目録』によれば、御流とは、もともとは嵯峨天皇の「唯一純白神道」を弘法大師に授けたものであり、大師はこれに密教両部の教理を習合させ「天地麗気記」を製作した、それを嵯峨天皇に授けたことから、両者の印や歌などは共通しており、「御流」と名づけるのだとして、密教と唯一神道を習合させたものを「御流」と呼んでいた(3)。また鑁善は御流の位置付けが諸師により異なることを指摘し、日光院英仙は、単純に弘法大師が相伝した神道論であるから御流と呼称し、雲伝神道を提唱した慈雲飲光は、天子の相伝を御流と称するが、唯一と両部を同一として、両者を区別することはなかったとするなど、御流には様々なとらえ方があったことがわかる(4)。

また「御流」には流派が非常に多いことも指摘される。鑁善『御流神道潅頂私記鑁善記』(覚S10-80)(5)では、「大師流」(「素盞烏流」「出雲流」)「伊勢流」などを紹介した後に、

○上来奥批ニテ大師流由来已ステニ顕然タリ。又大師於二勢南法楽舎一ニ行二トツ灌頂略式一ノヲ故是ヲ伊勢流トモ云。今云二ハ御流一ト彼等ヲ総括シテ云ナラム。

と、諸流を総括して「御流」というのだとの見解を示している。慈雲や鑁善の見解を合わせて考えれば、おそらく江戸後期頃には、高野山の神道諸流は、それぞれ違いがありながらも、唯一も雲伝もみなゆるやかに「御流」の中に含まれていたものと推測される。

覚城院も、高野山のこうした混然一体とした神道界の状況を反映しており、御流・唯一・雲伝を中心とした多数の神道典籍を所蔵している。これら覚城院聖教における神道関連資料の検討を通じて、近世高野山における神道諸派の実態を窺うこ

とができると考えられる。そこで小稿では、今後の本格的な研究の前段階として、管見に入った覚城院所蔵の神道資料名を近世を中心に提示する。その際には、各神道論ごとに整理したうえで、覚城院聖教における神道資料の特色について概観していく。

なお小稿では、これ以降、特に指定がない限り、御流神道は両部神道にもとづく密教系神道論のことを指す。また書誌調査が行き届いていない箇所もあるが、まずは概要を示すことを第一とし、詳細は別項で論じたい。

一、中世の神道関係資料

覚城院聖教における神道関係資料のうち、中世写本はごく僅かしかない。だが、中世覚城院と全国の諸寺院との聖教の往来を考える上で興味深い資料がいくつか存在している。『神大事十　伊勢御神体大事』（覚城院蔵）は、根来寺と覚城院との関係や、根来寺における神道灌頂の実修を知ることのできるものとして極めて貴重である[6]。また『大日本国　口伝』（覚S12-43）は、いわゆる中世日本紀のひとつで、日本を密教的に解釈したものである。奥によれば、伊予国最東部にある「宇摩郡新庄」の「善法寺」で、「信源」が応永十五年（一四〇八）に書写したものとされる。以下に翻刻を掲げる（翻刻に際しては、基本的に通行の字体に改め、追い込みで翻字した。ただし原本において、意識的に段落分けや字下げが行われていると考えられる箇所は、同様に示した。ルビ・訓点は原本にあるものだけを示した。句読点は私意。）。

・『大日本国　口伝』（覚S12-43）

（表紙）

大日本国口伝　※外題上に「七」と朱書。

（本文）

天神七代

地神五代

匝面授決記云、以世間浅名顕法性深号。天神七代本地、〻神五代本地、台金両部之諸尊也。故諸神本地口決記云、定余流人及成就等如所談可思之一。抑反流所存无也。能〻可思量一、〻〻〻。

先天神七代者台八葉九尊也。地神五代者金五智五仏也。上台八葉九尊有二惣別二種一。所謂陽神三代台三部惣体也　次四代男女神共八葉九尊即四智四定也。

次地神五代有二惣別二種一。

所謂、伊奘冉　曽佐尾出雲大社男

天照伊勢大神宮男　月読宇佐宮男　■（雲カ）留子西宮女

是即能生所生是也。五部惣体也。五胋形也。天照正哉等五智五仏即別体也。天神以下能生加定也。

問云、天地陰陽、胎金分別之時天陽也。金也。地陰也。胎也。何今天為胎一、地為金一耶。答。王禾（瑜祇）経意不二雑乱之義也。又是本覚下転之義也。故天胎大日付二金名一云二国常立一、地金大日付二台名一云二天照大神一也。依二此等法爾道理一、当流金剛界修行之時正念誦用二胎大日咒一也。台界修行之時者用金大日咒一也。是即台金和成、成■（立カ）万法一、利益有情一、修行覚道也。是即天即地、〻即天也。天自地一生。地又自天一生。是地水和合義也。

同云、天浮橋者其意如何。

答。天浮橋者梵天也。或云、高間原（大中口云）者梵宮者大日如来四所院随一也。斬鉾者散杖也。大八十嶋者今此国淡路嶋也。云意、梵天南浮開闢之第八十相当故八十云也。大字大和国惣名也。大日本国大也。一須弥建立内教外教皆是以之為所詮、真言道場観以須弥為道場故、一〻天地両盤皆是台金両部惣名体也。不可異論者也。

同云、男女会事何尊始之哉。

答、日本紀云、伊奘諾伊奘冉尊ノ時美戸間久波井給也。已上神化生也。此二人神時胎生初也。

（朱書）『于時応安元年之比高野山南谷法性院書之穴賢〻〻可秘〻〻

応永十五年十二月二日於宇摩郡新庄善法寺書之信源』

書写者の信源は、応永五年（一三九八）に尾張にて任瑜本『野胎口決鈔』（覚S16-17）、『十八道口決』（覚S16-19）などを書写したことが指摘されており、覚城院と真福寺との関係を考える上でも重要な人物である。(7) また『当寺鎮守青龍権現習事』（覚城院蔵　正平六年（一三五一）禅有写カ）が、建武四年（一三三七）の覚乗（慈淵上人）の言説を有するものとして注目される（本書・伊藤資料紹介参照）。上記はいずれも、秘説の形成や伝授の過程を知ることのできる貴重なものといえよう。

二、御流神道――金光寺行範と持善院快宮――

覚城院所蔵の神道関係資料は、近世高野山における神道諸流派に関する書物が圧倒的に多くを占めている。(8) 中でも数が多いのが、御流神道（密教系神道）に関する印信・切紙類である。覚城院には約三十点の御流神道関連の著作が所蔵されているが、遷宮や鎮守勧請に関するものが多く、それらが御流神道における重要な作法だったことがわかる。以下に一覧を掲げる。

（遷宮作法）

『遷宮私日記』（覚S7-83）有如写カ、『上遷宮作法』（覚S7-84）寛文九年（一六六九）有如写カ、『遷宮次第』（『下遷宮亦名後遷座』『遷宮支度用意』『御遷座作法』覚S14-69-0～3）江戸後、『遷宮作法私記』（覚S13-66）文政五年（一八二二）写行融（表紙署名）、『御遷宮作法』（覚S17-40）智海（表紙署名）

（鎮守勧請）

『（鎮守勧請法等目録）』『鎮守勧請式』『奉授神冥大事』（覚S12-18-1～3）江戸中、『鎮守勧請式』『奉授神冥大事』（覚S13-47、覚S13-48）江戸中、『奉授神冥大事』（覚S13-14）江戸中、『奉授神冥大事』（覚S13-57）江戸後

（神道灌頂・印信類）

『神道大事』（覚S3-4）江戸後、『日想観大事／神道印信第九十二通ノ内アリ』（覚S13-9-0～1）、『神道潅頂印信』（覚S13-2）、『神道口決』（覚S18-20-0～1）

（御本地供ほか）

『天野四所御本地供』（覚S13-84-3）正保二年（一六四五）写、良遍（表紙署名）、『御本地供』（覚S13-84-4）江戸中長秀（表紙署名）、『神社参拝作法』（覚S13-49）江戸後

（高野山鎮守）

『丹生明神影向事中院流』（覚S3-84-0～1）江戸後　観蓮（包紙署名）

『高野山大明神御託宣事中院流』（覚S3-89-0～1）江戸後　観蓮（包紙署名）

『高野明神事中院流』（覚S3-90-0～1）江戸後　観蓮（包紙署名）

（行範関連）

『遷宮大事』（覚S13-75）安永五年（一七七六）行範写

『遷宮大事』（覚S13-76）安永五年（一七七六）行範写

『四所明神表白』（覚S13-84-1）宝暦八年（一七五八）行範写

『御本地供私』（覚S13-84-2）「表白」（宝暦九年（一七五九）行範写）収録

『大日尊神中臣祓天津祝大祝詞文伝』（覚城院蔵）行範（伝領署名）

『宀一山秘密記』（覚S12-91）宝暦十四年（一七六四）行範写→明和二年（一七六五）無等写

『宀一山縁起』（覚S16-83）明和四年（一七六七）快嵓→行範写→無等写

（金光寺関連）

『下遷宮作法・遷宮膳組図』（覚S13-28）天明二年（一七八二）行如文隆写

『遷宮作法私記』（覚S13-66）文政五年（一八二二）宝珠山金光寺行融写

（鑁善著作）

『御流神道灌頂私記鑁善記』（覚S10-80）慶応二年（一八六六）仁純写

『御流神道灌頂私記金界初夜』（覚S10-79）慶応二年（一八六六）仁純写

（三輪流）

『三輪流大事』（覚S5-46-0～2）江戸後

『多聞坊大事二／夢想記宥快二』（覚S3-40-0～2）江戸後　金剛峯寺・剛海→妙貞尼

『（善女龍王夢授大事・毘沙門天王夢授印明）』（覚S3-40-0～2）江戸後

（室生寺関係）

『宀一山秘記』（覚S2-101）延宝四年（一六七六）性海写

『宀一山図』（覚S2-128-0～3）江戸前　三紙

ここで着目したいのが金光寺行範（一七一〇～一七八五以降没）である。行範は覚城院の末寺のひとつである金光寺の住侶である。覚城院には、行範と金光寺に関連する百点以上もの聖教・印信類が所蔵され、中には御流・唯一の両神道に関する資料も含まれている(9)（雲伝神道は行範没後の成立・流布と推測される）。行範関連の資料は、その殆どが末寺である金光寺から本寺である覚城院に移管されたもので、覚城院における神道論の展開を直接的に示すものではない。だが行範という個人を通じて、十八世紀における真言宗僧侶の神道習学・伝授の姿を窺うことができる点で重要な価値を有する。

また行範は、日光院英仙の流れを汲む持善院快嵓との伝授関係を有しており、明和元年（一七六四）に、快嵓から行範への諸法伝授が集中的に行われていた。以下に、覚城院に所蔵される明和元年伝授の典籍名を掲げる。

（明和元年　快嵓→行範伝授資料）

『若凡　三紙』（覚S2-10）、『頓証菩提法』（覚S2-11）、『小野祥四紙』（覚S7-57）、『乍二塔祥』（覚S7-58）、『三部五部　三紙』（覚S7-60-1～3）、『許可作法』（覚S7-61-1～4）、『鎮守読経作法』（覚S8-17）、『伝法安』（覚S12-64）、『許可安』（覚S12-72）、『西大』（覚城院蔵）

快嵓（一六九六〜一七七五以降没）は、大山公淳の紹介する『神道八十通印信目録』の奥書によれば、「栄義↓宥音↓英仙↓快嵓」と、栄義からつづく神道を、元文四年（一七三九）に英仙から伝授されている。快嵓は、宝暦八年（一七五八）に新たに唯一神道の聖教を高野山をもたらした人物であり、英仙以降の高野山における神道の主流派のひとりであったという(10)。覚城院文書の中に、快嵓から行範への神道伝授の記録は見出せない。だが、行範の銘をもつ御流神道関連典籍の供給源としての可能性には留意すべきであろう。

なお『六一山縁起』（覚S16-83）には、

現住室生寺鏡運謹　誌
備後尾道摩尼山　快嵓
明和四丁亥九月十二日書之畢
　　金光寺　行範
同年十月十有二日書写畢
　覚城院法印無等五十有一齢焉
一校了
　（朱印）（朱印）

と、明和四年（一七六七）に快嵓所持本を行範が書写、さらに覚城院住持である無等が書写したことが記されており、三者の関係性が注目される。

行範・金光寺が関与する御流神道典籍のひとつ『遷宮大事』（覚S13-76）は、遷宮作法・御供養法・御遷宮作法・会日作

法・神祇灌頂・中臣祓からなる御流の作法集である。表紙には「宝珠山　行範」と墨書され、「神祇灌頂」末の奥書には、

　正保二年卯月中旬
　安永五丙申三月廿六日書之
　　讃州仁尾　遍照院行範六十七

とあり、正保二年（一六四五）書写本を、安永五年（一七七六）に行範が書写したことがわかる。また同名の『遷宮大事』（覚S13-75）は、同年四月に『遷宮大事』（覚S13-76）を再度書写し、さらに十四根本・開眼作法を書き加えたものである。加筆箇所を除き、神祇灌頂前半部が一部脱落するほかは、表紙・奥書を含めて両書はほぼ同文で、「十四根本」末に「宝珠山行範」と墨書されている。

なお行範が書写した『遷宮大事』（覚S13-75、覚S13-76）には、「宥真」の署名をもつ中臣祓が収録されている。これは、宥如が寛文九年（一六六九）に書写した『上遷宮作法』（覚S7-84）に含まれるもので、「已下他本　書之」と、わざわざ書き写した旨が記されており、重要視されていたようだ。以下に『上遷宮作法』（覚S7-84）収載の中臣祓を紹介する（※追い込みで翻刻した）。

一中臣祓　（貼紙）「雪ハ霜歟」
神一滴四海満一粒五嶽等　通力在。今所献礼奠清浄　納受　一切眷属諸神施給所在罪咎潮沫如春雪如消失給　謹啓。
北斗七星證智證明散滅不祥散滅呪詛一切悪事自然解脱福寿増長恒受快楽一切所求如意随末（喜歟）喼々如律令

次心経

宥真之

寛文九年　霜月中旬　乍恥老筆如本書之了

この祓は通常のそれとは異なり、中世伊勢神宮の祓の集成である『氏経卿記録』（十五世紀）に収められる「内宮普通用祓本」（「常良卿本」）の退啓（祓の啓白）の文句に近い(11)。ただし後半部分には「北斗七星」「唸々如律令」などと陰陽道的な要素が見えるなど、相違点も認められる。なお覚城院には、管見の限り、文明年中に覚城院住持として活動した宥真、江戸中期に活動した宥真（『胎蔵界念誦次第』覚S7-81　宝暦八年［一七五八］写）がいる。ここでいう宥真が文明年中のその人ならば、中世に遡りうる祓のひとつとして注目されよう。

また行範の書写ではないが、『遷宮膳組図・下遷宮作法』（覚S13-28）は、奥書に「時天明二寅二月廿五日一校了行如文隆／讃州仁尾村金光寺宝珠山遍照院会下」とあるように、天明二年（一七八二）に金光寺の行如文隆が、師である遍照院（行範）のもとで書写したものであり、行範の神道書の書写活動の一環として行われたものと推測される。

金光寺・行範以外にも、覚城院聖教は、近世の典型的な神道のあり方をうかがう上で示唆に富む。今後、聖教全体を視野に入れた包括的な検討が必要になるだろう。

三、唯一神道

御流神道に比べて数は少ないが、覚城院にも唯一神道の典籍が所蔵されている。

『唯一宗源　神道之秘書　九枚』（覚S13‐8‐0〜9）天明元年（一七八一）千葉胤麻呂→行範
『神拝次第』[12]（覚S13‐5‐0〜1）江戸後
『諸神遷宮』（覚S13‐65）延宝六年（一六七八）生尊（伝領署名）
『神道二重（〜五重）』[13]（覚S13‐6、覚S3‐64、覚S13‐7、覚S3‐65）江戸後
『神道口決』（覚S18‐20‐0〜1）

唯一神道は、日光院英仙によって本格的に高野山へと導入された。英仙が自ら「唯一神道正義直受　両部習合法印　英仙」[14]と名のっていたことからもわかるように、御流神道（両部神道）と唯一神道は高野山における神道論の両輪として機能していた。

英仙の神道論を受け継いだ鑁善は、御流神道を、嵯峨天皇と弘法大師が互いに伝授しあうことで創りあげられたものであり、唯一神道と両部神道が「習合」した神道論であるとみなしていた。[15]もともと唯一神道は、吉田兼倶が本地垂迹説から独立した神道論の構築を図った非仏教（非密教）系の神道論である。基本的に両部神道などの密教系神道論とは相容れないものだが、唯一神道の教理自体は密教的な言説や儀礼を下敷きにしており、両者が結びつく素地があったものと推測される。

また、唯一神道の次第である『諸神遷宮』（覚S13‐65）では、弘仁八年（八一七）八月の「嵯峨天皇」の灌頂以後に「弘法大師」と「卜部家曩祖」である「伊日麿」[16]が付き従って秘したものが『諸神遷宮』であり、それを「神道長上従二位卜部朝臣」である卜部兼倶が書写したとの奥書が付されている。本書は延宝六年（一六七八）の生尊伝領署名をもつもので、英仙による唯一神道の本格的導入以前に、既に嵯峨天皇を媒介とした御流と唯一を結びつける神話が存在していたことがわかる。

また『神道口決』（覚S18‐20）では、末尾に「御流神道竪印信集聞書　先ニ唯一神道聞書」と墨書されるように、御流と唯

一の印信が一書にまとめて書写されており、両者の密接な関係を窺うことができる。

覚城院所蔵の唯一神道典籍のうち、金光寺行範の関与が認められるのが『唯一宗源　神道之秘書　九枚』（覚S13-8-0～9）である。天明元年（一七八一）に「千葉胤麻呂（胤麿）」から付嘱されたもので、九枚の切紙が包紙でつつまれている、神楽之呪文・神酒之呪文・太麻拵様之大事・三種加持・神明縄大事・幣勧請之大秘事・手水加持・手水加持・十二所加持之大事・参詣神拝之大事という唯一神道の九つの大事から成るが、このうち、手水加持に奥書はなく、幣勧請之大秘事は胤麻呂の書写奥のみ、神明縄大事は「貴師」への付嘱として行範の名は見えない。だが筆も共通しており、九枚が一括して伝授されたものと考えてよい。以下に包紙と各切紙の奥書を掲げる（基本的に追い込みで翻刻した）。

・『唯一宗源　神道之秘書　九枚』（覚S13-8-0～9）

・「包紙」（覚S13-8-0）

（上面）唯一宗源神道之秘書

（下面）他見無用者也

（端書）九枚　金光寺

・「神楽之呪文」（覚S13-8-1）

右一々切紙之大事悉令口訣伝授者也

千葉姓　胤麻呂

辛丑　臘月大吉祥日

許而　附囑　行範御房

・「神酒之呪文」（覚S13―8―2）

右已上　千葉　胤麻呂

附嘱　行範師

右

表書之一件可為深秘者也

千葉姓　胤

・「太麻拵様之大事」（覚S13―8―3）

右唯一宗源神道之太麻岐神之太事秘中秘事尤雖為神秘令伝授密約者也

千葉姓　胤麻呂

許居諸附嘱　行範英師

右

尤御一生之内不可入他見

吉田一流深秘之秘密也雖然仍テ為八幡宮之社守令授者也

胤麻呂

・「三種加持」（覚S13―8―4）

右唯一神道之一流三種加持之伝仍テ御望而令伝授也御一生可為秘事者也

辛丑之　臘月大吉祥日　良辰

千葉姓　胤麿

附嘱　行範師

・「神明縄大事」（覚S13-8-5）

右仍テ御望而如此図而令伝授者也

胤麻呂

居諸

附嘱　貴師

・「幣勧請之大秘事」（覚S13-8-6）

千葉姓　胤麻呂拝写之

・「手水加持」（覚S13-8-7）

奥書なし

・「十二所加持之大事」（覚S13-8-8）

右者

吉田一流之唯一宗源神道之口訣大事仍佗年御所望而令伝授尤不可有他見別而秘中之秘神秘而可也

千葉胤麿

辛丑　菊月大吉祥日

附嘱　行範尊師

・「参詣神拝之大事」（覚S13-8-9）

右已上

千葉胤麻呂
居諸
附嘱　行範英師

行範が、御流神道とともに唯一神道を受け継いでいることは、江戸後期の神道習学の姿を垣間見ることができ興味深い。他寺院における伝授目録などとも比較検討することで、当時の神道伝授の様相をある程度明らかにすることができると推測される。唯一神道が、英仙以降、御流と習合したことはこれまでも指摘されてきたが、教理的な関係についてはまだ殆ど検討されていない。今後は、両部神道と唯一神道とを結びつける近世神話の創造も意識しながら、近世高野山における唯一神道の位置付けを解明することが課題となるだろう。

四、雲伝神道

雲伝神道は、江戸後期の真言僧・慈雲飲光（おんこう）（一七一八～一八〇四）の創唱した神道論である。慈雲は、葛城山高貴寺に隠遁した晩年（一説に七十歳を越えたころ）になってから神道の本格的な研究を始め、神密一如を説き、儒教の倫理的要素を取り入れつつ、儒教批判を行った。雲伝神道は、高野山の神道論の中ではもっとも後発のものだが、当時高野山を取り巻いていた儒家や国学者たちの排仏的な気風に対抗するものとして急速に流布・発展し、江戸後期～末期の高野山における神道論として強い影響力をもっていた。

覚城院にも、雲伝神道に関する典籍が複数のこされている。その中心となるのが、嘉永四年（一八五一）に伝授された印信・血脈類である。

（嘉永四年神道伝授　隆快→圓心）

『（神道印明伝授）』（覚Ｓ３-108）嘉永四年　隆快→圓心

『神道許可』（覚Ｓ３-９）嘉永四年　隆快→圓心

『神道伝授血脈』（覚Ｓ３-107）嘉永四年　隆快→圓心

『十種神宝山都聞書』（覚Ｓ11-69）嘉永四亥歳五月十四日　瑞峯写

『（神道伝受日記）』（覚Ｓ13-13）嘉永四年カ

（十種神宝関連）

『大日尊神中臣祓天津祝大祝詞文伝』（巻子本）行範所持本

『十種神宝伝』（覚Ｓ13-４）江戸後

『（十種神宝）』（覚Ｓ３-62-12）

嘉永四年四月六日、「高野山西南院」に設えられた「神祇壇」において「神道大阿闍梨隆快」から「圓心」へと雲伝神道の印信・血脈類が伝授された。『（神道印明伝授）』（覚Ｓ３-108）『神道許可』（覚Ｓ３-９）『神道伝授血脈』（覚Ｓ３-107）である。[17] 雲伝神道は、創始者・慈雲飲光の後、諦濡と法樹の二系統に別れたが、授者である「隆快」は、『神道伝授血脈』（覚Ｓ３-107）に「飲光和上―法樹苾蒭―隆快阿闍梨―圓心大法師」とあるように、法樹の系統を引き継いだ人物である。伝授を受けた圓心は、『伝授手鑑十六伝法潅頂三戒式』（覚Ｓ１-16-１）に「由霊山三角寺住侶法印圓心」と見えるように、慈尊院三角寺

（現・愛媛県四国中央市金田町）の住侶だった。以下に印信・血脈の全文を掲げる。

・『（神道印明伝授）』（覚S3-108）

混沌未分印

自性所成明

天地開闢印

満足一切智々明

神祇生印

諸願成就明

右於高野山西南院設

神祇壇授之

授与圓心（※署名の上に朱書「弘海」。さらに「海」の右横に「増」と朱書）

嘉永四歳辛丑四月六日柳宿火曜

神道大阿闍梨隆快（朱印）

・『神道許可』（覚S3-9）

在家人　大祓詞

密教人　五秘密偈

沙弥已上　阿利沙

印　無所不至
明　帰命阿成就
　帰命鑁成就
合掌
和光同塵利物之始八相
成道自證之終
八相成道利物之始和光
同塵自證之終
嘉永四年辛亥四月六日　授与圓心（※署名の上に朱書「弘海」）
大阿闍梨隆快（朱印）

・『神道伝授血脈』（覚S3-107）[18]　※追い込みで翻刻した

天照皇大神宮―忍穂耳尊―瓊々杵尊―彦火々出見尊―鸕鷀葺不合尊―神武天皇乃至―嵯峨天皇―弘法大師―真雅僧正―源仁阿闍梨―聖宝尊師―観賢僧正―淳祐内供―乃至―恭畏阿闍梨―有以阿闍梨―有厳阿闍梨―普摂和上―貞紀和上―飲光和上―法樹苾蒭―隆快阿闍梨―圓心大法師（※署名の上に朱書「弘海」。さらに「海」の左横に「増」と朱書）

『神道伝授血脈』（覚S3-107）に伝来は記されていないが、隆快から圓心へと血脈が続けられていることから、嘉永四年の雲伝伝授の際に同時に付与されたものと考えられる。また『十種神宝山都聞書』（覚S11-69）は、嘉永四年五月に瑞峯によって書写されたものだが、これもおそらくは同年四月の圓心への雲伝神道伝授と関連したものと推測される。

興味深いことに、嘉永四年の伝授記録が、高野山の遍照尊院にも所蔵されている。こちらは嘉永四年四月七日に、隆快から「遍照尊院栄秀」が雲伝神道の印信・血脈の伝授を受けている。[19] 七日は、圓心が伝授を受けた翌日に当たるが、印信・血脈の内容は一部字句を除いて、圓心が受けた『(神道印明伝授)』『神道許可』『神道伝授血脈』と同じである。遍照尊院には、別に隆快から圭雄への同種の印信・血脈が所蔵されることから、嘉永四年四月六日から七日にかけて、隆快が、複数の人々に対して雲伝神道の伝授を行っていたことがわかる。[20] 幕末に至ってもなお、高野山において盛んに神道伝授が行われていたのである。[21]

『(神道伝受日記)』(覚S13-13)は、雲伝神道における折紙伝授の次第である。大ぶりな楮紙を二つ折りにしたものに、伝授項目が列挙されている。伝授の日付が「十八日」から「廿一日」まで記されていることから、前後は失われていることがわかる。印信の大項目だけを掲げれば次のようになる(紙数・通数は記載のあるものをそのまま示した)。

[(十七日〜)十八日] 入門二十一紙
[十八日] 日本紀神代開闢七紙・日本紀神代八洲起源十一紙・瓔珞・楞伽顕密事
[十九日] 日本紀神代四神出生之始八通・商売之処位一通・蛭子答九通・日本紀神代四神出生経十三紙・日本紀神代盟約十通・真言宗得名之事・僧着官衣之事・聖位経御名之事・日経報身仏ヲ以範師密教主トスル事
[廿日] 日本紀神代岩戸十六通・日本紀神代六通・日本紀神代降臨章十七通・日本紀神代海宮遊行章四紙
[廿一日] 大祓十二通・人形鮮縄二通・十瑞宝十二紙・鎌倉九帖

ここに挙げた項目は、慈雲の高弟・量観の『神道折紙類聚目録』の記載ともおおむね重なっており、雲伝神道の標準的な伝授内容だったと考えられる（重ならない項目の多くは密教的な内容の折紙伝授となる）。なお量観目録の最初も「入門二十一紙」であり、『（神道伝授日記）』の前欠部分は、雲伝神道に限れば、一紙程度の可能性がある。あるいはこれも嘉永四年の伝授に伴って付与されたものかもしれない。

雲伝神道で重視されたのが「十種神宝図」である。十種神宝は、もともと『先代旧事本紀』に典拠をもち、天照大神が饒速日尊に授け、さらに饒速日尊の子・宇摩志麻治命が天孫・瓊瓊杵尊に献上したものとされる。中世では、天照大神より授けられた神宝として、三種神器とともに盛んに論じられ、それを図示した「十種神宝図」は、中世後期頃から注目を集め、様々な真言宗寺院に所蔵された。

行範所持『大日尊神中臣祓天津祝大祝詞文伝』[22]（覚城院蔵）は、冒頭に弘法大師所伝の祓の秘伝を独特の字体で記した巻子本で、『中臣祓訓解』と共通する記述をもつことに特色がある。つづけて十種神宝図が描かれるが、これは『弘法大師全集』五（旧版）に見られるものと同様で、近世に流布した図像である。本書では図像各部に彩色の指定があり、粉本としての役割ももっていたことがわかる。

慈雲の『十種神宝山都聞書』（覚S11-69）によれば、全部で五系統の十種神宝図が存在していたという[23]。すなわち、二条家本（都本）、高野山本（山本）、伊勢所伝本（内宮宝物）、三輪所伝本（八十通印信の一つ）、垂加翁所伝本（林羅山本）である。行範所持本は内容から高野山本に当たる[24]。高野山には、慈雲が「山本トハ大師御真筆高野山清涼院ニ珍蔵スト云々」と注するように、弘法大師の真筆本が高野山清涼院に所蔵されているとの伝承があった。また伝来は未詳だが、『十種神宝伝』（覚S13-4）も、内容から雲伝神道における注釈書と推測される。十種神宝図は南山城西福寺の神道玉水流（御流の一流派）でも重要視されており、近世神道における享受の幅は非常に広い[25]。稿を改めて論じたい。

おわりに

如上、覚城院所蔵の神道関係資料を概観してきた。近世の神道資料は、その存在を知られながらも本格的な研究はほとんどなされていなかった。しかし中世神道論の研究が進展し御流神道などの密教系神道論を解明する準備が整いつつあること、また近年、全国各地で行われる寺院聖教の悉皆調査によって、単なる神道資料の紹介にとどまらず、それを取り巻く法脈のなかにおける人的な繋がりも見出されるようになってきたことから、今後飛躍的に研究が進む可能性がある。諸寺院の聖教調査が進むにつれ、より具体的に高野山を中心とした近世神道の展開が明らかになるだろう。

（1）岩橋小彌太が「今日でも相当な年配の人は、誰でも此の神道灌頂を受けていない人は殆どないといはれてゐる」と述べるように、江戸後期～幕末頃においても盛んに神道伝授が行われていた。岩橋小彌太「御流神道」（『京畿社寺考』雄山閣、一九二六年、五五頁）参照。

（2）近世高野山における神道の研究は、注1前掲「御流神道」、水原堯栄「高野山の神道」（『水原堯栄全集』十、同朋舎出版、一九八二年、初出一九三六～一九三七年）、大山公淳『神佛交渉史』（高野山大学、一九四四年）、久保田収『中世神道の研究』（神道史学会、一九五九年）、三輪正胤『近代高野山の学問』（新典社、二〇〇六年）、木下智雄「近世高野山における御流神道の基礎的研究」（『平成28年度　高梨学術奨励基金年報』、公益財団法人高梨学術奨励基金、二〇一七年一一月）など参照。なお木下論文には、諸印信や血脈を統合した御流神道の統一血脈図が掲載されており参考になる。

（3）鑁善『神道見聞録』（稲谷祐宣『〈改訂版〉真言神道集成』、東密事相口訣集成3、青山社、二〇一四年、一五頁）。近世高野山の神道流派については、大東敬明「素盞烏流（出雲流）神道について―日御碕神社宮司家・小野家所蔵文書を中心にして―」（『國學院大學研究開発推進センター研究紀要』二、二〇〇八年三月）に詳しい。

（4）鑁善『神道見聞録』（注2前掲『〈改訂版〉真言神道集成』、一五～六頁）参照。

（5）鑁善『御流神道灌頂私記 鑁善記』（覚S10-80）、『御流神道灌頂私記 金界初夜』（覚S10-79）は、ともに御流神道の神道灌頂の目録であり、灌頂儀礼の次第や解説などが記されている。表紙にはそれぞれ「西讃仁保覚城院仁純　目録之内抜出　所秘」（覚S10-80）、「西讃仁保覚城院仁純　私写　所秘」（覚S10-79）とある。『金界　初夜』（覚S10-79）の奥書に慶応二年（一八六六）の書写とあることから、両書ともに同時期に書写されたものと推測される。『鑁善記』（覚S10-80）は、「御流神道私記 金界初夜　一軸」「一御流灌頂私記　一軸（「神代私式次第　大師流　後夜」）」の解説である。注3前掲「素戔烏流（出雲流）神道について」参照。

（6）詳細は、中山一麿「寺院聖教調査にみる増吽研究の可能性――安住院・覚城院」（アジア遊学211『根来寺と延慶本『平家物語』紀州地域の寺院空間と書物・言説』、勉誠出版、二〇一七年）参照。

（7）伊藤聡「『密宗超過仏祖決』解題　一、書誌並びに覚城院本の由来」（中世禅籍叢刊十二『稀覯禅籍集　続』、臨川書店、二〇一八年）参照。

（8）英仙・鑁善の生没年には諸説あるが、小稿では、注2前掲「近世高野山における御流神道の基礎的研究」の説に従った。

（9）金光寺から覚城院に、いつ誰によって蔵書が移されたのかは判然としない。末寺から本寺への典籍の移動は容易に行われたようで、あるいは近代に入ってから移動した可能性もある。これについては本書所収の柏原論文を参照されたい。

（10）注2前掲「近世高野山における御流神道の基礎的研究」参照。

（11）荒木田氏経（一四〇二～一四八七）『氏経卿記録』（神道大系『中臣祓註釈』、六二～三頁）所収。度会常良（一二六三～一三三九）は、伊勢神道形成の中心的な役割を担った外宮祀官。いわゆる伊勢流祓については、拙稿「伊勢流祓考―中世における祓の特色―」（『早稲田大学大学院文学研究科紀要』四八、第一分冊、二〇〇二年二月）参照。

（12）『唯一神道秘訣　十包』のひとつとしてほぼ同文が認められる。注2前掲『〈改訂版〉真言神道集成』、四六三～四頁参照。

（13）天児屋根命の「天津祝詞之太諄辞」についての秘伝切紙。『唯一秘決　山口日向守所伝』に連なる秘伝と考えられる。それぞれに、天児屋根命が唱えたとされる解除の偈文「諸法如影像　清潔（浄）無仮穢　取（衆）説不可得　皆従因業生」についての秘伝が記される。注2前掲『〈改訂版〉真言神道集成』、四六七頁参照。

(14)『御流神道潅頂私記　鑁善記』(覚S10-80)参照。英仙の唯一神道相承については、木下智雄「日光院英仙が相伝した唯一神道の聖教について」(『印度学仏教学研究』六七-二、二〇一九年三月)参照。

(15)ここでいう「御」は嵯峨天皇・弘法大師双方に対する敬意表現と考えられる。

(16)意美麿とも。吉田兼倶『唯一神道名法要集』所収「唯受一流血脈」には「伊日磨　又云意美麿」と見え、大化六年に「大織冠(藤原鎌足)から天児屋根命以来相伝されてきた神道の大業を記した「伝神録」を附嘱された人物とされる(神道大系『卜部神道(上)』、一二〇頁)。

(17)「圓心」の署名をもつ典籍が、覚城院に複数所蔵されているが、その殆ど全てが、「圓心」の墨書を「弘増」もしくは「弘海」と朱で上書きされている。なお小稿では圓心に呼称を統一した。

(18)真雅の下に「神道趣伝/在原中将」、観賢僧正の下に「神道奥義伝/紀貫之朝臣」と墨書されている。

(19)注2前掲『近代高野山の学問』、一〇一~一〇二頁。

(20)年時は未詳だが、高野山親王院にも、「隆快」から「本初」への相承をもつ、法樹系の『神道伝授血脈』があるという。内容は隆快まで覚城院本と同一である。本初は、鑁善から英仙流の伝授も受けるなど、御流・雲伝双方の法脈を継いでいたとされる。注1前掲「御流神道」、六九~七四頁参照。また本初は、中院流の血脈にも「妙瑞―本初―龍海―隆鎮―智幡―真海」とその名が見られる。『〈隆鎮相承〉中院流諸方一統血脈』(覚S7-98)参照。

(21)栄秀から多数の法脈を授けた人物に隆鎮がいる。隆鎮は覚城院聖教にもしばしばその名が認められ、『丹生明神影向事中院流』(覚S3-84)、『高野山大明神御託宣事中院流』(覚S3-89)、『高野明神事中院流』(覚S3-90)に包紙署名をもつ観蓮にも聖教の伝授を行っている。

(22)端書きと末尾に「行範」の署名をもつ巻子本。覚城院本は、行範の年齢を考えると、雲伝神道以前に成立・入手したものと推測される。したがって御流神道の一書として紹介するほうが適当だが、本書は雲伝神道で重要視され、注釈も多数著されていること、また覚城院にも注釈書が残されていることから、ここでまとめて説明した。

(23) 慈雲説・天如記・量観注。天如は慈雲の高弟。雲伝神道は、諦濡と法樹の二系統に別れたが、量観は諦濡の系統を継いでいる。『慈雲尊者全集』十、八一二頁、注2前掲『近代高野山の学問』、四〇頁参照。

(24) 「山本」は、覚城院蔵『大日尊神中臣祓天津祝大祝詞文伝』、『弘法大師全集（旧）』五所収本などがあり、「都本」は、『弘法大師全集（旧）』五所収本、『慈雲尊者全集』十所収本などがある。「伊勢所伝本」は、荒木田守晨の名が見える岩瀬文庫『十種神宝図』（214卯-40。国文研マイクロを参照。原本未見）が該当するか。「三輪本」は未詳。なお南山城西福寺には、上記五系統に含まれない「或本（聞文伝）」（『十種神宝山都聞書』で指摘）に当たると思しき一本が所蔵される。

(25) 拙稿「神道灌頂道場図の復元」（『佛教文学』四一、二〇一六年四月）参照。

第十章

栂尾祥雲の蔵書について――UCLA栂尾コレクションと『栂尾蔵書目録』との関係から

幾浦裕之

はじめに

覚城院の「動く書物」のなかで最も遠隔地に移動したのが、カリフォルニア大学ロサンゼルス校のUCLA Libraryに所蔵される栂尾コレクションの写本、版本である。ここには覚城院をはじめ、周辺寺院の寺院名が署名や蔵書印に散見される。このことに気付いたのは、稿者が二〇一七年六月にUCLA東アジア図書館で調査を行った際のことであった。その半年後に再びUCLAに滞在することができ、調査を行うことができた。同コレクションは、高野山大学学長、図書館長などを歴任した近代の密教学者、栂尾祥雲（一八八一～一九五三）の旧蔵書で、古典籍と近代以降刊行の書籍からなり、全体としては三四二二の書名、冊数としては九六八八冊と曼荼羅二軸が数えられる。祥雲は明治時代の覚城院住職である栂尾本元の養子で、仲道の弟弟子にあたり、祥雲自身も覚城院住職を務めていた。(1) 近世から近代にかけての高野山の諸事績については研究も少なく、明治百五十年をむかえた現在、資料や関係者の回想を整理し、近代仏教の黎明期を考察するべきときかと考えられる。はじめに祥雲の旧蔵書・遺稿・ノートが各所蔵機関に現在どのように所蔵されているのか、その全体像を示しておきたい。

洋書　高野山大学図書館（一九五三年以降収蔵）

栂尾祥雲旧蔵の洋書。現在は高野山大学図書館の第二書庫四階の洋書（請求番号00-0～97-0）に他の図書と混在して所蔵されている。栂尾祥雲旧蔵書としての目録等はない。

和書　UCLA Library　栂尾コレクション（一九六二～一九六三年収蔵）(2)

栂尾祥雲旧蔵書で、古典籍と近代以降刊行の書籍。普段は同大学の閉架書庫SRLFに配置されている。書誌項目にToganoo collection とある書名を請求することで、閲覧できる。栂尾祥雲旧蔵書としての目録等はない。

遺稿・ノート類

祥雲の子息である祥瑞のアメリカ滞在に伴ってロサンゼルス、ボストンへ（坂田知應「あとがき」〔『栂尾祥雲遺稿集』〕による）。

↓

・奈良元興寺境内　釈迦院

釈迦院は香川県高松市香西寺門前の塔頭で、祥雲が住職を兼務した。のちに奈良の元興寺境内に移転し(3)、祥雲の妻、咲枝が終生居住した。祥雲没後の一九五三年に、子息の祥瑞が釈迦院住職となった(4)。

↓　　　　　　　　　　↓

・香川県立図書館　郷土資料　栂尾文庫（一九九三年収蔵）――・香川県威徳院

祥瑞の没後、妻の登喜子が寄贈した祥瑞の旧蔵書。

坂田知應（威徳院・釈迦院兼務住職）が祥瑞の没後に

二六一三冊[5]。

一部開架。詳細蔵書検索画面で、資料指定、請求記号1欄に「TG」と入力して検索する。祥雲の自筆原稿などが含まれる。

収蔵[6]。祥雲の修学時代の自筆のノート。

旧蔵書が散佚することなく、複数の所蔵機関に分割して所蔵された場合でも、その全体を把握することは難しい。かつて松長有慶は「栂尾祥雲博士の業績」[7]において、「死去のそれほど以前から臥床したとは思われず、研究室で相変わらず規則正しい研究生活を続けていたようにみえた。何か次の仕事の準備にとりかかっていたかとも思われるが、栂尾の残したノート類が高野山に現存しないので、いまとなってはわからない。」と述べている。祥雲が自ら『栂尾祥雲全集』に収録しなかった研究論文もかなりあり、これらは祥瑞によって『栂尾祥雲全集別巻』として臨川書店より刊行された[8]。さらに、祥雲が修学時代に明治・大正期を代表する高徳碩学たちの講義を筆録したノートがある。松長有慶も「高野山真言宗釈迦院の兼務住職であり博士の外孫にあたる坂田知應師（香川威徳院住職）の手許に保管されていることが、最近になって判明した。」と二〇〇二年に記している（栂尾祥雲遺稿集序）。これらが修訂され刊行された『栂尾祥雲遺稿集』が近年刊行された。そのあとがきにおいて、遺稿の現蔵者である坂田知應は、これらのノートを、伝統教学と近代以降の文献学的な仏教研究とを繋ぐ「栂尾のバックヤード」に喩えている。

一方、祥雲旧蔵の和書についても、日本から遠く離れたロサンゼルスに所蔵されたために、その全貌を知ることは困難であった。これまでに『栂尾コレクション顕密典籍文書集成』（平河出版社、一九八一年。以下『集成』と略称する）において、国書総目録、仏書解説大辞典の両方、或いは一方に未紹介の典籍六十六点が影印化された。清水乞は「密教事相の基調――栂尾博士の研究及び蔵書と関連して――[9]」において次のように述べる。

栂尾博士が『秘密事相の研究』において用いられた文献資料は、『大正蔵経』『大日本仏教全書』『真言宗全書』『弘法大師全集』などの叢書に収録されているものが中心になっている。膨大な栂尾コレクションの中から復刻された文献をみると、従来学界に知られていないものが多数にのぼっているのに驚く。

これらの未紹介の典籍が平河出版社から影印化された。一九九三年から九七年には、数回に渡って国文学研究資料館教授の鈴木淳が栂尾コレクションの古典籍も含めたＵＣＬＡの古典籍全体を調査し、『カリフォルニア大学ロサンゼルス校所蔵日本古典籍目録』[10]（以下『日本古典籍目録』と略称）として目録化された。

これらの影印・目録よって、栂尾コレクションは紹介されつくしたようにみえたが、それぞれの収録の方針から、洩れた書目や、知り得ない情報もあった。まず、平河出版社の『集成』では、貴重な写本の紹介が目的であり、古典籍の約半分を占める刊本の書誌情報については不明である。近代以降の書籍についても書名しか載せていない。『日本古典籍目録』では書写奥書に「明治」とあるものは基本的に収録されず、聖教の特徴である個々の書物の表紙にある署名、また蔵書印などは記録されていない。

なかでも稿者が気になったのは、祥雲旧蔵書には「栂尾蔵」と印字されて函架番号を記入する枠を設けた蔵書票印が捺され、同函架番号を記す黄緑色枠のラベルが貼付されている（白黒写真のため判然としないが、威徳院蔵の祥雲の筆録ノートにもこのラベルが表紙にある〈栂尾祥雲遺稿集第一巻口絵による〉）にも関わらず、その番号が何に対応するのか不明であったこと、そしてこれだけの蔵書がありながら、高野山にもＵＣＬＡにも、目録が存在しないことである。ところが、稿者が二〇一八年五月に香川県立図書館を調査したところ、ここに『栂尾蔵書目録』というＵＣＬＡ栂尾コレクションを蔵書票印で管理するための目録が存在することがわかった。

この目録によって、祥雲の没後に、祥雲に近い人物の手による旧蔵書の分類を参照しながら、各書物をみていくことが可能になった。祥雲旧蔵書から見えてくる近世、近代の覚城院とその周辺の学僧たちの動きを追いつつ、祥雲旧蔵書がアメリカに移動する経緯から、近代仏教の海外展開の一端を見ていきたい。また、栂尾祥雲と、兄弟子にあたる栂尾仲道の書写本、仲道の弟子の栂尾密道の蔵書についても瞥見し、明治から昭和初期にかけて、異なる場所で活躍した学僧たちの蔵書が、それぞれどのように現存しているのかということにもふれていく。

一、栂尾祥雲について

大正期に大学令で認可された宗門系大学の創設者たちのうち、東京帝国大学系、京都帝国大学系を中心とした近代仏教史には、祥雲の名前が出ることはない[11]。しかし、祥雲は真言宗で初めての文学博士となって[12]、高野山大学が単科大学に昇格する際に必要であった、高野山大学図書館の整備に尽力した[13]重要な人物である。

祥雲の出自については、先々代の覚城院住職である森諦圓（法名興仁。仲道の弟子。仁和寺四十一世門跡、種智院大学学長）による「栂尾博士の若かりし頃の思い出」（『集成』別巻）に詳しい。以下、出自と栂尾本元、仲道門下の弟子たちの関係について要約する。

祥雲は一八八一年九月三十日に、覚城院の東に七宝山を隔てて位置する吉祥寺の門前の檀家、宮本伝蔵の三男として誕生した。覚城院と吉祥寺は法類関係にあり、祥雲の母は覚城院の信徒であったという。祥雲は幼少時から吉祥寺に出入りして手伝いをしていたが、それを覚城院の栂尾本元[14]が見込んで弟子に貰いうけ、一八九一年に覚城院に入寺、得度した。一八九四年には栂尾本元の養子として入籍し、宮本祥雲から栂尾祥雲と改名している[15]。

一九〇〇年に真言宗京都高等中学[16]に進学し、一九〇六年に古義真言宗聯合中学高野山分黌教諭となり、一九一〇年には高野山大学講師を兼任。一九一二年に真言宗聯合京都中学教諭兼大学助教授、翌年同大学教授。一九二一年、サンスクリット語、西蔵語に於ける密教聖典並びに秘密仏教像研究の為、フランス、イギリス、ドイツ、インドへ三年間留学した[17]。この四十歳で欧州留学するまで、二十代後半は高野山で勤務し、三十代は京都に勤務していたわけである。京都では祥雲は東寺の少し南、西九条南田町に居を構えていた[18]。この間、祥雲は一九〇一年に高松市の香西寺門前の塔頭、釈迦院の住職名義をもっている。もとは本元が、香西寺が無住となっていたところを兼務し、香西寺の先代住職の弟子、乃村龍澄（大覚寺門跡）を寄り弟子にした。祥雲が香西寺住職となるはずであったが、普段は京都にいるため、乃村龍澄が住職に就いた。この他、祥雲は仁尾町内の複数の寺院の住職（名義）となっている[19]。

ＵＣＬＡ栂尾コレクションには、祥雲の書き込みがある『眞言宗各派寺院録[20]』が含まれる。このなかから、仁尾村の頁を参照すると、金光寺と瑞雲院の上に〇印を書き入れ、次のようにある。

等級	収入	檀徒	信徒	派名	寺格	本寺	住所		寺名	住職
一五	四一五、四八四	四二〇		大	中	大覺寺	仁尾村	仁尾	吉祥院	業天智創
一八	一六八、三三〇	一五〇		同	孫	吉祥院	同村	同	普門院	◎同　人
一四	四二三、一二一	一四一		御	中	仁和寺	同村	同	不動護國寺	栂尾祥雲
〇一五	二七七、四六二	一七四		同	孫	不動護國寺	同村	同	金光寺	栂尾密道（森諦圓）
〇一七	二四七、六四七	二〇五		同	同	同	同村	同	瑞雲院	森末密雲
一八	一六二、五六八	八七		同	同	同	同村	同	廣嚴院	栂尾祥雲
〇	一五、七五三			同	同	同	同村	同	神宮寺	◎同　人
一五	二八〇、三〇六	一二九		同	中	仁和寺	同村	家浦	圓明院	小野淨嚴

祥雲は不動護国寺（覚城院）、その末寺の広厳院、神宮寺の住職となっている。金光寺の「栂尾密道」がミセケチされ、「森諦圓」と書き込みがある。栂尾密道は栂尾仲道の弟子で、京都大学卒業後に種智院大学教授、京都の職業安定所所長、六大新報社主筆を務めたが、昭和七年（一九三二）に四十四歳で遷化した。祥雲は密道の本葬の導師を務めた(21)。密道の没後に、森諦圓が金光寺の住職となったとみられる。金光寺が覚城院の兼帯寺院になったのは、栂尾本元、仲道の代からである(22)。

森諦圓が「栂尾博士の若かりし頃の思い出」に栂尾仲道門下としてもう一人名前を挙げている人物がいる。それが細川英道（醍醐寺門跡）である。英道については愛媛県西条市の郷土史料館ギャラリーよしもとの展示案内が詳しく、ネットでも閲覧できるため、その内容を要約する。英道は香川県三豊郡高瀬町上勝間に細川寅助の三男として生まれ、八歳頃密乗院（愛媛県西条市周布）住職の福本宥雅に乞われて、住職見習いとなった。十一歳ころ、住職が引退して密乗院は無住となり、密乗院を去って、一時的に勝間村の威徳院に身を寄せる。その後、栂尾仲道に引き取られ修行に励み、明治四十二年に真言宗連合中学校を卒業した。密乗院の檀家総代は、英道が密乗院の住職となることを希望したが、仲道は住職になる条件として、英道の大学進学を提示し、檀家が学費を出資し、英道を真言宗連合京都大学（現、種智院大学）に進学させた。翌年、大学生の英道は、正式に密乗院の住職となった。その後の生涯で京都報恩院住職、総本山醍醐寺座主、三宝院門跡、真言宗醍醐派管長を務めた。一九七五年示寂、八十八歳。

英道が高瀬町勝間の出身であること、威徳院にいた時期があることなどが注目されるが、ＵＣＬＡ栂尾コレクションには英道に関する資料が含まれている。それが英道の自筆とみられる卒業論文『本朝密教章疏録私考』である。これは後に詳しく述べる香川県立図書館蔵『栂尾蔵書目録（弐）』の和装本の部の一冊目として書名が掲載されている。英道の卒業論文がなぜ祥雲の旧蔵書に含まれているのか、英道が仲道に提出した後、祥雲の手に渡ったのかと想像される。

つづいて、祥雲の明治後半の真言宗京都高等中学在学時から、高野山大学講師勤務時の足跡について、ＵＣＬＡ栂尾コレクションの意義を述べておきたい。この間の足跡は、近親者の回想や祥雲筆のノートによって辿ることができるものの、不明な点が多い。祥雲の年譜を作成した祥瑞自身、次のように断っているように、若年時については伝聞や残された資料からしか知り得なかったようである。

私は、父が四十八歳の時の子供で、物心ついた頃は、父は既に高野山大学教授として、坦々とした学究生活を送っていたし、私は、それ以後の晩年の父しか知らないわけなのだが、父の死後、母や姉などに聞いたり、また、残された父の手紙を読んだりしたので、父の壮年時代、つまり第一の時期の父が不思議にリアルなイメージとして、私の心に浮かびあがってくるようになった。(23)

現在香川県威徳院に所蔵される祥雲の筆録ノートは、次のように明治後半に筆録されたものである。以下、『栂尾祥雲遺稿集』(24)の解説をもとに要約しつつ示す。

・『理趣経聞書』

明治三十八年（一九〇五）、真言宗聯合高等中学在学中の祥雲が、長谷宝秀の講義を筆録したもの。種智院大学の長谷文庫に長谷自筆『理趣経講草』（「明治三十八年四月、於京都高等中学開講」と記す）が現存する。同年九月一日より十一月一日の祥雲の兵役期間（第十一師団〔香川県善通寺〕補充大隊第九中隊第三班）の間の講義（『理趣経』初段「金剛加持三摩耶智」より「獲得如来及執金剛」）が欠落する。

・『釈摩訶衍論聞書』

同校在学中の祥雲が、同年に長谷宝秀による『釈摩訶衍論』の講義を筆録したもの。長谷自筆の『釈摩訶衍論講草』が種智院大学長谷文庫に現存する。

・『大日経住心品疏聞書』

同校在学中の祥雲が、長谷宝秀から『大日経疏』の講義を受講したときの筆録ノート。受講した時期・場所に関する記録はないが、兵役期間に講義を欠席したものとみられる中断箇所がある。同講義の筆録として無逸「大日経疏玄談」がある。

・『釈摩訶衍論聞書』

祥雲が高岡隆心の講義を筆録したもの。場所、年の明示はないが、玄談第一科「二　末論の顕密」のはじめに「第七席、五月二日、土曜、晴天」とメモあり。月日と曜日からおそらく明治四十一年（一九〇八）の講義の筆録。「尺論聞書　高岡隆心講師／第一席」と記述の次下、九紙が余白であり、祥雲は第一席から第五席までなんらかの理由で講義を欠席。他にも欠落箇所、後に書き加えるために設けたと考えられる余白がある。

・『秘蔵記聞書』

高岡隆心が『秘蔵記私鈔』を中心に解説を行った『秘蔵記』の講伝を祥雲が筆録。明治三十九年の祥雲の古義真言宗聯合中学高野山分黌赴任から大正元年（同年刊行の八葉学会本『随聞記』が利用されていないため）までの間の筆録と考えられる。同講伝を筆録した大正七年（一九一八）の大山公淳筆本が高野山大学図書館大山文庫に現存する。

・『曼荼羅抄講録』

明治四十年（一九〇七）に、祥雲が高岡隆心の『印融鈔』の講義を筆録したもの。同講義の筆録である大山公淳筆本が現存。

・『中院流伝授聞書』

明治四十一年に行われた鎌田観応の中院流伝授を祥雲が筆録したもの。高等中学などでの講義形式のものではなく、洒水加持より始まる伝授形式の筆録。十八道所作の解説の筆録で終了しており、祥雲は何らかの都合で中途で伝授を受けることができなくなったとみられる（以後、金剛界・胎蔵界・護摩・伝法灌頂の伝授が予定されていた）。脱文、文章文体の混乱が見られ、鎌田僧正の口述の速さに筆記が遅れた箇所は、祥雲の関心によって筆録を省略した箇所とも考えられる。

・『五教章聞書』

高藤秀本の『華厳五教章』講義を、祥雲が古義真言宗聯合高等中学在学時代（明治三十三〜三十九年）に筆録したもの。末尾に「問題点等雑録」として講義内容の要点、問題点の列記がある（学期末の宿題の模範解答か、或いは祥雲の回答か）。

・『大乗起信論聴書』

『大乗起信論』の代表的注釈書である法蔵『起信論義記』をもとにした講義の筆録。講師の名前が記されていないが、祥雲が同校在学中に高藤秀本の講義を筆録したものと考えられる。入文解釈序文十門中第四「教所被の機」の解説における「二界増減」（生仏増減の問題）の説明に講師独自の解説がみられる。

・『天台教系史』

明治四十二年、真言宗聯合高野山大学における広橋連城の講義を祥雲が筆録。口述に筆記が遅れた箇所、祥雲の関心によって省略したとみられる欠脱箇所がある。

・『法華玄義聞書』

同年の『天台教系史』を玄談として広橋連城が六月一日から開始した講義の筆録。

・『十不二門聴書』

『天台教系史』の講義と並行して広橋が行った講義の筆録。四明知礼『十不二門指要鈔』の文を解説しながら、訓読に重点を置いて素読に近い形式で講義を進めたもの。四月二十四、二十六日の両日に行われた三千世間と三諦の解説は詳細である。

これらのうち、なかでも注目されるのは、木山寺四十七世高藤秀本（一八六八～一九一七）[25]の講義を筆録した『五教章聞書』『大乗起信論聴書』である。秀本は明治元年に備後沼隈郡郷分村に生れ、明治二十六年から真言宗古義大学林研究生として京都で華厳部の研究に従事し、大覚寺門跡楠玉諦から華厳部の書籍・講録等一切を附属した。『栂尾祥雲遺稿集』解説によれば、明治二十九年に宗会議員となり、高等中学林設置の議を建言して創立事務員となり、古義真言宗聯合高等中学の創立経営に尽力した。

覚城院には、秀本の講義を筆録した断簡が残されている。この『高藤秀本先生梵網古迹記』について、以下書誌を示す。

罫線入りノートにペンで筆記。表紙部分中央に「高藤秀本先生梵網古迹記」と朱筆（毛筆）で直書き。縦二〇・八cm、横一六・三cm。一丁に相当する部分に、内題「梵網経古迹（跡）記講義」とペン書き。全一五丁。内容は第一　緒言、第二　一経の大綱、第三　古迹記の意味から成る。ノート下に「12／4」（一オ）「15／4」（二オ）「29／4」（三オ）最終丁ウラに「第一学期終了」と記されている。背部分に仮綴じ痕があるため、おそらくさらに分量があったノートの一部と考えられる。

稿者が調査したところ祥雲筆とみられるが、おそらく後半部分は分離して覚城院内のどこか、或いはまた別の場所に所蔵されているか、散佚したと考えられる。このような例をみると、祥雲の在学時代の筆録ノートは、さらにあった可能性がある。

これらの筆録ノートの成立後ほどなくして書写された目録が、ＵＣＬＡ所蔵の『自宗所依書籍目録』（図10-1）である。

外題、内題とも「自宗所依書籍目録」。表紙は本文共紙表紙で楮紙、仮綴。奥書には「維明治四十三年一月廿七日書寫／末資祥雲所持」とある。内容は以下の通り。

大日経疏末抄目録（一オ～七ウ）
釈摩訶衍論末書（七ウ～一〇オ）
師作文末疏日鈔　即身義（一〇ウ～一三オ）
聲字義目録（一一ウ～一二ウ）
吽字義疏章目録（一二ウ～一三オ）
二教論鈔解目録（一三オ～一四ウ）
秘蔵宝鑰末書目録（一四ウ～一五ウ）
般若心経秘鍵疏目録（一五ウ～一七オ）
金剛頂発菩提心論註疏目録（一七オ～一八オ）
十住心疏目録（一八ウ～一九ウ）
理趣経釈末鈔目録（一九ウ～二一ウ）
依僧史及傳覚考作者之年代等（二二オ～二三ウ）

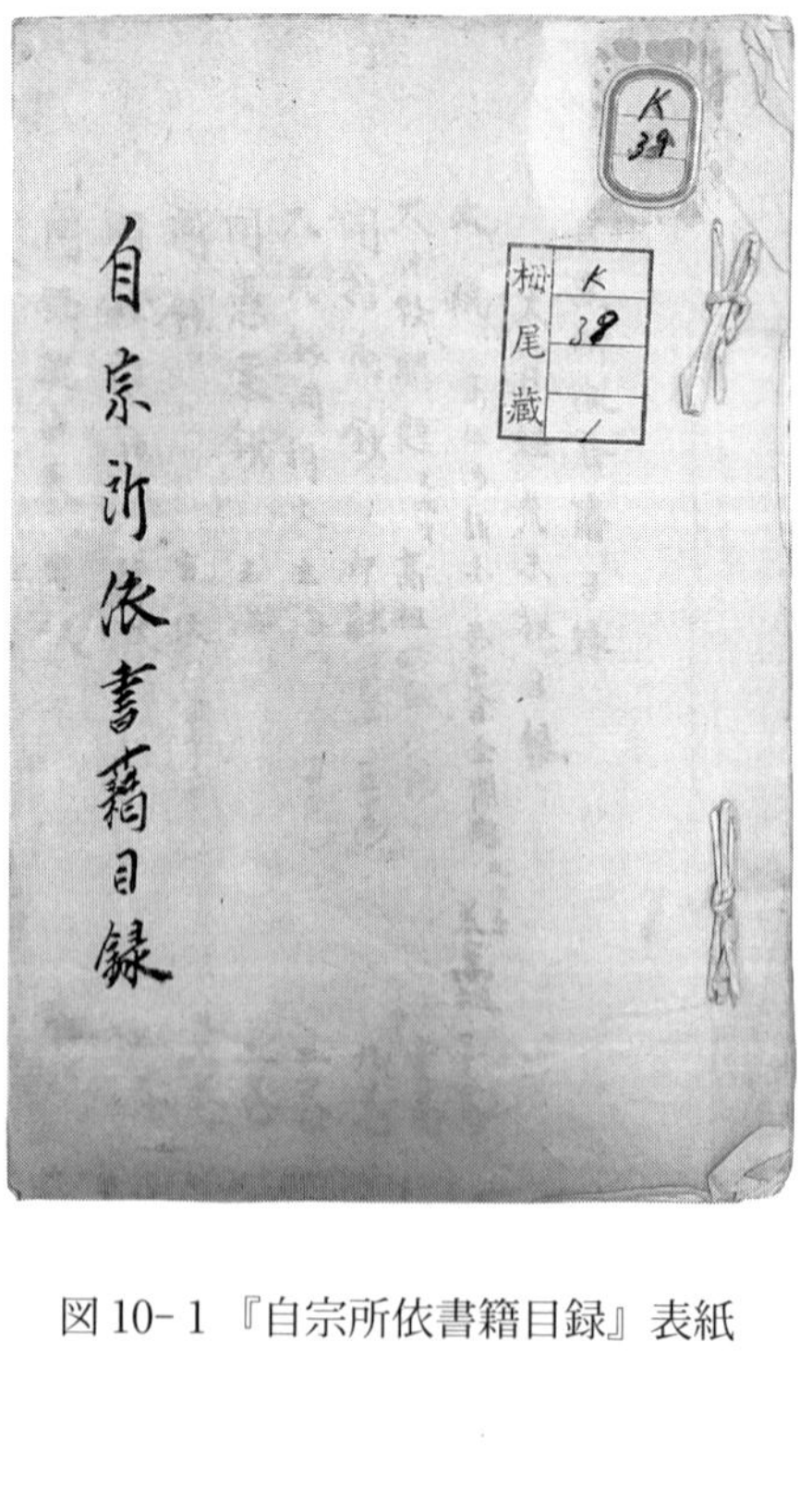

図 10-1『自宗所依書籍目録』表紙

善通寺宝物館には、『自宗所依書籍目録』（一般　八九―一三）という同内容の一本が所蔵されている。[26]この善通寺本には冒頭に「文化十酉春三月」の年次をもつ識語がある。おそらく、高等中学での修学を経て、祥雲は基礎的な経典の鈔疏を把握する必要を感じ、書写したのではないかと考えられる。ＵＣＬＡ本は、本文は毛筆で書写し、そこに鉛筆で各作者の生没年を記すなど書き込みがある。祥雲の修学過程を知る上で重要な目録であるが、『集成』に影印化されず、『日本古典籍目録』にも未収録であった。このように栂尾コレクションのなかでも従来注目されていなかった資料が、覚城院調査によって発見された資料、威徳院所蔵の筆録ノートとの関係性のなかで見ていくと、明治期の学僧たちの修学過程をさらに復元していくことが可能になるのである。

ほかにも、ＵＣＬＡ栂尾コレクションには、祥雲の兄弟子である栂尾仲道の旧蔵書などが含まれており、彼らの修学過程も垣間見ることができる。

・『金剛頂菩提心論略記』（刊）

外題なし。見返し題「高野山／大唐遍滿述／金剛頂菩提心論畧記／嘉永六年鐫／正智院藏」。表紙右下に「仲道」と墨書。後ろ見返し識語「明治乙未初夏八葉峰に修学之砌高室院僧正高範上綱より之を賜ふ　□□□来仁仲道誌」。

・『玄談集』（写）（教誡律儀、西谷名目は延命寺上田照遍選、著）

外題「玄談集　教誡律儀　西谷名目　作持門　原人論／三教指帰」と題簽に墨書。袋綴一冊。見返しに「八葉峰在學之日集録／玉藻島佛子来仁道」と墨書。一オ右下に朱円印「栂尾仲道」。「西谷名目玄談」の最終丁に「已上／于時明治廿四年一月於南山大学戒身寮東窓下旭隆應和上之科箇ヲ寫焉／西讃陽覺城末徒　来仁仲道誌」、「作持門詞句要集　玄談」の最終丁には「明治壬辰秋月於戒身寮寫之　□□□（三文字ぬりつぶし、二字は「廿一」か）」の奥書あり。

・『法教雑録』（写）

外題「法教雑録」と墨書。一オ右下に朱方印陽刻「栂尾仲道」。種々の教学に関する文献を収録したもの。「七十五法名目和解／小苾芻和気宥雄篇集／大苾芻佐伯旭雅検閲」書写奥書「備前　高橋隆信写／明治辛卯十月二十八日於南山大学林写之／讃栂尾仲道房」。「宗釈論議秘訣鈔大尾」書写奥書「維明治辛卯極月二十八晨於南山大学林戒度寮東窓下借五智院師之御本複写之者也　来仁仲道」。「真言未決文」書写奥書「明治二十五壬辰第一日二十一日於南山大学林写了／来仁」。

明治四十三年（一九一〇）三月二十四日、二十五日消印の「高野山聯合大学　栂尾祥雲宛」はがきが挟まっている。

この『法教雑録』には、仲道から高野山聯合大学講師として勤務している祥雲に宛てたはがきも附属しており、どの時点かはわからないものの、仲道の蔵書も祥雲に利用されたことがうかがえる。

覚城院客殿二階に所蔵される写本版本のうち、ある函には端正な筆跡で書写された仲道筆・仲道手沢の聖教がまとまって残っている(27)。それらを見ていくと、祥雲若年の修学時代の約十年前にあたる、明治二十年代に、仲道が講義を筆録したノートであることがわかるのである。

・『講師密門宥範僧正大日経住心品疏聞書』（覚城院蔵）（写）

袋綴六冊。表紙右上に「共六」、表紙右下に「栂尾仲道」と墨書。

第一冊外題『大日経住心品疏聞書第壱自玄談至上半二日終』、内題「大日経住心品疏聞書第一講師密門宥範僧正　仲道筆記明治廿九年二月廿四日開巻」（第一丁）。（以下、外題の「大日経住心品疏聞書」は省略して示す）

第二冊外題『第貮自壱本上半三日至同上半十日』、第三冊外題『第三自一本下半初日至同下半十日』奥書「能化高野山光臺院密門宥範僧正讃岐仁尾浦金光寺来仁仲道識本年廿又五」、第四冊外題『第四自一末初日至上半十日』「明治二十七年七月十八日」、第五冊外題『第五自一末下半初日至二本上半八日下中央』、第六冊外題『第六自二本上半八日中至三巻終住心品大尾』奥書「（前略）時明治廿八年一月十七日（中略）金光寺来仁仲道本年廿四才」。

・『釈摩訶衍論聞書』（覚城院蔵）（写）

袋綴五冊。表紙右上に「共五」、表紙右下に「栂尾仲道」と墨書。

第一冊外題『釈摩訶衍論聞書第壱自玄談至上半七日下』、内題「釈摩訶衍論聞書第一／講師鎌田観応僧正　来仁仲道筆記／明治二十八年二月十三日陰正月十九日開巻」、（以下、外題の「釈摩訶衍論聞書」は省略して示す）第二冊外題『第貮自上本八日初至下半八日下』、第三冊外題『第三自一下第九日至二上半四日』、第四冊外題『第四自二之上半五日至二之下半二日』、第五冊外題『第五自二之下半三日至二之下半十日』。

・『講師鎌田観応僧正　釈摩訶衍論聴書』（覚城院蔵）（写）

袋綴二冊。表紙右上に「共貮」、表紙右下に「栂尾仲道」と墨書。

第一冊外題『講師鎌田観應僧正　釋摩訶衍論聴書第一自初玄談至上半終』、第二冊外題『講師鎌田観應僧正　釋摩訶衍論聴書第二自一之下半始至十日之終』奥書「於高野山大學林第一教場聴講焉／能化寶城院鎌田観應僧正／西讃□浦金光寺来仁仲道／廿一年半」。

・『釋摩訶衍論決擇難答搆』（覚城院蔵）（写）

袋綴一冊。表紙右下に「栂尾仲道」。

・『大日経住心品疏聞書』（覚城院蔵）（写）

袋綴一冊。外題「大日経住心品疏聞書第一玄談」、表紙右下に「栂尾仲道」と墨書。内題「大日経住心品疏聞書」、「講師密門宥範僧正　末徒来仁仲道筆記／明治廿七甲午年二月十二日開軸　晴天」。

・『権大僧正高岡増隆講師金剛頂経開題聴書』（覚城院蔵）（写）

袋綴一冊。外題「権大僧正高岡増隆講師　金剛頂経開題聴書　完」、表紙右下に「金剛乗末資　栂尾仲道」と墨書。内題「金剛頂経開題聴書　講師高岡増隆大僧正」、「明治廿五年壬辰四月卅日開軸　雨天」、奥書「於南山大学林聴講西讃覚城末徒来仁仲道廿二才」。

・『講伝師高岡隆僧正曼荼羅抄聴書』（覚城院蔵）（写）

袋綴一冊。外題『講傳師高岡隆僧正　曼荼羅抄聴書』、表紙右下に「栂尾仲道」と墨書。

奥書「明治廿又四季南紀高野山大學林教場／ニテ聴了　無量壽院門主高岡僧正講傳焉／西讃岐覺城末徒　仲道誌」。

・『鎌田観応僧正講伝般若波羅蜜多理趣経聞書』（覚城院蔵）（写）

袋綴一冊。外題『鎌田観應僧正講傳　般若波羅蜜多理趣経聞書　完』、内題「理趣経講傳聴書／阿迹梨鎌田観應僧正来仁仲道記／明治二十八年乙未第一月七日開軸　快晴」、奥書「於高野山大學林聴講之／同山寶城院観應僧正講傳／西讃仁尾金光寺来仁仲道」。

祥雲が中院流伝授を途中まで受けていた鎌田観応による『理趣経』『釈摩訶衍論』の講義、また祥雲が『釈摩訶衍論』、『秘蔵記私鈔』、『印融鈔』の講義を受けた高岡隆心（一八六五～一九三九、高野山大学初代学長）の師である高岡増隆（一八二三～一八九三）の講義を仲道が筆録したものなどがある。仲道による筆録が覚城院に静かに所蔵され、祥雲の筆録は祥雲・祥瑞とともに移動を重ねることになったことは、ほぼ同時代の聞書、ノートにも関わらず、所有者によって書物がかくも異なる運命を経ることを示している。今後の調査で仲道関係の聖教はさらに出て来ることが予想される。

二、香川県立図書館蔵『栂尾蔵書目録』について

『高野山大学百年史』には「高野山図書館平面図」（高野山図書館設計図、大正十五年八月十日）が附属しており、それによると祥雲の研究室は「研究室第拾号室　栂尾教授」とあり、図書館二階の北西の角部屋である（『集成』別巻に研究室で撮影した祥雲の写真が掲載されている）。栂尾祥瑞は「父、栂尾祥雲」のなかで次のように語っている。

欧州遊学から帰朝（大正十三年）して、文学博士を取得（昭和十六年）するに至った期間、四十四歳から六十一歳までの十七年間、父は高野山大学図書館の文字通りの「主（ぬし）」で、定刻の図書館研究室がよいが春夏秋冬、変わることなく正確に繰りかえされた。七時半頃、朝食に必ず口がつけられないような熱い味噌汁をのんで後に図書館へ、昼食はぬき、大学の講義以外は図書館の研究室にこもって、五時すぎに帰宅、（中略）学問の為の書物は、南谷（現、文化通り）の家には、一切おいてなかった。学問は、すべて図書館の研究室で、日中にこれを為す、ということが、不文律として、百年一日の如くに続けられた。

これによれば、祥雲の蔵書は、この研究室に所蔵されて利用していた可能性が高い。

従来はＵＣＬＡ栂尾コレクションの書名を一覧するにあたって、立花孝全「カリフォルニア大学所蔵　栂尾コレクション目録」[28]によるしかなかった。香川県立図書館所蔵の目録によって、蔵書の全体が一覧できるようになった。問題はこの目録が祥雲の手によるものか、祥瑞の手によるものか、であるが、『栂尾藏書目録（参）』末尾には「故祥雲　研究ノート」、「故

栂尾仲道　遺稿集」という記載がある。このことから、おそらく祥瑞によるものであると考えられる。祥瑞は祥雲の没後、蔵書の整理をするため、蔵書を分野ごとに分け、各書物に「栂尾蔵」蔵書印を捺印し、目録に書名を記載していったのだろう。香川県立図書館所蔵の祥雲旧蔵書の目録と請求記号は、次の通りである。

書名『栂尾蔵書目録（壱）和』請求記号　TG／C4／1-1　内容　眞言密教関係、佛教関係、佛教芸術関係、其ノ他（和装本）
書名『栂尾蔵書目録（弐）和』請求記号　TG／C4／1-2　内容　国訳一切経、大蔵経、其ノ他（和装本）
書名『栂尾蔵書目録（参）和』請求記号　TG／C4／1-3　内容　研究雑誌、パンフレット、講座、祥雲ノート
書名『栂尾目録（蔵書）1洋』請求記号　TG／C4／2-1　内容　印度関係
書名『栂尾蔵書目録2洋』請求記号　TG／C4／2-2　内容　仏教関係
書名『栂尾蔵書目録3洋』請求記号　TG／C4／2-3　内容　世界美術、仏教美術
書名『栂尾蔵書目録4洋』請求記号　TG／C4／2-4　内容　文典、言語、梵文学、MSS目録、辞典
書名『栂尾蔵書目録5洋』請求記号　TG／C4／2-5　内容　雑録、宗教一般、地図、年表、亜細亜関係

『栂尾目録（蔵書）1洋』から『栂尾蔵書目録5洋』までが、高野山大学図書館に所蔵される洋書を分類した目録だと考えられる。そして、近世以前の写本版本は『栂尾蔵書目録（壱）和』の巻末の八丁分に記載される書名二〇件、『栂尾蔵書目録（弐）和』巻末の五五丁分に記載される、書名一四〇件の「和装本」として記載されている（ここには、明治以降の写本、書籍を若干含む）。『栂尾藏書目録（壱）和』、同（弐）和、同（参）和の全体の分類の標目は次の通りである。

一『栂尾蔵書目録（壱）』〔眞言密教関係〕〔佛教関係〕〔佛教芸術関係〕〔其ノ他（和装本）〕一丁目に「欠、36」と鉛筆書き

眞言密教関係（一）「眞密」ノ部　眞言密教一般に関するもの。教相、事相を問わず
眞言密教関係（二）「眞弘」ノ部　弘法大師を中心とするもの
眞言密教関係（三）「眞声」ノ部　聲明、御詠歌等
眞言密教関係（四）「眞寺」ノ部　眞言宗各寺院に関するもの
眞言密教関係（五）「眞髙」ノ部　髙野山に関するもの
眞言密教関係（六）「眞布」ノ部　布教ニ関スルト思ハレルモノ
眞言密教関係（七）「眞事」ノ部　眞言宗事相（行法次第）に関するもの
一般佛教関係（一）「仏教」ノ部　仏の教え一般に関するもの
一般仏教関係（二）「仏印」ノ部　印度の仏教に関するもの
一般仏教関係（三）「仏地」ノ部　地域仏教に関するもの
一般仏教関係（四）「仏史」ノ部　仏教の歴史に関するもの
一般仏教関係（五）「仏典」ノ部　仏教々典に関するもの
一般仏教関係（六）「仏布」ノ部　仏教布教に関すると思われるもの
印度関係　「印」ノ部
仏教芸術関係　「仏芸」ノ部
和装本[29]

二『栂尾藏書目錄（貳）』国訳一切経　大藏経　其ノ他（和装本）

一丁目に「欠／大正大蔵経97／その他23／120」と鉛筆書き。

叢書全集類

國譯一切経（印度撰述）……以上印度撰述部　壱百五十五巻「全156冊￥45000」と鉛筆書き。

口訳一切経　總索引（印度撰述部）「口訳一切経（和漢部）65冊3万円」と鉛筆書き。

大日本仏教全書「端本（全161冊）の中65冊に付33000円1冊500円」と鉛筆書き。

真言宗全書「44冊揃、洋本2万円」と鉛筆書き。

傳教大師全集「￥5000」と鉛筆書き。

慈雲尊者全集「揃2万円」と鉛筆書き。

照遍和尚全集

弘法大師諸弟子全集

興教大師全集「1800 2冊揃1800」と鉛筆書き。

辞書類

佛書解説大辞典

解説大日本校訂大藏経「1000」と鉛筆書き。

大藏経細別目録

大正新修大藏経「端本1冊2500全揃3.5万」「欠」と鉛筆書き。

大正新修大蔵経図像
大正新修大蔵経索隠（法華部）高楠順次郎監修「300」と鉛筆書き。
昭和新纂國譯大蔵経「1冊100」と鉛筆書き。
要文抄録大蔵経索引附図（八葉）
大正新修大蔵経索隠第一巻
眞言宗傳法血脈
要文抄録大蔵経索引
昭和法寶總目録
大正新修大蔵経總目録附会員名簿
和装本[30]

三『栂尾蔵書目録（參）』
〔研究雑誌〕〔パンフレット〕〔講座〕〔祥雲ノート〕
一丁目に「欠113」と鉛筆書

研究雑誌及びパンフレット類
密教研究

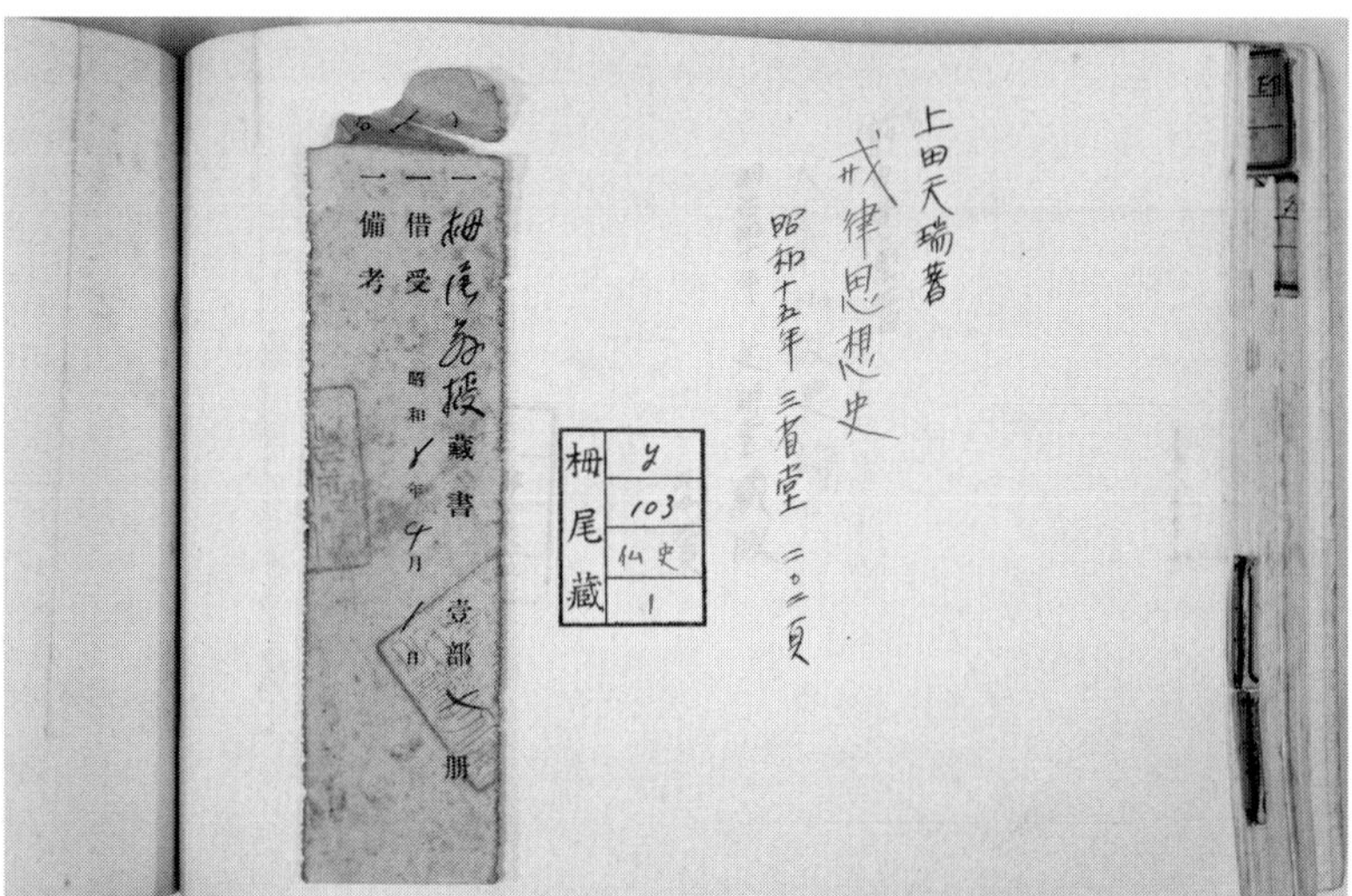

図 10-2　挿入された貸し出しカード

密教文化
　宗教研究……（以下雑誌の書名が掲載されているが本稿では略す）
故祥雲　研究ノート類　及び　字経類　「禁帯出書」　朱印「貴重図書」　朱印「祥雲」
故栂尾仲道　遺稿集　全十七冊　和

このうち、祥瑞にとって重要度が高かったのは末尾の「故祥雲　研究ノート類　及び　字経類」であったことがわかる。「故祥雲研究ノート類」の末尾に「大日経住心品聴書」以下四四の書名が並ぶが、これが威徳院所蔵の祥雲の筆録ノートだと考えられる。また、現在香川県立図書館に所蔵され、稿者はまだ実見できていないが、「故栂尾仲道　遺稿集　全十七冊　和」というものが存在する。先にみたようにＵＣＬＡ栂尾コレクションには、栂尾仲道の旧蔵書などが含まれているが、どの時点からかはわからないものの、仲道没後の遺稿も祥雲が受け継いだらしい。

また、『栂尾蔵書目録（壱）和』には、祥雲蔵書の高野山大学での利用の一端が窺える資料が残されている。「上田天瑞著／戒律思想史／昭和十五年　三省堂　二〇二頁」のページには、次のような貸し出しカードが（図10-2）挟まれているのである。

一　栂尾教授　藏書　壹部　七　冊
一　借　受　昭和　8　年　4月　1　日
一　備　考

昭和八年四月は、昭和四年の高野山大学高野山図書館の完成から四年後、祥雲が代表的な著作を刊行していた時期にあたる。

図書館の完成後も祥雲の蔵書にしかない書籍もあり、必要に応じて学生に貸し出され、利用されたのだろう。

三、UCLA栂尾コレクションに含まれる覚城院及び周辺寺院の聖教

香川県立図書館蔵『栂尾蔵書目録』は書名と「栂尾蔵」の蔵書票印のみ記載される目録であり、古典籍については刊写も区別されていない。また、平河出版社の『集成』別巻の解題も、寺院資料的な観点からは言及がなく、影印の画像も表紙の署名などが見えなくなっている。そのため、UCLAでの調査によって明らかになった、各古典籍の伝来について検討していく。覚城院歴代の生没年については、本書所収の平川恵実子の論考「蔵書から見る覚城院周縁——主要な僧と関連寺院について」を参照した。

まず、覚城院の蔵書印、署名があるものについては以下のものがある。

『大毘盧遮那成佛經疏』（版）三巻五帖（高野版）BQ1875.I37 1616v. 1－2，BQ1875.I37 1616v. 3－5

『集成』には影印がないが、栂尾コレクションには『大毘盧遮那成仏經疏』の高野版が含まれている。同本は『江戸時代初期出版年表［天正一九～明暦四年］』[31]にも収載されるが、表紙の寺院署名については情報がないので、改めて書誌を示す。

外題「大毘盧遮那成佛經疏第一　本」（第一末）（第二（題簽下に「本」と墨書））（第二末）（第三）と金紙題簽に墨書。粘葉装五帖、表紙右上に黄緑票「K27」、「K28」、「K29」。下に桃票「BA／NO」。表紙右下に「覺城院」と墨書。見返し本文共紙、斐楮混ぜ漉き。一面六行、字高二一・三糎。墨筆、朱筆で訓点あり。第一帖から順に五六丁、四九丁、五三、三七丁、二九丁。中央折り目に「大疏　一（～二九）」

と印字（以下の帖同様）。後ろ見返しに「讃州仁尾邨覺城院蔵」と墨書。

刊記「爲酬四恩之廣徳興三寶之妙道／開五巻疏之印板矣／元和二丙辰年三月廿一日／高野山金剛三昧院第三十四代良筭」（第二～第四帖）。


『大日経疏』は正嘉三年（一二五九）の快賢による版以来、複数回高野版で開版されている。[32] 当該本の刊記とそこに見える良算についても、既に『高野版の研究』[33]に紹介がある。表紙、見返しには覚城院の署名がある。このような情報については、鈴木淳『日本古典籍目録』に未収載である。ほか、『集成』に影印があるものについても、その奥書識語を含めて、覚城院旧蔵であることを示す書誌情報を検討していく。


『摩訶瑜伽自在四十手深要決義』（写）……表紙に「西讃岐仁保覚城院／常住」と墨書。

外題「千手四十手深要決　完」、内題「摩訶瑜伽自在四十手深要決義一巻」。袋綴一冊。料紙、楮紙。七五丁。縦二三・七糎、横一六・四糎。識語「清水静観所撰」（朱筆）。

書写奥書「右一巻南谷堯壽院祐算（梵字二字）御本申請享保改元（一七一六）丙申之天自八月廿八日夜至菊月朔旦而書写畢後覧苅茂補略而已／相州柳島山沙門／智算房了辨」。

本奥書「御本云／于時延元二年（一三三七）丁丑六月廿一日於秀山草庵／密一山申賜御本書写畢　資智海」、「同本云／文明十五年（一四八三）癸卯菊月廿一日秀山下之坊附了／當院住法印禅澄」、「同本云／宝永第二（一七〇五）天秋令写之序加朱一校了／祐算空俊房五十有五」。

識語「此本者（1字墨滅）乗院輪下了辨房／書写之者也」。

感得識語「此一巻高野山瑞泉院心明四州巡拝之比／當寺訊来先師三等法印之詣廟前／而廻向了終夜法話之席約焉贈給也

／于時安永二（一七七三）癸巳秋九月吉祥日／現住法印無等記了」。

千手観音の正大四十手の三昧耶形（如意珠、羂索、宝鉢、宝剣など）の意義を経典、儀軌を引用し解説するもので、各三昧耶形絵は着色されている。書写奥書によれば、相州柳島山（宝亀院善福寺）出身の了弁が、享保元年（一七一六）に高野山南谷堯寿院の祐算の本を書写したものである。感得識語によれば、安永二年（一七七三）に了弁が覚城院中興の祖である三等（延宝六年［一六七八］～延享三年［一七四六］）の廟前に詣でた折に、当時の覚城院住持である無等（享保二年［一七一七］～寛政六年［一七九四］）に贈られたものである。三等は次の背の小口書にも署名がある。

『密林餘材』（写）……墨方印「讃州／仁保／覺城院」（表紙右下、一オモテ右下）。

外題『密林餘材』、内題なし。料紙、楮紙。八〇丁。縦二六・〇糎、横一九・〇糎。

外題横に「日」と墨書。背に「南月堂」「三等」と墨書。奥書なし。

『秘藏寶鑰問談鈔』（写）表紙右下に「讃岐覺城院」と墨書。

袋綴二冊。上巻外題「秘藏寶鑰問談鈔　坤（上）一」、内題「寶鑰問談鈔上之上　寶鑰問談鈔上之下」。料紙、楮紙。六〇丁、縦二三・六糎、横一六・八糎。

書写奥書「秘藏寶鑰問談鈔巻上終／明和三丙戌載四月七日夜此巻書写畢／金剛佛子実雅」、「寶鑰問談鈔中終／明和三年（一七六六）三月晦日書写未校畢」。

下巻外題「秘藏寶鑰問談鈔　乾（下）三四」、内題「寶鑰問談鈔下之上　問談鈔下之下」。料紙、楮紙。六八丁。縦二三・六糎、横一六・八糎。書写奥書「秘藏宝鑰問談鈔下之上終／明和三年四月廿日写了」、

「明和三丙戌夏四月廿二日於南紀鈴丸寺／大楽院霊信師法華講談之砌同所円福蘭／若而書写畢　沙門實雅／願以此功徳普及於一切／我等與衆生皆共成佛道」。

本奥書「仁治元年（一二四〇）庚子閏十月比於禅定殿下御所／被談宝鑰一部即於御前仰小納言律師房／信被書所談法門帰山之時給此聞書少少／載入勘之等進読之楚忽之間文義難調紕／謬相参歟若自及後哲被覧此順加再治示／童蒙而已　阿闍梨道範」、「元文三年（一七三八）於干攝州伊丹寓居砌大坂生玉南坊妙瑞法師以本／写了　明石松江邑正護寺義諦」、

「于時明和二年（一七六五）乙酉於淡州宝生寺宝鑰講談之砌隆栄房以本／書写了焉　南紀城東円福院會下智円」。

空海の主要著作である『秘藏寶鑰』の要文をあげ、それに注釈を施したもので、書写奥書によれば、明和三年（一七六六）に高野山大楽院の霊信の法華講談の際に実雅が書写したものである。実雅は報恩院の住僧で、覚城院の経蔵のなかでは『伝授記伝三』（覚S1-24）、『伝授記結縁』（覚S5-122）の奥書に表れる。

また、表紙の署名で目立つのは仁純（文化十五年か文政元年［共に一八一八］～）の書写本、手沢本である。仁純は江戸後期の覚城院の住僧で、天保二年（一八三一）に覚城院で当時の住職であった唯仁のもとで得度し、仮名として理玄、実名として仁純の名を授かっている。[34] 次の『秘密曼荼羅教開演玄叙教相大義』の本文は細字で書写されているが、版本の表紙の署名などは太字で墨書する。

『秘密曼荼羅教開演玄叙教相大義』（写）…表紙に「西讃岐仁保村覚城院仁純理玄／所有」と墨書。

外題『秘密曼荼羅教開演玄叙　南山宥圭述／教相大義　同述』、内題「秘密曼荼羅教開演玄叙」。

「秘密曼荼羅教開演玄叙」一二丁、「教相大義」一七丁、二冊を合綴。料紙、楮紙。

「秘密曼荼羅教開演玄叙」縦二四・四糎、横一七・二糎、「教相大義」縦二四・六糎、横一七・二糎。
「秘密曼荼羅教開演玄叙」書写奥書「弘化四（一八四七）丁未春於豫州西條写得功了西讃仁保村覚城院理玄（花押）」、
「教相大義」書写奥書「同六月十三日以本書写得畢／西讃仁保邑覚城御院之資仁純理玄」。
「教相大義」本奥書「弘化三年（一八四六）丙午閏五月於播陽如意山普門院金剛寺丈室草焉／宥圭　数齢四十一」。

『密蔵要義』（写）…表紙に「仁純所秘」、裏表紙に「西讃仁保覚城院／常住」と墨書。

『法則集』（刊）…墨方印「讃州／覺城院／仁保」（一丁オモテ右下、最終丁左下）。表紙に「荒」「共二」と墨書。

『應理大乗傳通要録』（刊）…裏表紙に「西讃仁保邑覚城院／仁純理玄求之」と墨書。

現在覚城院の客殿に収蔵されている写本版本群は、木製の箱に近代以降の雑誌なども含みつつ雑然と残されている。表紙の署名、蔵書印なども適宜記録しているが、稿者が目録化の際に詳しく披見することができた四箱だけでも、仁純手沢本はかなり残っている。

・『唯識論枢要』（覚城院蔵）（刊）四冊「西讃州仁保邑覚城院仁純理玄求之」。
・『唯識論了義燈』（覚城院蔵）（刊）一三冊「西讃州仁保邑覚城院仁純理玄求之」。
・『唯識論演秘』（覚城院蔵）（刊）一四冊「西讃州仁保村覚城院仁純理玄求之」。

・『唯識義章』（覚城院蔵）（刊）六冊「西讃州仁保邑覚城院仁純理玄求之」。
・『表無表章文集』（覚城院蔵）（刊）一冊「共三。三野郡仁保邑西讃仁純理玄求之」。

以上『大毘盧遮那成佛經疏』（版）三巻五帖から『應理大乘傳通要録』（刊）一冊までが、UCLA栂尾コレクションのうち、覚城院の署名、蔵書印、覚城院歴代住持の署名、識語などから、かつて覚城院に所蔵されていたことが明らかなものである。しかし覚城院旧蔵書は、これだけではないと考えられる。覚城院には周辺寺院からの流入典籍が所蔵されているが、栂尾コレクションにも同様に周辺寺院の旧蔵であることを示す典籍があるためである。これらもかつて覚城院に移動したのち、祥雲の手沢本となったものであろう。以下、このような例について、覚城院塔頭の金光寺、愛媛県実報寺の旧蔵であることがわかる典籍を検討していきたい。

金光寺旧蔵本

金光寺は、山号を宝珠山、院号を遍照院と言う。金光寺の寺院史については本書所収の柏原康人の論考「金光寺僧行範の修学——覚城院蔵金光寺旧蔵聖教を中心に」を参照されたい。同論考や『新修仁尾町史』によれば、金光寺は寛永二年（一六二五）に秀遍が覚城院から転住して中興第一世となり、その弟子秀聖によって慶安二年（一六四九）に諸堂宇が整備され、その後は、行範によって宝暦八年（一七五八）に山門が、天明八年（一七八八）に本堂が整備された。嘉永年間に宥明信元（栂尾本元の前の住僧）が来住した際には、庫裡が新築され、護摩堂、客殿、鎮守堂、隠居家を完備した。しかし、明治六年（一八七三）に西讃竹槍騒動が発生すると金光寺は焼き討ちに遭い、山門を残して伽藍は焼失、現在は明治三十二年（一八九九）に栂尾仲道によって伊予から移築された本堂が建つのみであるという。この金光寺旧蔵本であると考えられる典籍が、

UCLA栂尾コレクションにも含まれている。

・『貞観政要格式目　僧官』（刊）

外題「□観政要格式目」と子持ち枠刷り題簽に墨書。内題「貞観政要格式目僧官」。一三丁。袋綴一冊。表紙右上に「□之箱」。表紙右下に「金光寺」、裏表紙左下に「遍照院」と墨書。見返し左側に「讃岐仁尾／明和三丙戌九月求之寶珠山遍照院金光寺／行範」と墨書。最終丁左下に「寶珠山遍照院金光寺行範」と墨書。刊記「正保五年仲春吉旦／中野小左衛門梓刊」（一三ウ）。

・『血脉　小野并廣澤』（写）

外題「血脉　小野并廣澤」と題簽に墨書。（写）袋綴一冊。表紙右上に「廿之箱」と墨書。表紙右下に「行範」と墨書。書写奥書「明和二乙酉兼月七日書之了　宝珠山金光寺行範」

・『骨髄鈔』（写）

外題「骨髄鈔」と題簽に墨書。奥書「宝暦四甲戌十二月十四日書寫了寶幢生歳三十」「同五乙亥菊月廾七日書之了／寶珠山金光寺行範」。

・『度人要軌』（写）

外題「度人要軌」と墨書直書。粘葉装一帖。表紙右下に「秀範」と墨書。奥書「享保六辛丑星九月二日讃州中郡新濱／遍照庵以寶嚴和尚真筆書寫了　秀範」。

行範は、仁尾の生まれで、寛保三年（一七四三）、三十四歳頃に金光寺の住持になった僧である。柏原の論考によれば、行範の生年は、『度人要軌』(覚S12-27)に享保十六年(一七三一)時点で二十二歳であることから宝永七年(一七一〇)で、現在確認できる行範に関わる聖教で最も古いものは、享保十五年(一七三〇)書写『許可小野』(覚S8-24-1)、最晩年のものは天明五年(一七八五)書写『牛馬疫風大事』(覚S7-75-2)である。覚城院の典籍の中に行範が関連するものは現時点で百点以上確認でき、覚城院の蔵書に大きく関わった人物である。UCLA蔵の『度人要軌』(写)の書写者である秀範は、行範の七代前の住持である。

覚城院客殿二階の版本における金光寺旧蔵書は以下のものが現在確認でき、箱番号も墨書直書きされていることから、これが金光寺に収蔵されていた際のものだとすると、金光寺での蔵書の分類もある程度復元できそうである。

・『科首書理趣經純秘鈔』(覚城院蔵)(刊)中下巻(上巻欠)、二冊。「中。共三。七之箱。金光寺什具」。
・『剛齋詩集』(覚城院蔵)(刊)一冊。「十一之箱。金光寺宝珠山遍照院」。
・『仁王経疏』(覚城院蔵)(刊)三冊。「六之箱。共七。讃岐金光寺仁尾」。
・『仁王護國般若經疏序記』(覚城院蔵)(刊)二冊。「六之箱。共二。讃岐金光寺仁尾」。
・『科註頭書父母恩重経鈔』(覚城院蔵)(刊)一冊。上下を合綴。「九之箱。全。讃岐金光寺仁尾」。
・『首書父母恩重経鈔』(覚城院蔵)(刊)二冊。「九之箱。共二。讃岐金光寺仁尾」。
・『冠書科九條錫杖鈔』(覚城院蔵)(刊)一冊「九之箱。全。讃岐金光寺仁尾」。
・『心経略疏顕正記』(覚城院蔵)(刊)一冊「七之箱。全。本末を合綴。讃岐金光寺仁尾」。
・『般若心經略鈔』(覚城院蔵)(刊)一冊「七之箱。全。讃岐金光寺仁尾宥珂」。
・『重版改正科註恩重經岡極鈔』(覚城院蔵)(刊)上下を合綴。「九之箱。全。讃岐金光寺仁尾」。

・『宿曜経』（覚城院蔵）（刊）二冊。「四之箱。共二。金光寺」。

実報寺旧蔵書、真海手沢本と書写本

覚城院が所蔵する、覚城院以外の寺院の蔵書印がある典籍のうち、比較的まとまった分量があるのが実報寺、徳蔵寺、宝積寺など伊予の寺院である。覚城院所蔵本には実報寺の印（印文「豫洲桒村郡／實報寺宝藏」）や、実報寺旧蔵を示す墨書を有する聖教が四十点以上存在する。[35] この実報寺旧蔵書が、UCLA栂尾コレクションにも含まれている。

・『初心頓覚抄』（刊）

三巻袋綴一冊。外題無し（題箋剥離）、表紙右下に「恵照」、左下に「道範作」と墨書。表紙右下に墨塗り、その左に「豫州桑村郡／實報寺宝藏」の朱方印を捺す。内題「初心頓覺鈔上」（一～二四丁目）、内題「初心頓覺鈔中」（二五～三〇丁目）、三〇丁目に「阿闍梨宥将」と墨書。内題「初心頓覺鈔」三一～五四丁目。以上、もとは2冊を合綴（上中・下）。刊記「高野山金剛峯寺谷上正智院道範御作／慶安二年己丑九月吉日　於高野山開板」。

・『理趣會十七段漫荼羅』（刊）折本一帖、（写）折本一帖

外題を墨書した紙片「理趣會曼荼羅并／釋経」が付属する。

（刊）曼荼羅　外題「理趣會十七段漫荼羅」と題簽に墨書。題簽に「栂尾蔵」蔵書票印。内題なし。表紙右下に「高幢」と墨書。本文楮紙。周辺部少し虫損あり。全一九丁（全二一紙を貼り継いで成る）、刊記は最終丁に「釈經曼荼者薩埵内證両部蘊奥也秘趣深／妙浅識難量其知之圖像最為便理趣家不／知理趣者豈非濫竿哉傳而習於朝夕而已／明和庚寅初冬廿日南山補陀落院眞海誌」。合計六箇所に朱方印「豫洲桑村郡／實報寺宝藏」を捺し、見返しに「聖

帝山實報寺／宥天」と墨書。

（写）釈経　外題「理趣釈經」と題簽に墨書。内題「大樂金剛不空真實三昧耶経般若波羅密多理趣釋」。表紙右下に「高幢」と墨書。本文楮紙、押罫界線あり、全四二丁。前見返しに「實報寺」と墨書、朱方印「豫洲桑村郡／實報寺宝藏」を捺す。両面書写。裏面末尾に朱方印「豫洲桑村郡／實報寺宝藏」を捺し、「聖帝山實報寺／宥天」と墨書。訓点、注記、朱筆で字句訂正などあり。

また、江戸後期から明治にかけての実報寺と覚城院に関わりの深い僧に真海がいる。本書所収の平川恵実子の論考によれば、真海は文政十年（一八二七）生まれ（『別行抄高雄神護寺口決』覚S2-90の書写奥書による）で、若い時期に三角寺に所属し、その後いつからか実報寺の僧となり、明治十六年（一八八三）、五十七歳の頃には覚城院と関わりのあった吉祥院において法会を行っていた。真海が関係する典籍が覚城院に多数現存するに至った経緯は未詳であるが、現時点において真海は覚城院の蔵書中に最も多くの書写本や所持本が残る人物である。この真海の署名を墨書する手沢本、書写本がＵＣＬＡ栂尾コレクションにも複数含まれている。

・『梵漢對映集』（刊）

外題『梵漢對映集　本』と刷題簽、下巻は題簽剥離。袋綴二冊。表紙右上に「共二」、右下に「眞海蔵」（上巻）、「真海蔵」（下巻）。上巻の本文共紙見返しウラ（剥離して遊紙一丁目オモテ左下隅）に「珠嘉仕人」の墨方印。上巻七四丁。下巻四八丁。刊記「正保乙酉孟夏仲旬／枚田勘兵衛尉開板」。

・『宗骨抄』（写）
外題「宗骨鈔」題簽に墨書。「宗骨抄醍醐骨目最極也」と墨書。袋綴一冊。布表紙はほぼくだけている。一オ右下に「真海」と墨書。

・『醍醐鈔』（写）
外題「醍醐鈔　完」と題簽に墨書。袋綴一冊。表紙の布はほぼ分解している。本来の表紙右下に「真海」と墨書。巻末に「明治十五年冬令他筆書写一校畢／真海五十六」の奥書。

・『槙尾問答鈔　百箇條』（写）
外題「槙尾問答鈔　百箇條　天」（地）と墨書直書。下巻本来の表紙の右下に「真海」と墨書。奥書（朱筆で）「明治十三庚辰七月於金山出石寺一校了／真海五十四」（上巻）、「明治十三庚辰六月於金山出石寺令書写／一校畢大講佐伯真海五十四」（下巻）。

・『秘蔵寶鑰見光鈔』（刊）
外題『秘蔵寶鑰見光鈔　巻上』の刷題簽（巻中・巻下）、袋綴三冊。表紙中央に塗りつぶし、そこに朱筆で「如々葊／真海蔵」と上書き、右横には「東豫」と墨書（三冊とも）。後ろ見返しにも塗りつぶし。下巻は塗り潰された字が比較的判読可能で、「北野邑／西蓮寺／宜円求之」。

覚城院客殿二階に所蔵される真海手沢本としては、現時点で次のようなものが見つかっている。

・『仁王経疏　上一』（覚城院蔵）（上二、中三、中四）（刊）破本下巻欠。「共四。真海求之」。

・『仁王経鈔（疏［「鈔」の上に朱筆で］）』（覚城院蔵）（刊）三冊。「共三。聖帝山不出。真海（「不出」の上に朱筆で）」。
・『佛遺教經』（覚城院蔵）（刊）一冊。「真海蔵」。
・『冠書　科九條錫杖鈔』（覚城院蔵）（刊）一冊。「登。當心書林。真海求之」。
・『科　父母恩重經鈔』（覚城院蔵）（刊）二冊。「共二巻。真海」。

以上見てきたように、「覚城院」と寺院名を表紙に墨書直書きするもの、「讃州／仁保／覚城院」という蔵書印をもつもの以外にも、覚城院への流入典籍として多い金光寺、実報寺旧蔵書が含まれていることから、栂尾祥雲旧蔵書の典籍に占める覚城院旧蔵書の割合はさらに大きいと考えられる。

本稿では詳しく触れることができないが、ＵＣＬＡ栂尾コレクションには、伊舎那院という、同じく香川県三豊市内にあり、覚城院の南東に位置する財田町の寺院の旧蔵であることを示す典籍が合計九点ある。(36)また、本山寺の旧蔵であることを示す典籍も五点を数える。(37)ほか、宝善寺（さぬき市）、西蓮寺（愛媛県四国中央市）、成相寺（京都府宮津市）、宝満寺（同府綾部市）、叡福寺（大阪府太子町）、延命寺（同府河内長野市）などが蔵書印や識語に見え、これらの典籍もまたどのような伝来を辿ったかわかならないものの、祥雲の手元に到っているのである。

四、栂尾祥瑞とＵＣＬＡの購入の背景について

つづいて、栂尾祥雲所蔵和書がＵＣＬＡに収蔵される経緯について述べておく。そこには祥瑞のロサンゼルスへの渡航が関わっているため、彼の生涯についても概観したい。祥瑞については、妻栂尾登喜子による『故栂尾祥瑞の慕草（しのびぐさ）』(38)（一九八

八年）という私家版の書物がある。そこに掲載されている年譜を整理すると、祥瑞の略歴は以下のようになる。

一九二八年　一月二十一日誕生
一九四五年　三月、香川県立高松（旧制）中学校卒業
　　　　　　四月、旧制旅順高等学校理科甲類入学、八月に敗戦により同校中退
一九四七～五一年　旧制高野山大学密教学科卒業（座主賞受賞）
一九四九年　四月七日、得度、授戒
一九五二年　十一月九日、灌頂
一九五三年　十月二十日、釈迦院住職拝命
一九五二～五四年　高野山大学助手兼研究生
一九五四～八六年　真言宗外地留学生兼北米高野山開教師
一九五六～五八年　カリフォルニア大学（ＵＣＬＡ）東洋学部助手
一九五八～六三年　南カリフォルニア大学大学院宗教学科修了
一九六三～六五年　南カリフォルニア神学校大学院世界宗教学科修了
一九六五～七〇年　クレアモント大学大学院東洋学部卒業
一九七〇～七一年　ＵＣＬＡ東洋学部講師
一九七一～七二年　ワシントン大学東洋学部助教授
一九七三～七四年　ＵＣＬＡ東洋学部非常勤講師（教授待遇）
一九七四～八五年　ボストン美術館東洋部仏教芸術主任研究員兼図書館長

一九七六～七七年　ハーバード大学美術学部非常勤講師（教授待遇）
一九八六～八八年　高野山大学教授

祥瑞の渡米は、祥瑞自身の意向と、当時の高野山ロサンゼルス別院主監であった高橋成通によるものである。近代日本仏教の海外進出についての研究が既に明らかにしているが、日本人仏教者は海外の日本人や日系人が集団で住む地域に赴き、各地に寺院が建てられた[39]。明治三十年台に本願寺派、日蓮宗、曹洞宗がハワイ移民のために僧侶を派遣し、真言宗についても、在ハワイの日本領事が高野山と醍醐寺に派遣を要請したという。アメリカ西海岸については明治三十一年にサンフランシスコに仏教青年会が設立され、大正三年には日蓮宗が「北米羅府日蓮宗教会」を設立、大正十一年に曹洞宗が禅宗寺を設立している。日本人仏教者は現地で葬儀、法要を行うだけでなく、日本人学校を運営することもあった。真言宗寺院のハワイ、北米への展開の歴史については、「海外布教の現況と展望　高野山真言宗　大師講と共に七十年」（『全仏』全日本仏教界昭和五十五年一〇月号　一九八〇年）に報告されている[40]。

祥瑞の高野山大学時代からの友人であった後藤善猛（徳島県阿南市桑野町梅谷寺主）は「畏友栂尾祥瑞君を憶う[41]」において次のように回想している。

　例によって寺河と三人で歩いているとき、彼が突然「三人でいっしょにアメリカへ行こう。」と言い出した。その頃、アメリカはまだ遠い遠い国であった。夢のような話であった。しかし、彼は父、祥雲博士のところへ寄せられるロスアンゼルスの別院高橋成通師からの手紙などでアメリカの様子がかなり具体的であった。アメリカで勉強し、将来は国際的視野で密教の研究を希っていたようである。

祥瑞が渡米を希望していただけでなく、当時のロサンゼルス別院主監高橋成通も、高野山大学出身者を積極的に受け入れていた。現在も存命であり、生前の祥瑞を知る人物である宮田諦詮は「墓碑銘「お上人」―外地開教留学生の半生―[42]」において次のように当時の状況を述べている。

今から三十余年前といえば、昭和三〇年前後にロス別院に赴任した開教師の殆どは高大出のトップクラスの俊才がひしめいていた。これというのも当時の別院主監高橋成通先生の肝煎りで、高大卒の英才をアメリカの大学に送り込み、以って真言密教の種を英語で蒔き、而して密教禅旋風を米大陸に巻き起こすという崇高なるアイデアから迸り出たものらしい。

この型破りの、六尺余寸背丈の別院主監を我々は「オン大」と呼んだ。これというのも自分の安い別院の月給を若き学究の徒（開教師）の学資に投じることを「心よし」としたボスへの尊称である。実に彼の門下生から博士号（Ph.D）三名（羽毛田、寺河、栂尾）修士号（M.A.）二名（木村、宮田）学士号（B.A）二名（［　］野―旧姓浦上、丹生）の七名が巣立っている。（中略）（※栂尾祥瑞は）学位を得てからは当時UCLA東洋学部教授の故足利先生の後釜にと当人も望んでいたらしいが、当時の加州知事（現大統領）リーガーン氏政策の一環として大巾な教育予算カットとなり、その望みも絶たれ東部ボストン行きとなる。丁度ボストン美術館東洋部室長だった高大先輩の堀岡智明先生（一九七六没）の声きで、東部行きが決まったのは一九七四年も春だった。

この回想によれば、高橋成通は祥瑞たち高野山大学出身者にアメリカでの学位取得を期待して開教師を受け入れていた。香川県立図書館の栂尾文庫を調査したところ、中村元『慈悲』（平楽寺書店　一九六三年）の見返しに、「贈呈　一九六五年二月五日／成通／栂尾祥瑞師の大成を祈りて」とペンで認め、「高橋成通／遍照文庫」という円形の蔵書印が捺してある。成通が自身の蔵書を祥瑞に与えたものとみられ、成通も自身の蔵書印をもち、蔵書形成を行っていたことが窺える。

UCLAでは一九四九年に東洋研究を立ち上げ、一九五〇～六〇年台に日本語図書・中国語図書の「買い出し」を進めている。その中心となったのが、リチャード・ルドルフ（一九〇九～二〇〇三）と足利演正（一九一〇～一九八四）である。二人はＵＣバークレー、そしてコロラド大学の日本語学校で同僚であった[43]。足利演正は大阪府堺市の東本願寺派の寺院出身で、バークレーにはチベット語教員として呼ばれたが、コロラド大学の日本語学校時代から日本語教科書の編纂などを行った。ルドルフはＵＣＬＡへ赴任してすぐ足利を日本語担当として呼び寄せ、二人はまず図書館の東洋コレクションの構築を進めた[44]。日本研究司書三木身保子によれば、ルドルフは日本において次のような交友関係をもち、古典籍の購入を勧めた[45]。

一九四九年一〇月一日、中国は西洋との関係を絶ち、一九七二年までは一切の図書資料に対しても門戸を閉ざした。中国の社会状況が図書の購入を不可能としたので、ルドルフ教授は一九五〇年代から六〇年代に何度か日本へ渡った。大学の特別休暇の年には家族とともに京都に住み、中尾書店、一誠堂書店などの古書店の人たち、天理真柱の中山正善氏、反町茂雄氏、フランク・ホーレイ氏など著名な古典籍の愛好者たちの面識を得た。これらの人たちを通じて漢籍の購入を続行し、同時に日本の古典籍をも購入した。

足利も一九五三年に日本に研究休暇で滞在し、全集・叢書類をはじめとした人文系の基本図書や仏教関係の文献を二〇〇〇冊以上大学のために購入し、一九五五年の報告によれば、その時点で中国語、日本語図書は五万冊の規模になった[46]。このような状況で足利は祥瑞から祥雲の蔵書について知ることになる。

ちょうど、私が第二代東洋学部長（一九六二―一九七〇）に就任する前年、すでに高橋成通監督の勧めで、ロス・アンゼルス高野山別院に籍を置かれ、ＵＣＬＡの東洋学部研究員をしておられた栂尾祥瑞君（故栂尾祥雲博士令息）から、御母堂のお話として、故博士の蔵書を整理処分されるということを耳にしたので、早速、東洋図書館長とも相談の上、休暇を利用して高野山へ行くことにしたのである。

そして高野山で祥瑞君御母堂や堀内寛仁高野山大学教授からお話をお聞きしたが、故博士の厖大なコレクションのうち、洋書は全部高野山大学図書館が購入決定とのことであったので、都合で同図書館が購入し得なかった和書（写本及び刊本）を全部ＵＣＬＡ図書館へ収蔵することとなった(47)。

この回想によれば、足利が祥雲旧蔵書について知ったのは祥雲の没後から八年が経過した一九六一年である。その間祥瑞は五四年からアメリカに滞在しており、祥雲旧蔵書は基本的に高野山にあったと考えられる。この間旧蔵書がどのように保管、利用されていたのかは、分からない。

もうひとつ明らかでないのは、ＵＣＬＡが祥雲旧蔵書を購入してから十二年間のことである。一九七五年にＵＣＬＡ研究員であった立花孝全が、栂尾コレクションの存在について、東洋大学教授清水乞に報告した。清水はさらに金岡秀友に伝え、平河出版社を通して阿含宗管長桐山靖雄に報告し、『栂尾コレクション顕密典籍文書集成』の出版計画が開始され、マイクロフィルムに複写するための館外貸し出しが行われるなど、影印化に向けての作業がはじまった(48)。この祥雲旧蔵書の購入が完了した一九六三年から一九七五年まで栂尾コレクションについて注目されなかったのは、当時の図書館の財政的な問題も関わっていると考えられる。和田敦彦によればＵＣＬＡは一九六〇年代前半に図書館蔵書の拡大計画を宣言し、蔵書数を一五〇万冊から三〇〇万冊に倍増することで、バークレーに匹敵する図書館を構築することを目指していた。しかし一九六五年から図書予算は縮減し、この計画も一九六八年には廃案となった。一九七一年にはアメリカ国内の多くの図書館が統計上、財政面で下り坂傾向にあり、ＵＣＬＡも過去の図書、文書類に予算を割くことができなかった(49)。おそらくこのような財政状況下で、栂尾コレクションは購入当初は注目されなかったのだと考えられる。しかし、栂尾コレクションは厳重に保管されていたらしく、桐山靖雄の「あとがき」によれば、一九七五年の夏に「東洋図書館の門をくぐった。図書館の最も奥まった一角の、厳重な扉をそなえた書庫に、一千冊の栂尾コレクションがあった(50)。」という。現在では、栂尾コレクションは東アジア図書館に保管されているわけではなく、基本的にキャンパスとは別にある閉架書庫 SRLF に配置されているため、当時の「書庫」がどのようなものだったのか不明である。また、UCLA Library の図書検索システムの詳細検索の書誌項目に Toganoo collection とある古典籍、書籍を請求することで、栂尾コレクションのほぼ九割が該当するのだが、このタグ付けは完全なものではないらしい。立花孝全「カリフォルニア大学所蔵　栂尾コレクション目録」に載る書名に従って二〇一八年に一点一点請求して閲覧してみたところ、Toganoo collection という表示はないが、「栂尾蔵」の蔵書票印があるものも数十書名ほどあるのである。先に述べた如く、今後は香川県立図書館蔵『栂尾蔵書目録』によって栂尾コレクションを含めた祥雲の旧蔵書の全体像が把握しやすくなると考えられる。

おわりに　――近代仏教史としての覚城院資料、栂尾コレクションの価値――

栂尾祥雲を中心に、近代の覚城院と学僧たちの修学活動、祥雲蔵書のアメリカへの移動、そして近代仏教の海外展開について述べてきた。稿者が対象とした明治以降の資料は、中世の聖教に比べれば調査の優先度は低いようにみえるかもしれないが、その意外な重要性についてわずかでも指摘できたのではないだろうか。たとえば、覚城院の客殿二階に所蔵される写本版本のなかに明治以降の写本版本、そして仏教系雑誌、総合雑誌が雑多に含まれていることは、これらの写本版本が現在の状態で保管されるまでどのようにしてあったのかについて、手がかりを与えるのではないか。覚城院先住森恭円師によれば、客殿二階に写本版本が移されて現在のようになったのは、昭和十三年ごろの客殿の建て替え以降ということになるそうである。これは栂尾仲道、栂尾密道示寂後のことである。高野山大学教授、高野山大学図書館長として多忙な生活を送っていたとはいえ、祥雲が住職を任じていた期間にもあたるため、祥雲については今後も注意して検討する価値があると考えられる。また、近代以降の資料は、研究領域を越えて、近代仏教に関わる人々のつながりについて示唆を与えるものである。この点について重要と考えられることについて、最後に以下に示したい。

Ⅰ　栂尾密道の蔵書と六大新報社について

森諦圓は「栂尾博士の若かりし頃の思い出」において、栂尾密道の経歴について述べている。この密道の旧蔵書と明らかに分かる物が、覚城院客殿二階から発見されたため、紹介しておきたい。

・『学庸』（覚城院蔵）
外題『新刻改正學庸　再刻後藤點　全』。表紙は臙脂色雷文繋ぎ地唐草文艶出し。右上に「　部／　類／第8號／共5冊／明治41年4月購入／摘要　栂尾密道」の縦四・五cm、横五cmの蔵書票を貼付する。数字部分はペン書き。他は印刷。見返し「明治再版／佐土原版後藤點／新刻改正／四書／東京四書堂藏版」。一オ右下に「栂尾」の朱円印、右上に朱円印に重ね捺しして同「栂尾」印。後ろ見返しに、一オで重ね捺しされた朱円印（印文四文字）に「栂尾／密道」の朱方印を重ね捺ししている。

・『一季有半』、『続一年有半』（覚城院蔵）
『中江篤介著／一季有半／東京博文館藏版』、『中江篤介著／續一季有半／東京博文館藏版』。「　部／　類／第5號／共2冊／明治39年9月購入／摘要　栂尾密道」の縦四・五cm、横五cmの蔵書票を貼付する。数字部分はペン書き。他は印刷。

これは、「栂尾密道」と印字された蔵書票を貼付した、明治刊行の四書『学庸』と、中江兆民の『一年有半』、『続一年有半』(51)である。購入された明治三十九年、四十一年には、密道は一八歳、二十歳であり、京都真言宗高等中学に在学中と考えられる。のちに京都の職業安定所の所長も務めた密道の修学期や、社会批評に対する関心が窺われ、興味深いものである。また、密道は六大新報社主筆を務めた時期がある（一五代目。昭和三年二月一二日～昭和七年五月二十八日〈第一二五四号～第一四八五号〉）。この六大新報社の雑誌『六大新報』は、明治二十三年一月二十一日、真言宗伝灯会の機関誌として創刊した『伝燈』を前身とする。『伝燈』の初代主筆は和田大圓（勧修寺門跡。歌人与謝野鉄幹の実兄）である。ほかにも二代目主筆に土宜法龍（明治二十三年二月～明治二十五年二月〈第二号～第二六号〉、南方熊楠と交友のあった金剛峯寺座主）(52)、五代目主筆に長谷宝秀（明治二十七年十二月～明治二十八年三月十八日〈第八三号～第九〇号〉。種智院大学教授）が就いており、主筆には真言宗内に重きをなした人物が多い。同誌は社会事業の推進を目的としており(53)、覚城院蔵の『一季有半』、『続一年有半』は密道の思想、実践の一端を垣間見せるものである。

Ⅱ　角田柳作の京都時代との交差について

この六大新報社の『伝燈』に明治後期の一時期のみ論文を発表していた人物がいる。それがコロンビア大学の日本学、日本書籍コレクションを築いた角田柳作である(54)。角田柳作に関しては近年伝記考証が詳細に進められており、それらを参照すると、明治二十九年に東京専門学校（現早稲田大学）を卒業し、翌年に民友社に入社、『井原西鶴』、翻訳『社会之進化』を発表し、沢柳政太郎（当時は師範学校、尋常中学校、高等女学校の教員検定委員）の紹介で明治三十二年に京都真言宗高等中学に赴任した。英語、歴史、地理を教えたという。角田は明治三十五年に高等中学を辞し、福島県赤城村の福島中学校に戻るが、その間のことについて中村幸彦著述集には次のように述べられている(55)。

> 京都真言宗聯合大学予科に英語の教師として赴任す。この大学にて、沢柳政太郎、上田万年二先生に、その人選を依頼ありしに、角田氏いずれかの先生の推薦にて来たる。少壮気鋭にして気骨稜々たり。当時真言宗各派間に争ひありて、学校の存続も危ぶまれたり。その騒擾中に身を投じて活躍し、騒擾収まるや飄然として学校を去る。後に米国に渡り、

日本書籍の図書館長となりしと風聞す。

ここにいう「真言宗各派間に争ひ」とは、明治三十二年より三十四年までに起こった真言宗各派の分離独立問題である。この分裂を阻止するための建議を行い、奔走したのが当時宗会議員であった高藤秀本である。(56) 角田の京都時代については不明な点が多いが、興味深いのはちょうどこのころ、栂尾祥雲が真言宗京都高等中学に在学していることである。森諦圓によれば、祥雲の履歴は次のようにあるという。(57)

種智院大学の図書館で先生の事を調査したが、何様八十年以上の昔の事で参考書類が見付からないが、真言宗聯合高等中学時代の履歴書によると、明治三十二年一月真言宗中学林卒業、明治三十八年三月聯合中学卒業、認定前高等中学一年修業、明治三十八年四月九日本科三学年入学。

祥雲が長谷宝秀（一八六九～一九四八）たちの講義を受けたように、角田も上田照遍（一八二八～一九〇七、河内延命寺住職）、長谷宝秀など真言宗の碩学に師事したという。角田はこの京都時代に、明治における宗教の社会的役割について論考を発表していた。祥雲もまた、晩年は真言密教の一般向けの書籍を数多く執筆した。これは後半生に於て、書物の移動と図書館・特殊コレクションの形成（角田柳作・コロンビア大学図書館日本研究コレクション／栂尾祥雲・高野山大学図書館・UCLA栂尾コレクション）に関わった二人が、近代真言宗史のなかの京都において、偶然交差したことを示している。(58) 和田敦彦は『書物の日米関係　リテラシー史に向けて』において、二十世紀は膨大な書物が移動する時代であったことを日米間の書物の流通から指摘している。祥雲と角田の交差からは、そのような書物の移動が日本文学・日本近代仏教学という領域に跨って起こっていたこと、そして移動した書物によって、アメリカの日本学や日本近代仏教学の基盤が形成されたことを物語っている。

（1）覚城院寺内の記録には、歴代住職について以下のような情報がある。開基以来五十四世の「體仁（字　本元）」が「明治四十二年（一九〇九）八月二日（旧暦六月七日）」示寂、五十五世の「来仁（字　仲道）」が「大正九年（一九二〇）十一月二十三日」示寂、「興仁」が「本堂、客殿、庫裡改築」と記載されている。興仁は森諦圓の法名であり、つまり祥雲は住職として数えられていないのである。この点は『仁保浦大寧山覚城院縁起』と『新修仁尾町誌』も同様である。しかし本稿で取り上げる『眞言宗各派寺院錄』では、祥雲は覚城院住職として載っており、おそらく大正九年の栂尾仲道示寂後、仲道の弟子である森諦圓が住職となるまでの中継ぎとして、祥雲は覚城院の住職を務めていたのではないかと考えられる。森諦圓「栂尾博士の若かりし頃の思い出」では祥雲を覚城院五十六世とし、自身を五十七世としている。

（2）金益杉「ひとこと―栂尾蔵書復刻出版に際しそのお祝いのことばとして―」（『栂尾コレクション顕密典籍文書集成』別巻　平河出版社、一九八一年）には、次のようにある。

東洋図書館の一九六三年六月二〇日の記録によれば、一九六二年から一九六三年間に買い入れた重要な書籍として、次のような記録が見られる。

「日本から仏教に関する日本書籍、即ち、栂尾蔵書を購入した。この栂尾蔵書は三四二の書名で、九六八巻におよび、二つの曼陀羅を手鈔した巻物で出来ている。この栂尾蔵書は、栂尾祥雲博士（一八八一～一九五三）が、あの栂尾全集を執筆した際につかわれた書籍等である」。

（3）釈迦院が元興寺境内に移転したことについて、森諦圓は次のように経緯を説明している（森諦圓「栂尾博士の若かりし頃の思い出」『集成』別巻）。

真言律宗奈良元興寺の住職辻村泰圓師は栂尾咲枝夫人の親戚に当るので常々栂尾家と辻村家は親密なる間柄であった。住職辻村泰圓師は財団法人・元興寺文化財研究所を設立し、文化財の保存と研究につとめた。また、保育所、乳児院、老人ホーム、心身障害児福祉センター、児童厚生施設の運営を行ない社会福祉事業家として有名であった。そんな世話敷い寺故に、乞われて咲枝夫人は祥雲師没後孫の現在威徳院住職坂田智光師と共にこの事業の援助を永年勤めたのであろう。

祥雲の長女敏子の夫が坂田光全（威徳院住職　高野山大学教授）、その子息が坂田祥光（威徳院住職　大阪大学助教授）、智光（威徳院住職　香川県高瀬町図書館長）である。

（4）栂尾登喜子編『故栂尾祥瑞の慕草』（私家版）。『故栂尾祥瑞の慕草』は香川県立図書館にも所蔵される。なお、この私家版を最初に閲覧出来たのは、UCLA東アジア図書館研究司書バイアロック知子氏が、真言宗ロサンゼルス別院を訪問して複製を入手し、お送り下さったことによる。
（5）香川県立図書館ウェブサイト、郷土資料部門、コレクション、栂尾文庫。
（6）坂田知應「あとがき」（栂尾祥雲遺稿集刊行会『栂尾祥雲遺稿集』聞書編巻第六　高野山出版社、二〇〇六年）。
（7）『集成』別巻。
（8）栂尾祥瑞編『栂尾祥雲全集』別巻第一～第五（臨川書店、一九八三～一九八九年）。
（9）『集成』別巻。
（10）鈴木淳・三木身保子（UCLA Library 日本研究司書（当時））『カリフォルニア大学ロサンゼルス校所蔵　日本古典籍目録』（刀水書房、二〇〇〇年）。
（11）大谷栄一・吉永進一・近藤俊太郎編『近代仏教スタディーズ仏教からみたもうひとつの近代』（法藏館、二〇一六年）など。
（12）（『集成』別巻）。
（13）松長有慶（編纂者代表）高野山大学百年史編纂委員会『高野山大学百年史』（高野山大学、一九八六年）によれば、一九二一年から二四年までの祥雲の留学中、高野山大学では図書費の充実や寄贈・寄託・寄付の受け入れを進め、図書館の建設計画も動き出している。一九二二年五月には「パリ在住栂尾祥雲師を通じて約一〇〇〇円余の図書購入」があったという。留学から帰国後、祥雲は高野山大学教授、高野山大学図書館長に就任する。祥雲は『デルゲ版西蔵大蔵経』の資料的価値に注目し、吉井芳純にその請来を命じており、吉井他の多年の苦労の末に『デルゲ版西蔵大蔵経』は一九三三年に図書館に到着し、一九四一年に購入費用を完済した。『デルゲ版西蔵大蔵経』が高野山大学図書館の名を世に広める代表的蔵書となり、のちにマイクロフィルム版も発売された。
（14）「栂尾」という姓は本元が明治時代に京都栂尾山の高山寺住職を兼務していた時期があり、その際に名乗るようになった姓で、祥雲ほか、仲道、仲道の弟子の一人である密道等がこの姓を名乗る。

(15) 森諦圓「栂尾博士の若かりし頃の思い出」(『集成』別巻)。
(16) 現在の種智院大学の前身である京都真言宗高等中学は明治以降の学制の変更に伴い名称が変化する。
(17) 栂尾祥瑞「栂尾祥雲博士略年譜」(『集成』別巻)。
(18) 栂尾祥瑞「父、栂尾祥雲」(『集成』別巻)。
(19) 森諦圓「栂尾博士の若かりし頃の思い出」(『集成』別巻)。
(20) 『眞言宗各派寺院録』(高野山時報社、一九二四年)。序文には次のようにある。

眞言宗の宗勢と寺院分布と各寺の財力等を知るは教線擴張及び宗門施設上缺ぐべからざるものなり。先年六大新報社より寺名一覧の發行ありて自他の便益に資する所多大なりしが、その後財産調査局の設置となり調査の結果は各寺院の財産基準に一新紀元を劃する事となりしと、最近住職の更代等頻々たるものあり益々一宗の新形勢を悉知すべき刊行物要求の聲ありしを以って本社は新財産調査の查定を記入し茲に眞言宗各派寺院録を刊行する事とせり。本書の編纂に就ては小原孝澄師、井村義丸氏、岩倉信弐氏主として盡力せられたり。惟ふに本書の刊行に依り利便を享くる者多かるべきを信ず。即ち出版の事由を述べて序と爲す。

大正十三年八月十一日　　高野山時報社

(21) 森諦圓「栂尾博士の若かりし頃の思い出」(『集成』別巻)。
(22) 本書所収、柏原康人「金光寺僧行範の修学―覚城院蔵金光寺旧蔵聖教を中心に」。
(23) 栂尾祥瑞「父、栂尾祥雲」(『集成』別巻)。
(24) 栂尾祥雲遺稿集刊行会『栂尾祥雲遺稿集』聞書編巻第一、二、四、五、六(高野山出版社、二〇〇二～六年)。なお、明治期の真言宗内の高等教育の科目の構成、変遷については、阿部貴子「明治期における真言宗の教育カリキュラム―普通学の導入をめぐって―」(『現代密教』二四号、二〇一三年三月)に詳しい。
(25) 向村九音「木山寺と美作・備中・備前の真言宗寺院との関わり」(中山一麿編『神と仏に祈る山　美作の古刹木山寺社史料のひらく世界』法藏館、二〇一六年)。

(26) 国文学研究資料館マイクロ請求記号セ一-一五-二。日本古典籍総合目録データベースにて画像公開。

(27) 詳しい調査は未了であるが、同箱には他に以下の写本・版本が収められている。『沙門無覚了述三教指帰玄談』(写)、『釈論応教鈔道範撰』(写)、『密門僧正述大毘盧遮那成仏神変加持経科住心品』(写)、『秘蔵記聞書』(写)、『両部曼荼羅聞書』(写)、『〈密門宥範師御口演〉般若理趣経講伝聞書』(写)、『唯識論名所雑記』(刊)、『釈摩訶衍論分科』(写)、『冠註華厳原人論』(刊)、『〈恢嶺〉編撰〉増補科註原人論』(刊)、『大日経疏科文』(写)、『秘蔵記聞書』(写)、『釈論続決択』(写)、『両部曼荼羅随聞記』(写)、『釈論聖法記』(写)。

(28) 『集成』別巻。

(29) 目録に掲載されている書名を以下に示す。( )内は鉛筆書きである。

Q39～Q75

安祥寺流傳授随筆、金剛頂経義訣、秘密儀軌　灌頂壇部　(密軌艮唯一)、秘密儀軌總目　扶桑所撰、秘密儀軌、高野山通念集(2000)　本中院／小田原／奥院／南谷／往生院その他、傳燈廣錄(7000)、諸儀軌禀承錄(1500)、西大勅謚興正菩薩年譜、別行次第秘記(300)、大疏秘記集(500)、理趣経愚解鈔(500)、両部曼荼羅随聞記(500)、兩部曼荼羅随聞記追記(100)、兩部曼荼羅便覧(500)、理趣経漫荼羅　宗叡、秘密理趣會曼荼羅、金剛界胎藏界梵漢和鏡　九巻、傳法灌頂胎藏界作法外　一巻　計十巻。

(30) M、K、R、Sの四つの分類記号で分けて書名を掲載している。書名を以下に示す。

M1～M47

本朝密教章疏録私考、諸宗章疏錄、久修園続集、覺阿問答鈔、東寺真言宗血脈、竹窓随筆(600)、高祖先徳禁文記、瑞林集、宗義謂立會通、久米寺流記、眞言宗要義　鈴木智辨述、宗骨鈔、骨髄鈔、即身義聞書附錄、先徳御俗性(ママ)等、随筆、清涼山志、玄談集、法教雑錄、梵漢對映集、度人要軌、台宗摩怛理迦、大日経疏爛脱醍醐寺松橋之本、秘密万荼羅経摩怛理迦、十三仏抄、引導要集便蒙(1000)、眞言宗乗教科書、智心章別記、東寺眞言宗血脈、血脈小野並広沢、千手千眼觀自在菩薩広大圓滿無尋大悲心大陀羅尼啓請、高野山学侶行人非事吏三派來由、大日経疏傳授鈔他三篇、泊如僧正瑞林集巻之十三、南圓堂影像方次第、顕密護法編上目錄、大塚問答、眞言宗僧俗暦懐、相承八祖、新古十ケ証文、悉曇傳承日記、先徳署名等、醍醐鈔、眞言蒙求、論匠三番、密宗教意経か密宗教覚章、勧学院巡問義。

K1～K84

録外密軌等書写書、秘藏宝鑰見光鈔、高野山往生傳、法相大乗傳通要録、入定出現示文便蒙記、密林余材、高野雑筆、東寺末葉椗、疏傳受血脈、三部経并奥疏縁起、御記、金剛頂菩提心論畧記、顕密三身図記外、大日経疏傳受鈔、法則集、覺鑁大師孝養集、秘密曼荼羅教開演玄叙教相大義、三教指歸注、他部筆記帖、大毘盧遮那成仏経疏、大日経住心品、三僧記類聚（一冊欠）、阿字檜尾禪策、北嶺教時要義、無縁葬作法、貞安問答、大疏傳授私記、大施餓鬼分解、即身義問題、自宗所依書籍目録、宗釈秘事巻集、天台眞言二宗同異章、小部輯釈、釈摩訶衍論決疑抄、菩提心論二摩地段鈔、大日経疏口傳私記、宗義折紙相傳、南蛮寺興廃記譚、盆供施餓鬼問辨、秘藏宝鑰問談鈔、聖教訓訣法身藏、門跡傳、仏説父母恩重経講義、秘宗要略、比丘戒相畧述、宗義諸箅題難答構之事、槇尾問答鈔、摩訶瑜伽自在四十手深要決義、五部秘経、梵語千字文、玉印鈔、諸法會儀則、初心頓覺鈔、貞観政要略式目、胎金生起、偏界紅爐雪、宗義玄訣秘要、事教偶話、密藏要義、大疏爛脱、警覺心続生義／紅鑪一唾篇附、秘藏要門集、諸軌傳授法制、善無畏三藏行狀並碑銘、二教論懸鏡鈔、鉄塔傳経大意図、見聞抜推録、三五摩多辨他四篇、金雨叔先生家戒詩註釈、悉曇傳承日記口説、南天鉄塔出興由来之事、僧服記、人国記、自宗見聞要記、曼荼羅問答外二篇。

R1～R66

秘密儀軌灌頂壇部、冠註住心品疏略解玄談、大毘盧遮那成佛経疏。

S1～S97

大日経疏演奥鈔、首書曼荼羅私鈔（2冊500）、理趣経廃忘記、神道叢書、配文大毘盧遮那成仏経疏第三（100）、理趣経法曼荼羅諸説不同記、理趣経十七章曼荼羅図、理趣釈経理趣会十七段漫荼羅、大日経住心品疏一本問題（10冊600）、續宗義決擇集、續々宗義決択集、灌頂檀部秘密儀軌、大唐西域求法高僧傳、慈恩寺三藏傳、灌頂檀部秘密儀軌。

(31) 岡雅彦ほか編『江戸時代初期出版年表［天正一九～明暦四年］』（勉誠出版、二〇一一年）六三頁。

(32) 小秋元段『高野版とはなにか　企画展「空海からのおくりもの」第二回講演会』（凸版印刷印刷博物館、二〇一三年）。

(33) 水原堯榮『高野版の研究』（上弦書洞、一九二二年）。

(34) 本書所収、平川恵実子「蔵書から見る覚城院周縁―主要な僧と関連寺院について」。
(35) 平川恵実子同論考。
(36) 『悉曇傳承日記口説』、『寶樹坊宗要集論題』、『宗釋秘事卷集』、『大毘盧遮那成佛神變加持經　入真言門住心品』、『秘密儀軌』、『宗義決擇謂立會通』、『即身義聞書附録』、『台宗見聞要記』、『真言宗三部經并大日經疏緣起　大日經奥疏由來　十卷義釈裏書』に「伊舎那院」の蔵書印がある。
(37) 『南天鐵塔出興由來之事』、『辨顕密二教論懸鏡鈔』、『傳法灌頂胎藏界作法』、『胎藏界梵漢和鏡』、『金剛界梵漢和鏡』に本山寺の署名、蔵書印がある。
(38) 前掲私家版。
(39) 末木文美士 編集委員　松尾剛次・佐藤弘夫・林淳・大久保良峻 編集協力『近代国家と仏教　新アジア仏教史』(佼成出版社、二〇一一年)。
(40) 以下、『全仏』に掲載された報告を引用する。

ハワイ開教区

大正初年湯尻法眼師渡布、開教の先駆となり、引きつづいて大正三年関栄覚師赴任、ハワイ別院が創建された。関師が初代別院主監、初代開教総監である。二代亀山弘応師赴任中、更に別院の内容外観が完備させられた。以来、曽我部、丹生、末富、鳥取の各師がこれを維持発展せしめ、現在加登田哲英師が第七代目の主監である。昨年、老朽した本堂、庫裡が立派に再建新築され、管長猊下の御親教、落慶法会が厳修された。

現在、このホノルルの別院のほか、オアフ島に三ヶ寺、ハワイ島に七ヶ寺、マウイ島に三ヶ寺、カワイ島に三ヶ寺、ラナイ島に一ヶ寺がある。

北米開教区

明治四十四年、青山秀泰師渡米、移住邦人と共に労働を続けつつ開教に精進、ロスアンゼルス市北セントラル街に米国高野山大師教会を設立、高田宝戒師、喜多川諦道師これを継承、現在高橋成通師が第四代主監である。

昭和十年北米高野山別院を公称、昭和十五年日本人街小東京中心地東第一街に堂々たる伽藍を新築、盛大な落慶法会が厳修された。その後太平洋戦争によりこの間閉鎖、戦後、主監高橋師、副主監曽我部師の努力によって、目ざましく復興、現在高野山真言宗北米の拠点として、名実共に益々重要度を加えている。

北米別院では、多くの人材が立派に養成され、開教師として、或は学者としてその使命に尽瘁している。

現在別院駐在開教師四名、所属開教師五名。その他、ハーバー高野山仏教会、サクラメント聖臨寺、シヤトル高野山仏教会、シカゴ高野山仏教会、オレゴン新王院のほか、各地に十一の大師講があり、開教活動の拠点となっている。

(41)『高野山時報』一九八八年九月二十一日。

(42)『高野山時報』一九八八年十二月一日。なお、宮田諦詮は「墓碑銘「登喜子さん」―美人薄命―」(『高野山時報』一九九七年九月十一日)において、祥瑞没後についても語っている。以後は夫が遺した寺、奈良市中院町の釈迦院に移り住み、夫の供養のため出家得度し、名も「淳香尼」と改め、余生を近くの社会福祉施設孤児院の「仔鹿園」でボランティア活動に捧げた。

(43)和田敦彦『書物の日米関係　リテラシー史に向けて』(新曜社、二〇〇七年)。

(44)和田敦彦前掲書。

(45)三木身保子「リチャード・C・ルドルフ東アジア図書館と日本古典籍」(『カリフォルニア大学ロサンゼルス校所蔵　日本古典籍目録』)。

(46)和田敦彦前掲書。

(47)足利演正「文化交流のかけはし」(『集成』別巻)。

(48)『集成』別巻。

(49)和田敦彦前掲書。

(50)桐山靖雄「あとがき」(『集成』別巻)。

(51)『一年有半』『続一年有半』の出版当時の状況については、浅岡邦雄「出版物としての『一年有半』『続一年有半』(中京大学

『文学部紀要』第三八―三・四号、二〇〇四年）参照。

(52) 土宜法龍は熊楠を東寺に顧問として招聘しようとし、高藤秀本を那智勝浦に派遣している。安田忠典「南方熊楠の那智隠栖期について―『南方熊楠・小畔四郎往復書簡（一）』を中心に―」（『国際社会文化研究所紀要』一一号　二〇〇九年）。

(53) 雑誌『六大新報』については、阿部貴子「真言僧侶たちの近代―明治末期の『新仏教』と『六大新報』から―」（『現代密教』二三号、二〇一二年三月）参照。また、六大新報社の沿革には次のようにある。同社の公式サイトの会社案内から一部引用する。

明治三十六年『伝灯』は『六大新報』に改題。第二次世界大戦中の厳しい統制の中でも多くの誌紙が廃刊の憂き目に遭う中、本誌は特に京都府知事の要請により存続させられ、今年（平成二一年）創刊一一九年の日本最古の宗教新聞となった。

発刊当初の母体は「祖風宣揚会」で、弘法大師の済世利人の教えを現代に宣揚し、併せて社会事業を推進すべく同宣揚会が掲げ実践した四大事業の新聞発行・慈善病院の経営・人材養成（学校教育）・海外開教の実践、の第一事業として『六大新報』が創刊された。

(54) 『文化財関係資料集（第七集）角田柳作』（赤城村教育委員会（社会教育課）二〇〇五年）によれば、角田が『伝燈』に論文を発表した掲載号は次のものがある。

明治三十二年十一月（第二〇一号・宗教的遠征）、十二月（第二〇三号・宗教的移民）、明治三十三年一月（第二〇五号・仏教に対する新年の希望）、二月（第二〇八号・法言世語）、三月（第二一三号・社会の進化と宗教）、四月（第二一四号・社会の進化と宗教）、五月（第二一五号・社会の進化と宗教）、六月（第二一六号・社会の進化と宗教）、七月（第二一七号・社会の進化と宗教）、八月（第二一八号・社会の進化と宗教）、明治三十六年二月（第二七八号・倫理学研究法）、三月（第二七九号・倫理学の問題）

(55) 『文化財関係資料集（第七集）角田柳作』。

(56) 栂尾祥雲遺稿集刊行会『栂尾祥雲遺稿集』聞書編巻第五　高野山出版社、二〇〇五年）解説。

(57) 森諦圓「栂尾博士の若かりし頃の思い出」（『集成』別巻）。

(58) もうひとつ、角田と栂尾コレクションが交差する機縁となるのが、角田のハワイ本願寺系中学校への赴任である。『文化財関係資料集（第七集）角田柳作』によれば、角田は明治四十二年五月二十四日にハワイに赴任するが、この人事はハワイ本願寺別院の開教使、足利浄円が明治四十一年に休養のため帰国し、ハワイ本願寺別院の開教監督今村恵猛の依頼を受けて中学校長を探していたことが端緒である。浄円の叔父である足利端義は甲斐和里子などに相談し、面識のあった角田が紹介されたと考えられている。この足利浄円・足利端義は、栂尾コレクションの購入に関わった足利演正の親類なのではないかと考えているが、現在検討中である。

後にアメリカで日本書籍コレクションを形成した人物で仏教に関心を一時期寄せた人物にイェール大学教授の朝河貫一（一八七三〜一九四八）がいる。会津八一は朝河と早稲田で村上専精の仏教史の講義を隣で聴いたという（「朝河貫一と私」（『夕刊ニイガタ』一九四九年九月四日）のち『渾斎随筆』（中央公論美術出版、一九六八年）に収録）。朝河の一八九五年に東京専門学校に提出した卒業論文は、「宗教的生命を論じて究竟の疑に及ぶ」という、仏教と哲学の比較考察であった（山内晴子『朝河貫一論―その学問形成と実践―』早稲田大学出版部、二〇一〇年）。

［謝辞］覚城院はもとより、貴重な典籍、資料の閲覧・撮影をさせて下さいましたＵＣＬＡ東アジア図書館、香川県立図書館、高野山大学図書館に厚く御礼申し上げます。

［付記］本稿は The Tadashi Yanai Initiative for Globalizing Japanese Humanities の一環であるＵＣＬＡ-Ｗａｓｅｄａ・リサーチ・フェローシップ・プログラムによる研究成果の一部である。

資料紹介

資料紹介　翻刻凡例

先ず、全稿共通の凡例を示す。

一、字体は、原則として通行字体とした。

一、欠損・不読文字は□、難読文字は■で示した。その内推定可能なものは括弧内傍記として示した。

一、改行は原本の通りとした。但し、一行に収まらない場合は＝で繋いだ。丁末に「　」を付して丁数・表裏を示した。

一、句読点は任意に附した。

次に、資料の性格と解題の便宜を考慮した個別の凡例を示す。

『事相聖教目録』

一、原本は、阝（院）、广（摩）の略字が多用されるが、これらは本字に訂した。ただし、汀（灌頂）、酉酉（醍醐）については原本のままとした。

一、後掲の解題の便宜として、行頭の五行毎にアラビア数字を付した。

『当山聖教目録』

一、語句の挿入や取り消し線がある箇所に関しては、可能な範囲で原本のままとした。

一、見せ消ち・墨滅など、原本上で訂正が示されている箇所は二重線で示した。ただし、明白な書き損じは省略した。

一、朱筆は二重カギ括弧『　』で示した。

一、あて字や誤字と思われる箇所は原本のままとし、傍注（　）に標準的な用字を示した。

一、紙背の翻刻は、本来（原態）の丁付け順とし、現状の丁数を（○丁紙背）と示した。

一、目録Bの書目上部周辺の傍記は行頭に示した。この傍記に限り略字は原本のままとした。

『香積山中興慧濬和尚伝』

一、一続きの傍記を任意に振り仮名と送り仮名に分けた箇所がある。

一、語句の挿入・改変がある箇所に関しては、挿入・改変後の状態を翻刻し、必要に応じて文末脚注に変更内容を示した。

一、頭注についても文末脚注で説明した。

『事相聖教目録』翻刻

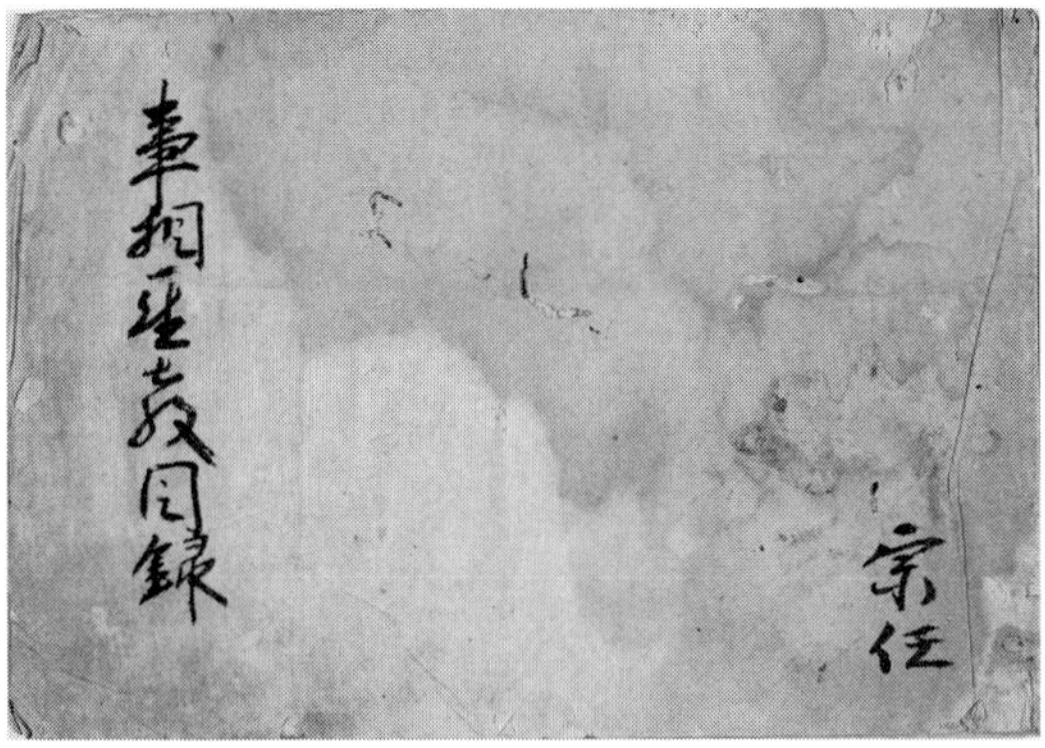

事相聖教目録

宗任

」

伝法汀日記三宝院方
万タラ供記　三宝院伝法汀私記
三宝院伝法汀私記治承
三宝院伝法汀作法巻上私
三宝院伝法汀作法中私
三宝院伝法汀作法巻下私
三宝院結縁汀私記信―記
三宝院結縁汀式慶延記 復東寺
伝法汀記録上三摩耶戒
小菅寺結縁汀略式三摩耶戒
伝法汀記録中下初後夜
結縁汀作法支度両界
結縁汀初夜作法三宝院
結縁汀三摩耶戒作法教舜
結縁汀昼儀夜作法差図」
結縁汀道具已下注文
結縁汀道具記私

結縁汀私記　結縁汀作法胎蔵界
結縁汀作法金剛界
中性院結縁汀日記金剛界三即次甲
問答記結縁三摩耶戒初夜
已上廿三巻
表紙上下二巻　駄都法口決抄本末二巻
愛染法口決本末　三宝院血脈一巻
汀私記鈔尋私決本末　誦経等師
結縁汀三摩耶戒作法東寺西酉
万タラ供　西酉法則集任賢記
三昧耶戒聞書伝流　乞戒声明高賀流
伝法汀抄事広沢　伝法汀日記三宝院方」
天刑星秘密念誦法　行壇用意等一裹四帖
結縁汀抄記草本　阿闍梨儀軌一巻
供養法則　内道場日記
弘法大師巻物　聖決目録
伝法汀作法金台二巻調支分事　又三昧耶戒一巻以上四巻

御手印縁記　東南院汀私記
許可汀私記　石室御室
血脈二巻々物　指図一巻　六月成就
仁王経口伝　小巻物十一巻一裹
三宝唯受付属　三輪大事　汀口決三十種
如意輪私記　護摩略観抄　六月抄二巻
即位秘事　大師御語曰　三宝院印明口決
小巻物四巻一裹　御流二巻　小切紙巻物九巻
小切紙巻物五巻　結縁汀表白等一裹八帖
已上発心箱」
不動三十帖　(悉曇)印信一裹
般若寺三裹　東善院悉曇
(瑜祇)十二品印一裹　三宝院口決二帖
釈論大事広沢　釈迦如来御尊形
一二寸一裹　菩提心論極秘口伝
不動秘儀等十五帖　愛染極秘決三帖
即位大事　貴(遺)告大事一裹

受者加持作法等　竹木目底鈔
五色糸作法等一裹　一仏二明王秘決
脇机作法　受命汀口決
両経大事　普星伝
七星図　秘次第一裹
御貴口岡方大事七帖一裹　御貴口七帖
護摩口伝鈔　同口決私記」
両界合行次第一裹　勧修寺口伝一裹
加持作法等一裹　曼荼羅供私六帖
舞楽曼タラ供作法　泊大福寺三帖
御入定秘決　野坂
供養法々則　西酉口決上下一巻
釈論大事一裹　伝法汀一裹
不動臨終正念法一裹
胎蔵界口伝抄三巻上中下　金剛界上中下
十八道本末　并　師伝抄四度各一巻
四度次第金部慈尊院

汀印明口決西酉　（灌頂）須部一裹
西酉三流口決　宇賀神二帖
月（輪）◯大　三衣法」
金剛王院須聞書　請来記
早々念誦口決　瑜祇汀口決
光口決　熱田御本地供
初後夜聞書伝流　西酉流大事
超過仏祖決　六牛図
臨終印明等　東寺汀口決
東寺印信口決一裹　変一裹
講之部流一裹　汀初後三昧耶一裹
諸流大事　大事等口決一裹
口決十六巻一裹　秘講四巻
小野臨終大事　別記一巻
法則集一巻西酉　剱杵図一巻
瑜祇経一巻　結縁汀三昧耶戒声明」
西酉寺異説　諸制作目録一巻

散杖大事　再貴告
東一裹　密印言一裹
卅　略汀
五色糸作法一裹　合行次第
差図
已上修行箱
伝屍薬方八巻　一裹七巻
一裹十八巻　一裹十八巻レイキ
伊勢口決三巻
内道場道具図一巻　三昧耶戒図一巻
神道无元略抄　神祇口決一裹
荒神口伝　神祇口決一裹
神祇聞書八巻　真言伝授聞書六巻
神代二巻　松橋一裹
御貴口七帖　御流一裹
秘宀(密)用意一通　青面金剛法四帖
三宝院重口決八帖　西院流一裹

已上菩提箱
親抄十巻　行抄二十六巻
一裹廿一巻　聖決抄十四巻
一裹十巻　一裹九巻
一裹十巻　一裹三巻
以上白表紙
阿弥陀口決二巻　八家汀印信東
三宝院目録　教授作法一巻
レキ記抄　聖決目録　一
口決一裹三　真言由来血脈一帖
一裹口決等　譲状　一
已上真箱
懺悔三昧法則一裹
論義法則　一裹
種タラニ法則　一裹
土砂加持　一裹　秘鍵大事
忌月草　一裹　血脈一巻

許可作法一褁　声明口伝一褁
即身義大事一褁
諸法界七褁　口伝抄上下
内道場三昧耶戒三巻
勝尾大事一褁　円満抄聞書一
理趣経文句愚草之本
厚双紙口決一巻
雑目録　韻鏡一巻
玄塵抄一巻　万法問答抄一部　」
智仏箱分
雑部一褁　印信一褁
大日経疏等之大事一褁
伝法汀雑事二巻上下
秘抄問答一　三宝院汀作法三巻
三宝院汀指図一褁　遍口抄一巻
仁王経法一巻　源底一褁
神祇口決一褁　伝法汀聞書一褁

同忄（ママ）問答抄一　伝法汀聞書一褁（抹消）
結縁汀図一褁　鼻帰抄一
已理仏　」

『事相聖教目録』解題

伊藤　聡

【書誌】

写本一冊。外題「事相聖教目録」（覚S16-15）。表紙右下「宗任」。形態は折紙双葉綴。料紙は楮紙。表紙は共紙。法量、縦一三・八糎、横二〇・二糎。紙数は四紙（墨付五丁半）。

【解題】

本資料は、覚城院第二世宗任が所蔵していた事相書の目録である。そのことは、表紙右下の本文同筆の「宗任」の所持識語により確認される。手跡も宗任自身によるもので、彼自身の手により作成された目録と思しい。具体的な執筆時期は不明だが、後述するように、応永十年代までに彼の師のひとりだった信源が書写した写本が多く含まれていることから、応永年間の中期以後の製作と認められる。

該目録には二三二点の事相書の名が列記されている。数点から数十点の書名のまとまりごとに箱名が記され、これらが収められていた箱ごとに書き上げたものであることが分かる。明細を述べると、三宝院流の伝法・結縁灌頂関係書が二三点、「発心箱」分四六点、「修行箱」分八九点、「菩提箱」分二一点、「白表紙」八点、「真箱」分一〇点、「智仏箱」分二〇点、「理仏」（箱）分一五点である。

覚城院に現存する聖教類と該目録（以後『目録』と略称する）との対照は、本資料の価値を追究する上で重要な作業だが、作業は現在も進行中であり、ここでは中間報告という形で、特に信源関係聖教を中心に述べておきたい。

宗任の伝法の師は、覚城院開山の増吽（一三六六～一四五二）である[1]。覚城院には応永二十六年（一四一九）に増吽が、讃岐国与田郷医王寺（与田寺、現香川県東かがわ市）の道場で行った宗任への伝法を示す印信四通が伝えられている。その一通である血脈を掲げる。

大日如来　金剛薩埵　□（龍）猛菩薩　龍智菩薩　不空三蔵　恵果和尚　弘法大師　真雅僧正　源仁僧都　聖宝僧正　観賢僧正　淳祐内供　元杲僧都　仁海僧正　成尊僧都　義範僧都　勝覚僧正　定海大僧正　元海僧都　実運僧都　勝賢僧正　守覚二品親王　道法二品親王　道助二品親王　道深二品親王　法助准三后　性仁一品親王　頼位権少僧都　宏瑜権律師　鑁海大法師　儀海法印　宥恵権律師　信瑜僧都　任瑜法印　増吽僧都　宗任権律師

応永廿六年歳次己亥十二月廿一日氐宿土曜

伝授大阿闍梨権大僧都法印大和尚位増

右により、これらの印信が、名古屋市中区大須（中世は尾張国中島郡大須〔現岐阜県羽島市大須〕）の真福寺に伝わった三宝院御流の伝授に伴うものだったことが分かる。三宝院御流とは、東密醍醐三流のひとつ三宝院流の分流で、三宝院流の正嫡勝賢（一一三八～九六）が仁和寺御室の守覚法親王（一一五〇～一二〇二）に伝授したことに始まる。真福寺への伝来は、武蔵国高幡不動金剛寺儀海に伝わった法脈を、真福寺開山能信（一二九一～一三五四）の弟子宥恵を介して、真福寺第二世となった信瑜（一三三三～八二）に伝えられたことに始まる。増吽が直接伝授を受けた任瑜（?～一四二二）は第三世である。参考として、四世政祝の『諸流灌頂秘蔵鈔』三宝院御流の条を挙げておこう。

勝賢　守覚二品親王　道法二品—　道助二品—　道深二品—　法助准三后　性
仁一品—　頼位権少僧都　宏瑜権律師　鑁海　儀海　宥恵　信瑜　任瑜
政祝

増吽が任瑜から伝授された時期は不明だが、真福寺蔵『弁顕密二教論』下の奥書に「金剛仏子増吽　至徳第四丁卯七月二十一日、於尾州大須庄北野真福寺宝生院書写了　右筆仏子宥海」とあり、至徳四年（一三八七）に真福寺にいたと思しい。ただ、このときは増吽はまだ若年である。また、宗任への伝授との間には時間的な隔たりも大きい。いずれにせよ、増吽と真福寺との関係については、史料が不足していて現時点では確定的なことはいえない。

増吽のほかに宗任と真福寺とを結びつけるのが信源という人物である。没年は不明だが後述の書写本等の識語情報により、応安二年（一三六九）ころの生まれで、増吽より三歳年下だったことが判明する。信源は覚城院の歴代には数えられていないものの、数多くの書写及び令写にかかる聖教が覚城院に伝来しており、同院の草創期に重要な役割を果たしたことが察せられる。しかも彼は、何度となく真福寺に滞在していたことが、聖教の奥書・識語より辿ることができる。このことについては、既に別稿で述べたが、あらためて略述しておく。信源は、応永四年から六年にかけて真福寺周辺に滞在して、任瑜より受明灌頂を受けた。その後は同一一年から一三年（あるいは一一年と一三年の両度）真福寺に滞在、その後四国に戻るも、同一六年にも真福寺に行っていた。

『事相聖教目録』には、信源書写本が多く着録されており、宗任が彼からこれらを伝領していたことが分かる。そして、その多くが真福寺で書写してきたものなのである。以下に、これまでの調査で見出された信源書写本について、目録の記載と対象しながら述べておきたい。『目録』における書名の位置は翻刻に付した行番号により示す。

①『八家灌頂印信東寺』（覚S18-2）→109「八家汀印信東」巻子本、一巻。入唐八家（空海・最澄・円仁・円行・恵運・常暁・円珍・宗叡）の灌頂印信を類聚したもの。巻末の跋文・識語を示す。

已上八家入唐相承次第灌頂印信、如此諸流稟蒙諸師伝授秘決等
源起自此印信、非器并不信之輩不可聞名字、於入室写瓶之弟子、
猶以能々練磨心操、可令附法之、輙不可許伝受而已
金剛仏子成賢
東寺末流聖珍之本

応永四年六月十三日書之
授与信源
伝授大阿闍梨信瑜僧都示之

右の跋文・識語によれば、三宝院流の成賢の伝書で、東大寺東南院主聖珍（?～一三八二）に伝来したもの。聖珍は信瑜の師である。応永四年（一三九七）に信源が書写している。全文同筆である。一見すると、信瑜から信源に伝授されたように読めるが、信瑜はその九年前に死去しているので、それはあり得ない。恐らく、親本には聖珍識語と信瑜伝授識語があり、その間に信源が自らの書写識語を書き込んだのであろう。

②『行壇用意私』（覚S15-18）→30「行壇用意等一裹四帖」粘葉装、一帖。伝法灌頂壇の設えに関する内容。奥書は以下の通り。

貞治六年七月廿五日賜門主法親王御自筆御本謹写之矣　信瑜
一交了
応永十一年正月十五日賜信瑜御自筆御本写之　信源
一交了

これも親本は聖珍の書写本を信瑜が写したもので、信源が応永一一年に書写している。『目録』によれば、四帖から成るとするが、現存する資料のどれとツレになるかは未確定である。その中で『験者作法』（覚S10-16、粘葉装、一帖）は、右と同じく応永一一年正月に書写されており、ツレだった可能性が高い。その奥書は右の通り。

写本云、永仁六年九月四日以報恩院御自筆本書点了
金剛仏子頼－
於東室坊書了　奉伝受了　寛昭
暦応三年五月廿九日於東大寺西室実相院書了　憲朝
応永十一年正月廿五日於尾州真蔵寺以宝生院殿御本書了
金剛仏子信源

③『護摩口伝抄』（覚S8-22-1）→58「護摩口伝抄」粘葉装、一帖。弘長三年（一二六三）七月に、三宝院の正嫡憲深（一一九二～一二六三）が説いた護摩法の口伝を、弟子の教舜が筆記した書である。「胎蔵界口伝抄」「金剛界－」「十八道－」と合わせて「四度口伝抄」あるいは「播抄」「教舜抄」の名で各地に現流する。[2]親本は、これも信瑜手沢本で、書写奥書は以下のごとし。

応永十三年十一月廿八日、以信瑜法印御本謹書写畢
金剛仏子信源卅八
十二月二日一校了

④『胎蔵界口伝抄』中（覚S13-31）→66「胎蔵界口伝抄三巻上中下」粘葉装、一帖。③のツレ。現時点で確認できているのは中巻のみで、奥書は以下のごとくである。

応永十三年丙戌十一月廿九日賜信瑜法印御本書写之　執筆宥継

同十二月三日一校畢
金資信源三十八

書写は信源ではなく右筆役の者が行っている。

⑤『金剛界口伝抄』中・下（覚S13-32）→66「金剛界上中下」

粘葉装、二帖。③のツレ。奥書は次のごとし。

（中巻）

応永十三年十二月十日於尾州賜信瑜法印謹書写之校合畢
金資信源三十八

（下巻）

応永十三年極月十三日於尾州賜信瑜法印御本謹書写之校合畢
金資信源三十八

右二本の書写は信源によるものではない。最終紙の丁合に「三位公」（中巻）、「西蔵公」（下巻）の名が書き入れてられており、④同様の右筆役による令写本である。

⑥『十八道口伝抄末』（覚S13-30）→67「十八道本末」

粘葉装、一帖。③のツレ。奥書は次のごとし。

于時応永十三年丙戌極月十六日、於尾州性徳院自宝生院、賜信瑜僧都之御本謹書写之併令法久住利益有情本意而已
金資信源三十八

一校了

これも、「少貳公」なる者に書写されたことが丁合の記名より判明する。

⑦弘真『一二寸合行秘次第私記』（覚S2-135）→49「一二寸一褁」

粘葉装、一帖。弘真（文観）の三尊合行法に関する秘伝書のひとつ。親本である真福寺蔵信瑜書写本は、影印・翻刻が真福寺善本叢刊『中世先徳著作集』(3)に収められている。形態は共に粘葉装だが、字配りは同じではない。以下に奥書部分を記す。

右此法者自宗大事当流之源底也、代々座主外不可示授由、祖師起請在之、然今度天下動乱紛失畢、定有散失歟、可悲可歎、
延元四年三月廿一日重以正本書写之畢、
東寺座主兼西寺座主 法務大僧正弘真判
梵号 
正平十五年三月日以彼自筆本書写之 沙門聖尊五十七
「一交了」（朱書）
応永十三年十一月廿九日賜信瑜法印御自筆本書写之
金資信源卅八

先の『四度口伝抄』と同じときに書写されたものである。朱書の「一交了」より後が、覚城院本の独自箇所である。なお『一二寸』と対に成る弘真の著作に『秘密源底口決』があり、真福寺に現存す

る。『目録』135行に「源底一褁」とあるのが同書を指すと思しいが、覚城院の現時点までの調査で、実物は発見されていない。

⑧『四度師伝抄』（覚S16-16）↓67「師伝抄四度各一巻」

粘葉装、四帖。「金剛界師伝抄」「胎蔵界師伝抄」「十八道師伝抄」「護摩師伝抄」より成る。三宝院流の伝書。各巻の奥書は次のごとし。

〔金剛界師伝抄〕
応永十三年丙戌十二月三日書写了　金資信源三十八
同四日一校了

〔胎蔵界師伝抄〕
応永十三年丙戌十二月四日書写之　金資信源三十八

〔十八道師伝抄〕
本云　正応六年旻天南呂上旬之候於朝熊嶽宿坊屈五輪之指写三宝之流而已
応永十三年丙戌極月十日於尾州賜能信僧都御自筆本謹書写之校合
早　信源三十□（八）

〔護摩師伝抄〕
奥書無し

『十八道師伝抄』の奥書に見えるごとく、親本は能信の書写（あるいは令写）である。能信所持本の目録である真福寺蔵『聖教目録』二二丁ウに「十八道師伝抄一巻　金剛界師伝抄一巻　胎蔵界師伝抄一巻　護摩師伝抄」とあるのが該当しよう。ただ、親本は真福寺には現流しない。

以上③～⑧は応永一一年一一月から一二月にかけて書写されたものである。彼自身だけでなく、右筆役とともに短期間で組織的に書写した模様である。このほか覚城院には、前欠ゆえに正式の書名が分からず、後世の修補にて「印信口決」（覚S18-4）と仮題が付されている小巻子がある。内容は伝法灌頂・法王灌頂・瑜祇灌頂に関する口決で、最後の「智拳印事」条の末尾に「金剛仏子頼瑜」とある。『目録』のどれに該当するかは確定できないが、以下に奥書部分を示す。

能作性口決并此印信同可入火中物也
東寺末流聖ー本
貞治五年五月十五日賜御本交了
金資信瑜
応永十三年十一月一日賜任瑜御自筆本書写之
金剛仏子信源
一校了

同書もまた、東南院伝来本の写しである。

⑨『尺論大事三宝院』（覚S18-7）↓64「尺論大事一褁」

巻子装、一巻。釈摩訶衍論の大事で、その相伝血脈は次のごとし。

大師私本　真雅　源仁南池　聖宝小野　観賢般若寺　淳祐石山内供　元

杲延命院　仁海小野大僧正　成尊小野大僧都　明算龍光院　良禅真言
解脱房　大光房兼賢　成修房　大恵房　證光房　法性　覚心
円照　実済　祐禅　良勢　心崇　恵　朝覚　信源　宗任
　応永十五年十二月廿五日
伝授阿闍梨位信源示之

本伝は応永一五年一二月に信源より宗任に伝授されたものである。本書は信源が真福寺で写してきたものではないが、この伝が真福寺に発するものである。そのことは、血脈に能信の同朋である祐禅（尾張中島郡阿弥陀寺住持）と、能信の弟子だった良勢が見えることから分かる。良勢は能信の下で多くの書写事業に従事した後、讃岐に帰って金倉寺の住持となった(4)。信源はそれを相承したのである。本資料のツレとして、覚城院には『尺論口伝』（覚S18-6）一巻がありその識語には「応永十五年十月廿七日　弟子信源／伝授阿闍梨権律師朝覚示之」とある。信源は応永一五年一〇月末に朝覚より伝授された後、わずか二ヶ月後に宗任にその秘伝を授けたことになる。

⑩萩原寺地蔵院蔵『即位秘事』↓41「即位秘事」

巻子装、一巻。即位灌頂に関する秘伝。この本も覚城院に現存するが、保存状態が悪く十分な調査ができていない。幸い、観音寺市にある地蔵院萩原寺に、覚城院本を親本とする本が伝来している(5)。地蔵院聖教は東大史料編纂所の調査が入っており、悉皆目録も完成している。また編纂所の端末で撮影写真の閲覧できたので、以下にその血脈及び奥書部分を示す。

大進律師琳助　賢性
光海阿闍梨　重喜
栄仁　昭海　憾耠
観円　定恵　範意
融済　昭世　信瑜
任瑜　信源　真恵
（中略）
嘉元四年四月十三日書写畢
嘉暦三、八月五、於高野山一心院内奥坊書写畢　権律師融済
于時貞和三十一、十八日、於同山同院連坊書写了　昭世
応永十二年六月廿三日尾州真福寺賜任瑜僧都此本、謹書写了
信源

血脈の最後に名が見える真恵が地蔵院の住僧で、信源より伝法灌頂を受けている。『即位秘事』もその伝法の一環である。

以上のように信源は、真福寺において多くの聖教を書写して四国へ持ち帰ったが、中には真福寺所蔵聖教そのものを伝領したものがある。そのひとつが寂雲筆『密宗超過仏祖決』（覚S12-84）である。この本は中世禅籍叢刊『稀覯禅籍集　続』に影印・翻刻を載せた。併せて、伊藤・阿部泰郎・中山一麿による解題・解説も収録され、本書の内容及び発見の経緯について述べているので(6)、ここでは簡略に述べておく。『密宗超過仏祖決』は正安四年（一三〇二）に、伊勢

国多気郡御薗にあった安養寺で行われた癡兀大慧の口決を弟子の寂雲と安賀が筆録した書で、覚城院にあったのは寂雲自筆の原本である。ところが真福寺にあった最初期の聖教の目録たる宥恵『聖教目録真福寺』には「密宗超過仏祖決嶺翁御自筆」（十丁ウ）とあり、確かに真福寺に存在したのである。そこで『目録』を見ると、76行目に「超過仏祖決」とある。つまり、宗任の時代には既に覚城院には伝来していたのである。とすれば、信源によってもたらされた可能性が高い。このほか頼瑜『灌頂加行表白印可通用』（覚S15-1）も真福寺よりの伝来本である。以下にその奥書部分を挙げる。

本記云、
弘安六年六月二日、於高野山中性院、為西西寺理性院上野阿闍梨印可之加行記之畢　金剛仏子頼—
正安四年十月、於西西寺阿弥陀院相承之為印可加行、自根来寺法印許送之、
延慶三年八月廿四日於東大寺西南院、奉伝受印可、同廿五日、以御本令書写了　聖尋生年十六
貞治四年十一月九日、於東大寺、為印可加行、門主法親王聖—御本賜之、同十五日、奉伝受印可、同廿二日、以御本令書写了、　信瑜生年廿二
応安五年九月廿九日、於尾州北野真福寺宝生院、以門主法親王聖—御本第二伝御本令書写了、　慶瑜生年卅二

同書は、応安五年に信瑜の弟子で右筆だった慶瑜の書写にかかるもので、真福寺からの移されたものと断定できる。

⑪同様の真福寺伝来書として、野沢両流にまたがる二本の血脈図が挙げられる。これは『目録』37行に「血脉二巻々物」として着録されるものを指すと考えられる。これについては、中山一麿氏による紹介があるが、[7]ここでも簡単に触れておく。一本は各法脈の最後が頼瑜の弟子である頼淳—増喜、もう一本は東大寺東南院聖尋で終わる血脈図である。ところが、これらはそれぞれ、以下のような加筆がある。前者には、

①【意教流義能方】頼賢—義能—賢誉—実済—能信—信瑜—任瑜—信源
②【中性院東南院方】東南院僧正〈聖忠〉—聖尋—聖珍—信瑜—宥円—任瑜—信源
③【中性院流儀海方】頼瑜—頼縁—儀海—能信—信瑜—任瑜—信源

後者には

①【西院流】能禅—亮禅—実済—能信—信瑜—任瑜—信源
②【理性院流真空方】真空—頼瑜—聖忠—聖尋—聖珍—信瑜—宥円—任瑜—信源
③【金剛王院流真空方】同右

④【中性院東南院方】 聖尋―聖珍―信瑜―任瑜―信源

とあり、何れも真福寺の信瑜―任瑜を介して信源に至る相承を書き加えているのである。このことはすなわち、このふたつの血脈図が信源によって真福寺からもたらされたものであることを示している。何れも信瑜が東南院より真福寺に持ち来たったものであろう。しかし、そのようなものがなぜ、信源に伝領されたのかは分からない。

この他、『目録』には書名が見えないものの、信源が真福寺で書写してきたことが明らかな本を示す。

⑫『十八道口決　本末』（覚S16-19）

粘葉装、一帖。頼瑜の著作。弘長元年六月十六日に醍醐寺報恩院において、頼瑜が師の憲深より受けた十八道に関する口決を筆記した書。親本は嘉元元年（一三〇三）に根来寺中性院で、頼瑜自筆本を書写せるもの。信源の書写識語は次のごとし。

応永五年戊寅閏四月十四日、於尾州海東郡蟹江郷源七嶋、大須真福寺任瑜僧都法眼御本即東南院御本也、彼以正本書写之、
金剛仏子信源阿闍梨春秋五六才

すなわち、応永五年に任瑜手沢の同本を、海東郡蟹江郷（現海部郡蟹江町）で書写している。「東南院御本」とあることより、親本が聖珍から信瑜に伝領されて真福寺にもたらされた本だったことが分かる。さらに、朱書にて、

一本能信
以両本書写并交合畢
一本東南院

とあり、信源は書写に当たって、能信本を校合のために参照したことが分かる。さらに最末尾には、「応永廿六年八月上旬比申賜中性院御本、重加一交畢　末資宗任」と宗任自筆の追筆が見える。

⑬『野胎口決抄』『野金口決鈔』（覚S16-17・18）

粘葉装、二帖。⑩のツレである。『野金』は後半部分が早くから欠失したらしく、近世になって他本により補われている。『野胎』には信源による応永五年閏四月十四日付の『十八道』とほぼ同文の奥書を有する。

于時嘉元々年癸卯初冬下旬第五日子尅、於紀州高野山大伝法院之末寺根来寺中性院、申賜師主御自筆御本、以月続日馳筆、書写交合畢　金剛仏子実応春秋三十一
応永五年戊寅四月廿八日、於尾州海東郡蟹江郷源七嶋、大須真福寺任瑜僧都法眼御本即奈良東南院御本也、彼以正本書写之
金剛仏子信源阿闍梨　春秋五六歳

「一本能信
以両本交合并書写畢
一本東南院」（朱書）

『目録』に書名がない本は、何れも応永五年である。このことが何を意味するのかは現時点では明らかにできない。

以上、宗任『事相聖教目録』について、進行中の覚城院の調査で見出された聖教との同定を行い、特に信源書写（令写）本について検討した。まだ調査途上であるので、今後の作業の進展により、より精密な分析ができることと思う。このほか『目録』には幾つかの神道書と思しき名も見える（『麗気記』『鼻帰書』等）。これらの現物はまだ見つかっておらず、今後の課題としたい。

（1）武田和昭『増吽僧正』（総本山善通寺、二〇〇五年）

（2）布施浄明「共同研究最終報告　教舜記『十八道口伝鈔』二巻について」（『智山学報』五六、二〇〇七年）

（3）臨川書店、二〇〇六年刊。本資料についての詳細は、同書所収の阿部泰郎解題（「『秘密源底口決』『一二寸合行秘次第私記』解題」）参照。

（4）伊藤聡「善通寺聖教のなかの大須観音真福寺関係資料について―特に良勢・信慶をめぐって」（『善通寺教学振興会紀要』一七、二〇一二年）

（5）東大史料編纂所萩原寺所蔵地蔵院聖教調査グループ編『萩原寺聖教地蔵院撮影目録』（二〇一六年）

（6）阿部泰郎・伊藤聡「『密宗超過仏祖決』解題」（中世禅籍叢刊『稀覯禅籍集　続』臨川書店、二〇一七年）、中山一麿「覚城院の聖教をめぐって―『密宗超過仏祖決』の出現を中心に」（同）

（7）詳しくは本書中山論文参照

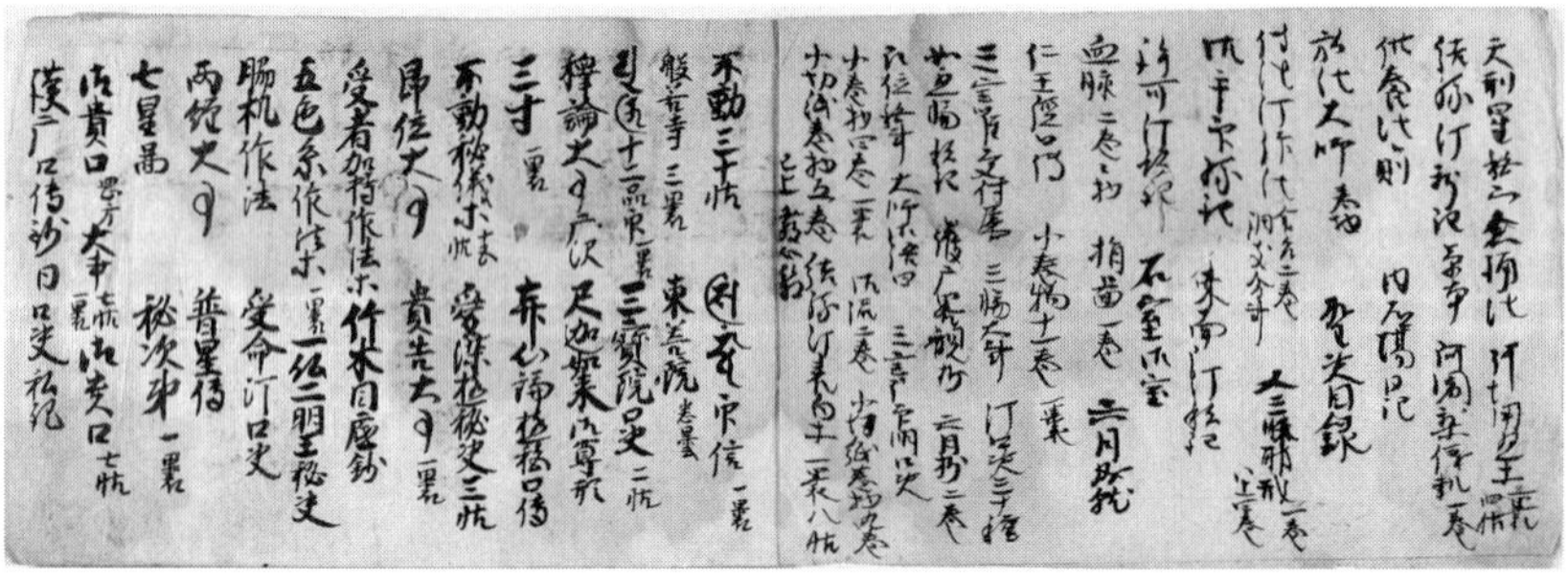

覚城院蔵『事相聖教目録』

『当寺鎮守青龍権現習事』翻刻（a本）

当寺鎮守青龍権現習事
秘口云、青龍大神本
是西天無熱池龍王也。
而守龍猛真宗、広弘
五天、大唐青龍寺和
尚勧請之、為密教鎮守。
寺号専依此神也。高祖大師奉請之、
崇我朝霊池。宗叡僧正
又有密契具在別記。尊師開
山当社現威光、此崇山
上、為護法神。権僧正殊
致崇敬、山下勧請之、祈
一流興行也。其本地垂

当寺の鎮守、青龍権現と習ふ事
秘口に云く、青龍大神は本
是れ西天無熱池の龍王なり。
而して龍猛の真宗を守り、広く
五天に弘まり、大唐青龍寺和
尚、之を勧請し、密教の鎮守と為す
［寺号専ら此の神に依るなり］。高祖大師、之を奉請し、
我が朝の霊池に崇む。宗叡僧正、
又密契有り［具には別記に在り］。尊師（聖宝）の
開山には、当社に威光を現じ、
此を山上に崇め、護法神と為す。権僧正（勝覚）、
殊に崇敬を致し、山下に之を勧請し、
一流の興行を祈るなり。其の本地垂

跡有二至極之習一。本地者准胝・如意輪二尊是也。即習胎金両部大日也。」1紙
〔准金・如台〕垂跡者、一神青龍権現是也。当流大事理智而二、然不二也。此理智性霊、現威一成神一、永為二鎮護一、除法障一。台金両部大日、成不二宝躰、顕密教妙理一。准胝・如意二仏、成不二神躰一、守真宗奥理一。所護既理智不二、能護又而二不二。故二仏現一神一。実有二其謂一哉。最秘々々。密教依之布天下、衆生依之成悉地。可尊可喜。垂跡事殊有憚一事也。可恐々々。更不可口外也。為後代粗可記之。不可出箱底者也。下二像即

跡に、至極の習ひ有り。本地は准胝・如意輪の二尊是なり。即ち胎金両部の大日と習ふなり。〔准金・如台〕垂跡は、一神青龍権現是なり。当流の大事は理智而二にして、然も不二なり。此の理智の性霊、威を現じて神と成り、永く鎮護の為に法障を除く。台金両部大日、不二の宝躰と成り、密教の妙理を顕す。准胝・如意の二仏、不二の神躰となり、真宗の奥理を守る。所護既に理智不二、能護又た而二不二なり。故に二仏一神と現ず。実に其の謂有るかな。最秘々々。密教之に依り天下に布く、衆生之に依り悉地を成ず。尊むべし喜ぶべし。垂跡の事、殊に憚り有る事なり。恐るべし恐るべし。更に口外すべからざるなり。後代の為に粗之を記すべし。箱底より出す

垂跡本地、二尊霊神也。上塔
婆、垂跡一神鎮護霊神躰
也。可秘可秘。

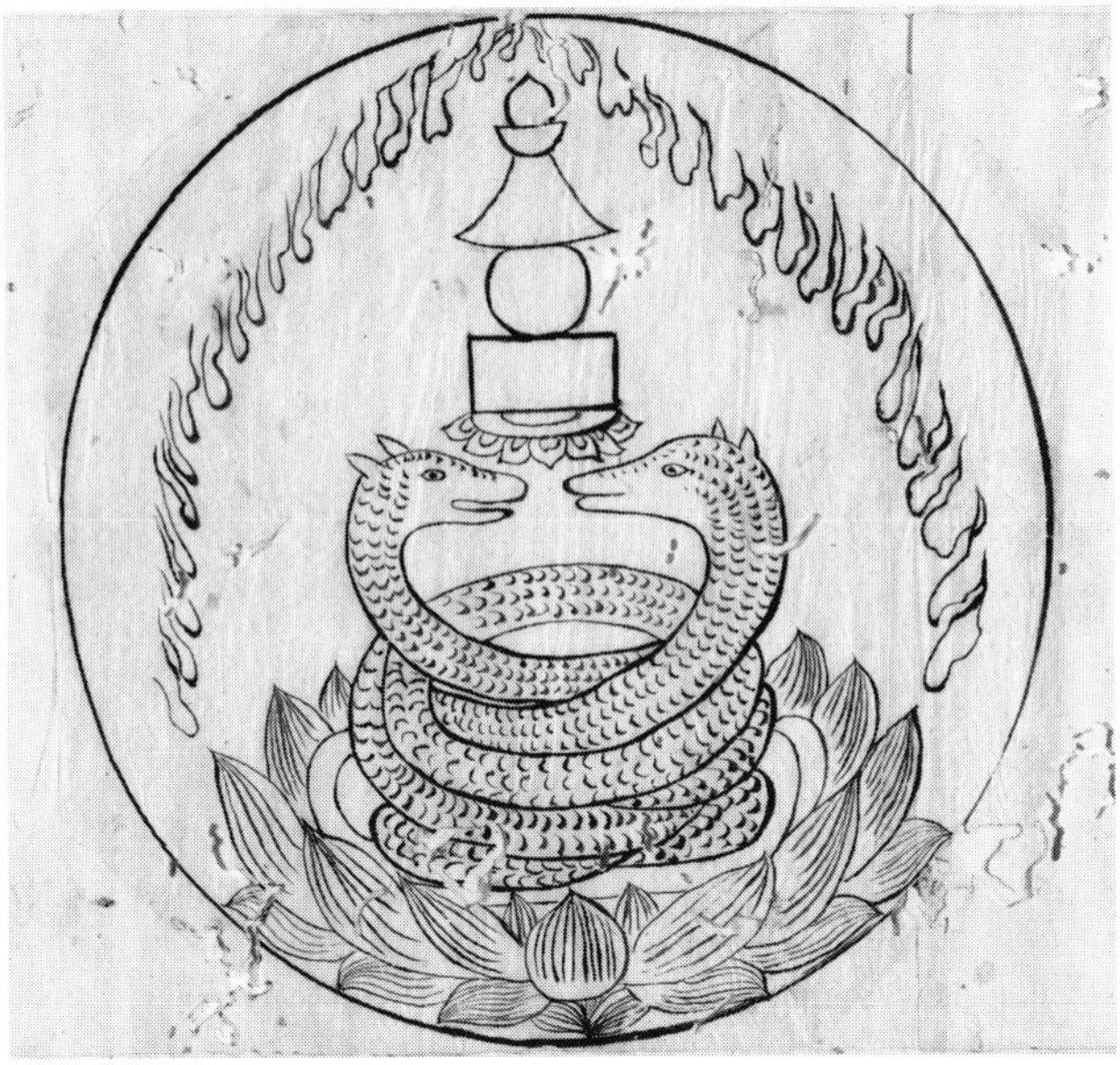

」2紙

べからざる者なり。下の二像は即ち垂
跡の本地、二尊の霊神なり。上の塔婆は、
垂跡一神鎮護霊神の躰なり。秘すべし秘
すべし。

秘口云、彼池ニハ垂跡ヲ為習ト。当社ニハ
本地為宗。大都両言大事、
可聞口伝也。不可口外々々々々。

或仁私料簡也。
本地二尊、垂跡一神。灌頂初
重二印二明、第三重一印一明、
如次可宛。叶第三重畢レハ、初
重二印二明深故、今本跡ノ
標示如此歟。」3紙

本云、
建武四年丁丑十一月廿八日、於勢州岩
田円明寺、自慈渕上人相伝之。
此書者、道教ーー御房御草也。余ハ
実運別記在之。

英宣四十五

秘口に云く、彼の池には垂跡を習ひと為す。当社には
本地を宗と為す。大都両言の大事、
口伝を聞くべきなり。口外すべからず口外すべからず。

或る仁の私の料簡なり
本地は二尊、垂跡は一神、灌頂の初
重は二印二明、第三重は一印一明、
次の如く宛つべし。第三重に叶ひ畢れば、
初重の二印二明深き故、今本跡の
標示此の如きか。

御本云
貞和三年丁亥十一月十一日、於西小田原以或人之本書写了。
隆深
正平六年辛卯十二月廿三日書写了。
禅有」4紙

『当寺鎮守青龍権現習事』解題

伊藤　聡

本稿は、覚城院聖教のひとつ『当寺鎮守青龍権現習事』を紹介するものである。まず書誌を記しておく。覚城院には同書が二本あり。仮に一本をａ本とし、他方をｂ本とする。

【ａ本】巻子装。一軸。外題なし。楮紙。縦一四・八糎、横一五五・二糎（四紙）。表紙（後補、縹色無地）。絵図、薄様に描画して貼付。

【ｂ本】巻子装。一軸。外題なし。楮紙打紙。縦一六・六糎、横一五〇・七糎（三紙）。表紙なし。絵図、直接描画。

両本は奥書等も含めて全く同一である。ただし、右に見るように絵図について相違がある。ただしｂ本がａ本の写しであるとは断定できない。むしろ共通の親本を写したもので正本と副本だったと考えられる。

本資料は清瀧（青龍）権現に関する秘事を記したものである。清瀧権現は、龍神の化身とされる渡来神で、醍醐寺の鎮守として知られる。『醍醐寺縁起』『醍聞抄』等醍醐寺系の伝承によると、元来は沙喝羅龍王の娘、あるいは西天竺無熱達池の龍王で「青龍」といった。恵果によって唐に勧請され青龍寺に住して密教を守護していた。恵果の弟子となった空海は、帰朝に際して日本に連れ帰った。その際、青龍に「さんずい」をつけて清瀧権現とした。空海と共に、九州、さらに室生に移ったが、空海が入定した後、貞観年間（八五九～八七七）、理源大師聖宝が、醍醐寺開山にあたり鎮守として醍醐山上に勧請したと伝える。ただ実際に清瀧権現の姿が史上に登場するのは、一一世紀以降のことである。『醍醐雑事記』によれば、座主勝覚（一〇八九～一一二九）のとき、寛治三年（一〇八九）上醍醐に、承徳元年（一〇九七）に下醍醐に社殿を建立したとみえる。

清瀧権現のイメージは錯綜している。沙喝羅龍王の娘として女神と見なされるが、空海が青龍寺から神泉苑に勧請した善女龍王は元来男神である。さらに、醍醐寺では上下醍醐の本地として准胝母・如意輪観音を配当したことで、女神と僧形神の一対との説も登場した（『幸心抄』『土巨抄』）。

それらに対し、『当寺鎮守青龍権現習事』に出てくるのは、また別の説である。すなわち、清瀧権現を一対の龍蛇形神と見なすものである。その図像は蓮華座の上に、二匹の龍蛇がとぐろを巻いて絡み合っており、その周囲に火炎が描かれる。本文には、これが空海請来の青龍寺の龍王であり、本地は准胝・如意輪観音であり、さらには理智不二の胎金大日如来であると説明する。つまり神（清瀧権現）・本地（准胝・如意輪）・密意（胎金大日）の一体の深義を明かす内容である。

もちろん、善女龍王にせよ龍王の娘にせよ、その本身が龍蛇であることは自明なので、清瀧権現を龍蛇形に描くのは、それを直接表現したに過ぎないと一見言えるが、この図像の意味するのは、そのような単純なものではないだろう。絡み合う蛇は交合を意味すると考えられる。もとより蛇は三毒・三熱の化身である。それが蓮華に座すのは、愛欲即真如を示す。だからこそ絡み合う蛇が理智不二を意味すると説いているのである。

清瀧権現をめぐるこの異説はどのような経緯で作られたのであろうか。その鍵となるのが本文のあとの元奥書である。

建武四年丁丑十一月廿八日、於勢州岩田円明寺、自慈渕上人相伝之。此書者、道教ーー御房御草也。余ハ実運別記在之。

英宣（四十五）

建武四年に本書を書写した英宣については不明であるが、注目すべきは、彼がこの秘伝を「勢州岩田円明寺」の「慈渕上人」から受けたということである。「慈渕上人」とは覚乗（一二七三～一三六三）のことである。彼については西大寺蔵『西大寺歴代長老名』に、「第十一覚乗［慈渕上人、住持七十五日上表、円明寺住、貞治二（1263）発卯正月　廿六日寂、九十一歳］」とあるように、伊勢国安濃郡岩田村（現　津市）にあった西大寺末寺の住持で、西大寺第十一世となった。覚乗は三宝院流の伊勢神宮の秘伝を受けて『天照大神口決』を著すなど、西大寺流の神道相承において中心的役割を果たした人物である。彼の事跡において特に重要なのは伊勢灌頂（諸社大事）の相承者だったことである。伊勢灌頂は、愛染明王の本身を蛇形と示すことで、愛欲即真如を表す「田夫愛染法」を神祇灌頂に応用したものである。その内容は、神体を蛇形と表象し、同時にそれが自らの内なる煩悩の化身であると観想し、さらにそれが愛染明王＝大日如来と感得するというものである。

覚乗は伊勢灌頂の秘伝の血脈等に必ず名が見える人物であり、あるいは彼自身が創案者だった可能性もある。先の英宣の識語には、この秘伝が地蔵院の道教の草本に基づくもので、実運の別記もあったとするが、信憑性に乏しい。寧ろ覚乗が先行する田夫愛染・伊勢灌頂の秘伝を応用して作り上げたのではないだろうか。

この清瀧権現をめぐるこの異説は従来から知られており、『醍醐寺新要録』巻第八「下　神祇部　清瀧宮篇」にも「秘口云」として引かれていた。覚城院で見いだされた『当寺鎮守青龍権現習事』の価値は、その成立に覚乗が関与していたことが確かめられたことである。本資料は、清瀧権現信仰の生み出した一伝たるのみならず、中世神道の典型な秘伝である伊勢灌頂の別伝でもあったのである。

【参考文献】

津田徹英「『醍醐寺縁起』の成立とその背景について」（『慶應義塾大学三田哲学会所属大学院生論文集』一、一九九〇年）
同「醍醐寺における清瀧権現の成立とその背景について」（『慶應義塾大学三田哲学会所属大学院生論文集』二、一九九〇年）
藪元晶『雨乞儀礼の成立と展開』（岩田書院、二〇〇二年）第二章「善女竜王と清滝権現—東密による祈雨の成立と展開」
スティーブン・トレンソン『祈雨・宝珠・龍—中世真言密教の深層』（京都大学出版会、二〇一六年）第三部第一章「醍醐寺の龍神信仰」
伊藤聡『中世天照大神信仰の研究』（法蔵館、二〇一一年）
同『神道の形成と中世神話』（吉川弘文館、二〇一六年）

（白紙）

」見返

生

一事鈔　全部
一羯磨疏　全部
一行宗記　全部
一（写本）事鈔通釈　全部
一事鈔扶講　全部

当山聖教目録

」表紙

聖教目録　明和八辛卯改

『密教部』

天

『諸目録』大明三蔵聖教目録　一巻

新編諸宗教蔵総録　二巻

八家秘録　二巻

秘密儀軌総目　一巻

御請来目禄(録)　一巻

高山寺経蔵聖教〇目録（内真言書）　一巻

豊山三蔵聖教目録　全

秘密三学録　一巻

貞元釈教録　三十巻　西京西明寺沙門円照撰

『法則』法則集　三部四巻

表白集　二部六巻　笠置解脱上人

拾葉抄　二巻

『理趣』理趣釈　二部二巻　不空訳

秘要鈔　十二巻　内三巻不足

真実経文句　全

純秘鈔　三巻

純秘鈔首書　三部九巻

純秘鈔解嘲　三巻

」1オ

純秘鈔授決　三巻

純秘鈔存(公)八記　四巻

純秘鈔講義　五巻

理趣経愚解　二部十巻

直談鈔　二巻

『秘鍵』般若心経秘鍵蛇鱗記　二部四巻又下一巻

科註般若心経秘鍵　二部四巻

心経秘鍵杲宝鈔　六巻　〇心経秘鍵略註一巻

秘鍵略註詳解　五巻

信力鈔　二部四巻

東聞記　六巻

心経秘鍵聞書　五巻

微紬(細)妄執義　全

地

『心経』心経幽賛　二巻

法蔵疏　四部四巻

法蔵疏首書　二巻

科註　一巻

注解　一巻

心経注　一巻

」1ウ

注　一巻
私　一巻
述義　一巻
略疏連珠記　一巻
略疏顕正記　二巻
略疏顕正記　一巻
疏記科考　三巻
御製心経注解　一巻
『宝鑰』宝鑰纂解　二部十四巻
纂解鈔　七巻
開宗記　十巻
纂解略解　二部十二巻
纂解見光鈔　三巻
問談鈔　四巻
『即身義』即身成仏義冠註　二巻
帝網鈔　二巻
東聞記　十巻
○鈔（異本即身義二ラ四）　四巻
『菩提心論』菩提心論教相記　三部六巻
第三段秘記　三部三巻

」2オ

鈔三摩地段　一巻
秘鈔書本　一巻
『声字義』声字義杲宝口筆　五巻
開秘鈔　二部四巻

玄

『イ』異本即身義　二部四巻
『二教論』二教論娑誐羅鈔　一巻
通解　一巻
略解　三部十八巻内一巻不足
杲宝鈔　七巻
『十巻章』十巻章鈔　三十巻
諸鈔　二十四巻
素本　五部五十巻
『〃』三教指帰　三部六巻
註刪補　三部二十一巻
鈔　九巻
『〃』性霊集便蒙　十巻

黄

『〃』十住心論　二部二十巻内一巻不足
鈔　十二巻

」2ウ

科註　二十巻
衆毛鈔　十八巻
肝要鈔　三巻
広名目　三部十八巻
『〃』住心品　一巻
疏科　一巻
科注　二部六巻
疏　六巻
疏略解　九巻
要解　七巻
『〃』開題諸経　二部十巻
開題大日経　一巻
箋釈　一巻
口筆　一巻
金剛頂杲宝鈔　一巻
最勝王経　一巻
梵網　三巻

宇

『〃』五部秘経　十五巻
奥疏　二十巻

」3オ

零妙疏　二巻
法華○経八巻
真言蔵　二部六巻
『〃』儀軌　七十四巻
目録　一巻
伝授次第目録　二部二巻
真言経　唐本三巻

宙

儀軌　四巻
同甫（ヒ）　一巻
同　一巻
密軌問弁　二巻
啓迪　五巻
如意輪儀軌　二部二巻
法　二部二巻
法要　壱巻
観音神呪経　一巻
牟梨曼佗羅呪経　一巻
秘密相経　一巻
過去現在因果経　一巻

」3ウ

大教王経　五巻
密宗血脈鈔　二部六巻
金剛頂経疏　七巻
　義訣　二部二巻
瑜伽護摩儀軌鈔　二部六巻
蘇婆呼童子経　三巻
三昧耶戒序資秉記　三巻
瑜祇経拾古鈔　二巻
五輪九字　一巻
御遺告釈疑抄　三巻
（秘密瑜伽学習捷図／秘密真言観行要覧）　二巻
無畏禅要安心抄　二巻
（不空心要／無畏禅要）　二巻
菩提心戒義　二部二巻
反唾汚己指笑篇　二巻
五秘密修行念誦儀軌　一巻
金胎句義抄　二部四巻
　私鈔　二巻
金胎礼懺文鈔　二部六巻
両部金剛名号　一巻
」4オ

四曼義　一巻
　纂要　二巻
金胎漫荼羅抄　二部四巻
　私鈔　二部四巻
準提独部法　一部一巻
（仏母心大準提経／同準提大明陀羅尼経）　二部一巻
廣（宝）楼閣陀羅尼経　一巻
如意輪陀羅尼経　一巻
十一面神呪心経　一巻
檜尾口決　二巻
歓喜抄　一巻
行法肝葉抄　二巻
造壇問訣　一巻
護身法私鈔　二部二巻
　功能　一巻
密林余材　一巻
五部陀羅尼問答宗秘論　一巻
都部陀羅尼目　一巻
遺誡木鐸　一巻
歎徳総標　一巻
」4ウ

蓮華三昧経八句秘釈　一巻
五供養偈注　一巻
不動密要訣　一巻
○不動尊八大童子軌　一巻
青頸観音軌　一巻
　陀羅尼経　一巻
普通諸部護摩法要　一巻
略集印契幖幟釈義　一巻
大妙金剛大甘露軍拏利焔鬘熾
盛仏頂経　一巻
深沙大将軌　一巻
大灌頂光明真言経鈔　二部二巻
光明真言金壺集　二部二巻
　経照闇鈔　二部六巻
　経照闇鈔蒙引
　観誦要門　三部六巻
光明真言　一巻
　鈔　二部
　経鈔　三部五巻
　和談鈔　一巻
　初重講述　一巻

」5オ

　四重釈賛拙　一巻
　勧発記　一巻
真言開庫集　二部四巻
秘密安心往生要集　一巻
十三仏鈔　一巻
四十九院鈔　一巻
土砂勧信記　二巻
土砂勧信別記　一巻
秘密念仏鈔　二部六巻
『ヾ』阿字檜尾禅策　二部二巻
阿字檜尾授要鈔　二巻
阿字観節解　三部三巻
　義私記　二部四巻
　秘釈　三巻
　観寓言鈔　二部三巻
　観鈔　三部三巻
　観要訣　一巻
消息阿字観　一巻
阿字観略註　一巻

洪

」5ウ

大日経疏演奥鈔　五十九巻
義釈　十四巻
疏除暗抄　三巻
本地恒説義　三巻
大毘盧遮那経疏條目　一巻
般若寺大日経疏鈔　二巻
大毘盧遮那覚華鈔　五巻
切心義章　三巻
大毘盧遮那経序　一巻
大日経教主義　一巻
大疏啓蒙　五十五

荒

大日経疏浄不二鈔　三十一巻
疏愚草　一巻
」6オ

（白紙）
」6ウ

蔵

一六物図 二巻
一斉（斎）別受八戒作法要解 全
一表无表顕業鈔 七
一六物図箋要 四
一四分律拾毘尼義鈔 二
一含注戒本 三
一浄心戒観 二
一六物纂注 二
一仏説五百問経 一
一律宗新学名句 三
一遺教経補注 全
一教誡律儀箇釈 二
一釈門章服儀 一
一四分律比丘尼鈔 三
一教誡律儀講述 二
一太賢法師義記 全
一依釈考略（写書） 全

」7オ

一菩薩戒本宗要科分（折本） 一
一梵網古迹記科解 四
一菩薩戒通受遣疑鈔 全
一略教誡経註 全
一妙極堂教誡 全
一自制（誓）受苾芻律儀
方軌 一
一律儀問訣 一
一戒疏科 廿（全）
一済縁記 四
一随機羯磨 一
一戒本疏 四
一六物採摘 三
一新学菩薩行要抄（写本） 一
一行事鈔随戒釈相要略 一

」7ウ

一金剛宝戒章 三
一六物図輯釈 四
一毘（写本）尼義鈔輔要記 三
一（写本）毘尼義鈔 一
一六斉（斎）精進功徳経鈔 一
一宗要鈔 全
一梵網戒経 全
一梵網撮要 六
一戒本宗要 全
一梵網古迹 四
一古迹集解 一
一梵網経 上下 一
一資講鈔 五
一釈門作事（持）領会集 五
一行（写本）事鈔扶講記 十
一行（写本）事鈔通釈 十二

」8オ

一教誡儀指要鈔 全
一寄帰伝 二
一三衣篇賛釈 全
一円戒答問 全
一方服図儀 二
一大字六物図 全
一（写本）興正菩薩三聚浄戒秘事 一
一梵網経義疏 六
一律門珠鑑 全
一ユ伽戒本箋解 三
一戒本箋解勘文 四
一梵網菩薩戒迪蒙 三
一菩薩戒羯磨釈文鈔 全
一梵網義疏発隠 七
一梵網古迹文集 五

」8ウ

生

一行事鈔　四十一
一業疏科上下　全
一羯磨鈔（疏）　四
一行宗記　四
一（写本）行事鈔扶講記　十
一（同）行事鈔通釈　十二

餘

~~一同学抄　三十五~~
一倶舎光記　三十
一同宝疏（十二欠本）　三十
一倶舎北林鈔　三十
一倶舎頌疏　十四
一同図記　四
一倶舎頌釈疏　二

」9オ

一倶舎遁麟記　九
一倶舎頌疏法盈序記　全
一倶舎本論　十五
一頌疏序新鈔　全
一倶舎疏十九脱文　一
一倶舎頌釈疏　一
一倶舎頌釈疏鈔　五
一倶舎恵暉　十二
一対倶舎　十四
一凡聖界地章　二
一七十五法名目　二

閏

一瑞現（源）記　八
一大乗伝通要録　卅（二廿）
一百法見聞　廿九
一倶舎図記　四
一表无表章　二
一百法要解　十一
一法相義　三

」9ウ

一百法八識纂釈　二
一唯識本頌略釈　四
一唯識義章　十二
一入道章　四
一同学鈔　三十五
一瑜伽論　百
一倫記　十
一百法問答抄　五
一同玄談　一
一四分義私記　二
一宗輪論述記　二
一唯識論泉　十一
一法相名目　六

歳

一因明三十三過中（本）　欠本
一唯識枢要　全部
一唯識三十頌略釈　一
一同了義灯　全部
」10オ

一述記　全部
一述記序解　全
一唯識図解　五
一三類境選要　一
一三十三過本作法　三
一義林章　全部
一演秘　全部
一唯識略解　全部
一唯識疏引拠　三
一唯識論懸談　一
一唯識本論　全部
一慈恩伝　五
一続一切経音義　帖入
一法雲禅師録　帖入
一述記序釈　全
一入正理論疏前記　三
」10ウ

一同後記　二
一顕揚論　十
一百法明門論　二
一二十論述記　二
一新訳仁王経抄　二
一仁王疏神宝記　二
一仁王経体文抄　三
一仁王般若経疏　三
一仁王般若合疏　三
一仁王護国鈔　三
一仁王般若合疏講録　冊廿三
一仁王経青龍法衡抄　六
一仁王起信釈論序抄　一
一仁王陀羅尼釈　全
一同疏序記　二
」11オ

一仁王経疏　七
一同　七
一起信論詳略　三
一同教理鈔　十九
一同注疏　四
一同義記　三
一同幻虎　五
一同弁偽　三
一解謗　一
一同非詳略決　一
一起信論捷要　四
一同大意略註　二
一海東疏　二
一紅炉雪反唾　二
」11ウ

一破邪論　二
一起信論　一
一同　一
一起信別記　一
一科解起信論　三
一流転還滅記　一
一立義分　一
一同序注　一
一同裂網　三
一起信論専釈　六
一筆削記　六

右　盈

一金剛経恵浄註　三
一金剛般若経義疏　三
一般若理趣分述賛　三
一金剛般若経略疏会本　二
一金剛経略疏　一

」12オ

右起信論并仁王部合蔵

列

一智度論　百
一大乗義章　廿三十
一西谷名目　四
一四教五時名目　一
一西谷鈔　六
一集解　三
一増暉　七
一指要詳解　五
一入疏講録　六
一入疏　七
一集解新鈔　十二
一西谷鈔　六

」12ウ

一西谷腹籠　一
一観音疏直解　五
一同玄義　九

宿

一探玄記　全部
一花厳雑章　一
一原人発微録　三
一花厳鈔　全部
一花厳玄談　全部
一行願鈔　七
一五教見聞　十

辰

」13オ

一五教章　全部
一孔目　全部
一无差別論　全
一无差別論記疏　二
一花厳伝　一
一同記　四
一五教章別解　四
一賢首碑伝　一
一五教止観（十玄門）　一
一五教章素本　三
一匡真　十
一華厳経文義綱目　一
一花厳経伝　四

」13ウ

一五教指事　五
一五教章義苑　五
一復古記　十二
一原人論　一
一同論発微録　一
一同論解　一
一宝窟　六
一勝鬘経　一
一五十要問答　二
一華厳原人論解
一華厳経義海百問（門）　二
一十地論　五
一聖法記　一
一釈論名目私抄　一
」14オ

一釈論記　六
一同賛玄疏　五
一同通玄鈔　四
一釈論開解　全部
一釈論三師科　三

昃

一釈論鈔（一之五欠本）　四十二
一同決択（第十三欠本）　十九
一同助解　一
一愚艸　二十七
一釈論第三十（重）読曲　一
一同指事　一
」14ウ

一同私記　一
一同啓蒙　三十
一同勘注　二十四

日

一弁惑指南　四
一九枤（條）錫杖　二
一珠数経　一
一同鈔　一
一二字義　二
一宿曜経愚得集（写本）　一
一宿曜経鈔　二
一二字義考要　二
一破決集　四

」15オ

一本母集　十七
一玉印鈔　五
一第三重　十卄
一第三重自証説　一
一同釈　十
一同釈広短冊　一
一杲宝鈔　五
一同伝宝記　三
一密厳諸秘釈　十
一初発心鏡　三
一開心鈔　三
一弥勒上生経　六
一往生都率密記　二
一覚母鈔　七

」15ウ

一広短冊啓蒙　三
一顕密問答抄　二
一教相鈔　十
一宝冊鈔　五
一宗義決択集　二十二

月

一秘蔵要門　五
一秘蔵記旨要鈔　五
一秘蔵記鈔　十
一三密鈔　八
一悉（写本）曇字記指要　六
一同指南鈔　四
一悉曇字記快鈔　六
」16オ

一梵字千字文　一
一梵語雑名　一
一梵文　一
一体大東聞記　一
一円慢（満カ）鈔　一
一五輪（写本）　一
一却温神呪経鈔　一
一三耶（摩）耶戒序　一
一浄菩提心私記　一
一開奩編　三
一十一面経鈔　一
一本不生同異義　一
」16ウ

一諸宗教理同異義　一
一理観啓白　一
一聖无動経慈怒鈔　二
一不動尊愚鈔　一
一千手報乳記　四
一真言修行鈔　二
一陀羅尼義　一
一密宗亀鑑　一
一遮表隅（深）義鈔　一
一秘蔵記　二
一（写本）諸教決定名義論　一
一貞安問答　一
一仏頂尊勝陀羅尼経序　一

」17オ

一宝篋印経　三
一同宣揚記　一
一付法伝纂解　四
一同鈔　三
一略付法伝　一
一真言付法纂要抄　一
一末法鷲驢鏕　一
一真言略要文集　一
一大師灌頂文　一
一（写本）神呪経　全
一身心本元鈔　一

」17ウ

一入定出現示文便蒙　一
一偏界紅炉雪　一
一雑問答　一
一付法伝纂解　六
一開合名目抄　一
一開合名目　一
一補忘記　三
一梵漢対映集　二
一真言種子集　三
一悉曇秘（初）心鈔　一

」18オ

一悉曇私記　一
一（写本）蘇漫多声略釈講録　一
一同略釈　一
一悉曇十八章事　一
一同十八章私記　一
一悉曇愚鈔　一
一観行要覧　二
一破邪顕正記　五
一覚阿問答　三
一釈氏要覧　三
一勧発菩提心集　三
一十重俗詮　一

」18ウ

一明眼論　一
一万太郎鈔（曼荼羅）　三
一遺教経私記（抄カ）　二
一礼懺翼解（舎利文節解）　一
一万太郎私鈔　一
一瑜伽護摩儀軌鈔　三
一秘鍵聞書　四

荒

一大疏指心鈔　全部
一干栗多鈔　全部
一大日経品大意　二

」19オ

一疏愚草　全
一大日経疏相伝（写本）　全
一大疏談義　二
一大疏一本問題　三
十同補
一自証説法十八段私記　一
一法性大日義　一
一大疏遍明鈔　全部
一大疏不二鈔　全部
一大疏愚艸　全部

宙

一大日経疏除暗鈔　三
一決義鈔　五

」19ウ

一大日経義釈　十四
一恒説義　四
一切心義章　三
一瑜祇経拾古鈔　二
一血脈鈔　三
一秘密相経　全
一牟梨万太郎経　全
一過去現在因果経　二
一大教王経　五
一如意輪義軌　一
一如意輪法　一
一如意輪法要　一
一観音神呪経　一
」20オ

一如意輪陀羅尼経　一
一金剛頂経義訣　一
一五秘密修行念誦儀軌　一
一秘密儀軌　一
一金剛頂経　七
一四万義纂要　二
一四万義　一
一両部金剛名号　一
一護身法私鈔　全
一護身法功能鈔　全
一胎蔵界懺文鈔　一
一金剛界懺文鈔　二
一五輪九字明秘密釈　一
」20ウ

一秘密儀軌　四
一都部陀羅尼目　全
一行法肝葉抄　二
一金剛界句義抄　二
一胎蔵界句義抄　二
一両界句義鈔　二
一反唖汚己指笑篇　二
一密軌弁問（問弁）　二
一問弁致迪（啓）　五
一御遺告釈疑抄　三
一不空心要　一
一无畏禅要　一
一禅要安心鈔　二

」21オ

一蘇婆呼童子経　三
一三昧耶戒序資秉記　三
一阿字観節解　一
一阿観檜尾授要鈔　二
一阿字檜尾禅策　一
一秘密念仏鈔　三
一阿字観秘釈　三
一阿字観偽言抄（寓）　二
一十三仏鈔　一
一阿字義私記　二
一阿字観鈔　一
一阿字観略註　一
一不動尊八大童子軌（写本）　一

」21ウ

一真言観誦要門　二
一光明真言勧発記　一
一光明真言初重講述　一
一光明真言四重釈賛拙　一
一大灌頂真言経鈔　一
一真言和談鈔　一
一光明真言儀軌　一
一光明真言経鈔　二
一菩提心戒義　一
一拾葉抄　二
一五供養偈注　一
一八家秘録　二
一四十九院鈔　一
一秘密儀軌惣目　一
一観徳惣標第三重新艸　一
一遺誡木鐸　一
一阿字観要訣　一
」22オ

一準提独部法　一
一檜（写本）尾口決　二
一消息阿字観　一
一蓮花三昧経八句秘釈　一
一六大奥義章　二
一大日経教主義　一
一阿（声カ）字義開秘鈔　二
~~一般若心経蛇鱗記　一~~
一微細妄執義　一
一十（一）面面神呪心経　一
一護摩供事鈔　三
一尊勝陀羅尼経鈔　二
~~一如意輪儀軌　一~~
一表白集　二
一十八道事鈔　二
」22ウ

一金剛界事鈔　三
一十巻疏　全部
一大毘盧遮那経序　一
一般若寺疏　二

宇

一念誦経　二
一蘇悉地経　三
一金剛頂経　三
一大日経　七
一零妙疏　二
一大日経大疏　二十
一諸儀軌　全部
一不空羂索経軌　不足

」23オ

黄

一十住心論衆毛鈔　十八
一住心名目　六
一十住心科　二十
一住心品　六
一十住心論肝要鈔　三
一十住心論　十
一十住心論鈔　十
一住心品疏科
一大日経開題箋釈　全
一同開題口筆　一
一金剛頂開題杲宝鈔　全
一最勝王経開題鈔　全
一梵網経開題鈔　三

」23ウ

一開題（大日経） 一
一諸開題 五
一科註住心品 三
一住心品要解 七
一純秘鈔講義 五
一理趣経直談鈔 二
一理趣釈 一
一純秘鈔解嘲 三
一存公記 四
一理趣経愚解鈔 五
一両玄談 十
一純秘鈔 三
一純秘鈔授決 三
一理趣釈秘要鈔（二三本欠） 九

」24オ

一文殊般涅槃経称揚記 二
一金光明経疏 一
一同疏会本 十
一十住心広名目 六

玄

一二教論略解 ~~五~~六
一同通解 一
一婆（娑）誐羅鈔 一
一十巻疏鈔 全部
一即身顕得鈔 三
一吽字義探宗記 二

」24ウ

一二教論指光鈔　五
一宝鑰勘注　八
一秘鍵開蔵鈔　二
一菩提心論初心鈔　二
一声字義開秘鈔　二
一同杲宝口筆　五
一甫（二教論）杲宝鈔　七
一秘蔵宝鑰略解　六
一異本即身義　三
一宝鑰纂解　七
一同鈔　七
一（写本）同問談鈔　四

」25オ

一宝鑰開宗記　十
一~~即身菩~~菩提心論教相記　二
一即身義帝網鈔　二
一宝鑰見光鈔　三
一即身義鈔　四
一同東聞記　十
一（写本）菩提心論題号事　一
一大明三蔵聖教目録　二
一御請来目録　一
一（写本）豊山三蔵目録　一
一新編諸宗教蔵惣録　二
一秘密三学録　一

」25ウ

一法則集　一
一同　二
一諸法事法則　一
一高（写本野（山寺カ）山経蔵目録　一
一書籍目録　二

往

一金剛錍釈文　三
一法花音義　三
一法花要解　七
一教観綱宗　一
一入注題号并正名弁偽録　一
一補注條目　二
一教主備考　一
一三大補注　十四
一闢邪論　一
一科注　九
一科注六意　二
」26オ

一法花要解　七
一六即　全
一山家緒余集　三
一円頓章合記句解　全
一法花庤（徐）注序釈　一
一修習止観禅要　一
一指要鈔　一
一小止観　三
一止観大意修懺要旨始終心要　一
一払惑袖中策　一
一四教儀直解　一
一法花謙順記　一
一宗旨雑記　二
一妙経科注　一
一止観大意　一
一奮迅義　二
一止観大意講録　一
一如来秘蔵録　一
一大乗止観　二
一十妙義私記　一
一成道義　一
一三界義　一
」26ウ

一金剛光明玄義順正記　六
一宗円記　五
一金光明経文玄科　一
一拾遺記　六
一金光明文句菩提記　十六
一格言　三
一顕性　二
一金錍論消毒　二
一涅槃会疏條目　三
一同会疏　全部

来

一文句　全部
一止観　全部
一玄義　全部

」27オ

一文句私記　全部
一文句講録　全部
一止観義例　六
一法花略疏　十
一同科　一

暑

一読教記　十
一法花会義録外　一
一柏原案立　六
一翻訳名義集　七
一義疏　十一
一十二門論　一
一十二門論宗致義記　二
一法花句解　八

」27ウ

一台宗精英　五
一弘決外典　四
一注无量　三
一十義書科　一
一十義書　二
一大意　二
一玄賛　十
一法花義続　六
一金剛錍釈文　三
一為為章　一
十三大部
一円頓者私記　卅一
一法花要解　七
一八不道人伝　一
一人注題号并正名弁偽録　一
一指要鈔詳解諺詮　三
一教主備考　一
一法花開題　一
一闢邪論　一

」28オ

一法花私記　一
一法花略解　七
一法界次第　三
一山家緒余集　三
一文随問　十三
一指要鈔　一
一補正記　十
一止観大意修懺要旨始終心要　一
一箋難　四
一四教儀直解科　一
一玄私記　十
一止観大意　一
一法花会儀　十六
一止観大意講録　一
一法花類聚　十三
一法花会義録外　二
同講録　一
一同略注　一

収

一読教記　十一
一妙伝　三
一益田池碑銘　二
一法華伝　三
一法華験記（自）　三
一尓我偈　一

」28ウ

一科注三論玄義　七
一三論誘蒙　三
一大乗玄論　五
一二諦章　三
一法花遊意　二
一法花玄論　五
一慧給記　三
一法花開題
一観心誦経法会記略註　一
~~一法花会義録外　十~~
~~一同講録　十~~
一闢邪論　一
一教行録　四
一四教集解（標指）指要鈔　十八
一同條目　二
」29オ

一十句義論　一
一六合釈　一
一発微録　一
一集注　三
一西谷條箇　三
一集解聞書　六
一千手眼大悲心（衍）神呪行法　一
一天台四教儀直解　三
一教時問答　四
一業報差別経　一
一同鈔　三
一妙宗　五
一文鏡秘府論　二
一釈氏稽古略　五
一心経疏　一
一蛇鱗記　二
」29ウ

一御製心経　一
一心経秘鍵略注　一
一心経頌鈔　三
一心経顕正記　一
一心経略疏顕正記　二
一連珠記　一
一御製心経注解　一
一心経注　一
一心経松渓道人注　一
一心経注　一
一心経注解　一
一心経私　一
一心経述義　一
一心経科註(賛)　一
一心経幽讃　二

」30オ

一心経科考　二
一心経略疏　一
一秘鍵東聞記　六
一秘鍵略注詳解　五
一心経秘鍵　二
一秘鍵信力鈔　二
一秘鍵杲宝鈔　六
一声字義鈔　一
一秘密念仏　三

成

一首楞厳経釈要　六
一摩利支天経　一
一婦人遇辜経等八経　一
一大乗成業論　一
一方便心論　一

」30ウ

一長者法志妻経等　廿五
一如意輪呪課法　一
一太子須大拏経　一
一阿弥陀経　三
一同鈔　四
一恩重経罔極鈔　二
一観心略要集　四
一観念法門　一
一恩重経鈔　一
一観无量寿経義疏　二
一阿弥陀十疑論　一
一同略解　一
一阿弥陀鼓音声経鈔　二
一自行念仏問答　一
一選択伝　一
一選択集　三
一浄宗護国篇　一

」31オ

一仏々道統伝　一
一般舟讃　一
一選択本願念仏　二
一浄土往生論　一
一同論注　二
一妙宗鈔　四
一浄土往生論　一
一阿弥陀経義記会本　一
一同略記会本　一
一念仏往生明導箚　二
一大原談義　一
一百喩経　二
一舎利礼文鈔　全
一五部陀羅尼問答宗秘論　一
一弘法大師賛議補　三
一法宗源　全

」31ウ

一未来記　一
一説法明眼論　一
一神社邪排仏教論　四
一占察経行法
　礼地蔵懺願儀　一
一占察経玄義　一
一三学論　全
一延命地蔵経鈔　二
一円覚経略疏　二
一楞伽宝経註解　四
一楞伽玄義　十
一円覚鈔弁疑誤　全
一円覚経略疏鈔　十二
一浄名疏條（箇カ）目　全
一註（維）唯摩経　五
一（維）唯摩経義記　八
一維摩経玄義　六

」32オ

一注唯摩経会要発曚鈔（五巻）
一首楞厳義疏注経　十
一同釈要鈔　六
一同疏　十
一弘法大師弟子録（伝）　上下
一会古通今記　二
一盂蘭盆経新記　二部
一薬師経纂解　四
一因果経鈔　二
一因果経直解　六
一説法明眼論　三
一釈氏要覧　三
一釈氏略鑑　二

調

」32ウ

一太子別伝　二
一同抄　三
一仏祖通義（載）　全部
一日記故事　朮七
一統紀　全部
一法苑珠林　全部
一貞元録　全部
一元亨釈書微考　全部

呂

~~一瑞林集　全部~~
一扶桑隠逸伝　三
一大師略頌抄　一
一同行略記　二
一弘法大師御伝記　五
一同伝止沸編　一
一諸嗣宗脈紀　二
一世親菩薩伝　全

」33オ

一行者伝記　二
一明恵記　三
一聖徳太子伝暦　五
一密厳上人行状記　三
一僧史略　三
一八宗綱抄　二
一引導能印鈔　一
一道号式目　一
一霊雲開山和上伝　一
一四国霊場記　七
一浄厳和尚行状記　二
一説法明眼論　一
一見聞随身鈔　三
一照闇鈔纂霊記　六
一出定後語　二
一潙山警策　一
一観音玄義分　四
一証道歌注　一
一鎮州臨済恵（照脱カ）禅師語録　一
一雲棲大師戒殺放生文　一

」33ウ

一臨済録　一
一洞門劇譚　一
一九想詩諺解　二
一臨終節要　二
一妙立和尚和歌集　二
一新選発心伝　二
一輔教編　四
一永覚和上寱言　二
一隠元禅師録　一
一无門関　二
一首楞厳経釈要鈔　六
一傅大士録　二
一経山独庵叟続護法集　二
一碧巌（録）六略解　一
一和泥合水集　三
一学道用心集　一
一臨済録夾山鈔　五
」34オ

一臨済語録撮要鈔　五
一石門文字禅　十
一三宝感応録　三
一妻鏡　一
一宝鏡鈔　一
一役行者霊験記　二
一愚迷発心集　二
一十王経抄　六
一孝養集　三
一観心略要集　四
一諷誦　全
一地蔵本願経綸貫　一
一同科注　六
一同集要記　四
一延命地蔵経鈔　二
一地蔵本願経集要記科別　十
一撰集抄　欠本　三
一随根修儀　一
一芸亭随事（筆）　一
」34ウ

一由良法灯録　一
一夢中問答　三
一沙石集　十
一説法用歌集諺註　十

律

一請観音菩薩消伏毒害呪経　一
一観音経選注　三
一観音冥応集　六
一菩提心集　三
一顕密円通集　二
一住吉相（生）老物語　五
一伊勢物語拾穂抄　二
一勧懲故事　欠本　三
一西域記　欠本　五
一恩重経鈔　一
一明眼論　二
一孝子経報乳鈔　二
一随（瑞カ）林集　十
一地蔵本願経集要集記　六
一同科注　七
一谷響集　欠本　三
」35オ

一観鷟百譚　欠本　四
一蒲生軍記　欠本　二
一諸礼筆記　欠本　一
一年中行事　一
一渡（写本）唐天神記　一
一看命一~~生~~掌（金カ）全　一
一本朝年代紀　~~欠本~~　全部
一常用集　一
一増補諸乗法数　二
一勧発菩提心集流壂記　欠本　一
一倭漢合運指掌図　一
一礦石集　六
一古暦便覧　二
一大唐年代紀　十二
一大蔵法数　三十四
一武士訓　~~欠本~~　二
一益田池碑并銘　二
」35ウ

天

	一 梵網経	上下合巻
	一 下巻古跡	巻二
	一 同文集	巻五
	一 十重俗詮	巻一
	一 依釈考略	巻一
雑	一 礦石集	巻六
俗	一 神社啓蒙	巻八

	一 同上巻古跡	巻二
	一 同撮要	巻六
	一 戒本要	巻一
	一 梵網義疏発隠	冊七
	一 古跡抄	巻八
雑	一 続鑛石集	巻六
宀	一 悉曇字記指南鈔	巻四

」1オ

雑	一 邪排仏教論	巻四
雑	一 照闇鈔纂霊記	巻六
	一 梵網古跡記科解	巻二
	一 心経法蔵略疏	巻一
宀	一 如意輪念誦儀軌（軌）	巻一
	一 弘法大師伝止沸編	巻一
宀	一 五部陀羅尼問答宗秘論	巻一
	一 含注戒本	巻三

雑	一 九想詩諺解	巻二
	一 六物図纂註	巻二
伝	一 弘法大師御伝記	巻五
宀	一 如意輪瑜伽念誦法	巻一
伝	一 南海寄帰伝	巻二
大律	一 妙極堂教誡儀	巻一
化	一 武庫山桜麓栞	巻二
化	一 土砂勧信記	巻三

」1ウ（32丁紙背）

声 一 四座式 巻二
雑 一 撰集抄 巻三

涅ハン 一 如来秘蔵録 巻一
伝 一 (弘)法法大師賛議補 巻三

地

化 一 四国霊場記 巻七
一 千手眼大悲心呪行法 巻一
一 凡聖界地章 巻二
化 一 戒法随身記 巻三
宀 一 不空心要 無畏禅要 合 巻二

雑 一 菩提心集 巻三
雑 一 表白集 巻二
伝 一 聖(徳)得太子伝 巻二
律 一 浄心戒観 巻二
宀 一 無畏禅安心鈔 巻二

」2オ

一 梵網古跡記 巻二
雑 一 説法明眼論 巻一
一 行事鈔随戒釈相要略 巻一
雑 一 仏説無常経 巻一
一 教誡儀指要鈔 巻一
宀 一 随根修儀 巻一
大律 一 菩薩戒羯磨文釈文鈔 巻一
一 梵網経疏 巻六

宀 一 三教指帰文筆解知鈔 巻二
宀 一 付法伝纂解 巻五
一 大字六物図 巻一
三 一 中論品号 巻一
一 阿字観要決 巻一
一 遺誡本(木)鐸 巻一
宀 一 五輪義 巻一
一 上巻古跡 巻一

」2ウ（31丁紙背）

一古跡記　巻四
宀　一貞安問答　巻一
俗　一簠簋抄　巻三
宀　一三教指帰　巻二
雑　一自行念仏問答　巻一
一諸尊種子真言集　巻一
律　一遺教経補絓（注）　巻一
雑　一浄土往生論　巻一

雑　一諷誦　巻一
俗　一簠簋　巻二
雑　一釈氏略鑑　巻二
雑　一三宝感応録　巻三
一略教誡経註　巻一
禅　一夢中問答　巻三
大　一律門珠鑑　巻一
釈宀　一釈論名目私抄　巻一

」3オ

玄

台　一法花自我偈鈔　巻一
宀　一（悉曇）三密鈔　巻~~四~~八
俗　一梅花心易明鑑　巻二

一不空羂索神変真言経　巻一
涅　一小涅槃経　巻一
俗　一心易卦数序　巻一

一道成唯識論　巻十
一唯識論懸譚　巻一
一百法問答見聞　巻九
伝　一慈恩寺三蔵伝　巻五

一成唯識論述記序釈　巻一
一百法問答鈔要解　巻十一
一百法八識纂釈　巻二
一法相名目見聞随身鈔　巻六

」3ウ（30丁紙背）

花 一唯識三十頌略釈　巻一
一原人論発微録　巻一
一二十唯識論述記　巻二
法 一六合釈　巻一
一唯識論本末図解　巻五
一因明論疏瑞源記　巻八
一八識規矩補註（証）義　巻一
一同後記　巻二

一唯識三類境選要　巻一
伝 一大唐西域記　巻六
法相唯 一勝宗十句義論　巻一
一成唯識論　巻十
唯 一大乗入道章　巻四
一四種相違私記　巻四
唯 一入正理論前記　巻三
一因明論十題　巻一

」4オ

因明 一瑞源紀（記）正文　巻一
一百法問答鈔玄談　巻一
一三十頌略釈　巻一
一異部宗輪論述記　巻二
一諸嗣宗脈紀　巻二
一百法明門論解　巻二
一華厳鈔玄談科合　巻百

黄

一論泉鈔　巻十一
一略述法相義　巻三
一述記序解　巻一
一唯識本頌略釈　巻四
一大乗伝通要録　巻二
浄土 一往生通考鈔　巻一
一華厳経探玄記　巻二十

」4ウ（29丁紙背）

一勝鬘経　巻一　一同宝窟　巻六
一十地経論　巻五　浄土一観経玄義分　巻四

寓（宇）

一唯識道論　巻十　一同述記　巻二十
一唯識義章　巻十二　一論同学鈔　三十五巻
一演秘　巻十四　一了義灯　巻十三
一百法聞書　巻七　一枢要　巻四
一述記引拠　巻三　一表無表章　巻二
」5オ

一因明纂解　巻三

宙

一法花経入疏　巻十二　一同秘略　巻十一
一同玄止文私記合　三十巻　一同文句箋難　巻四
一同補正記　巻十　一同大意　巻二
一同十不同慧給記　巻三　一四明十義書　巻三
一註無量義経　巻三　一法界次第　巻三
三一八不道人伝　巻一　一指要鈔詳解諺詮　巻一
」5ウ（31丁紙背）

一教主私記　巻一
一同為為章　巻一
一法花略疏　巻十一
台一台宗精英集　巻四
一四明教行録　巻四

洪

一倶舎論頌疏　巻十四
一同頌釈疏鈔　巻三十

一法花游意　巻二
一文句随問記　巻十三
一同玄論　巻六
一四教儀増暉記　巻七
一阿毘達磨倶舎論　巻十五
一同頌釈疏　巻十三

」6オ

一倶舎論図記　巻四
一頌疏法盈序記　巻一
一七十五法名目　巻二
一倶舎論光記　巻三十一
一同遁麟記　巻九
一同疏巻第十九脱文　巻一
浄土一往生論註　巻二
浄土一往生論註　巻二

一倶舎論頌疏文次第　巻一
一同疏序新鈔　巻一
一瑜伽論記　巻十
一同宝記（疏カ）　巻二十九
一対倶舎鈔　巻十四
一法宗源　巻一

荒

伝一仏祖詵（統）記　巻「十七」（「廿一」に貼紙）

」6ウ（33丁紙背）

雑 一首楞厳釈要 巻六　雑 一釈氏要覧 巻三
伝 一僧史略 巻三　伝 一仏祖歴代通載 巻十一
雑 一大蔵法数 巻三十四　宀 一不動霊応記 巻一
一涅槃経会疏 巻三十六　宀 一都部陀羅尼目 巻一
一宝篋印陀羅尼秘略釈 巻三　伝 一明恵伝記 巻三
宀 一宿曜経愚行集 巻一　一阿字観節解 巻一
宀 一欂（檜）尾口決 巻二　宀 一開心鈔 巻二
浄土 一般舟讃 巻一　一大日経教主義 巻一

」7オ

宀 一教興蓋乎懋賞 巻一　雑 一孝養集 巻三
雑 一秘密安心往生集 巻一　浄土 一大原談義 巻一
雑 一三宗綱義 巻四　俗 一韻鏡首書 巻三
俗 一韻鏡易解 巻二　卅宀 一梵網経開題鈔 巻三
大 一菩薩戒通受遣疑鈔 巻一

日

三 一摩訶止観科解 巻二十七　一法花句解 巻八
一妙経入疏熏聞 巻一　一止観法門 巻二

」7ウ（28丁紙背）

一法花新註 巻十
一法華会専(ヱ)義 巻十六
一法花文句 巻二十三
一止観義例随釈 巻六
一止観大意 巻一
一止観大意始諮(終)心要
　修懺要旨
一法花開題 巻一

一読教記 巻十
一法花玄義 巻十七
一法華要解 巻七
一教観大綱 巻一
一止観大意講録 巻一
[台] 一観心誦経法会(ヱ)記略註 巻一

月

一会(ヱ)義録外 巻二
[六] 一悉曇字記 巻一
一六物図輯釈 巻四
[六] 一不動秘要決 巻一
[六] 一蘇婆呼童子経 巻三
[伝] 一大師略頌鈔 巻一
[六] 一秘蔵記 巻二
[雑] 一六斎功得(徳)経鈔 巻一

一会(ヱ)義講録 巻一
[六] 一住心品
[雑] 一孝子経報乳鈔 巻二
[六] 一両部金剛名号 巻一
[雑] 一秘密念仏鈔 巻三
[六] 一大毘盧遮那成仏経疏 巻三
[六] 一大湼推経 巻一
一西谷名目腹箋 巻一

」8オ

」8ウ（27丁紙背）

宀　一消息阿字観　巻一
雑　一父母恩重経鈔　巻一
雑　一法則集　巻一
宀　一身心本元鈔　巻一
　　一理趣釈　巻一
経　一薬師経纂解　巻四
化　一孝養集巻　巻三
宀　一宿曜経　巻二

禅　一経山護法集　巻二
宀　一瑜伽念珠経注　巻一
化　一光明真言経鈔　巻一
伝　一密厳上人行状記　巻三
雑　一説法明眼論　巻三
宀　一宝篋印陀羅尼経鈔　巻三
経宀　一木槵経　巻一
雑　一愚迷発心集　巻一

」9オ

雑　一常用集　巻一
　　一心経注解　巻一
雑悉宀　一梵文木書　巻一
経　一心経顕正記　巻一
化　一真言照闇鈔　巻三
経　一業報差別経　巻一
化　一真言観誦要門　巻二
浄土　一本願念仏集　巻一

化　一光明真言和談鈔　巻一
　　一阿字観鈔　巻一
宀　一病中寓言抄　巻一
化　一真言照闇鈔　巻一
化　一観音経選註　巻二
　　一阿字秘釈　巻二
経　一舎利礼文鈔　巻一
宀　一十一面経鈔　巻一

」9ウ（20丁紙背）

経　一法志妻経　巻一
宀　一如意輪課法序　巻一
宀　一秘密儀軌総目
一阿字檜尾授要鈔　巻二
宀　一五秘密修行念誦儀軌　巻一
化　一勧発菩提心集流壅記　一
宀　一二教論通解　巻一
宀　一瑜伽学習捷図　巻二

経　一須大拏経　巻一
一大日経目録　巻二
宀　一警覚心続生儀　巻一
宀　一瑜伽護摩儀軌鈔　巻三
化　一観音冥応集前後念　巻十二
化　一勧発菩提心集　巻三
宀　一同娑誐羅鈔　巻一
唯　一因明纂解　巻一

」10オ

一大日経開題　巻一
経　一心経頌鈔　巻三
宀　一四曼義纂要　巻二
宀　一開心鈔　巻二
宀　一種子真言集　巻一
一成業論　巻一
一梵網菩薩戒迪蒙　巻三
宀　一悉曇字記　巻一

一四分律拾毘尼義鈔　巻二
宀　一般若寺大日経鈔　巻二
宀　一秘鍵蛇鱗記　巻二
宀　一二教論略解　巻六
宀　一往生兜率密記　巻二
宀　一声字義杲宝口筆　巻五
小律　一釈門作持領会集　巻五
宀　一六大奥義章　巻二

」10ウ（25丁紙背）

宀 一大毘盧遮那覚華鈔 巻五
経 一本生心地観経 巻四

盈

経 一首楞厳経疏 巻十一
一金光明経疏 巻一
宀 一尊勝陀羅尼経鈔 巻二
宀 一千手経秘鈔 巻一
小経 一目連五百問経 巻一

小律 一戒本疏 巻四
経 一円覚経鈔 巻十三
一同最勝王経疏 巻十
宀 一同陀羅尼経序
経 一甫因果経鈔 巻二
経 一円覚経疏 巻二

」11オ

一浄土往生論 巻一
同 一同略記 巻一
経 一大般若理趣分述讃 巻三
同 一金剛経恵（浄カ）御註 巻三
卌経 一註維摩経 巻五
経 一浄名疏條箇 巻一
浄土カ 一選択之伝 巻一
一倶舎論図 巻四

浄土 一阿弥陀義記 巻一
経 一御製心経注解 巻一
経 一金剛般若経義疏 巻四
卌経 一維摩経義記 巻七
一同会要発矇鈔 巻五
経 一般若経略疏 巻二
化 一観音経選註 巻一
台 一観無量寿妙宗鈔 巻四

」11ウ（24丁紙背）

（台）一同義疏　巻二
（経）一心経疏　巻一
（経）一同幽賛　巻二
（同）一同顕正記　巻二
（経）一盂蘭盆経疏新記　巻四
一会古通今記　巻二
一観心略要集　巻四
（経）一同義疏注経　巻十

（経）一文殊般涅槃経称揚記　二
（経）一同科註　巻一
（同）一同述義　巻一
（同）一同科考　巻二
（経）一同疏新記　巻五
一華厳疏鈔　巻七
（経）一楞厳釈要鈔　巻六
一楞伽玄義　巻十

」12オ

具（昃）

（経）一金剛経略疏　巻一

（浄土）一阿弥陀鼓音声経鈔　巻二

辰

（宀）一大疏愚艸　廿五巻　闕本
（宀）一同第三重　巻十
（同）一同啓蒙　五十九巻
（宀）一自証説法十八段　巻一
（宀釈）一釈摩訶衍論指事　巻一

（宀）一同指心抄　十六
（宀釈）一釈論愚草　廿九巻
（大疏宀）一甫第三重　第五之巻
（宀）一第三重新艸　巻一
（同）一同助解　巻一

」12ウ（23丁紙背）

台 一智度論 巻五十
唯 一大乗義章 巻廿六
唯 一瑜伽論 巻五十
一十二門論宗致義記 巻三

宿

伝 一広弘明集 巻二十
律伀 一八斎戒要文 巻一
化 一芸亭随筆 巻一

一於一向專（専）修宗選（択）釈集 一
一輔教編 巻四
経化 一地蔵本願経要 巻五
伝 一太子伝 巻五
律 一律宗新学名目（句） 巻三
亠 一四十九院鈔 巻一
禅 一臨済録 巻一
亠 一舍利礼文鈔 巻一

」13ウ（22丁紙背）

一同條箇 巻三
台 一大乗玄論 巻五
一三論誘蒙 巻四

化 一沙石集 巻十
伀禅 一隠元禅師語録 巻一
一闢邪論 巻一

」13オ

亠 一金剛界礼懺文鈔 巻二
語録 一傅大士録 巻二
台 一法華経験記 巻三
亠 一錫杖鈔 巻一
禅 一無門関 巻二
亠悉 一梵語千字文 巻一
亠 一不動尊愚鈔 巻一
亠 一光真言経鈔 巻一

宀悉 一梵語雑名 巻一
一仏々道統伝 巻一
一戒殺放生文 巻一
宀 一雑問答 巻一
一文便蒙記 巻一
宀 一行法肝葉抄 巻一
宀 一胎蔵界礼懺文鈔 巻一
律 一六物図 巻二

宀声 一諸法事法則 巻一
宀 一三昧那戒序 巻一
一洞門劇譚 巻一
宀 一歓喜抄 巻一
禅 一永覚寱言 巻二
台 一弘決外典鈔 巻四
律 一戒体続芳訣 巻一
唯 一世親菩薩伝 巻一

」14オ

一八斎戒作法 巻一
一発心伝 巻二
経 一却温経鈔 巻一
宀 一真言略要文 巻一
宀 一密宗亀鑑 巻一
化 一観念法門 巻一
浄土 一金剛宝戒章 巻三
宀 一異本即身義 巻一

禅 一学道用心集 巻一
花 一諸乗法数 巻二
律 一教誡律儀 巻一
律 一三衣篇賛釈 巻一
化 一臨終節要 巻一
宀 一密徒初発心鏡 巻三
台 一三界義 巻一
宀 一宝鏡鈔 巻一

」14ウ（21丁紙背）

雑 一三学論 巻一
儒 一彝倫抄 巻一
律 一新学菩薩行要抄 巻一
律 一教誡儀指要抄 巻一
経 一盂蘭盆経疏新記 巻五
一宗要柏原案立 巻六
化 一説法用歌集諺註 巻十
台 一六即義 巻一

仏 一光明真言金壺集 巻一
律 一律儀講述 巻二
経 一盂蘭盆経新記 巻一
台 一法華音義 巻三
台 一翻訳名義集
化 一観音経疏直解 巻五
伝 一役行者霊験記 巻二
宀 悉 一字母表 巻一

」15オ

列

宀 一両部曼荼羅私記 二
宀 一摩利支天経 一冊
宀 一演奥抄 六十二巻
宀 一大日経疏抄(抄) 十九巻
宀 一大疏百條第三重 一冊
宀 一遍明抄 十九巻
宀 一教主義 一冊

雑 一八宗綱要抄 巻二
宀 一造壇問訣 巻一
宀 一浄不二抄 三十一巻
宀 一同問題 巻三
宀 一疏愚艸 巻一
宀 一科註住心品 巻三
宀 一大疏談義 二冊

」15ウ（19丁紙背）

六　一疏愚草　一冊

張

台　一四教集解　六巻

六　一伝宝記　三冊

台　一円頓句解　一巻

台　一本朝法華伝　三冊

六悉　一（悉）婆曇十八章私記　一冊

六同　一梵字（悉）婆曇章　一巻

同　一同標指鈔　二十巻

六　一宝篋印経宣揚記　一冊

律　一梵網資講鈔　五巻

台　一文句格言　三巻

六悉　一同字記指要　六冊

同　一大（悉）婆曇章　一冊

」16オ

同　一同字記　一冊

一最勝王経開題鈔　一巻

一仁王合疏　三巻

一仁王青竜法衡抄　六冊

六　一住心品疏略解　九巻

六　一即心義冠註　二巻

六　一瑜祇経拾古鈔　二冊

六　一理観啓白文　一冊

台　一法花奮迅義　二巻

六悉　一蘇曼多声略釈　一冊

一仁王神宝記　二巻

台　一科註法華経　九巻

台　一三大部補註　十四巻

六　一同帝網鈔　二巻

六　一大日経疏除暗鈔　三巻

六　一大日経開題箋釈　一冊

」16ウ（20丁紙背）

宀 一同口筆　巻一

宀 一御請来目録　巻一

寒

雑 一四十五経　全部七巻

経 一過去現在因果経　二冊

台 一集解聞書　巻六

律 一尼衆再興方便抄　巻二

一断戒体章　巻三

律 一済縁記　巻四

雑 一摂大乗経　全部五巻

雑 一仏足石碑銘　巻一

一顕揚論　巻十

律 一律儀簡釈　二冊

律 一随機羯磨　巻二

律 一六物採摘　三冊

」17オ

律 一六物依釈　二冊

律 一六物図弁訛　一冊

律 一方服図儀　巻二

律 一作持羯磨　一冊

経 一八経同巻　一冊

律 一行宗記　巻四

律 一羯磨疏　巻四

宀 一三教指帰刪補　七巻

大律 一宗要序抄　巻一

雑 一諸宗教蔵総録　二冊

宀 一大宝楼閣経　巻一

台 一法華入疏臨講含筆一　一冊

一毘尼討要等　巻六

律 一業疏科　一冊

伝 一仏祖統紀　巻二

経 一大愛道比丘尼経　一巻

」17ウ（18丁紙背）

経　一地蔵本願経手鑑　巻四
経　一維摩経玄義　巻六
卢化　一光真言経鈔　一冊
卢　一光真言初重講述　巻一
卢化　一蓮花三昧経八句秘釈　一
卢　一金剛頂経義訣　巻一
伝　一太子伝暦　一冊
卢　一護身法私記　巻一

経　一同本願経綸貫　巻七
唯　一十不二門指要鈔　巻五
卢雑　一八家秘録　巻二
化　一妻鏡　一冊
俗　一看命一掌記　巻一
化　一孝感冥祥録　二冊
卢　一浄菩提心私記　一冊
化　一光明真言勧発記　一冊

」18オ

卢　一漫荼羅鈔　金胎合　巻二
伝　一行状記　巻二
化　一観音選註　三巻
卢　一菩提心戒義　一冊
経　一造像功徳三昧儀軌形像禡報三経　一冊
卢　一付法伝鈔　巻三
雑　一明眼論　二冊

来

卢　一曼荼羅私鈔　金　巻一
卢　一菩提心論秘記　一冊
化　一恩重経罔極鈔　巻二
卢　一四曼義　一冊
律　一六物図　巻一
化　一真言開庫集　二巻

」18ウ（17丁紙背）

宀 一九條錫杖 巻二
経 一因果経鈔 二巻
大律 一梵網戒経 一巻
伝 一行者伝記 巻二
宀 一阿字観鈔 一冊
経 一仏説十王経抄 巻七
台 一法界次第 巻三
宀 一略付法伝 一冊

雑 一仏祖三経 巻三
浄土 一阿弥陀十疑論 一冊
一開合名目抄 一冊
宀 一理趣経純秘鈔 巻三
宀 一護身法功能鈔 一冊
経 一御製心経 巻一
浄土 一阿弥陀経鈔 一冊
経 一楞伽宝経註解 巻四

」19オ

宀 一出生義 巻一
宀悉 一梵漢対映集 巻二
律 一戒本宗要 一冊
宀 一我慢鈔 一冊
声 一四座講式 巻二
花 一原人発微録 巻三
経 一新釈（訳）仁王経鈔 一冊
台 一修習止観禅要 巻一

経 一業報差別経 巻一
経 一心経私 一冊
経 一遺教経私抄 巻二
宀 一住心品疏 巻六
宀 一広名目 巻六
宀 一光明真言経鈔 二冊
宀悉 一委（悉）曇初心鈔 一冊
宀 一光明真言四重釈賛拙 一

」19ウ（10丁紙背）

一他師破決集　巻五
宀 一遍（反）唾汚己指笑笑（衍）篇　巻二
宀 一真言名目　巻一
一覚阿問答抄　巻三
宀 一秘蔵要門集　巻五
宀尺 一聖法記　巻一
浄 一念仏往生明導箚　巻二

暑

雑 一続一切経音義　巻五
宀 一住心品疏科　巻一
宀 一覚母鈔　巻七
宀 一切心義章　巻三
宀 一雑問答　巻一
宀 一顕密円通集　巻一
宀 一密軌問弁　巻二

」20オ

宀 一菩提心戒義　巻一
宀 一顕密問答鈔　巻二
宀 一宝冊鈔　巻五
宀 一秘密三学鈔（録）　巻一
宀 一真言本母集　巻十七
宀 一紅炉雪遍（反）唾箚　巻二
雑 一貞元録　巻三十
宀 一密軌問弁啓迪　巻五

宀 一真言付法纂要抄　巻一
宀 一金剛頂開題杲宝鈔　巻一
宀 一大日経本地恒説義　巻三
宀 一宗義決択集　巻廿二
宀 一偏界紅炉雪　巻一
宀 一杲宝私鈔　巻六
宀 一大毘盧舎那経序　巻一
一本法流転還（滅）減口決　巻一

」20ウ（15丁紙背）

一末法驚驢鑣 巻一
一開奩諞（編） 巻三
一金胎曼荼羅私鈔 巻二
一御遺告釈疑抄 巻三
一十巻書（章）抄 合 巻三十
一即身義顕得鈔 巻三
一吽字義探宗記 巻二

往

一同略解 巻六
一秘鍵略註詳解 巻五
一同東聞記 巻六
一菩提心論教相記 巻二
一同鈔 巻一
一同鈔 巻七
一同開宗記 巻十
一菩提心論初心鈔 巻二

雑

一諸宗教理同隶（異）釈序 巻一
一玉印鈔 巻五
一秘宗教相鈔 巻十
一秘蔵宝鑰問談鈔 巻四
一異本即身義 巻三
一声字義開秘鈔 巻二
一二教論杲宝鈔 巻七

」21オ

一同指光鈔 巻五
一同科註 巻二
一同聞書 巻五
一同秘記 巻一
一宝鑰纂解 巻七
一同見光鈔 巻三
一同勘註 巻八
一秘鍵開蔵鈔 巻二

」21ウ（14丁紙背）

経□（化カ）　一百喩経　巻二
禅　一臨済録夾山鈔　巻五
台欤　一観心略要集　巻四
台　一止観宗円記　巻五
律　一仏制比丘六物図　一冊
浄土　一阿弥陀経略解　巻一
宀　一阿字観私記　巻二
経　一心経註　一冊

化　一愚迷発心鈔　巻二
三　一科註三論玄義　巻七
唯　一二諦章　巻三
台　一三大部條目　巻三
律　一律宗礼懺翼解　一冊
禅　一注潙山警策序　一冊
一由良開山法語　一冊
一開合名目抄　一冊

」22オ

宀尺　一釈論決（択）釈集　巻一
経　一業報差別経要解　巻三
宀　一即身東聞記　巻十
大律　一瑜伽戒本箋解　巻七
唯　一法相二巻鈔　一冊
宀　一金胎礼懺文鈔　巻三
宀　一護身法私鈔　一冊
宀　一秘鍵信力鈔　二冊

経　一仁王起信摩訶衍三序抄　一
化　一照闇鈔纂霊記　冊六
宀　一即身義鈔　巻四
宀　一秘蔵宝鑰略解　巻六
宀　一種子集　巻二
宀　一十巻疏　巻十
宀　一体大東聞記　巻一
伝　一弘法大師弟子伝　巻二

」22ウ（13丁紙背）

宀 一三教指帰筆（文筆）文解知鈔 巻二
宀 一顕密同異義 巻一
一破邪顕正記 巻五
経 一延命地蔵経鈔 巻二
宀 一真言名目 巻一
律 一六物図箋要 巻五
雑 一引導能印鈔 巻一

秋

宀 一微紬（細）妄執義 巻一
経 一阿弥陀経科註 巻三
宀 悉 一悉曇愚鈔 巻一
宀 一十住心論 巻十
宀 悉 一悉曇字記鈔 巻六
宀 一五輪九字義 巻一

」23オ

宀 一理趣経純秘鈔 巻三
宀 一純秘鈔 巻三
宀 一同授決 巻三
宀 一同講義 巻五
宀 一同秘要鈔 巻十二
宀 一秘蔵記鈔 巻十
雑 一名義集 巻七
宀 一諸開題 巻五

宀 一同存公記 巻四
宀 一同愚解抄 巻五
宀 一同解嘲 巻三
宀 一同直談鈔 巻二
宀 一理趣釈 巻一
宀 一同旨要鈔 巻五
宀 一密厳諸秘釈 巻十
宀 一灌頂文 巻一

」23ウ（12丁紙背）

宀　一豊山三蔵目録　巻一
宀　一自証説法十八段私記　巻一
一方便心論　巻一
台　一金光明玄義順正記　巻六
一同世間品　巻二
花　一花厳経義海百門　巻一
台　一初西谷名目鈔　巻六

収

一花厳教分記　巻三
花　一五教章　巻三
花　一同義苑疏　巻三
花　一同指事　巻六
花　一五教章　巻三
倶　一倶舎頌疏論　巻二十
花　一同孔目章　巻四
一同見聞　巻十

雑　一大明聖教目録　巻二
宀　一金剛頂瑜伽経　巻一
宀　一陀羅尼義　巻十二
倶　一倶舎論頌釈疏鈔　巻五
花　一法界差別論疏　巻三
経　一仁王経体文抄　巻三
花　一同伝記　巻六
花　一同別解　巻六
花　一同匡真鈔　巻十
花欽　一同五十要問答　巻二
花　一同復古記　巻十二
花欽　一同疏鈔　巻七
一同冠註　巻十
花　一同原人論　巻二

」24オ

」24ウ（11丁紙背）

花 一同原人論発微録 巻一
花 一同別解 巻四
一倶舎論抄 二二巻十
花 一花厳雑章門 巻一
花 一華厳遊心法界記 巻一
花 一賢首国師碑伝 巻一
花 一同五教止観一乗十玄門 巻一

冬

花 一同原人論解 巻十
花 一同科発微録 巻三
台 一法花経新記 巻十
台 一金剛錍顕性録 巻二
雑 一道号式目 巻一
花 一花厳経文義綱目 巻一
一

」25オ

雑 一法苑珠林 巻四十
雑 一真俗仏事諞（編） 巻六
台欤 一教時問答 巻四
律 一行事鈔 三四巻十
宀尺 一釈大衍論 巻十
宀尺 一釈愚艸 七二巻十
宀尺 一同開解鈔 巻十八

蔵

台 一科註経前六意 巻二
律 一六物輯釈 巻四
唯 一百法問答鈔 巻五
起 一起信論序 巻一
宀尺 一釈論第三重 四巻十
宀尺 一同鈔 五巻十

」25ウ（10丁紙背）

六尺 一同広短冊 巻一
六尺 一同私記 巻一
六尺 一同通玄鈔 巻四
一観劣向勝啓蒙 巻三
経 一弥勒上生経疏 巻七
台 一同鈔 巻六
一天台集解新鈔 巻六

閏

六尺 一第三重読曲 巻一
六尺 一同賛玄疏 六二 巻十
六 一訳（釈）論記 巻一
六 一釈論勘註 四二 巻十
台 一西谷條箇 巻三
台 一名目 巻四
一同五時名目 巻一

」26オ

台 一三大部標條 巻三
経 一仁王合疏 巻四
台 一金剛錍釈文 巻三
台 一法花入疏 一二 巻十
浄 一浄宗護国篇 巻一
台 一小止観鈔 巻三
経 一仁王経疏 巻三
台 一集解新鈔 巻六
六悉 一字記捷覧 巻二
台 一山家紋（緒）余集 巻三
六 一密宗血脈鈔 巻三
台 一同謙順記 巻一
台 一指要鈔 巻一
台 一四教儀直解 巻三
六尺 一釈論私記 巻六
六 一菩提心論釈 巻一

」26ウ（9丁紙背）

台　一観音義疏記　巻四
伝　一元亨釈書　巻十七
律　一律儀簡釈　巻二
台　一法花（苑）義林章　巻八
宀　一五供養偈注　巻一
律　一妙極堂教誡　巻一
化律　一斎別受八戒作法　巻廿

餘

台　一同玄義記　巻四
宀尺　一釈論決択集　巻二十
一四分律比丘尼抄　巻三
宀　一金剛界句義抄　巻四
台　一払惑袖中策　巻一
伝　一霊雲和尚伝　巻一

」27オ

廿宀　一十住心広名目　巻六
宀　一十住心肝要鈔　巻三
宀　一十住心論鈔　巻十二
宀　一同衆毛鈔　巻十八
一　巻五
宀　一不空羂索経　巻二
律　一六物図（鏡）箋要　巻四
宀　一文経秘府論　巻二

宀　一住心名　巻六
宀　一十住心論　巻十
宀　一同科註　巻十一
宀　一十一面神呪経　巻一
台　一観音消伏経　巻一
宀　一密宗血脈鈔　巻三
宀　一金胎句義私鈔　巻二
律　一表無表章抄　巻十

」27ウ（0丁紙背）

一
宀 一十三仏鈔 巻一
宀 一底瑟吒干栗多鈔 巻七
宀 一付法伝纂解 巻五
経宀 一延命地蔵経 巻二
一拾葉抄 巻二
宀 一数珠功得(徳)経鈔 巻一
禅 一証道歌註 巻一

声 一法則集 巻二
宀 一瑜伽護摩儀軌鈔 巻三
宀 一三昧耶戒序資秉記 巻三
宀 一守倫科註普門品円通記
宀 一聖無動経抄 巻二
雑 一仏祖三経 巻二
宀 一真言二字義 巻一
禅 一臨済語録 巻一

」28オ

成

台 一法花文句科解 二十三巻
経 一仁王経疏序記 巻二
宀 一法花開題 巻一
経 一占察経玄義 巻一
悉宀 一一行字母表考訂 巻一
台 一顕戒論 巻三
台 一四教儀直解 巻一

台 一同玄義科解 十七巻
経 一仁王経釈玄談 巻一
一同行法 巻一
経 一同行法 巻一
大律 一梵網菩薩戒本疏 巻六
台 一十妙義私記 巻一
一教主備考 巻一

」28ウ（7丁紙背）

台　一入注顕号弁（注題）　巻一
律　一円戒答開（問）　巻一
台　一法花義疏　巻四
宀悉　一悉曇私記　巻一
大律　一梵網経古迹記撮要　巻六
台　一四教集註　巻三
台　一法花玄賛　巻十一
宀　一三教指帰刪補鈔　巻九

台　一観音別行記條箇　巻一
台　一教観綱宗会本
台　一法花
宀悉　一蘇漫多声略釈講録　巻一
経　一仁王護国鈔　巻三
経　一仁王経疏　巻七
台　一法華文句記講録　巻廿五
宀　一科註住心品　巻三

」29オ

歳

宀　一三教指帰刪補鈔　巻九
宀　一真言二字義考要　巻二
禅　一臨済語録撮要鈔　巻五
雑　一宗旨雑記　巻二

（空白二行）

宀　一科註住心品　巻三
宀　一三界義　巻一
台　一法花入疏講録（録）　巻五
一　一起信論海東疏　巻二
台　一七帖見聞　巻十三

」29ウ（6丁紙背）

■　一杲宝私抄　巻六
起　一同筆削記　巻六
起　一同科解　巻三
起　一同詳略　巻三
起　一同序　巻一
起　一同　疏　巻八
起　一起信論捷要　巻四
宀　一即身義　巻一

一起住
起　一同幻虎録　巻五
起　一同幻虎録解謗　巻一
起　一同裂網疏　巻三
起　一立義分抄　巻一
経　一心経註　巻一
宀　一十巻疏　巻十
宀　一宝鑰　巻三

」30オ

律

宀　一宝鑰纂解　巻六

宀　一大日経　巻十五
宀　一零妙疏　巻二
宀　一金剛頂経義訣（訣）　巻一
宀　一真実経文句
宀　一秘鍵略註（義）　巻一
律　一四分律極略私記　巻二

宀　一毘尼義鈔　巻四

宀　一同経疏　巻二十
宀　一金剛頂経疏　巻七
宀　一心経秘鍵杲宝鈔　巻六
雑　一日本国未来記　巻一
宀　一阿字義私記　巻二
宀　一準提陀羅尼法　巻一

」30ウ（5丁紙背）

［六］一供養念要軌　巻一
［律］一宗要科文　巻一
［六］一真言蔵　巻三
［律］一行事鈔扶講記

［六］一詖（諸）儀軌　七十四巻　五六 巻十
［六］一蘇婆呼経　巻三
［六］一両部金剛名号　巻二

呂

［声］一報恩講表白　巻一
［六 悉］一悉曇文　巻一
［台］一法華経　巻八

［六］一同総目　巻一
［六］一四部軌　巻四
［六］一心地観経　巻四

」31オ

［六］一五秘密軌　巻一
［六］一広摂不動　巻一
［六］一如意輪瑜伽法要　巻一
［六］一同瑜伽儀軌　巻乙
［六］一牟利方（万）荼（羅脱カ）経　巻一
［卅経］一須（大脱カ）拏太子経　巻一
［六］一観音秘密蔵　巻一

調

［六］一護摩軌抄　巻三
［六］一秘密相経　巻一
［六］一同念誦儀軌　巻一
［六］一同呪課法　巻乙
［六］一摩利支（者）天経　巻一
［経］一長支法志妻経　巻一

」31ウ（4丁紙背）

台　一金光明経文句玄義科　巻一
禅　一和泥合水集　巻三
台　一涅槃会疏條箇　巻三
宀　一光明真言儀軌　巻一
宀　一胎曼荼羅私鈔　巻一
台　一同文句菩提記　巻十六
宀　一秘鍵教童鈔　巻二
　　一補忘記　巻三

台　一同拾遺記　巻六
宀　一科註般若心経秘鍵　巻二
宀　一真言修行鈔　巻二
台　一妙経科註　巻一
経　一心経鈔　巻一
台　一妙経科註　巻一
宀　一弁感〔惑〕指南　巻四
花　一華厳大統〔疏〕鈔條箇　巻一

」32オ

台　一四教儀科　巻一
雑　一出定後語　巻二
禅　一石門文字禅　巻十
台　一金錍論消毒　巻一
宀　一真言新義諸條目　巻一
台　一法華伝　巻三
起　一起信論註疏　巻二
化　一真言開庫集　巻二

台　一三大部補　條箇　巻二
俗　一本朝神社考　巻六
禅　一広寿法雲禅師語録　巻五
台　一同四依章　巻一
経　一因果経直解　巻六
宀　一諸種子真言　巻一
律　一自誓受律儀　巻二

」32ウ（3丁紙背）

一肝要書写本等　　陽

一肝要書写物等　　雲

」33オ

密教部

天
諸目録部理趣経部秘鍵部
地
心経部

」33ウ（2丁紙背）

聖教目録　総部分惣　惣

真言十二箱余　付悉曇　声明　仁王　起信　釈論
天地玄黄宇宙洪荒日月盈昃辰

華厳二箱ニヨハシ
辰宿

天台六箱也　内有涅槃経
列張寒来暑往

唯
法相三箱也
秋収冬

律宗二箱ニヨハシ
蔵閏

倶舎一箱ニツヨシ
閏餘也

禅宗一タナ半
成

浄土半タナ
成

諸経一箱二タナ
成歳

雑部一箱半
律

勧化一箱ヨハシ
呂

伝記一箱
調

〆三十一字也

」（挿紙）

『当山聖教目録』解題

木下佳美

はじめに

本書は、『当山聖教目録』（覚S11-1、以下「本目録」）と題する覚城院蔵書中の一冊である。千点を超える書目が記載されており、一寺院の蔵書（但し版本）を目録化したものと思われる。覚城院の客殿の屋根裏には、冊数にして目算で五千冊強の版本を収蔵しており、本目録は自然に考えれば覚城院所蔵版本の蔵書目録とみられる。従って、今後の調査に資するためにも、本目録の内容を紹介していくことが、本稿の目的の一つであるが、想定外の論旨となることを予めお断りしておく。

本目録は現状、折紙綴で所謂横長帳の形状をしている。筆跡が途中から著しく異なり、前半と後半とが一貫した目録とは思えない。加えて紙背にも異筆の目録が記されている。従って計三種の目録の存在が想定される。本解題では各目録間の関係を探りながら本目録を紹介していく。

一、書誌

まず、書誌的事項を記す。

オモテ　写本一冊。楮紙。折紙綴（紙縒綴じ）。表紙（共紙）、裏表紙無し。法量は縦一四・一糎、横四四・〇糎。紙数は全三十六紙（表紙含む）。外題「当山聖教目録」。内題「聖教目録　明和八辛卯改」。書目数は千五十五点。

1丁～6丁（図1）は一面二十行で書かれており、6丁の折の内側に二十行の罫線紙が挟まれている。一面行数と一致することからこの部分が書かれた時の下敷きであると判断できる。6丁表は十四行目までしか書かれておらず、裏は白紙である。

一方、7丁以後（図2）は一面十行～二十四行と行数不定になり、書名の上に「一」を付して書目を列記するなど、明らかに形式が変化する。また、筆致も6丁までは楷書であるのに対して7丁以降は行書になっており、明確な差が見られる。従って、1丁～6丁（以下「目録A」）と7丁～35丁（以下「目録B」）は別個の目録として扱うべきと考える。

更に、本目録は紙背にも書名の羅列が見られる。故に、一旦綴じ紐を外して解体し、紙背の全容を確認したところ、また別の目録（以下「目録C」）が記されていることが判明した（図3）。

紙背　写本一冊。楮紙。袋綴（四つ目綴）。表紙・裏表紙無し。法量は縦二八・二糎、横二二・〇糎。紙数は全二十六紙（墨付き二十三紙）。外題・内題無し。書目数は九百四十一点。

一紙を一面として広げた場合、上下二段・左右八行ずつで、上下段共に同方向に文字列が書かれている。また、中央に縦の折り目跡

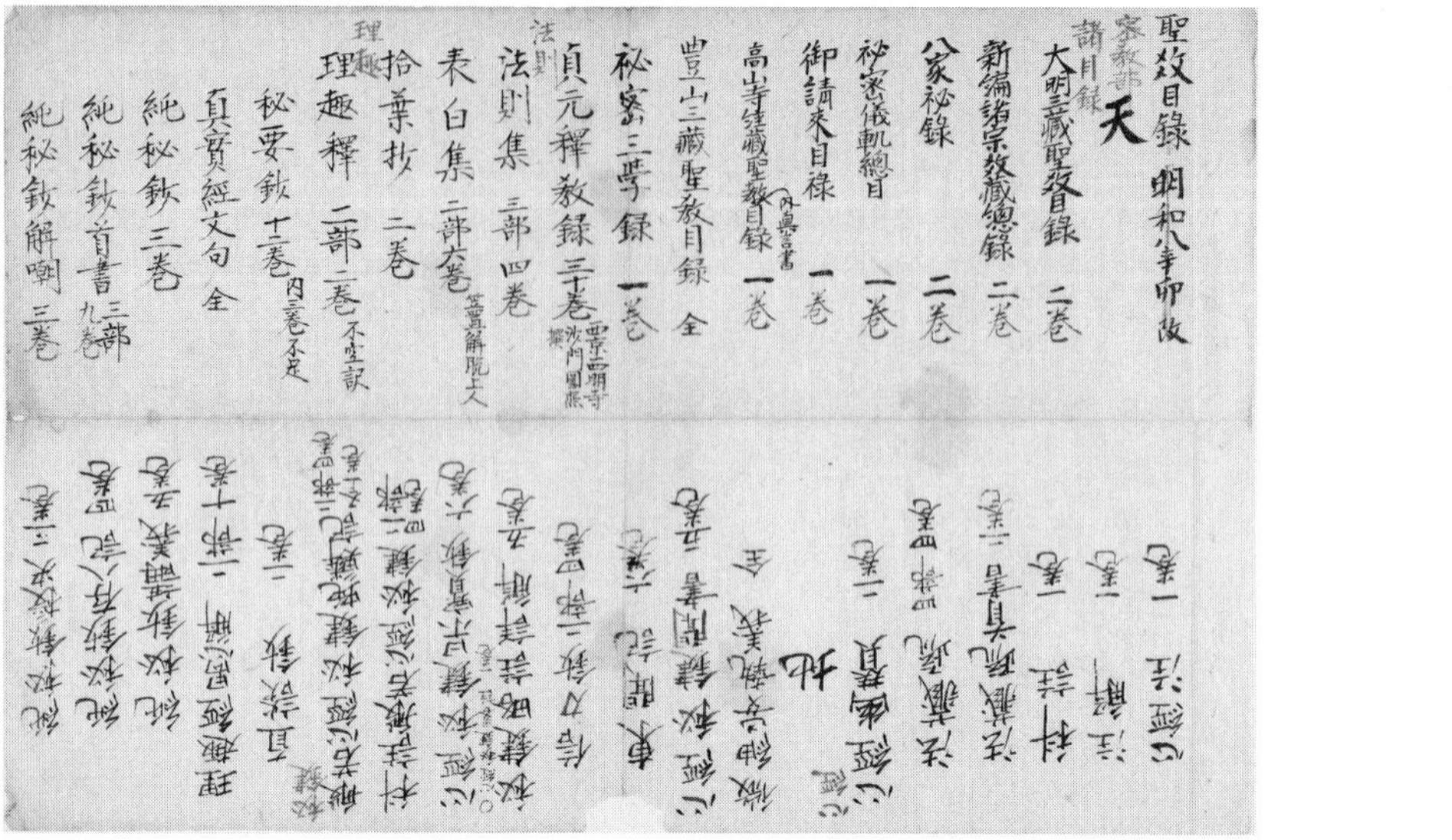
聖教目録　明和八年卯改
密教部
諸目録　天
大明三蔵聖教目録　二巻
新編諸宗教蔵総録　二巻
八家秘録　二巻
秘密儀軌総目　一巻
御請来目録　内真言書　一巻
高山寺経蔵聖教目録　一巻
豊山三蔵聖教目録　全
秘密三昧耶録　一巻
貞元釈教録　三十巻　西京西明寺沙門円照撰
法則集　三部四巻
表白集　二部六巻　並貴解脱上人
拾葉抄　二巻
理趣釈　二部二巻　不空訳
秘要鈔　十三巻　内三巻不足
真実経文句　全
純秘鈔　三巻
純秘鈔首書　三部九巻
純秘鈔解嘲　三巻

図１　目録Ａ 冒頭（第１紙）

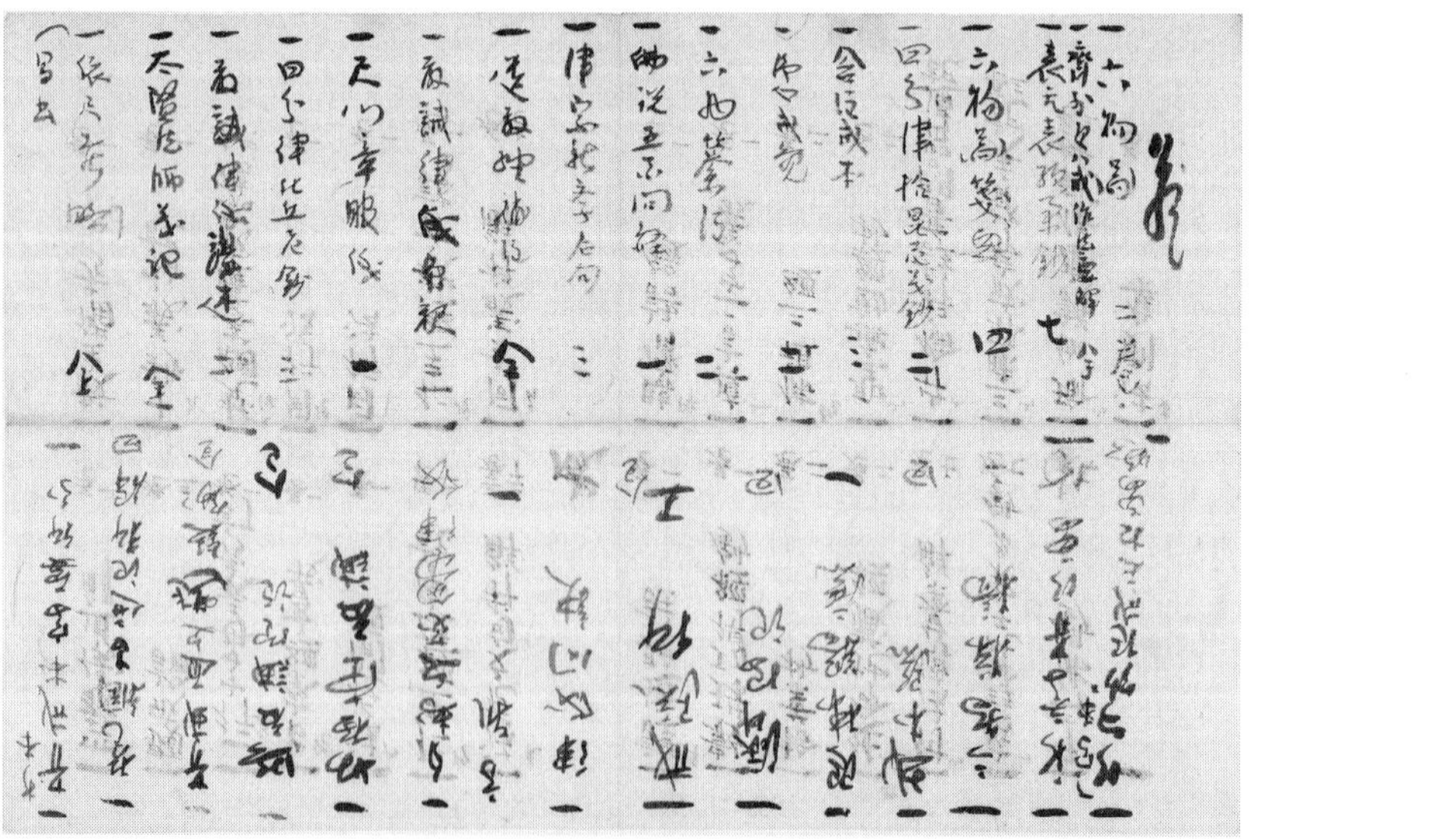

図２　目録Ｂ 冒頭（第７紙）

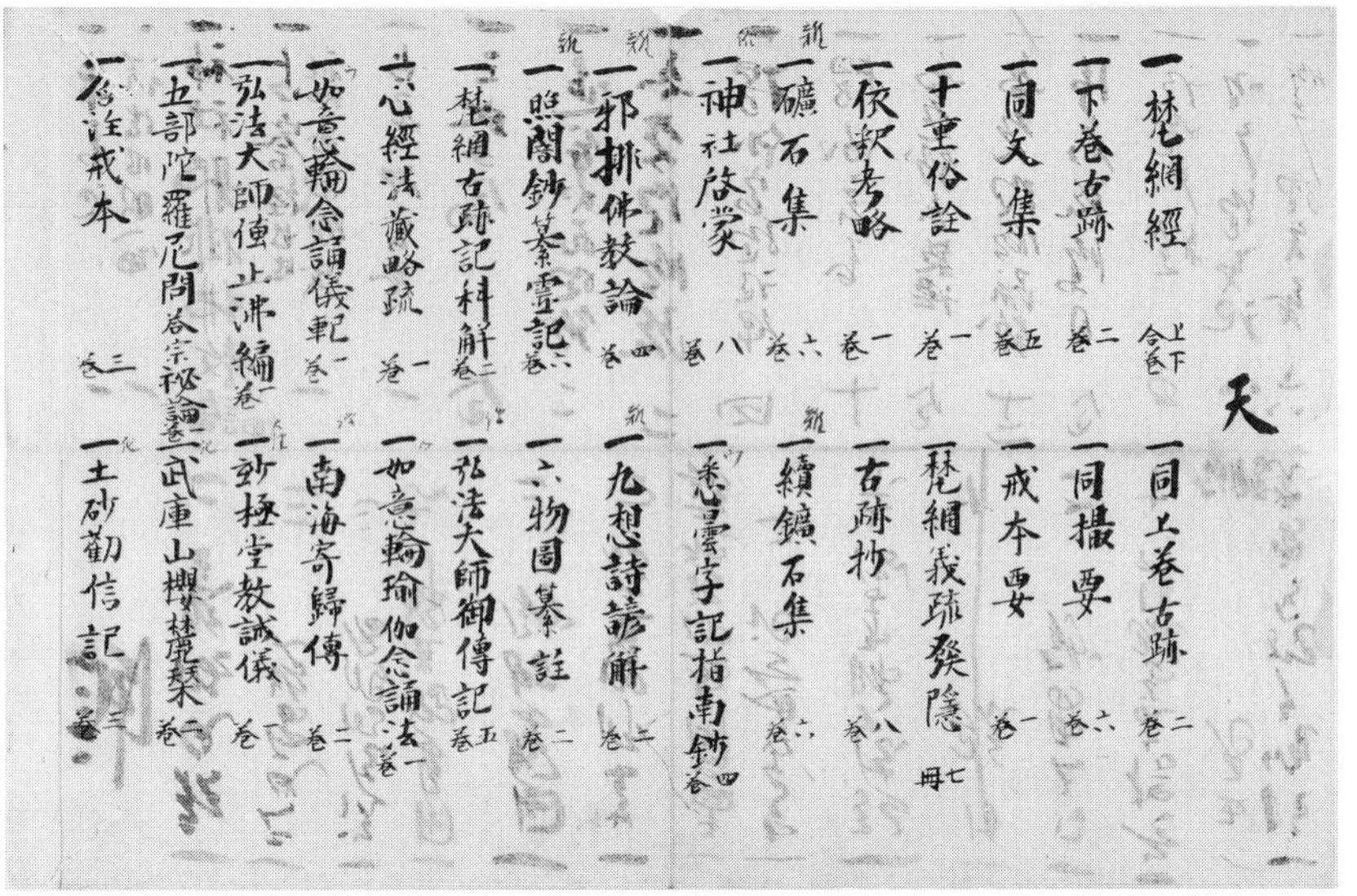
天
一梵網經 上下合巻
一下巻古跡 二巻
一同文集 五巻
一十重俗詮 一巻
一依釈考略 一巻
一礦石集 六巻
一神社啓蒙 八巻
一邪排佛教論 四巻
一照闇鈔纂霊記 六巻
一梵網古跡記科解 二巻
一心經法蔵略疏 一巻
一如意輪念誦儀軌 一巻
一弘法大師僤上沸編 一巻
一五部陀羅尼問答宗秘論 二巻
一梵網注戒本 三巻
一同上巻古跡 二巻
一同撮要 六巻
一戒本要 一巻
一梵網義疏発隠 七冊
一古跡抄 八巻
一續礦石集 六巻
一悉曇字記指南鈔 四巻
一九想詩諺解 二巻
一六物圖纂註 二巻
一弘法大師御傳記 五巻
一如意輪瑜伽念誦法 一巻
一南海寄歸傳 二巻
一秘極堂教誡儀 一巻
一武庫山攝梵嚢 二巻
一土砂勧信記 三巻

図3　目録C　冒頭（第32紙紙背）

が残り、左右両端に綴じ代の空白があることから、目録Cは袋綴装であったことがわかる。

更に原本の綴じ穴を確認すると図4のようになる。

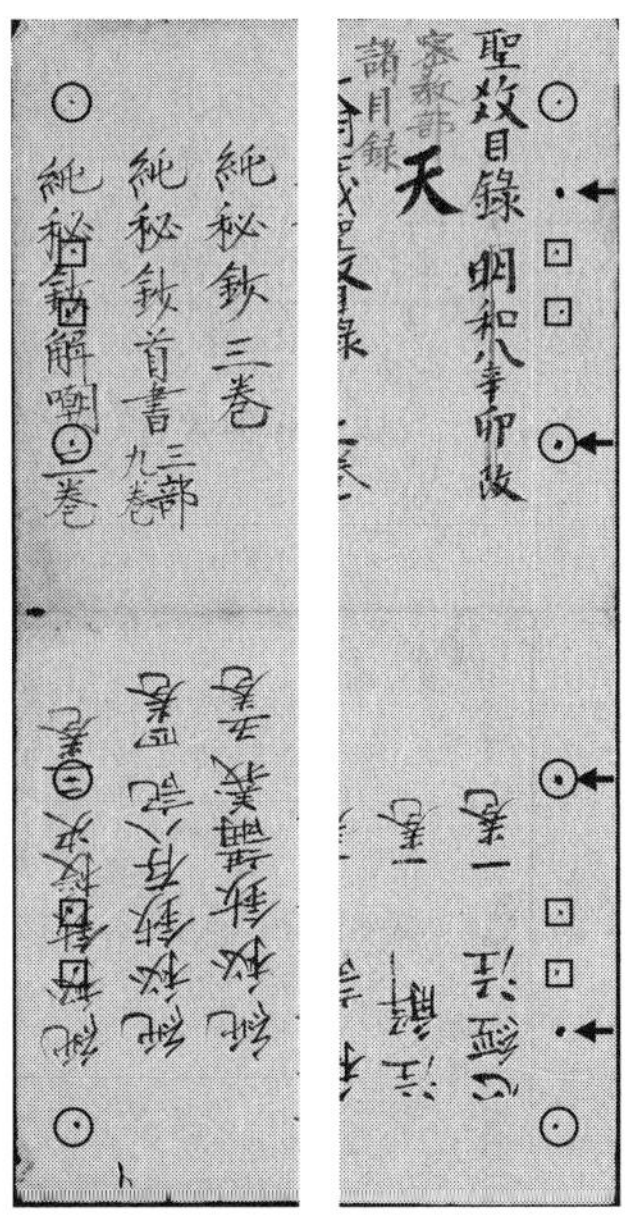

図4

折紙綴（現状）の紙縒綴じの穴は矢印で示した箇所であり、料紙の右端にしか無い。しかし、それ以外にも左右対称の複数の穴が確認でき、袋綴（紙背）であった時の痕跡と考えられる。少し内側に入った□印の穴は製本時の下綴じ穴、丸印が本綴じ穴と考えてよかろう。従って、袋綴時は全うに製本した四つ目綴であったと判明する。現状では共紙の外題や内題も確認できないが、元々は表紙（おそらく外題も書かれていたか）を付して糸綴じされた一冊の目録であったと想定できよう。

そうすると、きちんと糸綴じ製本までされた目録を何故現状の目録に作成しなおしたのか、表の目録と紙背の目録は何らかの関係があるのか、という疑問が生じる。この点については後述する。

二、構成

本目録には挿紙が二枚ある。一つは、目録Bの32丁の折の内側に、半分に折り畳んだ状態で挟まれている（縦一四・一糎、横四四・〇糎）。「真言」、「華厳」といった聖教の部立てが記されているが、文字の一部（最初の二行と最後の一行）が裁断により欠損している。

もう一つは、目録Aの6丁に挟まれている罫線紙（既述）である（縦一四・一糎、横四一・九糎）。両面に罫線が引かれており、一部に文字が確認できる。これら二つの挿紙は、切れている文字が繋がることから、本来一紙であったことが判明する（図5）。

更にこれらの料紙は、中央に残る縦の折り目跡が共通しており、袋綴装であった時点での綴じ穴も確認される。つまり、袋綴装段階の白紙遊紙を利用して書かれたことは明らかであり、綴じ代や折り目に文字がかかっていることからも、袋綴装の目録Cを解体の後、書かれたものである。

加えて、現在二枚の挿紙となっているこの料紙からは、初めは広げた一紙に部立てを書いた（以下「部立て紙」）、その後、その「部立て紙」を上下に半切し、下部の半紙に罫線を引いて、下敷き紙（目録Aと行数一致）に用いた、という行程が判明する。

つまり、目録Aが書かれる以前に「部立て紙」は完成していたことになる。しかも、半切時に「千字文」の一部や「〆三十一字也」が裁断されていることからも、「部立て紙」に沿った箱割りの状態が、目録Aに先行してあったことになる。

ところが、後述する如く目録Cは部立てによる整理がされていない。また、目録Aは「部立て紙」と相応するが密教部のみしかない。そして目録Bは「部立て紙」と近似するが千字文や箱内の典籍に増減が見られる。

以降では、これら三つの目録の関係、そして内題下の「明和八辛卯改」が何を物語っているのかを検討していく。

三、内容

続いて、各目録の内容を見ていく。

目録Cは、千字文ごとに書名・巻冊数が列記されている。千字文は一番目の「①天」から三十三番目の「㉝雲」までの三十三字が確認できる。丁ごとに確認できる千字文をまとめたものが表1である（丸数字は千字文の順番を示す）。現状（折紙綴）の丁構成のままでみると、三十三番目の千字文「㉝雲」から始まり、一番目の「①天」に向けて逆順に並んでいるが、部分的に順番通りに並んでいない箇所がある。例えば、28丁紙背は「⑨日」、29丁紙背は「④黄」となっている。しかし、4丁紙背は表「㉚呂」、裏「㉛調」、10丁紙背は表「㉓冬」、裏「㉔蔵」のように、一紙内に書かれている千字文は順番通りに並ぶ。よって、目録Cは元々千字文順に書かれたと考えられる。料紙を再利用（折紙綴）する際にページ順序が錯簡したのであろう。

そこで、千字文の順番を元に、目録C本来の丁付けを試みた。そ

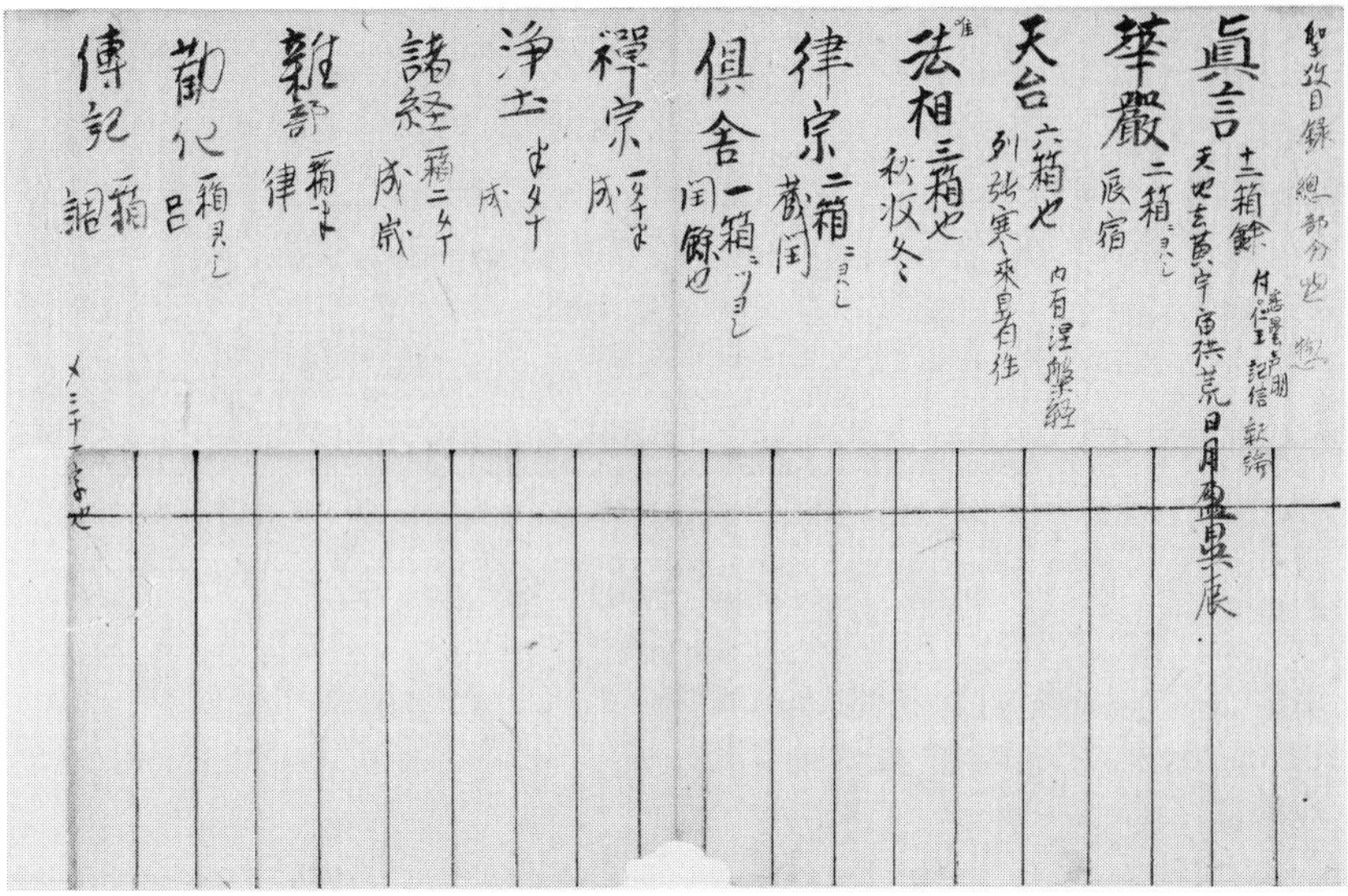

図５　上：32丁挿紙／下：６丁挿紙

聖教目録　総部分惣　物

真言（十二箱余　付悉曇　声明　仁王　起信　釈論／天地玄黄宇宙洪荒日月盈昃辰）

華厳（二箱ニヨハシ／辰宿）

天台（六箱也　内有涅槃経／列張寒来暑往）

唯法相（三箱也／秋収冬）

律宗（二箱ニヨハシ／蔵閏）

倶舎（一箱ニツヨシ／閏餘也）

禅宗（一タナ半／成）

浄土（半タナ／成）

諸経（一箱二タナ／成歳）

雑部（一箱半／律）

勧化（一箱ヨハシ／呂）

伝記（一箱／調）

〆三十一字也

目録	丁	折紙綴 千字文 表／裏	袋綴 千字文 表／裏	丁	目録
	表紙	㊷生／	（白紙）		
	1	①天／②地	（白紙）		
目録A	2	／❸玄 ❹黄	㉜陽 ㉝雲／	33	目録C
目録A	3	❺宇／❻宙		32	目録C
目録A	4		㉚呂／㉛調	31	目録C
目録A	5	／⑦洪	／㉙律	30	目録C
目録A	6	❽荒／（白紙）	／㉘歳	29	目録C
目録B	7	㉔蔵／	／㉗成	28	目録C
目録B	8		㉖餘／	27	目録C
目録B	9	㊷生 ㉖餘／㉕閏	㉕閏／	26	目録C
目録B	10	㉘歳／	㉓冬／㉔蔵	25	目録C
目録B	11		㉒収／	24	目録C
目録B	12	⑪盈／⑮列	㉑秋／	23	目録C
目録B	13	⑭宿 ⑬辰／		22	目録C
目録B	14	／⑫昃	⑳往／	21	目録C
目録B	15	⑨日／	⑲暑／	20	目録C
目録B	16	⑩月／		19	目録C
目録B	17		／⑱来	18	目録C
目録B	18		⑰寒／	17	目録C
目録B	19	❽荒／❻宙	／⑮列	15※	目録C
目録B	20		⑯張／	16※	目録C
目録B	21			14	目録C
目録B	22		⑭宿／	13	目録C
目録B	23	❺宇／❹黄	／⑫昃 ⑬辰	12	目録C
目録B	24	／❸玄	⑪盈／	11	目録C
目録B	25			10	目録C
目録B	26	⑳往／		9	目録C
目録B	27	⑱来／⑲暑	⑩月／	8	目録C
目録B	28	／㉒収	／⑨日	7	目録C
目録B	29		／④黄	4※	目録C
目録B	30	／㉗成	／③玄	3※	目録C
目録B	31		②地／	2※	目録C
目録B	32	／㉛調	①天／	1※	目録C
目録B	33	㉚呂／	⑦洪／⑧荒	6※	目録C
目録B	34		⑤宇／⑥宙	5※	目録C
目録B	35	㉙律／	（白紙）		

丸数字：千字文の順番
白抜き：目録Aと目録Bで重複している千字文
網掛け：目録Aと目録Bに欠く千字文
※印　：ページ順序が錯簡している丁

表1　丁付けと千字文対応表

れが、表1の右列である。千字文の記載がない丁については、そのまま逆順とした。（以後、目録Cの丁数は原態〔表1右列〕の丁付けを用いる。）

千字文が何を示しているのかを考えるうえで、前述した「部立て紙」を再度確認したい。「部立て紙」には、部立てとして「真言」以下「伝記」までの十二項目が列記され、それぞれの部ごとに箱数と千字文が記されている。例えば、「真言」を見ると、「十二箱余／天地玄黄宇宙洪荒日月盈昃辰」とある。つまり、「真言」に分類される聖教が十二箱余りあり、「①天」から「⑬辰」の箱に整理されているということである。部立て十二項目全体で、千字文は「①天」から「㉛調」までの三十一字が順番通りに割り当てられており、最終行には「〆三十一字也」とある。これは箱の総数とも一致しており、即ち、聖教は部立てごとに千字文を付した箱で整理され、全部で三十一箱あったことを示している。

これは、目録Cで「①天」から「㉝雲」までの三十三字の千字文が確認できることに近い。因みに目録Cの「㉜陽」と「㉝雲」は、「陽／一　肝要書写本等」、「雲／一　肝要書写物等」（33丁、図6）と書かれているのみであり、写本を中心に版本整理から外れる残書を収めたと考えられ、「部立て紙」に無いのも納得できる。従って、「部立て紙」に記載される千字文と箱数は目録Cの版本部分に相当しているといえる。

ところが、目録Cの千字文ごとに列記されている書目を見ると、「部立て紙」に記された内容と一致しない。抑も目録Cに記載される典籍は、箱ごとの特徴があまり無いように思える。一方で、多くの書目の上部に小さく「亠」・「花」・「台」・「律」・「経」・「伝」・「雑」といった書き入れがある。この書き入れは、「亠」→「密教」、「花」→「華厳」のように分類を示しているとみてよい。

つまり、目録Cは、千字文による箱番は付されているが、内容による聖教の整理はされていない段階での目録であるといえる。それに使いにくさを感じたためか、所蔵典籍の分類を試みたのであろう。加えて、「部立て紙」には部立てごとに箱数が記されており、所蔵典籍を分類ごとに箱に収めなおしたと考えられる。

従って作業順序としては、目録Cへの部立て書き入れの後、箱内典籍の入れ替えを行い、その結果を記したのが「部立て紙」ということになろう。そして、その整理後の状態に沿った目録に改めようと試みたのが目録A・Bではないかと推測される。

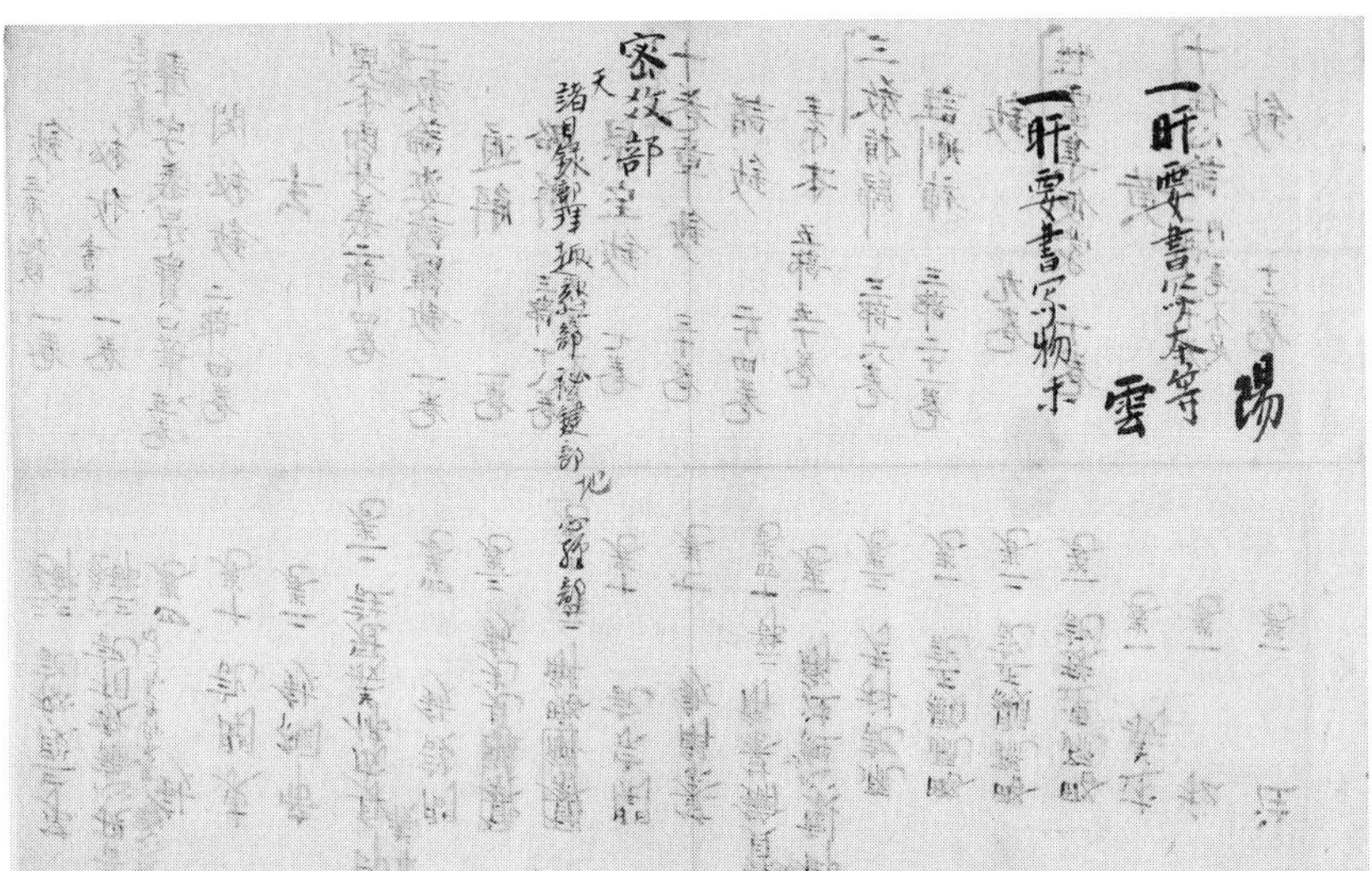

図6　目録C　墨付き最終丁（第2紙紙背）

そこで、目録A・Bの内容に考察を進める。

目録Aは、冒頭に「密教部」とあり、密教関係のみの目録となっている。目録Cと同様に千字文ごとに書名・巻冊数が列記されている。千字文は、「①天・②地・③玄・④黄・⑤宇・⑥宙・⑦洪・⑧荒」と順序通りに八字が確認できる（表1）。これは、部立て紙が「真言」としてあげる十三箱中の初めの八箱（「天」から「荒」）と一致している。

また、目録Aは「密教部」の小分類として「諸目録」・「法則」・「理趣」・「秘鍵」（以上、「天」）・「心経」・「宝鑰」・「即身義」・「菩提心論」・「声字義」（以上、「地」）・「二教論」・「十巻章」（以上、「玄」）といった朱書きの小見出しを付している。一方、目録Cの冊末（墨付き最終丁、図6）には、以下の書き入れがある。

密教部
天 諸目録部理趣経部秘鍵部 地 心経部

これは、目録Aの小分類（朱筆小見出し）と比較すると、「法則」と「宝鑰」以降を欠くものの、「諸目録部」から始まることや、共に「心経部」以下を「地」とすることなどが一致しており、明らかな関係がみられる。

この書き入れは、目録C即ち袋綴装の墨付け最終丁（33丁）裏の冒頭に位置し、それ以前の本文とは書き様が異なっており、後筆とみられる。折紙の折り目を跨いで記されていることから、袋綴の状態で記されたものであろう。従って、折紙綴に改装する前に、目録Aの分類を構想していた証左ともなる。

そうすると、目録Aにある書目は目録Cでも確認できるはずであり、両目録記載の書目を比較してみると、案の定目録A二百六点の内、実に九割程度の書目を目録Cでも確認できる。しかも、重複している書目の多くには、目録Cに「宀」と書き入れがある。従って、目録Aは目録Cの典籍を分類して、新たに「密教部」の目録として整理しなおした目録であると考えられよう。

しかし、「部立て紙」に記す「真言〈十二箱余／天地玄黄宇宙洪荒日月盈昃辰〉」と比べると箱数が少なく、「付悉曇 声明 仁王 起信釈論」と分類される聖教も含まれていない。また、6丁表の「⑧荒」には書目が二点しか列記されずに6丁裏まで白紙になっている。これらは、目録Aが作成途中であったことを類推させる。なお検討を要するが、一旦ここで目録Bの検討に移る。

目録Bも他の目録と同様、千字文ごとに書名・巻冊数が列記されている。千字文は、全部で二十五字を確認できるが、冒頭（7丁表）は、「㉔蔵」から始まっており、その後も順番通りに書かれていない（表1）。但し、この千字文の不順は、装訂時の錯簡によるものではない。というのも、例えば「⑪盈」、「⑮列」などは同一丁（12丁）に記されており、目録を書き上げる時から千字文の並び順を気にしていなかったことが窺えるからである。これはおそらく、実際の箱の配置順に従って現場で確認しながら書き上げていったことを想像させる。事実、目録Bには書目を見せ消ちしているところや、行間に書目をやや小字で書き込んである箇所が多くみられる。また、一部の書目には「写本」と傍書しているところまである。写本かどうかは、実際に現物を開いて確かめてみなければならず、これらの補訂や書き込みも現物を前にして蔵書の整理をしながら書かれたことを示唆している。

今仮に、順不同の千字文を正しい順に並べると「③玄」（24丁裏）から始まり、最後は「㉛調」（32丁裏）となる。つまり目録Bもまた、目録Cや部立て紙の記載と同様に三十一箱を対象とした目録であると考えられる。（但し、「①天・②地・⑦洪・⑯張・⑰寒・㉑秋・㉓冬」の七箱が足りておらず、「③玄・④黄・⑤宇・⑥宙・⑧荒」の五箱は目録Aと重複している。この点は後述する。）しかも、目録Bに列記される書目八百四十四点の内、八〜九割程度の書目が目録Cで確認できる。即ち、目録Bも目録Cの典籍を分類・整理した目録であると想定される。

そこで更に目録Bの千字文で区切られる書目について検討すると、千字文ごとに収納書目に特徴が見られる。例えば、「㉔蔵」の書目は「四部律」や「梵網戒」関係の書目を多く含み、律関係の箱とみられる。そしてこれは、「部立て紙」にも「律宗〈二箱ニヨハシ／蔵閏〉」とあることに一致している。更に目録Cには、目録Bの「㉔蔵」と重複する書目の多くに「律」という分類書き入れがある。これは、他の「⑬辰」、「⑳往」などの千字文についても同様の傾向が認められる。このことから、目録Bが目録Cを改編したものであることは明らかであり、目録Cの分類書き入れや「部立て紙」による分類が反映されていることも確認される。

但し、目録Cで「禅」（禅宗関係を示す）と書き入れがある書目十五点の内、「広寿法雲禅師語録」を除く全てが、目録Bでは「㉚呂」にある。「部立て紙」によると「禅宗〈一タナ半／成〉」とあり、禅宗関係の箱の千字文は「㉗成」である。一方「㉚呂」は「勧化〈一箱ヨハシ／呂〉」とあり、勧化関係の箱とされている。同様に、目録Cで「起」（起信論関係を示す）の書目は、「部立て紙」では「真言〈十二箱余〉」の内に分類されているが、目録Bでは「㉘歳」にある。そこで「部立て紙」に戻って確認すると、「㉘歳」は「諸経」に含まれる。これはつまり、目録Cの整理段階で「起」と分類した書目が、目録Bの作成段階では、「㉘歳」の箱に移されていたことを意味している。

これらのことから、目録Cと目録Bの関係は明白であるが、一度に部立てによる整理が行われたとは考えられず、度々整理が行われた結果と推察される。

ここまでの考察で、目録A・Bは、共に目録Cを分類で整理し、新たに部立てを設けた後に作成された目録であることが確認できた。しかし、その過程は複雑で、抑もなぜ目録AとB、二つの目録になったのか疑問である。元々目録Cにあった千字文三十一字分の箱を対象に整理を始めたものと思われるが、目録Aには「密教部」の途中までしかなく、目録Bには七字分の欠箱と五字分の目録Aとの重複が見られる。

そこで次に目録Aと目録Bの関係をみていく。表2は、目録Aに記載される書目が、目録Bとどの程度重なるのかを示している。加えて、両目録に重複する書目が、それぞれどの千字文の箱に入っているかも数値化した。

目録を普通に眺めてみるだけでは判然としないが、目録Aの書目（二百六点）について、目録Bに記されていないかを一点ずつ確認すると、約七割強（百五十五点）の書目が重複していることが判明する（但し書目の表記の違いにより、同定しきれなかったものもある）。

しかも、目録AとBで重複している千字文「③玄・④黄・⑤宇・⑥宙・⑧荒」（★印）の箱内書目は、目録Aにある書目の多くが目録Bでも同じ千字文の箱内に確認できる。但し、目録Bにはその他にもかなりの書目が増えているといえる。

では、目録Bには欠いて目録Aのみに存在する千字文「①天・②地・⑦洪」（△印）の箱内書目はどうかというと、ほとんどが目録Bの「③玄・④黄・⑥宙」（いずれも目録A・Bで重複の千字文）、及び「㉒収」に確認できる。目録Bで、一箱当たりの書目数が増えているのはこのためである。

加えて、目録Bの「④黄」を見ると、両目録で重複している書目は、まず目録Aで「④黄」に記載されている書目が並び、その後に目録Aで「①天」の書目がまとまって列記されている。同様に目録Bの「㉒収」を見ても、目録Aで「②地」に記載されている心経関係の書と、「①天」の秘鍵関係の書がまとまって最後の方に列記されている。これは、元々は「①天」、「②地」の箱にあった典籍を

目録A 千字文（書目数）	目録B 千字文（書目数）	〔A・B重複書目数〕 目録Aでの千字文－書目数
合計 206 点		合計 155 点
△ ①天（32 点）	（無）	
△ ②地（30 点）	（無）	
★ ③玄（12 点）	③玄（35 点）	〔計 24 点〕 ③玄－5 点 ●②地－12 点 ●①天－7 点
★ ④黄（19 点）	④黄（30 点）	〔計 26 点〕 ④黄－17 点 ●①天－9 点
★ ⑤宇（9 点）	⑤宇（8 点）	〔計 3 点〕 ⑤宇－3 点
★ ⑥宙（91 点）	⑥宙（88 点）	〔計 75 点〕 ⑥宙 62 点 ●①天 5 点 ●⑦洪 7 点 ●③玄 1 点
△ ⑦洪（11 点）	（無）	
★ ⑧荒（2 点）	⑧荒（12 点）	〔計 2 点〕 ⑧荒－2 点
	⑩月（72 点）	●⑥宙－3 点 ●①天－1 点
	㉒収（58 点）	●②地－12 点 ●①天－6 点 ●⑥宙－1 点
	㉗成（66 点）	●⑥宙－1 点
	㉛調（8 点）	●①天－1 点

△印：目録Aのみに存在する千字文
★印：目録Aと目録Bで重複している千字文
●印：目録Aと目録Bで千字文（箱）の移動があるもの

表2　千字文ごとの箱内書目数

「④黄」や「㉒収」の箱にまとめて移したために生じたと考えられる。

同様のことは、目録A・Bが共に欠く「⑯張・⑰寒・㉑秋・㉓冬」の箱でも確認でき、収納典籍の多くが別の箱に移っている。「部立て紙」には「天台〈六箱也　内有涅槃経／列張寒来暑往〉」とあり、「⑯張・⑰寒」は共に「天台」の箱となる。この千字文の箱は目録Cでも「台」と部類書き入れがある典籍を確認でき、天台関係の書が収められていたことがわかる。しかしそこに収めてあったはずの書目は、目録Bでは「⑮列・⑳往」や「㉒収」（法相）の箱に移っている。同様に、「㉑秋・㉓冬」は「部立て紙」では「法相」に含まれるが、目録Bで法相関係書は「㉒収」・「㉕閏」（倶舎）・「㉘歳」（諸経）に、分散して収められている。

これらのことから、目録Bが作られた背景には、箱の統合が影響していると考えられる。目録Bで「①天・②地・⑦洪・⑯張・⑰寒・㉑秋・㉓冬」の七箱が足りていないことは、落丁や書きさしということではなく、抑も三十一箱あったものを二十四箱に収めなおして全体の箱数を減らしたためと考えられる。

とすれば、目録Aの内題の下部には「明和八辛卯改」とあり、見せ消ちされているのも説明がつく。

即ち、先ず先行する目録として聖教箱に付した千字文順に書かれた袋綴装の目録Cがあった。それを分類整理するため、目録C記載の書目の多くに「宀」や「台」などの分類を書き入れ、実際に典籍の入れ替え作業を行った。そして、新たな部立てと箱数を記した「部立て紙」を書いた。明和八年（一七七一）その部立てに沿って新たに、目録Cの裏面を使って作り出したのが目録Aであろう。しかし最初の「密教部」の途中でその作業は頓挫した。程なく、三十一箱の聖教箱を減らす必要が生じたためか、聖教を二十四箱に収め直す作業と並行して作成されたのが目録Bであろう。そして目録Bを作成する際、「明和八辛卯改」を見せ消ちしたと考えられる。つまり、本目録はC→A→Bの順で作成されたと考えるのが妥当であろう。

四、小結

以上、形態や目録収載書目の分析を通して、最も整合性の高い成立過程を提示した。しかし、疑問や未解決の問題もある。例えば、時系列で言えば中間になる目録Aにしか確認できない書目が二十点程ある。一方、目録Bでは写本や仏書以外の『伊勢物語拾穂抄』なども書目にあがっている。また、重複書目や書目の見せ消ち、行間への書目補入箇所が多くみられ、何度となく蔵書の整理が繰り返されていたような痕跡もある。これら全てをその都度何が成されていたかを明らかにするのは極めて困難であるが、本目録に集約された三つの目録が、千字文の付された箱に収められた同一の蔵書の目録であることは確かである。分類による整理を試みるなど、段階を経て何度か作成しなおされたのであろう。

一寺院のほぼ版本だけの目録として、約千点四千冊強もの蔵書が書き留めてある本目録は、寺院書庫を研究するうえでひとつの基準となろう。見せ消ちとはいえ、明和八年と成立年代をある程度特定できる点も貴重である。またそれらを分類し整理しようとする営みにも、寺内での修学の一端が反映されているであろう。本目録の翻刻と解題が今後の研究に役立てば幸いである。

五、現存覚城院聖教との比較

次に、現在の残存状況と本目録との関係を考察する。

覚城院の聖教類は三箇所に分散して収蔵されており、主に版本類は客殿の二階（屋根裏）の一角にまとまっている。目算で五十箱程度の慳貪箱が確認でき、中には横に寝かせて積み上げられている箱もある。冊数にして五千冊強の聖教が収められていると思われる。現在、箱ごとに聖教の蟲払い、及び書名のデータ化をしながら整理を進めているが、まだ全体の三割程度（約千五百冊）しか確認できていない。また、聖教は箱内に雑然とある状態で、複数巻で構成される典籍であっても、同一の箱内に纏めて収められていないものも多く、別々の箱から出てくる聖教を合わせていく作業が必要となっている。

まず、本目録が覚城院蔵書の目録であるという前提に立てば、本目録の書目と現在作成中の覚城院所蔵版本データとの間に関係性が見いだせるはずである。ところが、両者を照らし合わせてみても、一割程度の書目が重複するに止まる。現時点では蔵書の全体を確認できておらず、判断基準にはならないが、少なすぎる感は拭えない。

そこで次に、多くの寺院でそうであるように、墨書もしくは貼紙で慳貪箱に千字文が記されていないか確認をしてみた。しかし、覚城院に残存している慳貪箱は蓋を欠損しており、側面等にも千字文は確認できない。但し、当初の蓋が三点、外されて残っている。その内の二点は、「列」と墨書きされているのみ、もしくは千字文が書かれていない蓋であり、何が入っていた箱の蓋かを想定することは不可能である。しかし、幸いにもう一点には「盈」と千字文が墨書きされており、その下方に書目を墨書きした紙が貼られている。貼紙には、主に悉曇関係の書目が二十四点列記されている。そこで、本目録の「盈」に列記されている書目と比較してみると、目録C・B共に千字文「盈」以下に悉曇関係の書目は記されておらず、全く重ならない。従って、少なくとも「盈」の箱には本目録と現存覚城院聖教との関係を見いだすことはできない。

では、現存する覚城院所蔵版本の表紙に千字文が記されている典籍との関係はどうであろうか。例えば、目録Bの「妙極堂教誡全」（7丁裏）と目録Cの「妙極堂教誡　一巻」（27丁表）は、覚城院にある『妙極堂教誡』と同一の聖教であると思われる。それぞれの千字文を確認すると、目録Bでは「蔵」として列記されており、目録Cでは「閏」、覚城院本では表紙に「荒」と記されている。このように同一と思われる聖教であっても、書目に関連付いている千字文はすべて異なる。その他の重複したほとんどの書目についても千字文は一致しない。唯一、目録Bの「宿曜経鈔　二」（15丁表）は、覚城院にもあり、両書の千字文は「日」であるが、偶然の一致の域を出ない。つまり、本目録と覚城院所蔵版本の千字文は、箱・表紙のどちらで確認しても、現状では明確な対応関係を見いだすことができない。

更に、本目録と覚城院本で重複する書目の中には、覚城院本の表紙に「金光寺」や「真海」と記された聖教が散見される。抑も現存の覚城院所蔵版本の全体を見ても、表紙や見返しに「金光寺」、「瑞雲院」、「実報寺」などの他寺院名が記されている聖教が目に付く。これらは恐らく近隣寺院から入ってきた聖教と思われるが、中でも「金光寺」と記された聖教は比較的多く、これらは以前、金光寺蔵書であったと考えられる。金光寺は弘化三年（一八四六）に覚城院の兼帯寺院となり、その頃以後に聖教が覚城院に移動されたと考えられる。また、「真海」は幕末～明治にかけて活動していた僧であり、覚城院には住持していない（柏原康人氏の報告「覚城院聖教にみる仁尾地域の寺社と覚城院」第一回覚城院聖教調査進捗報告会　二〇一八年三月十七日）。そうすると、現在、覚城院に金光寺旧蔵聖教や真海所持本があるのは幕末明治期以降のことと思われ、明和八年前後に作成された本目録にそれらの書目が記載されることはないはずである。

つまり、本目録と重複した覚城院本のうち、「金光寺」や「真海」と記された聖教は、本目録が作成された江戸中後期（明和八年前後）に覚城院には無かったと考えるべきで、重複する書目は更に少なくなる。従って、本目録が現在覚城院蔵本であるとの事由を以て覚城院所蔵版本を目録化したものであると短絡的に考えるのは疑わしくなる。

この疑念を晴らすために、試みに慳貪箱の大きさ（容量）も検証してみた。本目録で千字文ごとに列記される書目の巻冊数を算出すると、目録A～C共にほとんどの千字文で百五十冊～二百冊程度であった。つまり、本目録作成時点では、聖教は一箱に百五十冊以上入るような比較的大きな箱で整理されていたことになる。しかし、現在、覚城院にある慳貪箱は、ほとんどが一列三段で聖教を収める縦長箱であり、一箱には多くても百冊程度の聖教しか収めることができない。従って、箱の大きさを考えても、物理的に本目録は覚城院の現状と一致しないといえる。

因みに、覚城院には『書籍目録并借日記』（覚S1-47、以下『借日記』）がある。前半は書目が列記された目録で、後半は寛延元年（一七四八）～明和九年（一七七二）の貸出記録が書かれている。表紙に「大寧山覚城院」とあり、覚城院蔵書に関する目録であるといえる。本目録と作成時期が重なるので、書目を比較してみると、真言寺院の基本文献を中心に多くが重なる一方で、「高僧伝」・「宋僧伝」・「真言伝」・「野山名霊集」・「野峰名徳伝」・「弥陀経疏聞持記」・「七観音鼓吹」・「地蔵霊験記」・「天神霊験記」など本目録に見られない書目が散見される。従って、本目録は、『借日記』と同時期に、同一の蔵書を対象として書かれたものとするには躊躇せざるを得ない。

六、おわりに

本目録が現在覚城院の蔵書であり、同数程度の蔵書が覚城院に現存していることから、「当山」を当然の如く「覚城院」と考えていた。しかし本稿での分析の結果、先入観で判断してはならないと実感することとなった。翻って考えれば、本目録の外題「当山聖教目録」の「当山」が四角で囲んである点にも意味があるかもしれない。また、覚城院所蔵の同時代の典籍に「覚城院」を「当院」と記している聖教がある点も留意すべきであろう。更には、本目録は客殿二階の版本と一緒に在ったわけではなく、本堂に保管された写本を中心とする聖教箱から出てきている。これら一つ一つは偶然と見做せるが、状況的にも本目録が覚城院の蔵書目録では無い可能性を示唆しているとも言えよう。

とすれば、本目録はどこの目録であろうか。現在の覚城院には近隣寺院の蔵書印や墨書を有する典籍が相当数あり、固有聖教と流入本が混じり合っている。中でも金光寺からの流入本は最も多い。しかし、現存の金光寺旧蔵版本には「三之箱」「九之箱」などと箱を番号管理していた形跡があり、本目録の千字文管理とは異なっている。従って、本目録が金光寺の目録であった可能性は低いと考える。その他、瑞泉院・多聞寺・吉祥院・伊舎那院・実報寺・宝積寺など、流入本に見られる末寺や近隣寺院を候補として想定しうるが、現状では手がかりが無い。

本目録が仮に他寺院の目録であるとすれば、覚城院に単独で移入されることは考えがたい。一方、やはり覚城院蔵書と関連する目録であるとすれば、まだ未調査の蔵書に本目録と重なる部分があろう。いずれにしても、今後の調査で本目録と関連する資料の発見を俟ちたい。

なお最後に、本解題では全く触れていないが、本目録を見るにあたり、気懸かりな点を補足しておく。

表紙の右側と9丁表（目録B）に千字文「生」が二度登場し、それぞれ書目が列記されている。書目は一点を除き同じである。これらの書目は目録Cでも確認できるが、それぞれの千字文は異なっており、目録Cの時点では別々の箱に収められていたと思われる。部立てによる整理の際、「生」の箱に纏められたのであろう。しかし、「生」は千字文順で数えると四十二番目の文字である。抑も三十一箱を対象とした目録になぜ「生」が書かれるのか。しかも、いつどういう経緯で表紙の右側に書かれたのか、不明である。

また、表紙と1丁目の間に、約三・八糎（二行分）のみの一紙が綴じられている。文字は書かれておらず、扉としては小さすぎる。或いは、書き損じの丁を裁断したのか、全く不明である。

附記　本稿を成すにあたっては、落合博志氏、柏原康人氏、向村九音氏、中山一麿氏、山﨑淳氏に作業分担並びに多くの助言・手解きを賜りました。深く感謝申し上げます。

『香積山中興慧濬和尚伝』翻刻

香積山(中)□興慧濬和尚伝（表紙　左、直書、朱。後筆カ）

讃州買田村慧光寺中興和上行状
当寺中興和尚法諱慧濬（初号秀昌）、*1字彦津（初名浄海）、当国三
野郡生里浦之人也、自幼稚時与悪年少不群、性悪
腥肉葷酒之気、父母熟見之而謂、此児也者為仏弟
子可乎、和尚聞之欣然忘食、遂以延宝三乙卯
之年
従尭昌闍梨薙染、年甫八歳也、尓来朝懺暮悔孜孜
不怠、同七年随秀意法印習学十八道両部大法及
護摩法也、同八庚申年十月廿四日於善通寺道場
随宥謙法印受両部灌頂、元禄元年浮盃負笈至於　1オ
河南教興寺拝浄厳大和尚、又受許可灌頂及通受
菩薩戒等而後帰故枌矣、與雲阿律師棲遅於古田
（所名之）、復与慧観遮梨卜居*2於北谷（所名之）、共修密供、宝永
元*3甲申年応片岡氏之請而住於慧光寺廃迹、時有老
農告曰此寺也者往昔秘密之梵場也、今隳廃而百
有余年云云、和尚聞此言而大奮再建之志、以宝永
五年戊子建医王善逝之宝閣、兼補其古像（定朝所刻）而
安於堂上、復補観音多聞天尊（大師所刻）地蔵（定朝所刻）焔王　1ウ
等像安置、於是為之営建之権輿也、同年四月二日復
往*4於河陽延命寺随蓮体和尚進具兼受小野之嫡
流及諸軌満一夏而錦皈也、同七年遇請而往丁高
松蓮華寺授諸軌於衆、後正徳二壬辰之年往于備
之後州而講即身義、尋*5修曼荼羅供、又授*6光明真
言臨終秘訣者数百人也、同年求請両界曼荼羅（敷曼荼羅）
并灌頂密具等*7、而其年十一月中旬於当寺始行灌
頂、享保三戊戌之年新彩画両部大曼荼羅、同五年
秋遣析負智泓乞以当寺為仁和寺之末山、竟
達志　2オ

願而自法親王賜于許与之令旨、同六年造一尺一寸遮那尊像（恵心僧都所刻）、同七年建地蔵之堂宇、同九年十月十八日鋳二尺七寸華鯨（本願回国僧豪観）、同十有三年造営宝塔而納仏舎利五百顆以為永世之鎮、同十有七年構青龍権現之社為鎮護神、同十九甲寅*8之年□□□四日以席主并聖教真俗具等委智泓了、自同年究月之初見感微疾、門徒等*9*10或祈冥助於仏天或憑名術於医人、和上謂諸弟云、*11天命有数、何必用祷、止止、復勿労、雖然種種方便進 2ウ
薬餌而無効日相衰、同廿年二月九日召群徒而遺誡、覼縷*12、在于側聴者皆沾袂、翌十日夜将半時手結契印安静而化、春秋六十有八僧臘二十有七也、命終之後□（面カ）□（授カ）喜怡相恰如生時、門弟之僧尼蓋簪而拝歎、聞其奇相者道俗少長悉来無不感拝、遂以十有二日遷殯当山之側也、和尚平生有時修瑜伽之余力則講顕密之経疏而諭其門人敢不空消光景、又*13*14以所受財補仏像、*15索聖教、或供仏祖、或賑輔*16凛、或求山田充僧食無心貯蓄、伝授秘軌四*17会、講経疏凡四十 3オ
会、行灌頂等九箇度、得遮梨位者九十有八人、受許可受明者二万五十有三人、受菩薩戒者四百有余人、*19剃度僧尼一百三十有余人、其余蒙*18化者不*20知幾許人、一生所修瑜伽凡二万千四百七十有余座、其中金輪薬師如意輪多聞天法各一千座、誦仏眼愛染呪各□（三カ五カ）百六十万遍、誦観自在如意宝神呪三十万遍、誦大仏頂及大随求陀羅尼各一万遍、且常誦太元帥呪、其余無所記矣、*21

賛云 3ウ

天性慈育利物為常信水内溢*22戒香外芳

塊二-看シテ*23栄-利ヲ一荘二-厳*24道-場ヲ一*25無レ慢二スルコト他ノ短ヲ一不レ称セ二自ノ長ヲ一
或-修シテ二請-雨ヲ一追二-逐シ魃-嫱セウヲ一稍誦シテ二妙典ヲ一*26稽二-首ス家-王ヲ一
住スルコト二香□(積)界ニ一三-十-二-霜身-後徳-煒*27永ク-映ス二四方ヲ一

享保廿乙卯年仲春日　現住近円智泓識

文千八字
贊六十四字」4オ

＊1 「堯」を朱で訂正して「秀」とする。
＊2 「於」は墨で挿入される。
＊3 「甲」は朱字で挿入される。
＊4 「像」は墨で挿入される。
＊5 「次」を墨で訂正して「尋ツイデ」とする。
＊6 「爾時」を墨で訂正して「又」とする。
＊7 「秘器」を墨で訂正して「密具」とする。
＊8 「珍」を墨で訂正して「鎮ト」とする。
＊9 「病」を朱で消して墨で「疾ヲ」とする。
＊10 以下、「各畏師之疾」が見せ消ちされる。
＊11 「報」を朱で訂正して「天」とする。
＊12 頭注に「覼～文選」と記される。
＊13 「若」を墨で訂正して「又」とする。
＊14 「有」を墨で訂正して「以テ二」とする。
＊15 以下、「宝則已」が見せ消ちされる。
＊16 頭注に「�татt凛」と記される。
＊17 「無レ心二貯蓄一」は墨で挿入される。
＊18 「等」を墨で訂正して「者ノ」とする。
＊19 「所」を墨で訂正して「剃」とする。
＊20 「度者」を墨で訂正して「蒙ルレ化ノ者」とする。
＊21 以下、「故不知之」が見せ消ちされる。
＊22 「湛」を墨で訂正して「溢フレ」とする。
＊23 「放下」を墨で訂正して「塊二看シテ」とする。
＊24 「専注」を墨で訂正して「荘二厳」とする。
＊25 「行」を墨で訂正して「場ヲ」とする。
＊26 「経」を墨で訂正して「典ヲ二」とする。
＊27 「輝」を墨で訂正して「煒」とする。

『香積山中興慧濬和尚伝』解題

向村九音

『香積山中興慧濬和尚伝』（以下、『和尚伝』）は、十八世紀はじめに香積山恵光寺（仲多度郡まんのう町買田）を復興した慧濬（一六六八〜一七三五）の行状記である。以下に書誌を記す。

写本一冊、仮綴、楮紙、全五紙（表紙一紙、本文四紙）、縦二四・四糎×横一七・〇糎、外題「香積山□（中）興慧濬和尚伝」（左、直書、朱）、内題「讃州買田村慧光寺中興和上行状」、書き入れあり

本文末尾に「享保廿乙卯年仲春日　現住近円智泓識」（四丁表。以下、丁数のみの表記は『和尚伝』のものを指す）と記されるように、本書は享保二十年（一七三五）に慧濬の弟子智泓（一六九九〜一七四〇、恵光寺第二世）[1]によって著された。覚城院所蔵本の書写者は不明である。書き入れが本文と同筆であるか異筆か、また、書き入れ自体が複数の筆に分かれるかは判断が難しい。書き入れは誤写を訂正する類のものではなく、文言の推敲などを行うものであり、中には典拠を記したもの（翻字注12）もある。本書末尾には本文と賛の文字を数えた跡が残るが、「文千八字」という計数は、書き入れによる推敲が行われた後の状態で、本文冒頭「当寺中興和尚」から本文末尾「其余無所記矣」（「賛云」以下を除く）までを数えたものである。割注については厳密な文字の数ではなく、本文中の活字一字分の大きさを一字として（＝四文字分を一字として）加算している。このような文字計数の痕跡を踏まえると、本書が刷り物の原稿として記されたことが考えられる。ただし、本書の刷りは現在確認できていない。また、線点が大量に附されていることに注目すれば、本書が語りのために作られたことが考えられよう。いずれにせよ、慧濬の行状が語るに値すると認識されていたことが言える。

ここで、なぜこのような書き入れのついた『和尚伝』が覚城院に伝来したのかという疑問が浮かぶ。これについては、本書が金光寺を経由して覚城院にもたらされた可能性を指摘できる。現在覚城院に伝来する慧濬関連聖教二十六点の内八点が金光寺僧である興厳・行範の書写を通してもたらされたものである。興厳・行範は慧濬より諸印信を授けられており、師資の関係にあった。恵光寺所蔵本そのものが金光寺に伝来した例は確認できていないため断定することは躊躇われるが、慧濬と興厳・行範の法脈を介して本書は一度金光寺に伝来し、その後、他の行範蔵書とともに覚城院へもたらされた可能性が考えられる。

では、本書の内容に検討を加えていくことで、慧濬の功績とそれを著した本書の位相について検討する。

『和尚伝』によれば、慧濬は寛文八年（一六六八）に讃岐国三野郡生里浦（三豊市詫間町）に生まれた。生里は荘内半島の先端、覚城院

の北西約九キロに位置し、慧濬が覚城院に近い地域で幼少時代を過ごしていたことがわかる。まず、恵光寺復興に至るまでの慧濬の修学について確認する。以下に『和尚伝』をもとに慧濬の修行と学問の経歴を示す。年次の後に示した年齢は慧濬のものを表す。

延宝三年（一六七五）、八歳　尭昌阿闍梨に随い、出家

同七年（一六七九）、一二歳　秀意法印に随い、十八道両部大法及び護摩法を習学

同八年（一六八〇）、一三歳　善通寺において宥謙より両部灌頂を受ける（以上、1丁表）

元禄元年（一六八八）、二一歳　河内国教興寺において浄厳より許可灌頂及び通受菩薩戒を受ける（1丁表裏）

年次不明（一六八八～一七〇八年の内）河内から帰郷後、雲阿律師と吉田に、慧観と北谷に閑居し、密供を修する（1丁裏）

宝永五年（一七〇八）、四一歳　河内国延命寺において蓮体に随い、進具。小野の嫡流及び諸軌を受ける（2丁表）

まず、慧濬の師尭昌について述べる。覚城院聖教中には表紙に尭昌（長伝房）の署名が記されたものがあり（『三自大乗事』覚Ｓ４‐21、『相続六七之事』覚Ｓ４‐38‐1）、時代的な近さからも慧濬の師の尭昌の所持本であった可能性が高い。尭昌署名の横には、別筆ではあるが「教王院」と記されており、尭昌は教王院（香園寺［愛媛県西条市小松町］か）と関わりのあった人物かとも考えられる。

続いて、慧濬は秀意のもとで十八道法・金剛界法・胎蔵界法・護摩法の四度加行を修する。秀意に関しては本山寺聖教の中に「儁（俊）誉秀意」と「香州之住秀意」（両者が同一人物か否かは未明）の名が認められ、時代・地域的な重なりから、慧濬は後者に学んだ可能性が高いと考える。仮にこの秀意が『野澤血脈集』巻第二の安祥寺流の血脈中に名を見る、「…―快旻―覚暹―政遍―朝印―宥成」(2)の流れを汲む僧であるとしたら、浄厳からの新安流伝授に先立つ安祥寺流との接点として、秀意のもとでの修学を位置づけられる。秀意のもとで四度加行を修した翌年、慧濬は善通寺誕生院住持の宥謙から両部灌頂を受けた。宥謙は善通寺御影堂・客殿・厨屋・仁王門を修理・再建し、貞享二年（一六八五）に弘法大師の八百五十年遠忌を営んだ僧である。延宝六年（一六七八）には浄厳を善通寺へ招請し、浄厳による因果経と法華経の講演を設けている。慧濬の初期の教学は秀意や宥謙といった讃岐国の碩学によって形成されたと言える。

先述の宥謙による善通寺への招請も含め、浄厳は延宝・天和年間に度々讃岐を訪れ、伝法を行っている。この時にはまだ浄厳と慧濬の間に面識がなかったとしても、慧濬は浄厳がもたらした新安流の教えにすでに触れていたと考えられる。そして、慧濬が浄厳から直に伝授を受けるのが元禄元年（一六八八）である。同年に慧濬は河内国教興寺へ赴き、新安流の祖浄厳から許可灌頂と通受菩薩戒を受けた。『浄厳大和尚行状記』には浄厳が元禄元年四月十八日に百五十余人に菩薩戒を授け、同年十月に許可灌頂を三十九人に授けたこ

とが記され、慧濬もこの内の一人であったと考えられる。これ以降、慧濬が精力的に新安流聖教を書写していたことが残された聖教の奥書から窺える。

教興寺からの帰郷後、慧濬は雲阿、次いで慧観とともに修行を重ねた。まず慧観に言及すると、慧観は豊田郡高谷村（屋カ）四角寺に住した僧であることが覚城院所蔵『当院灌頂修行之記録』からわかる。憶測ながら、慧観やその弟子が「慧」または「津」といった、慧濬（彦津）と共通する文字を名に持つことから、彼らには慧濬と師資または血縁の関係があったのではないかと想像される。次に、雲阿（宥箕、一六三二～?）は弥谷寺中興開山宥沢の法兄で、弥谷寺、大見（三豊市）の小庵などに住した僧である。武州や河州へ赴き、浄厳のもとで修学した。塩飽の広島にある神光寺の住持をつとめており、同寺には延宝四年（一六七六）、雲阿の代に鋳造された浄厳撰の銘をもつ梵鐘が伝来している。ここに、宥謙が善通寺へ浄厳を招く以前の、浄厳と讃岐の接点が見出せる。本山寺所蔵「大随求及大随求陀羅尼経同附録」（427函-36、延宝七年十二月浄厳序文）に立石浦の雲阿の名が認められる。同書は『浄厳大和尚行状記』に見る、延宝六年九月に浄厳が「次ニ塩飽牛嶋ノ長徳院ニ至テ五三日説法、商船等カ為ニ随求陀羅尼経ヲ講シ、勧メテ経ヲ梓（テ）（イ）行セシメ船中ノ守リトナサシメ玉フ」[3]という「随求陀羅尼経」に当たるだろう。また、小林雨峰『四国巡礼』（中央仏教社、一九三二）には、徳川綱吉下賜の沈水香三片を浄厳が雲阿に贈った際の書状（元禄十五年付け、原本は未詳）が収録されている。以上のことから、浄厳の来讃当初から晩年にかけてまで、雲阿は浄厳と密接なつながりを有していたことがわかる。このような浄厳との関係性を有し、新安流聖教を精力的に書写していた雲阿が『善通寺大塔再興雑記』所収の雲阿略伝においては、慧濬の師であると記される。確かに慧濬は雲阿の聖教を譲り受けており、雲阿の方が三六歳年長であるという年齢差を踏まえても、師資に近い関係にあったことは想像に難くない。しかし、より慧濬の行状に詳しい人物によって著されたであろう『和尚伝』には、雲阿とは共に密供を修したとされるばかりであり、また、雲阿が慧濬に授法した形跡が認められないことを鑑みれば、慧濬が雲阿の法脈を継いでいると判断することには慎重にならねばなるまい。師資の関係にあったか否かは措くとして、慧濬と雲阿の関係について考える上で重要なのは、互いの新安流聖教書写・蒐集活動に影響を及ぼし合っていたという点である。慧濬は雲阿から「毘沙門天供」（覚S8-52）、「観自在菩薩法　安雲」（覚S9-101）などの聖教を譲り受けていることが覚城院所蔵の聖教からもわかり、雲阿の蒐書が慧濬の教学形成と恵光寺の蔵書形成に一役買っていたと言える。一方、雲阿が慧濬によってもたらされた新安流の聖教を書写することもあった。以下に覚城院所蔵「安流諸大事」（覚S8-47）の書写奥書を引用する（翻刻は向村による）。

「（朱）旹寛文十庚戌年四月廿三日賜師主良意阿闍梨御房御本書写了
　　　　　金剛末資雲農（卅二）
甚深殊勝尤可持秘之耳
同日一校了

旹延宝九辛酉年八月十六受御本書写之畢　同一校了
〔梵字〕仏子〔梵字〕十八歳
此本不可正依急卒尔書之後日改書之而已
為令法久住利益人天而已」
金剛仏子妙厳二十二後改蓮体
宝永六己丑年六月五於讃州仲之郡買田邑書写一校了
〔梵字〕雲阿七十八歳
享保元年丙申年十月十九日以彦津和尚御本書写之了
興厳三十九歳

右奥書と『和尚伝』を照らし合わせて考えるに、「安流諸大事」は、蓮体所持のものを宝永五年（一七〇八）に河内国延命寺で彦津（＝慧濬）が写して讃岐に持ち帰り、翌年に雲阿が恵光寺で書写した典籍であることが推し量られる。慧濬と雲阿は新安流聖教を提供し合いながら、互いに研鑽を積んでいたと言える。なお、慧濬、雲阿による新安流聖教書写の多くは、浄厳・蓮体本を直接見てなされたのではなく、宝厳の書写本に拠ってなされている。宝厳は道隆寺に住した僧であり、浄厳・蓮体に直接連なる点で重要な存在であると言える。宝厳については稿を改めて論じたい。

以上のような、新安流を中心とした修学を礎として、慧濬は恵光寺の急速な復興を成し遂げる。恵光寺は、金刀比羅宮の東南東約二キロの所に位置し、寺伝では行基開山、空海中興とされる。慧濬の恵光寺復興は片岡氏の請いによるという（1丁裏）。恵光寺に現存する、宝永五年九月十二日落慶の薬師堂（本堂）の棟札に加願者として片岡忠右衛門、同藤兵衛の名が記される。片岡忠右衛門、藤兵衛の名は文書類に数例認められる。[4] 興泉寺（琴平町）には同寺へ宛てた片岡忠右衛門の書状が伝来しており、そこで忠右衛門が「組中」を代表して興泉寺へ滝宮念仏踊りが滞りなく終えられたことを報告し、諸々のやり取りをしていることから、同人が組頭などの役職に就く人物であったことが推測される。この片岡氏が金刀比羅宮金光院の支配下にあった五院中の多聞院（当山派）の住持をつとめた一族の傍流であったとすれば、恵光寺の復興は金刀比羅宮の意を受けて始まった可能性を有することになる。では、『和尚伝』をもとにその復興の過程を確認する。

宝永元年（一七〇四）、三七歳　片岡氏の求めに応じ、恵光寺（廃迹）に住し、再建に取りかかる（1丁裏）
宝永五年（一七〇八）、四一歳　薬師如来の古像（定朝刻）を安置する堂を建立。また、観音・多聞天（弘法大師刻）、地蔵（定朝刻）、焔王などを安置（1丁裏～2丁表）
正徳二年（一七一二）、四五歳　両部曼荼羅（敷曼荼羅）と灌頂の密具を請い求め、恵光寺にて灌頂を始行する
享保三年（一七一八）、五一歳　両部曼荼羅を新調する（以上、2丁表）
同五年（一七二〇）、五三歳　弟子智泓を遣わし、恵光寺を仁和寺直末とするよう請願する。守恕法親王より許可が下る（2

丁表裏）
同六年（一七二一）、五四歳　二尺一寸の毘盧遮那像（恵心刻）を造る（修復か）
同七年（一七二二）、五五歳　地蔵堂を建立
同九年（一七二四）、五七歳　二尺七寸の釣鐘を鋳造（本願は回国僧豪観）
同十三年（一七二八）、六一歳　宝塔を造立し、仏舎利五百顆を納める
同十七年（一七三二）、六五歳　清瀧権現社を勧請（以上、2丁裏）

このように慧濬一代のうちに寺観を形成する急速度な寺院復興であった。

享保九年（一七二四）に鋳造された鐘は金刀比羅宮との夫婦鐘であり、藩主京極家の援助のもと鋳造された。この点からも恵光寺復興には金刀比羅宮が関与していたことが窺える。そして、その復興は丸亀藩主京極家の賛助を得、ゆくゆくは同家の祈祷寺とされるに至るものであった。

ここで注目されるのが、恵光寺復興の過程で慧濬が蓮体から小野流正嫡の伝授を受けるために河内へ赴いている点である。この伝授を受けた後、讃岐へ戻ることを『和尚記』では「錦皈」と表現し、高く評価している。また、恵光寺にある慧濬の位牌にはその没年が「世寿六十八僧夏廿七入寂」と刻まれ、蓮体から伝授を受けた宝永五年（一七〇八）から夏臈の計数が始まっていることがわかる。この伝授を契機に慧濬はめざましい活躍を遂げる。蓮体から伝授を受けた翌々年には、招請により高松の蓮華寺に赴き、諸軌を衆に授けた（2丁表）。さらにその翌々年、正徳二年（一七一二）には備後国に赴き、即身義を講じ、曼荼羅供を修した（同）。この時、数百人へ光明真言臨終秘訣を授与している。このように、慧濬の伝法活動は讃岐国外へと展開し、受者数を鑑みても大規模なものになっていったことがわかる。この年までに慧濬は灌頂道場として恵光寺を整備し、同年には灌頂を始行した。覚城院に伝来する興厳・行範らへ授けた印信も恵光寺で授与されたものかと考えられる。こうした功績の積み重ねによるのだろう、享保五年（一七二〇）、恵光寺は仁和寺直末の認可を得た。このような業績を成し遂げられた要因の一つには、蓮体からの小野正嫡の伝授があっただろう。浄厳・蓮体と血脈上の繋がりを持つことが、新安流の伝法阿闍梨としての地位を確たるものにしたと考えられる。

最後に、慧濬の功績についてまとめることで本書の位置付けを図りたい。慧濬の功績の第一として挙げられるのが恵光寺の復興である。恵光寺を灌頂道場として整えたことは、讃岐における新安流の一拠点の創出であった。加えて、慧濬の活動の意義深さは浄厳・蓮体から直接伝授を受け、それを興厳・行範らへ継承させた点にあるだろう。聖教に関しては宝厳などの書写本を経由して浄厳の教えを写したとしても、法脈を繋ぎ、讃岐に新安流を伝播させた点で重要

な役割を果したと考えられる。慧濬のおこなった讃岐国を中心とした地域における大々的な伝法は、さながら浄厳・蓮体の跡を継承するかのようなはたらきであった。本書は浄厳・蓮体以後の、讃岐国における新安流流布の一様相を窺わせる好資料であると位置付けられる。

（1）智泓は若年の頃より慧濬に付き従っていた弟子かと考えられる。覚城院聖教中、智泓の名が記されるものは現時点（二〇一八年一〇月）で二点確認できている（『俊峯授道沼印信』覚S２-121、『文殊師利菩薩念誦秘軌』覚S13-60）。この他、慧濬ないし恵光寺関連聖教の内、智光という名を記すものに『理趣経法』（覚S７-11）と『縛魯拏天王持念次第』（覚S７-20）がある。両書に記された智光の年齢は智泓のそれと合致しており、慧濬のもとに「ちこう」と名乗る同年齢の僧が二人いたとするよりは、同一人物であると考える方が妥当ではなかろうか。年齢の一致から同一人物と見られる智光の名は、『奥疏大事私記之宥快口説』（覚S７-61-２-１）、『宥快法印口説』（覚S７-61-２-２）にも認められる。智泓関連本の残存数が少ないため明言はできないが、若年は智光を名乗り、後に智泓に改めた可能性が高いだろう。

（2）真言宗全書刊行会編『真言宗全書』39（真言宗全書刊行会、一九三五年）を参照

（3）上田霊城編著『浄厳和尚伝記史料集』（名著出版、一九七九年）

（4）『香川県史』第十巻（香川県、一九八七年）所収「興泉寺宛片岡忠右衛門書状」

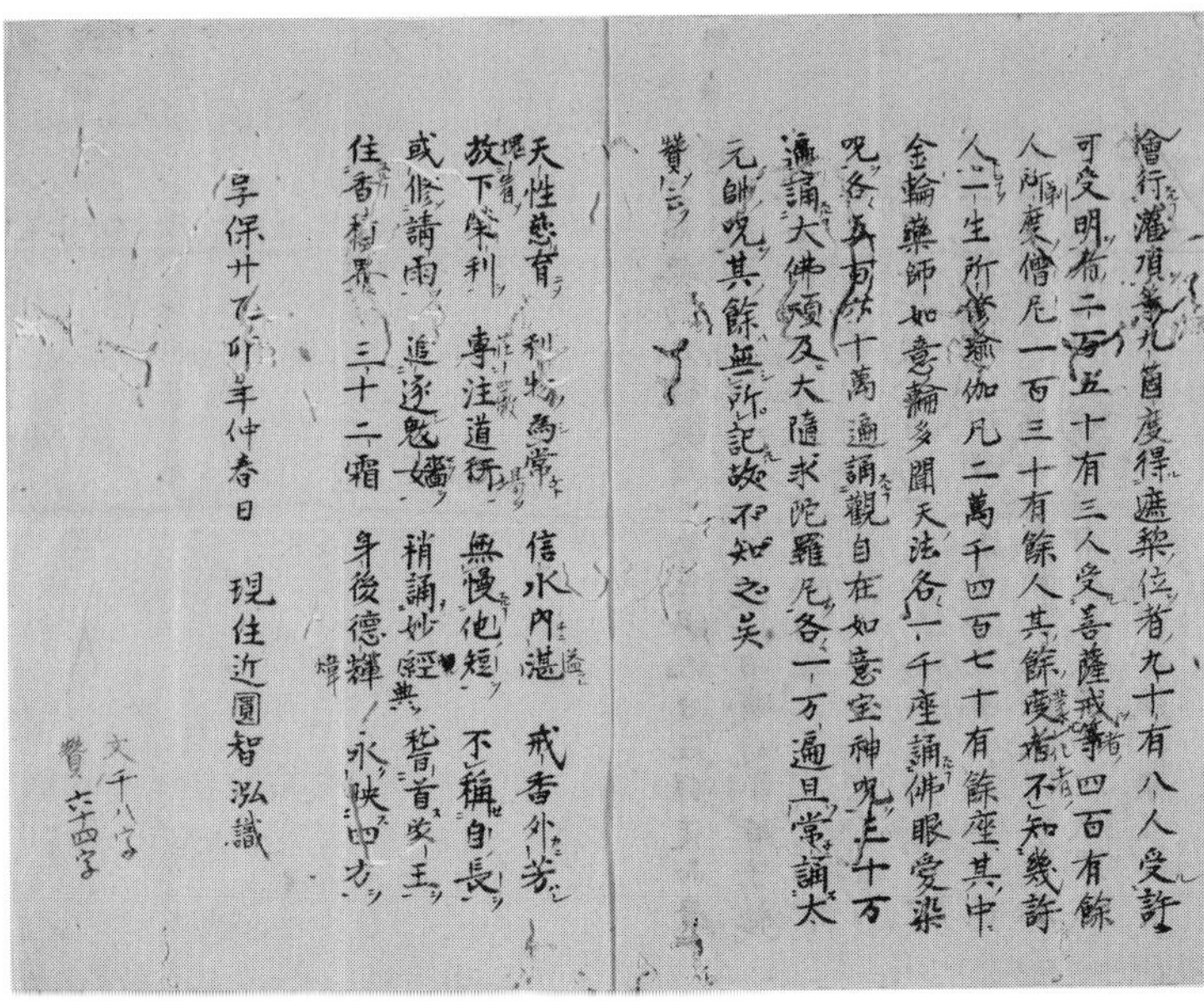
會行灌頂凡九箇度得遮那位者九十有八人受許
可受明者二百五十有三人受菩薩戒者四百有餘
人所度僧尼一百三十有餘人其餘度者不知幾許
人一生所修瑜伽凡二萬千四百七十有餘座其中
金輪藥師如意輪多聞天法各一千座誦佛眼愛染
呪各五百萬十萬遍誦觀自在如意宝神呪三十万
遍誦大佛頂及大隨求陀羅尼各一万遍且常誦大
元帥呪其餘無所記故不知之矣

賛曰

天性慈育　利物為常　信水内湛　戒香外芳
放下榮利　專注道術　無慢他短　不稱自長
或修請雨　追逐魃孃　稍誦妙經　稽首吠王
住香積界　三十二霜　身後德輝　永映四方

享保廿乙卯年仲春日　現住近圓智泓識

文千八字
賛六十四字

覚城院蔵『香積山中興慧濬和尚伝』

執筆者略歴（掲載順）

中山一麿（なかやま　かずまろ）
大阪大学文学研究科招へい研究員。日本中世文学、仏教文学、寺院文献学。『神と仏に祈る山―美作の古刹　木山寺社史料のひらく世界』（編著）法蔵館、二〇一六年。「寺院経蔵調査にみる増吽研究の可能性―安住院・覚城院」『アジア遊学』二一一号、二〇一七年。「覚城院聖教をめぐって―『密宗超過仏祖決』の出現を中心に」『中世禅籍叢刊第十二巻　稀覯禅籍集　続』臨川書店、二〇一八年。

川崎剛志（かわさき　つよし）
就実大学人文科学部教授。日本中世文学。『修験道の室町文化』（編著）岩田書院、二〇一一年。「「当麻寺流記」の〈発見〉」『中世文学』五九号、二〇一四年。「承久の乱後の熊野三山検校と熊野御幸」『アジア遊学』二一一号、二〇一七年。

牧野和夫（まきの　かずお）
実践女子大学名誉教授。日本中世文学・文化とその周辺。『中世の説話と学問』和泉書院、一九九一年。『延慶本『平家物語』の説話と学問』思文閣、二〇〇五年。『日本中世の説話・書物のネットワーク』和泉書院、二〇〇九年。

落合博志（おちあい　ひろし）
国文学研究資料館教授。日本中世文学・中世芸能、日本古典籍書誌学。『中世歌謡資料集』（編著）汲古書院、二〇〇五年。「善通寺の聖教と説話資料・文学資料」『説話文学研究』四四号、二〇〇九年。「仏書から見る日本の古典籍」『国文学研究資料館調査研究報告』三四号、二〇一四年。

高橋悠介（たかはし　ゆうすけ）
慶應義塾大学附属研究所斯道文庫准教授。日本中世文学・寺院資料研究。『禅竹能楽論の世界』慶應義塾大学出版会、二〇一四年。「律院称名寺と聖徳太子伝―釋了敏の写本を中心に」『説話文学研究』五二号、二〇一七年。「『諸社口決』と伊勢灌頂・中世日本紀説」小峯和明監修『日本文学の展望を拓く5　資料学の現在』笠間書院、二〇一七年。

平川恵実子（ひらかわ　えみこ）

四国大学・鳴門教育大学非常勤講師。日本中世文学、仏教文学、南方熊楠研究。「『沙石集』における致富」『無住―研究と資料』長母寺開山無住和尚七百年遠諱記念論集刊行会編、あるむ、二〇一一年。「『沙石集』と南方熊楠」『アジア遊学』一四四号、二〇一一年。『醍醐寺蔵宋版一切経目録』（共著、総本山醍醐寺編）汲古書院、二〇一五年。

山﨑淳（やまざき　じゅん）

武庫川女子大学教授。日本中世文学・近世文学。「蓮体編『礦石集』と地蔵寺所蔵文献―地蔵関連資料を中心として」『仏教文学』三九号、二〇一四年。「岩瀬文庫蔵『伽藍開基記』の形成過程について―巻第五を中心に」（『人間科学研究』一三号、二〇一六年。「相応寺創建説話における「河陽」と『元亨釈書』」『語文』一五八号、二〇一七年。

柏原康人（かしわばら　やすと）

大阪大谷大学・園田学園女子大学非常勤講師、園田学園女子大学社会連携推進センター学術研究員。日本中世文学・宗教文芸、信仰と法流の展開に関する研究。「『神道集』における「神道由来之事」の位置づけ―問答形式による叙述を中心に―」『仏教文学』四一号、二〇一六年。「木山寺所蔵の日光院・増長院旧蔵聖教と真躰房無動」（共著）中山一麿編『神と仏に祈る山―美作の古刹　木山寺社史料のひらく世界』、法蔵館、二〇一六年。「中世蟻通明神縁起の形成と展開」『伝承文学研究』六七号、二〇一八年。

鈴木英之（すずき　ひでゆき）

北海学園大学人文学部准教授。日本思想史。『中世学僧と神道―了誉聖冏の学問と思想』勉誠出版、二〇一二年）、「『毘沙門堂本古今集注』と為顕流灌頂資料―古今注の神話世界」人間文化研究機構国文学研究資料館編『中世古今和歌集注釈の世界　毘沙門堂本古今集注をひもとく』勉誠出版、二〇一八年。「聖冏教学の形成と仮託文献」『佛教文化研究』六三号、二〇一九年。

幾浦裕之（いくうら　ひろゆき）

国文学研究資料館情報事業センター国際連携部機関研究員。中世和歌文学、日本古典籍書誌学。「未定稿的な女房の家集について」　田渕句美子・中世和歌の会共著『民部卿典侍集・土御門院女房全釈』風間書房、二〇一六年。「『民部卿典侍集』の諸本について」『早稲田大学大学院教育学研究科紀要別冊』二四巻一号、二〇一六年。「歌人が年齢を詠むとき―表現と契機の性差」『日本文学』六八巻二号、二〇一九年。

伊藤　聡（いとう　さとし）
茨城大学人文社会科学部教授。日本思想史。『中世天照大神信仰の研究』法蔵館、二〇一一年。『神道とは何か―神と仏の日本史』（中公新書）中央公論新社、二〇一二年。『神道の形成と中世神話』吉川弘文館、二〇一六年。『真福寺善本叢刊第三期〈神道篇〉第二巻　麗気記』（編著）臨川書店、二〇一九年。

木下佳美（きのした　よしみ）
大阪大学大学院文学研究科特任研究員。寺院文献整理、デジタル情報記録、システムアドミニストレータ。「木山寺先徳記録」（共著）中山一麿編『神と仏に祈る山―美作の古刹　木山寺社史料のひらく世界』法蔵館、二〇一六年。文献調書入力フォームの開発、二〇一七年～。目録閲覧システムの開発、二〇一七年～。

向村九音（さきむら　ちかね）
桃山学院大学共通教育機構契約教員。中近世の宗教文献学。「『大三輪神三社鎮座次第』の成立と位相」『叙説』三九号、二〇一二年。「西福寺と椿井文書」『仏教文学』四一号、二〇一六年。「木山寺と美作・備中・備前の真言宗寺院との関わり」中山一麿編『神と仏に祈る山―美作の古刹　木山寺社史料のひらく世界』、法蔵館、二〇一六年。

＊本書はJCOPY等への委託出版物ではありません。本書からの複写を希望される場合は、必ず当社編集部版権担当者までご連絡下さい。

『寺院文献資料学の新展開』第一巻
覚城院資料の調査と研究Ⅰ

二〇一九年十月三十一日　初版発行

監修・編　中山一磨
発行者　片岡敦
印刷製本　亜細亜印刷株式会社

発行所　606-8204 京都市左京区田中下柳町八番地
株式会社 臨川書店
電話（〇七五）七二一-七一一一
郵便振替　〇一〇七〇-二-八〇〇

落丁本・乱丁本はお取替えいたします
定価は函に表示してあります

ISBN978-4-653-04541-0　C3315

〔セット　ISBN978-4-653-04540-3〕

寺院文献資料学の新展開　全12巻

巻	書名	副題	編者	配本	刊行
第1巻	覚城院資料の調査と研究Ⅰ		中山一麿 編	第1回配本	本体18,000円+税
第2巻	覚城院資料の調査と研究Ⅱ		中山一麿 編	第5回配本	2021年1月予定
第3巻	覚城院資料の調査と研究Ⅲ	覚城院信源本目録	中山一麿 編	第11回配本	2023年1月予定
第4巻	安住院資料の調査と研究		中山一麿 編	第7回配本	2021年9月予定
第5巻	中四国諸寺院Ⅰ		落合博志 編	第2回配本	2020年1月予定
第6巻	中四国諸寺院Ⅱ		中山一麿・山﨑　淳 編	第9回配本	2022年5月予定
第7巻	中四国諸寺院Ⅲ		落合博志 編	第12回配本	2023年5月予定
第8巻	近世仏教資料の諸相Ⅰ	新安流とその周縁	山﨑　淳 編	第6回配本	2021年5月予定
第9巻	近世仏教資料の諸相Ⅱ		山﨑　淳 編	第3回配本	2020年5月予定
第10巻	神道資料の調査と研究Ⅰ	玉水流特集	伊藤　聡 編	第4回配本	2020年9月予定
第11巻	神道資料の調査と研究Ⅱ		伊藤　聡 編	第8回配本	2022年1月予定
第12巻	諸寺稀覯書集		落合博志・伊藤　聡 編	第10回配本	2022年9月予定

寺院経蔵調査の成果を踏まえた新知見・新出文献を中心とした「論文篇」ならびに「資料紹介」（翻刻・解題）で各巻の内容を構成する。